新世紀華人新聞傳播大系
鄭貞銘、丁淦林◎主編

傳播

Communication Research Methods

研究方法

陳國明、彭文正
葉銀嬌、安然 ◎著

人類心靈的工程師

──「新世紀華人新聞傳播大系」總序

　　新聞傳播是人類心靈的工程師，任務何其艱鉅？隨著傳播科技的發達，新聞傳媒更形成一種權力；但這種權力究竟是基於何種哲學思維，建立它的基本核心價值？這是本叢書作者共同關切的問題。當傳播施展它的無邊威力時，究竟誰能制衡它的威力；當他為社會百態進行論述時，究竟誰為它們打分數？

　　這一大哉問，牽涉到新聞哲學的問題，這也是叢書作者們所最關心的基本觀念與核心價值。每一個從事新聞傳播研究與工作的人們，不能不思考：新聞傳播的目的何在？新聞傳播的價值何在？新聞人追求的目標究竟是什麼？如果不能確定新聞傳播的本質，追尋其基本的價值目標，則新聞傳媒恐也難免陷入進退維谷、進退失據的境地。

　　美國著名傳播學者梅里爾（John C. Merrill）強調新聞倫理是新聞哲學的核心。他說：

　　「倫理學……促使新聞從業人員在它們的新聞工作中，決定應當做的行為；它是一種有著濃厚色彩的規範性行為。」

　　基於此一信念，我曾以柏拉圖（Plato）《理想國》（*The Republic*）中所揭櫫的四種道德──智慧、勇氣、節制、公正，作為新聞傳播哲學的中心基礎。

　　現今是一個人稱「資訊雖發達，知識卻貧乏」的時代，「資訊氾濫」的嘲諷，必須靠新聞人類的智慧來遏止，提供知識、提升文化品質與生活水準，絕對是新聞人的最高道德。

　　所以，新聞人在享受傳播自由時，必須隨時自省與自制：新聞人既不能以一己之私藉傳播之力謀名求利，更要積極地領導社會走向理性與和諧。

　　新聞傳播如能成為社會進步的標竿，自然就能掃除許多社會進步的絆腳石，新聞傳播哲學思維的確立，資訊才是人類走向世界和平的催生劑。

　　因此，新聞教育的重要性也就不言可喻。

　　1908年，當美國「新聞教育之父」威廉斯（Walter Williams）創辦密蘇里大學（University of Missouri）新聞學院時，第一件窘事便是學生無書可讀；1922年，普立茲（Joseph Pulitzer）創辦哥倫比亞大學（Columbia University）新聞學院，也大量聘請新聞界實務人才執教，講授他們的工作經驗，這固然說明新聞實務在新聞教育中的重要性，但同樣的原因是因為他們面臨缺乏教科書的痛苦。

　　新聞教育發展二十年後，儘管密大與哥大的教育績效良好，但是仍不免為教育界所譏諷與抨擊，他們認為新聞僅是技術而非學術，新聞學不過是一種工作經驗的「膚淺」傳授，這種過度重視職業趨向「庸俗之學」不足以使它在大學殿堂立足生根；「新聞無學」之說遂甚囂塵上。

　　我個人在台灣接受政治大學復校第一屆新聞學教育時，也同樣面臨「無書可讀」的痛苦，當時曾虛白、謝然之、馬星野、王洪鈞、錢震諸師的論著，乃洛陽紙貴，為入門學新聞之「聖經」。

　　王洪鈞教授的「新聞採訪學」一版再版、錢震教授的「新聞論」也備受重視，我稱這兩位恩師的著作為台灣新聞教育的啟蒙之作，是極為誠懇而忠實的推崇。

　　1963年起，我任教台灣各大學四十餘年，先後任教的學校包括文化大學、世新大學、輔仁大學、師範大學、銘傳大學、政戰學校、玄奘大學、東海大學、東吳大學、中原大學、香港珠海大學、淡江大學等十餘所。其中以專任中國文化大學的時間最長，先後擔任大眾傳播館館長、新聞系主任、新聞研究所所長，以及社會科學院院長等職共十七年。

　　在長期從事新聞教育的歷程中，我深知如無優良的書籍為基礎，新聞教育如浮萍，並無扎實的根基。因此，從事有關大學新聞教科書的著作

與出版，乃成了我努力的另一個目標。

四十年來，台北的三民書局、正中書局、商務印書館、五南書局、華欣文化事業中心、莘莘出版公司、遠景出版公司、遠流出版、時報出版公司、空中大學、台北市新聞記者公會等，都是熱心出版新聞叢書的單位，他們對新聞傳播學的闡揚皆極有貢獻，而學生更可以跳脫無書可讀的窘境。

兩岸交流之後，我遍訪大陸重要新聞學府，邀請大陸重要學府負責人訪台，他們一致的心聲就是大陸的新聞專著缺乏，即使有所出版，對近代之傳播研究仍顯得匱乏，於是乃就力之所及，盡量以台灣學者出版的新聞傳播著作，贈給各大陸名校，作為近代新聞教育之基礎；其中1996年，經由中華學術基金會的支持，購贈大批有關新聞傳播圖書贈送十二所名校，每校獲贈五大箱，三百多冊，這對兩岸新聞傳播學術之交流、瞭解與合作助益不少。

近些年，大陸新聞傳播教育迅速擴張，發展速度驚人。而有關書籍之出版也如雨後春筍，我們驚豔於許多學者的辛勤耕耘，但也認為其中有若干待充實與補正之處。

於是，在有志學者的倡議下，如何延攬海峽兩岸與美國、香港等地的著名華人學者，共同為二十一世紀的新聞傳播研究出版共同叢書，以迎向世界潮流，做為對全球華人研讀新聞傳播的重要藍本，成了有志者的共同心願。

這是一項艱鉅的工程，經過兩年兩岸與海外學者的不斷聯繫溝通，終獲許多學者的熱心參與。我們如臨深淵、如履薄冰，以誠懇嚴謹的態度達成編輯這套叢書的共識：

1.前瞻性的眼光、世界性的展望；

2.落實於中國、港澳與台灣地區之運用；

3.體例的一致性；

4.文字之通俗易懂；

5.理論與實務之結合。

當然，要完成上述理想並非容易，但是，所有的作者都願意盡己所能，共同完成這一項壯舉。

也感謝上海復旦大學出版社與台北揚智文化公司為這套叢書在上海、台北兩地分別以正簡體字出版。

希望這套全球華人重要學者的結晶，能建立起新聞傳播的普世價值。

2010.4.20於上海樂雨軒

丁 序

　　教材為教學之本。這個本，是教本或書本，也是根本。教師教、學生學都以教材為依據，教什麼、學什麼、範圍多大、程度多深都體現在教材中。因此，編寫教材要特別重視知識體系的完整性、科學性和準確性，其難度不下於寫專著。一部好的教材，往往就是一部好的專著。第一部中國人撰寫的新聞學著作——《新聞學》，就是徐寶璜教授為北京大學新聞學研究會講課的教材；名著《中國報學史》，也是戈公振先生為了講課需要而撰寫的。

　　然而，專著與教材畢竟有所不同。寫專著，著眼於學術貢獻，要求深入、深入、再深入；而寫教材，卻要求滿而不溢，即全面地、系統地闡釋課程內容，不多不少，恰到好處。寫教材，還應注意為教師預留講解的空間，為學生預留思考的空間。當然，這不是削減內容，而是在表達上應重在啟迪。

　　在全世界華人地區中，新聞傳播教育與學術研究發展迅速。在這方面，不同地區各有特點，更有共同的文化根源和共同的現實需求，因而交流與合作十分必要。編輯出版這套「新世紀華人新聞傳播大系」教材，目的是彙集各地區華人學者優勢力量，共同推進華人新聞傳播教育與學術研究。這套教材，由中國內地、臺灣、香港、澳門以及美國等地華人學者通力合作編寫，執筆者都有豐富的教學經驗與豐碩的學術成果。他們熟悉課堂、瞭解學生，善於釋疑解惑，長於學術研究。「教然後知其困」，他們也遇到過種種問題，找到過種種答案，有著種種感受。他們把自己在實踐中的切身體驗融入教材，可以使之有完備的知識性、縝密的邏輯性和親切的可讀性，學生「學然後知不足」，學然後知創新。

　　編好教材，是編者的責任，但也需要讀者的幫助。我們衷心期盼，讀者把閱讀的感想、意見和建議告訴編者或執筆者，以便修改補正，逐步完善。

　　　　　　　　　　　　　　　　　　丁淦林　謹識

前　言

　　提到方法，就不禁聯想到莊子《南華經‧養生主》一篇裡「庖丁解牛」的故事。庖丁一把刀，用了十九年，宰過數千頭牛，但刀刃卻仍然鋒利如初，絲毫未損。他在為梁惠王宰牛時，舉手投足之間，劈劈拍拍直響，刀子一動，牛的骨與肉就嘩啦一聲分得清清楚楚，刀聲與骨肉分離聲不僅合乎音樂的節拍，連他的舉手投足也竟然與桑林樂章的舞步和經首樂章的韻律吻合。正是因為他能神乎其技，刀刀中節，以無厚的刀刃入骨骼的間隙，因此能遊刃有餘。而且成事後，「提刀而立，為之而四顧，為之躊躇滿志，善刀而藏之」。刀行有道，態度瀟灑謹慎，成果完美。

　　學術研究的方法，就是庖丁手中的那把刀與使刀之道。如先賢所言，「工欲善其事，必先利其器。」要把問題解決或把事情辦好，首先必須配備銳利的工具，然後步步為營，以克艱辛，以利行事。雖然「方法」一詞在中國早在兩千多年前墨子的〈天志〉篇裡就已出現，其涵義從度量方形之法，也逐漸延伸到完成事情的手段與途徑，可惜的是，在學術研究方法方面，中國在近兩個世紀來，遠遠落後西方的發展，尤其是屬於科學或社會科學的研究方法。研究方法的落後，意味著學術發展的落後。直到改革開放後，學術界才意識到這個問題的嚴重性，於是開始了急起直追的奮鬥。本書就是針對國內的這個潮流，從傳播學的角度，來完整地討論社會科學的研究方法。

　　國內雖然近年來已陸續出版了傳播研究方法的書籍，但幾乎都是翻譯西方學者的著作，在內容取捨方面無法照顧到不同文化具有不同傳播形態的需求。縱使有國內學者的著作，也都殘缺不全，無法顧及研究方法在技術與道術之間的完整性。為了彌補這個缺陷，本書由台灣海峽與太平洋三岸的四個傳播博士學者擔綱，各自撰寫不同章節來共同完成此書。本書內容包含了奠基篇、設計篇、方法篇與統計篇四大部分，除了研究方法本

身，也涵蓋了方法學與方法論的基本原理和論述，並詳細地說明了統計分析的原則與操作法。另外，本書的舉例，也都能從華人的情境出發，以配合國人的閱讀。

第一部分為「奠基篇」，包括四章。第一章探討傳播研究的本質，勾勒出傳播學的內涵與傳播研究的類型，並進一步闡述理論與傳播研究之間的關係；第二章從研究知識的來源、科學研究的特徵、傳播研究的過程，以及研究問題的陳述四個面向，解析了傳播學的系統性研究的來龍去脈；第三章則針對傳播研究報告書寫的種類、資料的來源、研究報告的格式，以及專業期刊報告的基本流程，加以詳細的分析；第四章則討論了傳播研究所面對的道德倫理問題。

第二部分為「設計篇」，包括三章。第五章解說了傳播研究測量設計的過程，對測量的層次、概念化與操作化，指標建構和度量建構有了清楚的說明；第六章探討了樣本的意義與抽樣的方法；第七章集中探討效度與信度，這兩個概念是研究過程與結果的正確性和可靠性的指標。

第三部分為「方法篇」，以四章的篇幅涵蓋說明了傳播研究的四大方法種類；第八章首先析論傳播研究最為普遍與操作容易、效果強大的調查研究方法；第九章討論以因果關係為目標的實驗研究方法；第十章分析以民族志學研究法為主的自然研究方法；第十一章報告了傳播學研究裡最早出現的文本分析法。

最後一個部分為「統計篇」，分詳述了資料處理的統計方法。包括了第十二章的描述性統計學；第十三章的推論性統計學；第十四章的差異與關係分析。

為了便於閱讀與理解，本書各章開頭皆先標出該章的總體與個體目標，讓讀者能一開始就對該章的大概內容有所掌握。各章也都有簡單明瞭的結論，提綱挈領地畫出全章的輪廓。另外，每章末了也都附有作業題，協助讀者對該章內容進一步的瞭解與引申。在本書的末尾，更列出了各章關鍵詞的扼要解釋，使讀者能在即刻間對書裡重要的概念有基本的理

解。

　　本書的四位作者分別為美國羅德島大學的陳國明教授，負責書寫第一章、第二章、第三章與第十一章；台灣大學的彭文正教授，負責書寫第五章到第八章；美國羅德島大學的葉銀嬌教授，負責書寫第九章與第十二章到第十四章；以及華南理工大學的安然教授，負責書寫第四章與第十章。作者們感謝在書寫的過程中，羅德島大學、台灣大學與華南理工大學在各方面的協助。成書期間，本人正好任職華南理工大學新聞傳播學院與國際教育學院的講座教授，兩個學院加上華南理工大學的跨文化傳播研究中心的鼎力支持，也在此表示謝意。最後，我們也很感謝鄭貞銘老師，能把此書納入由復旦大學出版的兩岸三地發行的傳播教科叢書系列。

陳國明
寫於2009年6月廣州大學城

作者簡介

陳國明

1987年獲得美國肯特州立大學（Kent State University）傳播學博士學位，目前為羅德島大學（University of Rhode Island）傳播學系教授。曾獲1987年美國國家傳播學會（National Communication Association）國際與文化間傳播組傑出博士論文獎。曾任中華傳播研究學會（Association for Chinese Communication Studies）創會會長，美國國家傳播學會立法委員，美國東部傳播學會文化間傳播組主席，和其他專業學會不同之職位。主要研究領域，在於文化間／組織間／全球傳播學。目前擔任兩個專業期刊編輯，以及多本期刊編輯委員。除了獲得學術研究各種獎勵之外，至今已發表了一百餘篇論文，並編著了三十本中、英文專書。

彭文正

1990年美國威斯康辛大學（University of Wisconsin- Madison）公共政策與管理學碩士，並於1995年取得該校新聞與大眾傳播學博士學位。1995年起任教於台灣大學新聞研究所，教授研究方法、統計學、電視新聞與新媒體研究；並擔任台灣大學多媒體製作中心主任及教學發展中心數位媒體組組長。曾任台大新聞研究所所長、中華傳播研究學會副秘書長，並且擔任過台視記者、主播、製作人、客家電視台執行長、公共電視台及中華電視台董事。主要研究領域為網路科技、政治傳播、媒體效果及客家研究等，研究結果發表於中文、英文及日文期刊書籍中。除了擔任傳播和客家研究學術期刊的編輯委員之外，也擁有多項網路應用軟體的國際發明專利權。

葉銀嬌

2006年獲得美國阿拉巴馬大學（University of Alabama）傳播學博士學位，目前為羅德島大學傳播學系助理教授。主要研究領域為健康傳播、廣告和新媒體。研究結果被收錄於多個書目中，主要涉及研究方法、跨

國廣告研究、媒體娛樂、傳播與新聞教育、電視研究等，在美國、中國和德國多國發行出版。其研究結果還見於各大期刊，內容涉及廣告、電視娛樂、媒體教育等。參與多項研究課題並發表了多項研究報告，內容涉及健康傳播、廣播電視發展計畫和電視節目評估等等。目前擔任中國傳播協會（Chinese Communication Association）秘書。

安然

華南理工大學國際教育學院教授，國際跨文化交際學會國際理事會顧問理事，中國跨文化交際學會常務理事。1999年獲英國雷丁大學（The University of Reading）多元文化教育博士學位，並開始在英國雷丁大學任教。2004年作為「特聘院長」引進回國，創辦華南理工大學國際教育學院。回國後，與英國雷丁大學合作獲得英國科學院研究課題一項，主持省部級研究課題四項，參與教育部哲學社會科學重大攻關項目並主持子課題一項。安然博士的研究方向為多元文化教育、跨文化傳播與適應，在 *Educational Research*、*Race, Ethnicity and Education*、《語言文字應用》、《語言教學與研究》、《學術研究》等國內外專業學術期刊發表了三十多篇中英文學術論文，出版中英文專編著四部，教材兩本。2009年獲「外國留學生管理學會年會徵文」優秀論文一等獎。

目　錄

Part 4 統計篇 357

Part **1**

奠基篇

Chapter 1

傳播研究的本質

總體目標

闡述傳播學內涵與傳播研究類型

個體目標

1.闡述什麼是傳播學

2.說明傳播研究的類型

3.解說理論與傳播研究的關係

　　研究任何主題，首要任務就是先瞭解該主題的重要概念。本書探討傳播研究方法，當然必須先瞭解「傳播」這個概念。為了達到這個任務，本章開宗名義地分為三個部分來解說，以便為本書奠下基礎：(1)什麼是傳播學；(2)傳播研究的類型；(3)理論與傳播研究的關係。

 ## 第一節　什麼是傳播學

　　身為人，我們一共給生了兩次。一次是身體髮膚，受之父母；一次是生於文化（culture），沒有文化情境的培育，人無法成為人（Thayer, 1987）。經由社會化（socialization）的過程，一個嬰兒吸吮著文化的乳汁，在文化所編織成的意義網內浮游，逐漸的對各種事物產生了認知，然後學習如何加以作合理的解釋（interpretation）。於是構建起自己的生存世界，所謂的人類生存的「實境」（reality）也因此形成。這個個人和集體的實境的建構與維持，乃是經由人與人彼此之間交換符號的「溝通／傳播」（communication）過程來完成的。換句話說，沒有彼此表達與相互瞭解的溝通／傳播過程，世界或人類是不可能存在的。因此，瞭解什麼是溝通／傳播，是研究它的基本條件。

　　由於文化的差異，中國人傳統上認為人類的溝通或人際關係的習得，來自灑掃應對之間，而非經由咬文嚼字的學習過程來獲取；西方人則認為溝通事大，有必要從教育著手，因此從兩千多年前的亞里斯多德（Aristotle）開始，就已經開始研究演說與辯論等溝通的內容和技巧。西方這個傳統延續到十九世紀，因為社會巨大的變遷，促使了傳播學門的建立，傳播學正式成為一個教育的學科與領域，也正式於1940年代，在美國大學校園紛紛成立。

　　推動傳播學門成立的十九世紀社會變遷，主要有工業化、都市化、教育的普及三大項（陳國明，1999，2002；Delia, 1987）。工業化的結果

帶來了印刷速度與品質的提高，報紙雜誌的發行量大為增加。都市化的發展，把大量人口集中在同一個地區，傳播的便利性與效果，有了事半功倍的成效。教育的普及，改善了人們閱讀的能力，傳播媒介（media）的產品，於是呈幾何級數的飛躍成長。就在這個得天獨厚的社會環境下，加上兩次世界大戰時對宣傳（propaganda）與說服（persuasion）、知識與應用的需求，傳播研究結合了傳統演說辯論的修辭學（rhetoric）以及新聞學（journalism）的內涵，在1960年代之後逐漸成為一個融合了來自心理學、社會學、人類學、管理學、文學、哲學等學科知識的龐大學術領域。這個西方的學術潮流，同時也影響了其他大陸在這方面的發展。目前香港、澳門、台灣與中國大陸傳播學蓬勃的氣象，即是一例。光大陸地區，現在就有超過六百所大專院校設有傳播學課程，其盛況由此可見。

那麼傳播學到底是什麼呢？以下就分為三個部分來討論這個學科：傳播樹、傳播學課程的內涵及傳播學門。

一、傳播樹

傳播學是一門雜糅不同領域知識的新興學科，同時融合了人文學與社會科學的內涵與方法。它的核心研究，建立在兩造之間的互動（interaction）基礎上。不論是人與人、人與物、人與媒介、團體與團體之間，只要彼此之間產生互動，都可歸入傳播學的範圍。

探討傳播學內涵的歸類方法有很多。一個較簡單清晰的方法是以樹作為象徵，把傳播學當作一棵樹來看待（陳國明，2003a）。這棵傳播樹有六個主要的枝幹：人際傳播學（interpersonal communication）、小團體傳播學（small group communication）、組織傳播學（organizational communication）、公共傳播學（public communication）、大眾傳播學（mass communication）以及文化間／國際間傳播學（intercultural/international communication）。傳播樹則是以傳播這個概念為根基，以

傳播理論（communication theories）與傳播研究方法（communication research methods）兩個科目為它的主幹。本書乃是以傳播研究方法為探討的對象。

若以互動時參與的人數來理解這些傳播學的枝幹，人際傳播是發生在兩個人之間的互動；小團體傳播發生在三至十五個人之間；組織傳播的人數則必須在十五個人以上。但不管人數多寡，小團體與組織傳播的基本架構，還是以一對一的人際傳播為基礎。人際間的傳播可能是有意或無意間發生的，不過一般研究還是側重在人與人交接後如何從陌生人（stranger）、相識（acquaintance）、朋友（friend），發展到親密關係（intimate）這個階段的過程。人際關係（interpersonal relationship）演進的過程中，產生了好多與溝通相關的概念，諸如衝突（conflict）、吸引力（attraction）、自我表露（self-disclosure）、溝通能力（communication competence）、口語／非口語（verbal/nonverbal language）的運用等，都是研究的重點。

小團體與組織傳播係指集合在一起為共同目標奮鬥的一群人互動的過程。烏合之眾是不能歸入這兩個領域的。政黨的小組與各種不同的工作委員會是小團體傳播很好的例子，營利（profit）或非營利（non-profit）的公司行號、學校或慈善機構內部成員或團體彼此之間的互動，則是組織傳播的寫照。除了人際傳播所具有的基本概念之外，小團體與組織傳播學的研究，增添了如領導統御（leadership）、決策（decision making）、經營管理（management）、小組／組織架構（group/organizational structure）、組織發展（organizational development）、團體規範（group norm）、團體凝聚力（group cohesion）等有趣的概念。

公共傳播又稱為修辭傳播（rhetorical communication），它是亞理斯多德修辭或演說與辯論研究的延續。西方人重視口語表達，凡事要求以語言清楚的述說，以達到彼此理解的溝通目的。由於修辭演辯是西方文化的核心傳統，在美國大學的傳播學院裡，這方面的課程，比率上一

直占著重要的角色。像公共演說（public speaking）、辯論（debate）、說服、修辭學、社會運動（social movement）、政治傳播（political communication）、文學闡釋（literary interpretation）等，都是屬於這個枝幹的研究科目。

　　大眾傳播學是以媒介為核心，所開展出來的與之相關的龐大研究範疇。由早期新聞學所側重的印刷媒介（如報章雜誌），發展到目前如電腦、網際網路、衛星等各種不同的電子媒介（electronic media）。由於它具有強大的實用性，學生主修大眾傳播學畢業之後，通常比較容易找到工作，因此是整個傳播學門裡較為熱門的領域。整個大中華區域的傳播學教育的發展，也都以這個領域為主，而且已經到了偏頗失衡的現象。媒介科技、新媒介、媒介政策、電視節目製作、電影、廣告、公共關係、品牌等，都是大眾傳播學研究的熱門主題。

　　最後的文化間／國際間傳播學，是傳播學門裡發展最晚的枝幹，主要是在1950年代間，由幾個主要的人類學家（如Edward Hall）的研究，以及當時國際政治的交鋒與美國國內對待多元文化之間溝通的研究所形成。不過，直到1966年，第一堂文化間傳播學的課程，才在美國匹茲堡大學開始授課（陳國明，2003b）。加上後來交通與傳播科技的突飛猛進，和全球化（globalization）的推波助瀾，文化間／國際間傳播的研究有如雨後春筍，呈現後來居上的優勢。文化間或跨文化傳播（intercultural/cross-cultural communication）這個領域的形成，其實就是把「文化」這個概念凸顯出來，應用到其他五個傳播學的枝幹。因此只要從文化的角度來研究任何一個枝幹，都可稱之為文化間傳播學。當然，它的出發點在於理解一個文化的價值觀、信仰、態度、認知等概念，以及它們如何影響溝通的過程。

　　除了這六個枝幹，像健康傳播學（health communication）、公共關係學（public relations）與危機傳播學（crisis communication）等因人類社會近年來的需求而興起的新學科，也都有發展成傳播學枝幹的潛力，而且這

些新興學科,更具有同時涵蓋其他枝幹知識的特徵。

二、傳播學課程的內涵

傳播學的內涵,也可以用**圖1-1**來表示(陳國明、陳雪華,2005)。

各個枝幹以一個圓圈為代表,彼此環環相扣。不過必須提醒的是,這六個枝幹的根基或圓圈重疊的核心處,就是「溝通╱傳播」這個概念。雖然領域名稱不同,但都是傳播學所生。因此要瞭解每個枝幹領域,必須先弄清楚傳播本身的意義與屬性。這通常是經由「傳播學概論」一門課作全盤性的基礎介紹,然後以代表傳播樹幹的「傳播理論」與「傳播研究方法」兩門課程來奠基。

就以筆者所在的羅德島大學傳播學系為例(如**表1-1**),列出一個完整的傳播學課目表作為參考。這些課程涵蓋了傳播學的各個枝幹與主幹。

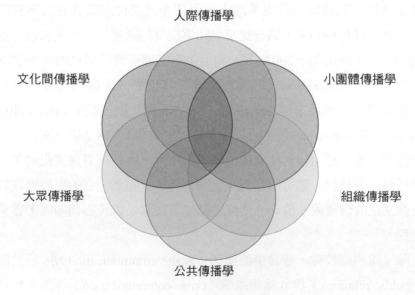

圖1-1　傳播學內涵

資料來源:陳國明、陳雪華,2005。

表1-1　羅德島大學傳播學課程*

100	Communication Fundamentals	391/392	Honors Work
202	Public Speaking	402	Leadership and Motivation
207	Forensic Workshop	405	Humor in Communication
209	Great American Speeches	407	Political Communication
210	Persuasion: The Rhetoric of Influence	409	Seminar in American Public Address and Criticism
221	Interpersonal Communication	411	Advanced Rhetorical Theory
231	Oral Interpretation of Literature	414	The Rhetoric of Sports in Film
251	Small Group Communication	415	The Ethics of Persuasion
302	Advanced Public Speaking	421	Advanced Interpersonal Communication
307	Audio Communication in the Media	422	Communication and Conflict Intervention
308	Advanced Argumentation and Debate	435	Directing Group Performance of Nondramatic Literature
310	Contemporary Oral Communication	440	Telecommunications Processes and Audience Behavior
316	Communication Criticism	441	Race, Politics and Media
322	Gender and Communication	445	Television Advertising
324	Nonverbal Communication	446	Media Theory
325	Communication in Interviewing	450	Organizational Communication
332	Oral Interpretation of Poetry	461	Managing Cultural Differences in Organizations
333	Oral Interpretation of Black Literature	462	Communication and Global Society
340	Electronic Media Programming	471/472	Internship in Communication Studies
341	Documentary Pre-production	491/492	Special Problems
342	Documentary Production	501	Communication Theory
346	Social and Cultural Aspects of Media	502	Communication Methods
351	Oral Communication for Business and Professions	510	Seminar in Interpersonal Communication
354	International Business Communications Exchange	520	Seminar in Media Studies
361	Intercultural Communication	530	Seminar in Organizational Communication
381	Research Methods in Communication	540	Seminar in Public Discourse
382	Communication Theory	591/592	Independent Study
383	Rhetorical Theory	599	Master's Thesis
385	Communication and Social Influence		

*500以上為碩士班的課程。

一個主修傳播學的學生，四年的本科訓練，就是浸濡在這龐大的科目群。但是除了共同必修科目之外，學生則依據自己興趣的方向，集中選修傳播樹其中的一或兩個枝幹，作為畢業後找工作或繼續進研究所深造的準備。共同必修科目，各學校有所不同，不過大致上圍繞在**表1-1**裡的100（傳播學概論）、202（公共演講）、221（人際間溝通）、381（傳播研究方法）與382（傳播理論）等幾個核心科目。研究所則必修501（傳播理論）和502（傳播研究方法）兩科，然後依自己的方向選修每個seminar裡所開的不同課程。學生的學術或主修認同（academic identity）通常在完成必修課程之後，就已經浮現。一旦畢業之後，與不同領域畢業的學生，在知識與研究方面，通常就會有了明顯的分別。

三、傳播學門

　　一個學科或學術領域發展之後，也是意味著一個學門的建立。學門的存在與健全發展，則建立在以學術規範化為基礎的專業主義（professionalism）上（陳國明，2007）。學術專業主義一般展現在概念（conceptual）與應用（application）兩個層次。概念層次指對傳播教學與研究的核心概念是什麼的理解，也就是「傳播」這個核心概念與圍繞著它的相關重要概念的定義、屬性，以及範疇的釐清與瞭解。前面所討論的傳播學的內涵，就是達到傳播學概念性瞭解所必須具備的功夫。它包括了對傳播本身、相關的領域，以及傳播理論綜合性知識的充分掌握與獲取。

　　應用的層次特別指健全的學術社群（academic community）所組成的學術學會（association）的運作。每個學術領域的主要學會，通常是該領域教學與研究規範訂立的場所。學會除了定期舉辦研討會（conference），提供會員一個交換研究與教學成果的場所之外，也定期發行專業期刊（journal），給會員在一個公平競爭的情況下，發表自己的學術研究所得。

目前全世界有兩個主要的傳播學會：國家傳播學會（National
Communication Association, NCA）與國際傳播學會（International
Communication Association, ICA）。國家傳播學會是全世界目前最大的
一個，有近九千名會員，以美國為主要的據點，組織龐大，涵蓋整個傳
播學的各個領域。國家傳播學會在不同國家也設有分部，在美國境內更
分有美國東部、西部、南部與中部四個區域性的學會，而且還有好幾個
州，都設有自己州的傳播學會。國際傳播學會規模較小，約有三千名會
員，不過卻是一個跨國的傳播學組織，會員中有不小的比例來自不同國
家，如香港與台灣不少從事媒介教學與研究的學者參與了這個學會。
另外還有一些較小規模的學會，如European Communication Association
（ECA），以及華人學者比較熟悉的Association for Education in Journalism
and Mass Communication（AEJMC）與International Association for Mass
Communication Research（IAMCR）等。

　　與華人相關的傳播學會有四個值得一提：(1)內地的中國傳播學會
（Communication Association of China, CAC）；(2)台灣的中華傳播學
會（Chinese Communication Society, CCS）；(3)海外的國際中華傳播學
會（Chinese Communication Association, CCA）；(4)中華傳播研究學會
（Association for Chinese Communication Studies, ACCS）。

　　從這幾個傳播學會的網站所提供的訊息，可以畫出一幅傳播學門教
學與研究的完整圖案。以下就列出這些學會的網址供讀者參考：

　　Association for Chinese Communication Studies (http://www.hkbu.edu.
hk/~accs/)

　　Association for Education in Journalism and Mass Communication (http://
www.aejmc.org/)

　　Communication Association of China (http://www.cacr.org.cn/)

　　Chinese Communication Association (http://cca1.wetpaint.com/?t＝anon)

　　Chinese Communication Society (http://ccs.nccu.edu.tw/)

European Communication Association (http://www.ecanet.org/)

International Association for Mass Communication Research (http://www.
iamcr.org/)

International Communication Association (http://www.icahdq.org/)

National Communication Association (http://www.natcom.org/nca/)

 ## 第二節　傳播研究的類型

　　對傳播學有了認同感，建立了以學習或主修傳播學這個領域的身
分，也就是對傳播學的知識與理論有了基礎的習得之後，對與傳播這個概
念有關的問題的探討與試著提出解答，就進入了所謂傳播研究的階段。理
論通常是以思辨為基石，縱深橫貫地對與傳播相關的概念之間的關係，進
行系統性的論述。研究則遵守一套可以依循的清晰與嚴謹程序，對概念
之間的關係或概念的問題，逐步地加以解答的過程。本節就從目的、性
質、領域、範型四個角度，來討論傳播研究的幾個基本類型。

一、依目的而分

　　從研究目的的角度來說，傳播研究可分為純學術／基礎性研究
（scholarly/pure/basic research）與專利／應用性研究（proprietary/applied
research）兩種。前者之所以稱為純學術或基礎性研究，乃是因為這類型
的研究很少去顧慮到研究結果的商業性用途，而且研究的結果是完全公開
的。大家平常在不同期刊雜誌所看到的論文，大部分是屬於純學術性的研
究。

　　專利／應用性的研究通常是為了推展某種產品或是為了解決某個特
殊性的問題而做的，因此閱讀的對象往往是針對少數的一群人，研究的

結果通常也不對外公開。例如，一般公司行號裡的研究，大致上是為了
自己公司製造或改良產品而做。研究結果一公開，別的公司或許會立即
使用，搶了營利的先機。也因為如此，應用性的研究成果，都會申請專
利，來保護自己的權益。有些應用性研究結果，雖然也會在專業期刊發
表，但通常只是輕描淡寫，很少把研究的細節像基礎性研究一樣，清清楚
楚地公之於世。本書的興趣雖然是集中在純學術／基礎性的研究，但在方
法上，這兩種不同目的的研究，並沒有什麼差別。

二、依性質而分

從性質的差異來看，傳播研究可以分為定量（quantitative）與定性
（qualitative）兩種。這大概是大家最熟悉的研究類型。這個分類法有過
於簡化之嫌，因為是否是定量與定性，通常是從分析研究過程所蒐集的資
料來決定的，有些研究方法（如內容分析法）所蒐集的資料，既可以定量
處理，也可以定性處理。不過定量與定性的歸類法雖然簡略，但仍不失為
是一個瞭解學術研究的便利方式。

基本上，定量研究認為：(1)實境的存在是單一而且是有形可以觸知
的；(2)知者（the knower）與被知者（the known）之間的關係是雙元獨
立的；(3)研究的結果是具有普世性的（universalization），意味著研究結
果可以引申（generalize）到不同時空的其他情境；(4)肯定因果（cause-
effect）的存在；(5)研究是價值中立（value free）的過程。

定性研究則認為：(1)實境的存在是多重的、構建的與具有整體性
的；(2)知者與被知者之間的關係是互動不可分割的；(3)研究的結果是
具有時空的限制性；(4)萬物彼此因緣相關，但這種關係不是因果性的；
(5)研究是受到研究者與被研究者的影響的非價值中立的過程（Lincoln &
Guba, 1985）。**表1-2**可以讓我們更清楚地瞭解定量與定性研究之間的差
別（Glesne & Peshkin, 1992）。

表1-2　定量與定性研究的不同素質

定量研究	定性研究
假　設	
• 宇宙萬物具有客觀的存在 • 方法為重 • 變項是可以確認的，它們之間的關係是可以測量的 • 採用客位（etic）法觀點	• 實境是經由社交構建而成的 • 研究主題為重 • 變項與它們之間的關係是錯綜複雜，而且無法測量的 • 採用主位（emic）法觀點
目　的	
• 引申 • 預測 • 因果關係的解釋	• 脈絡化 • 詮釋 • 瞭解被研究者的立場
方　法	
• 從假設（hypotheses）與理論（theories）著手 • 操縱（manipulation）與控制（control） • 使用正式的工具 • 實驗法（experimentation） • 演繹法（deductive） • 要素分析（component analysis） • 尋求一致性與規範 • 以數字顯示資料 • 以抽象性語言書寫	• 以假設與根基理論（grounded theory）為終點 • 浮現事件（emergence）與描述（portrayal） • 研究者即是工具 • 自然法（naturalistic） • 歸納法（inductive） • 尋求型態（patterns） • 尋求多元與複雜性 • 很少以數字顯示資料 • 以陳述性語言書寫
研究者角色	
• 保持距離（detachment）與公正（impartiality） • 客觀性的描述	• 個人投入（personal involvement）與偏私（partiality） • 同理心的理解

資料來源：Glesne & Peshkin, 1992。

三、依領域而分

　　從學術領域的角度來看，研究的種類可劃分為物理／自然科學（physical/natural sciences）、社會科學（social sciences）與人文學（humanities）三大項。如果用研究結果的準確度（accuracy）與可信度

（reliability）作為衡量的標準來看，物理／自然科學的研究講求達到幾近百分之百的準確度與可靠性，諸如物理、工程與天文學等領域，都是屬於這個部分。想想用火箭把太空船送入外太空，然後循著固定的軌道，最後把登陸艇在月球的某個角落著地，如果一開始的計算縱使只是失之毫釐，這太空船一定是永遠到不了月球的。這正是俗話所說的「失之毫釐，差之千里」的慨嘆。

　　心理學、社會學、人類學與經濟學等學門，則屬於社會科學的領域。社會科學研究的對象是人，人既非草木，也非鐵石，而是活生生會思會想、具有七情六慾的生物，因此雖然我們同樣使用嚴謹的方法來做研究，但是在研究結果方面的要求，就無法像物理／自然科學那麼講求幾近完美的準確度與可靠性。也就是說，如果研究的結果，能夠達到約95%的準確度與可靠性，那麼這結果就是可以接受的。當然，依據研究不同的性質，對不準確與可靠性比率的接受度是會有差別的，不過通常是以5%的誤差作為可以接受的尺度。

　　人文學包括了文學、藝術與音樂等學科。有些學者也把人文學稱為人文科學，這也無可厚非，因為用科學方法來從事這些學科的研究並不是問題，或者把科學這個概念當作是一個具有系統性（systematic）的研究過程，那麼稱之為人文學或人文科學的差別就不大了。只是一般提到人文學科，我們大致上會認為，這些學科的特色建立在人的想像力（imagination）與創意（creativity）兩項能力的發揮。這種鳶飛魚躍、海闊天空的人類表現能力，是很難用科學的概念來加以描述或限制的。

　　那麼傳播學到底該屬於哪一種呢？它的研究既可以是人文學，也可以是社會科學。如前面所言，傳播學主要是傳播與修辭演辯兩大板塊所合成的，傳播本身的研究承繼了心理學、社會學、人類學等傳統學科的概念與方法，修辭演辯則繼承了亞理斯多德的修辭學所發展出來的文學與語言學科路線。前者代表了社會科學的路線，後者為人文學的傳統。這從目前的傳播學系，早期很多是使用演辯學系（Speech Department）、

演辯傳播學系（Department of Speech Communication）或演辯與傳播學系（Department of Speech and Communication）為系名的情況，可以看出端倪。這種兼具人文學與社會科學傳統，很能顯現出傳播學門的包容性與內涵的多樣化。

四、依範型而分

學術理論的發展，勢必受到文化與社會情境的制約，這是眾所周知之事。不過很多人認為研究方法是放諸四海皆準，具有普世性的特色的看法，卻是值得商榷的。研究方法與理論一樣，不可能是價值中立的，因此橫向移植西方研究方法，來解決不同文化情境問題的時候，千萬不能囫圇吞棗，照單全收。必須以批判的態度，使用之前檢視方法背後的制約性，參照對比之後，再行引用。

由於目前大部分傳播研究方法都是起源西方社會，每一種方法背後不免具有一套指引的哲學思想，也就是所謂的學術範型（paradigm），傳播研究當然也不例外。範型即世界觀（worldview），就是一群擁護者共同賴以思考、行事的假設與信仰。學術範型通常由四個要素組成：本體論（ontology）、認識論（epistemology）、形上理論（metatheory）與方法論（methodology）（陳世敏，2004；Smith, 1988）。茲對此四個要素簡要說明如下（陳國明，1999，頁259-264）：

(一)本體論

從傳播學的角度，本體論指傳播者或傳播本身的本質為何？換句話說，傳播行為是一種出自自我意志或完全受制於社會、環境或文化的活動呢？很明顯地，1980年代之前的傳播研究幾乎是機械論（mechanism）主控的天下，皮下注射針理論（hypodermic-needle theory）或子彈理論（bullet theory）是這種視傳播為單向影響之論點的最佳例子。之後，把

傳播行為當作是一種自發性、有目的性，而非受制於外在因素的行動論（actionalism）慢慢取代了機械論。建構理論（contructivism）（Delia, 1977）和通則理論（rule theory）（Cushman, Valentinsen, & Dietrich, 1982）的興起可資為例。在此同時，也產生了承認傳播行為無法免除外在環境影響的行動論，意義同位經營理論（coordinated management of meaning theory）（Pearce, Cronen, & Harris, 1982）和經權規則理論（contingency rules theory）（Smith, 1984）即是兩例。

　　經過這三種拉鋸於決定論與自由意志論之間的發展，當今傳播學者基本上同意傳播行為的本質應該包含四個要點（Chen & Starosta, 1998）：

1.傳播是一個不可分割的整體現象（holistic phenomenon）。傳播本身就是一個參與者表達自我認同和接受肯定對方認同之過程的關係網。

2.傳播是一個社會實境（social reality）。它是一個參與者經由語言和非語言象徵符號的互動，而建立出一組共同分享之意義的過程。

3.傳播是一種連續發展的過程（developmental process）。如同陰陽互動之生生不已的變遷與轉換的過程。

4.傳播是一個亂中有序的過程（orderly process）。就好像日月之更迭，潮汐之漲落，有其規則形態可尋，而非混亂不可預測。

(二)認識論

　　認識論旨在討論傳播探究的本質為何。也就是問：傳播學研究的適當方法是什麼？Pearce、Cronen和Harris（1982）及Smith（1988）認為，影響傳播學研究的認識論包括以下幾種：

　　第一是理性主義（rationalism）。主張人類創造性的思考，是揭發具有邏輯結構的經驗世界之最佳方法。Chomsky（1966）的派生／轉換語言學（generative/transformational linguistics）和Burke（1946, 1950）的戲劇

性修辭理論（dramatistic theory）為典型的例子。

第二是理性實證主義（rational empiricism）。主張第一類理性主義對人類的理解，必須進一步建立在經由觀察所得之資料的印證過程。Grice（1975）的交談邏輯（logic of conversation）理論即是一例。當今如幻想主題分析（fantasy theme analysis）等類的修辭批評，皆具有這種色彩（Smith, 1988）。

第三是機械式的實證主義（mechanistic empiricism）。主張知識應該來自較少受到理性思考干擾的經驗觀察。早期的傳播研究和1950年代與1960年代的說服研究皆屬此類，其他如互動分析（interaction analysis）學派也歸於此（Feldstein, 1972; Stech, 1975）。

第四是邏輯實證論（logical positivism）。以化約主義（reductionism）和操作主義（operationalism）為基礎，主張一個客觀真實的世界存在於吾人的理性思考之外，只有經由經驗觀察才可得知。但經驗世界可觀察的各種現象只具有可變之相依關係（correlation），而非因果關係。邏輯實證論影響傳播學研究甚鉅。從傳播學成立之初到1960年代，幾乎是邏輯實證論的天下，尤其是霍夫蘭（Hovland）學派所建立的說服與態度轉變的研究，更執此範疇之牛耳。邏輯實證論的影響力，至今仍然強大。但比起早期雄霸整個學界的情形，我們發覺1980年代之後，因受其他思潮的挑戰，其風采已漸漸褪失。

第五是建構主義。主張真實世界是經由個人的觀察所建構出來的，而且個人所見、所解釋的現象世界是一個整合的全體。換句話說，個人的心智在認知世界的過程，占據著一個積極投入的角色。建構主義可說是折衷了科學經驗主義與人文主義（humanism）的思潮（Smith, 1988），其領域包括了交談分析（conversational analysis）、內容分析和修辭批評等解釋方法，至於Delia的發展建構主義（developmental constructivism）與Pearce、Cronen和Harris的意義同位經營理論也都是屬於此類。建構主義在1980年代之後，持續對傳播學研究發揮強大的影響力。不過，依

Smith（1988）的說法，盛行於當代的思潮應該是所謂的建構的唯實主義
（constructive realism）。此思潮反對激烈的建構主義，認為過度強調個
人解釋過程的主觀性，導致了合體性（collective）學術研究的無法落實，
因此主張以相互主觀（intersubjectivity）的觀點來解釋傳播的現象。

　　最後，視傳播為一開放系統，側重分子之間的互動與關聯性的一般
系統理論（general system theory）思潮，幾十年來也持續影響著傳播學的
研究。雖然此思潮一直未成主流，但其啟發性甚強，應用性也很廣，很可
能為傳播學研究闢出一條新路（Fisher, 1978; Littlejohn & Foss, 2007）。
Cushman和Craig（1976）的自我概念法（self-conception approach）、
Kincaid（1987）的聚合理論（convergence theory）、Millar和Rogers
（1976; Rogers, 1989）的關係法（relational approach），以及Watzlwick、
Beavin和Jackson（1967）的互動觀點（interactional view）皆是此派裡的
佼佼者。

(三)形上理論

　　形上理論意指對理論本質的信仰。什麼樣的理論解析（theoretical
explanations）可適用於傳播行為呢？一個研究者的本體論與認識論的觀
點，基本上就已決定適用於該研究者的理論解析。影響建構傳播理論的
方法主要有三種：(1)定則法（the laws approach）；(2)通則法（the rules
approach）；(3)系統法（the systems approach）（Bormann, 1980; Stacks,
Hickson, & Hill, 1991）。

■定則法

　　定則法通常擁抱決定論或宿命論的本體觀點，在認識論方面則依靠
機械式的實證論或邏輯實證論。由於定則法的理論建構過程，主張傳播
行為的因果關係，且把人視為傳播過程中的一個被動與受制於外力的物
體，因此隨著時代的變遷與人性自我意識的高漲，它的魅力與說服力已
大為減低。定則法的理論建構，基本上是試著使用歸納或演繹的方法，

來陳述一組在某種情況下為真的普遍性假設。這種「在某種情況下，若A則B」的定則法基本論題，深受時空限制，因此用來解釋傳播行為，不免顯現出它的僵化性。不過，定則法的影響力雖然日漸式微，它對傳播學研究的發展與貢獻，如Berger和Calabrese（1975）的不確定性減少理論（uncertainty reduction theory），具有不可磨滅的歷史地位。因此當今仍不乏傳播學者像是Miller和Berger（1978）、Poole和Hunter（1980），以及Seibold（1980）繼續鼓吹定則法的使用。

■ 通則法

　　通則法在本體論方面通常採用行動論的觀點，在認識論方面則歸於建構或建構唯實主義。此法試著用一種較不正式或鬆散的邏輯思維，來解釋為什麼人們會產生各種的傳播行為（Stacks, Hickson, & Hill, 1991）。經由這個過程，即可發現一組用來解釋為何在某種情況下某些人會有某種傳播方式的通則。這種通則是可變的，不像是「若A則B」的定則性。通則法作如此的陳述：「A認為經由B，C就會發生，因此A決定做B」（Cushman & Pearce, 1977; Cushman & Whiting, 1972）。前面提及的意義同位經營理論與Goffman（1959）的戲劇性分析（dramaturgical analysis）是運用通則法建構傳播理論的好例子。通則法是定則法的一個強烈對比，定則法失之過僵，缺乏彈性，通則法則失之含混籠統，不易回答一組通則構成的因素。不過，因局勢所趨，此法應用在傳播學研究上，大有超越定則法而成為當今顯學的趨勢。

■ 系統法

　　系統法是一相當龐雜而且尚未完全系統化的形上理論（它同時也可視為認識論）。它主要包含結構理論（structural theory）和一般系統理論。系統法把傳播行為視為一整體的現象，並且進一步探索傳播本身各分子之間的關聯。系統法的主要字彙（如environment、feedback、openness、hierarchy、input、output、interrelationship、equfinality、balance

等），可以很容易用來解釋傳播學各個不同領域的論題。其啟發性之強自不待言，但也因為它的籠統性，尤其在其方法論方面的不足，傳播學者要能有系統的經由系統論的應用，而建構出高信度的理論，恐非一蹴可幾之事。不過，從當今傳播學者對系統法持續保持興趣的現象看來，系統法將來在傳播理論的建構上應該會有一番作為。

(四)方法論

綜觀半世紀以來傳播學研究的發展，我們可以發現研究方法隨著對傳播這個概念的意義、過程、理論認知的變遷，有著很明顯的更迭。最明顯的改變是由1950年代與1960年代實驗方法學操縱的單元取向，轉化為近年來的方法多元取向；再者就是傳播學者逐漸發展出一些屬於傳播學科自己的研究方法（Smith, 1988）。

姑且以前面依研究性質而分的定量與定性兩種研究類別為例，它們之間的差別主要是扎根在先前所談的本體論、認識論和形上理論信仰上的異同。定量的研究崇信決定論、實證論與定則法；定性的研究則偏向於建構論與通則法（Ting-Toomey, 1984）。

若依領域類別而論，定量的傳播學研究與主要的社會科學研究方法無異，包括了實驗方法與調查法。定性的傳播學研究方法以文本分析（textual analysis）或修辭批評（rhetorical criticism）為主。僅僅修辭批評有歷史批評法（historical ciritcism）、新亞里斯多德批評法（neo-Aristotelian criticism）、女性主義批評法（feminist criticism）、幻想主題批評法（fantasy theme criticism）、隱喻批評法（metaphoric criticism）、戲劇性批評法（dramatic criticism）、敘述批評法（narrative criticism）與類型批評法（generic criticism）、神話性批評（mythic criticism）、構架分析（framing analysis）等等不同的形態（張榮顯，1998；Foss,1989）。至於內容分析、民族志研究法（ethnography）、互動交談分析（interactive discourse）、敘述言說（narrative discourse）等方法，加

上不同種類的修辭批評法，則依研究的需求，可定量化亦可定性化（Frey, Botan, & Kreps, 2000; Rubin & Babbie, 1997）。

若以當代傳播學研究而言，在研究方法方面則已顯示出幾項趨勢（陳國明，1993; Chen & Starosta, 1998; Smith, 1988）：

1.科學與人文方法的合流。傳播學者已逐漸發現定量、定性研究並非得敵對不可，因為同一研究內同時使用質、量方法相互印證，常常更能捕捉到傳播行為的豐富性。

2.傳播學者漸趨使用傳播學獨創之研究方法。1970年代之後，越來越多學者偏愛解釋型模旗下的方法，用來勾勒傳播的意義與行動。

3.在研究場域（research setting）的選擇方面，傳播學者也漸漸以自然研究法（naturalistic research）取代依賴嚴格環境限制的實驗方法。

4.在研究設計方面，橫斷法（one short/cross-sectional methods）的使用已不再獨占，有些傳播學者已採用縱貫法（longitudinal designs）的研究。最後，在測量分析方面，為了更加瞭解傳播本身的複雜性，多變項分析法（multivariate analyses）的使用也已大量增加。

以這四個要素為基礎的學術認識範型（epistemological paradigms）可分為三大類：(1)發現範型（discovery paradigm）；(2)解釋範型（interpretative paradigm）；(3)批判範型（critical paradigm）。這三大範型乃是本書第三部分所討論的學術研究四大方法種類背後所依據的哲學思想，這四大方法種類包括了實驗（experimental）、調查（survey）、文本分析以及自然研究法。

發現範型是定量實證（empirical）研究或功能主義（functionalism）的基型，以理性思考（rational thinking）與邏輯推理（logical reasoning）為手段，經由科學方法的研究，尋找普世性的規則。物理／自然與社會科學等領域的研究，大致信仰這個範型。

解釋範型與批判範型偏向於定性的研究。解釋範型應用在研究上，

目的在於瞭解意義（meaning）製造的過程。這個範型認為多重實體乃是在社交建構（socially constructed）的過程形成的，因此在解釋的時候，特別注重原創性與價值觀，而且試圖從互動者的角度來描述。批判範型與解釋範型一樣，主張多重實體的形成來自社交建構的過程。其研究的目的主要在於挖掘或凸顯，尤其是被壓迫群體的歷史與文化背景下的隱藏結構（hidden structure），並進一步經由行動來改變社會的不平等現象。**表1-3**羅列了這三大認識範型的思想基礎與相關的傳播研究方法（Merrigan & Huston, 2004, pp.10-12）。

　　由**表1-3**可以看出，每個範型各有其優缺點。例如：發現範型的研究能夠以科學客觀的方法，經由觀察來宏觀地瞭解一個群體的面貌；

表1-3　認識範型的思想基礎與相關的傳播研究方法

範型的基本假設			
	發現範型	解釋範型	批判範型
實體的性質	實體是可知可發現的。	實體是經由社交構建的多重存在。	實體是經由社交構建的多重存在。
知者的角色	任何知者都可以得知實體。	實體是經由知者的詮釋而存在的。	實體是知者的社會、政治、經濟、族群、性別與能力的互動所形成的。
脈絡的角色	得知的方法是主觀與去脈絡化的。	得知的方法是主觀而且局限於知者的脈絡。	得知的方法是主觀而且局限於知者的脈絡。
知的過程特色	得知的方法是嚴謹、系統化與可以重複的。主觀與去脈絡化的。	知者詮釋的過程是創意性與價值相關性的。	知者詮釋的過程是啟示性的。
研究的目的	研究的目的在於準確地再現實體。	研究的目的在於瞭解意義是如何製造的。	研究的目的在於凸顯隱藏的結構與鼓動社會的變遷。
如何達到目的	經由對事件的分類普世性規則的確認來達到實體再現的準確性。	經由從知者的時空脈絡背景的描述來達到對意義的理解。	經由特別是被壓迫者的歷史與文化的隱藏結構的確認來達到促進改變社會的目的。

（續）表1-3　認識範型的思想基礎與相關的傳播研究方法

範型的哲學思想聯繫		
發現範型	解釋範型	批判範型
理性主義 實證主義 邏輯實證主義 行為主義 唯實主義 早期的現代主義	解釋學 現象學 符號互動 建構主義 自然主義 早期的結構主義 晚期的現代主義	批判理論 符號學 後現代主義 後結構主義 解構主義 晚期的結構主義
與範型相關的傳播研究		
發現範型	解釋範型	批判範型
調查法的研究 實驗法定研究 傳播網路分析 內容分析 互動分析 新亞里斯多德修辭批評 歷史個案研究 修辭批評的傳記性研究 修辭批評的古典類型研究 會話分析	話語（discourse）分析 民族志法研究 敘述與神話（narrative and mythic）修辭批評 隱喻修辭批評 戲劇性的修辭批評 幻想主題分析式的修辭批評	批評民族志法研究 馬克思批評法研究 女性主義批評研究 文化研究 後後現代批評研究 後結構批評研究 後殖民批評研究 類型改革批評研究

不過，它的缺點是過度的概括資料，見林不見樹，埋沒了群體內個人的特徵。相反地，解釋／批判範型的研究從個體著手，深入地蒐集到豐富的資料，進而顯示個別分子的自我特色；不過，也正因為過度強調個己性的重要，而有見樹不見林的偏失。最值得鼓勵的研究是採用多重方法（triangulation），這種在一個研究裡同時使用兩種以上不同的方法（通常是定量與定性同時使用），甚至不同的理論和不同的觀察者，可以克服單一方法的偏見所生成的弱點。雖然在西方因為競爭所形成的「沒發表論文，就丟掉工作」的偏頗信念與環境下，使用這種費時費事的方法，並不是一件容易的事，但這畢竟是一種值得鼓勵的做法。

第三節　理論與傳播研究的關係

　　學術研究的一個主要目的就是對既存理論的測試、挑戰與改良，或是經由研究的結果，來發展出一套可以解釋人類社會或大自然現象的說法或理論。很多人以為理論是虛華空泛的東西，是大而不實與空而無物的泛泛之論。其實這是對理論這個概念有了誤解或偏頗的看法，理論的作用大矣。正如李文（Lewin, 1951）所言，這天下沒有比一個好的理論更加實用的東西。任何行動如果沒有一個正確理論的引導，後果通常堪憂，小則失策，大則誤人誤國，危害人群社會。由於理論與研究息息相關，有如銅板的兩面，因此學習研究方法之前，有必要先瞭解理論的本質與它在研究過程所扮演的角色。以下就針對理論這個概念，分成四個部分來加以解說。

一、理論的意義與本質

　　理論是什麼？是高談闊論，不著邊際的夸夸之談？是市井之旁、榕樹之下百姓的家常之論？是騷人墨客、商賈政客的橫飛口沫？不是的！理論是對一個人為或自然現象的一組概括性的解說，也就是對一件事情的發生提出「為什麼」的原由。當然，任何人都可以對一個問題的發生提出可能的原因或解答，但這個解答之所以稱之為理論，倒不是隨便說說就可以的，它必須建立在一個嚴謹的觀察過程。更具體的說，理論就是經過對事件的觀察，所提出來的兩個（或多個）概念之間的相關性。

　　例如，看到地面上濕了一片，為什麼呢？於是對周遭環境觀察了一下，發現正是艷陽高照的日子，那麼這地上的濕就不應該是因為下雨的關係。那會不會是三樓辦公室的秘書把昨天剩下的茶水往外潑的關係呢？好像也不是，因為昨天是假日，秘書不上班；縱使是，那些茶水也不至於

會把地面弄濕成這麼一大片。東看西問之後，得知原來是校園內澆花草的車子，今天清晨工作的時候，水管破裂，在不該有水的地方流瀉了一堆水。問題的答案找到了，把這個為什麼發生的理由陳述出來，就是所謂的理論。換句話說，這個理論就是地面的濕與天氣、茶水或澆花草的車子之間關係的一種陳述。這麼說起來，好的理論是解決問題的保證了，而且理論隨手可得，只是優劣不同罷了。其他諸如吸引力與個性的關係、看電視與侵犯性行為的關係、玩電動遊戲與功課成績的關係、廣告語言與銷售率的關係、長相與社會地位的關係、年齡與記憶的關係、性別與收入的關係等等，多是理論成立的好例子。

從以上的例子，我們可以體會到一個好的理論最少必須具有三個要素：原因、結果、事件發生的環境。原因指一個問題之所以發生的動因，結果指這些動因所引發出來的連帶作用，但是這種如「因為她體重一百公斤，所以很多人喜歡她」的「因─果」關係的成立，必須受到環境的制約。因為除了在中國唐朝時期或當今少數幾個部落之外，身材肥胖在戀愛的過程中大概不會帶來正面的效果才是。該注意的是，所謂因果的關係，在物理／自然科學領域比較容易成立，但對人類行為來說，很多情況很難用因果的關係來加以解釋，而只說兩種之間有「相關性」。這「相關性」乃是指一個結果可能是多種原因所導致，而不只是單一原因的因─果強制關係。1950年代與1960年代傳播學界執牛耳的說服或態度改變（attitude change）的研究，風行了十幾年後就逐漸沒落的原因，就是把人的思想行為以因果關係來處理的後果。這些相關係在往後各章節會陸續談到。

把前面概念之間的關係陳述用一個結構性的形態來加以表示，看起來是這個樣子的：「在C的情況下，若A，則（可能）B」，如「在新加坡，如果你吃口香糖被警察逮到，你是會被罰款的」、「在中國，人際關係若搞得好，做起事情來就容易多了」等等，都是理論陳述的結構。理論的這種對兩個概念之間關係的陳述，具有嚴謹的邏輯推論性，因此只要加

以研究觀察，就可以印證這個陳述是否準確。

二、理論的功能

　　從理論的意義與本質，我們也可以看出理論的三大功能：解釋（explanation）、預測（prediction）與控制（control）。

　　理論對一個事件或問題提出「為什麼」這樣或那樣的過程，呈現了解釋的功能。解釋的功能是理論存在的基本要求，因為沒有解釋的功能，理論的預測與控制能力就無法展現。上一段提到的經由邏輯推理的過程，對現象的發生提出解釋的形態有兩種，一是因果關係論，二是可能關係論。從學術研究的角度來說，因果關係是屬於律法（law），可能關係是屬於規則（rule）。律法沒有彈性，很難隨著時空的改變而改變，例如兩星期不吃不喝，生命定會休了，可說是一種因果關係，一種無法改變的律法或鐵則。規則則隨時空的變遷，可能產生改變，例如你與爸爸或姊姊吵了一架，雖然很生氣，覺得他們不講理，但應該不會把爸爸或姊姊一狀告到法院去。不過如果與一個陌生人吵架之後，覺得對方無理使自己滿腹委屈，可能就會去請法官或仲裁者評評理。這在傳播的過程中，常常可以發現。隨著關係程度的進展，雙方互動的規則是可以彼此建立的。不同夫妻之間表達愛意的差別，就是一個很好的例子。

　　理論的解釋方法，比較通用的有演繹法（deductive approach）與歸納法（inductive approach）兩種。這兩個思維的方法，可以用朱熹在註解《易經》的序文中提到的事物變化之道的「散之在理，則有萬殊；統之在道，則無二致」的「殊理」與「統道」兩個概念來理解。殊理指現象界各自的存在，統道指一組殊理結合而成的一個統合的陳述。從研究的角度來說，殊理就是資料（data），統道就是理論（theory）。從道或理論推往殊理或資料的過程，就是演繹法；從殊理或資料推往道或理論的過程，就是歸納法。

　　又如，太極（即道也）生兩儀，兩儀生八卦，八卦生六十四卦，六十四卦生三百八十四爻的生成過程，就是演繹法的推論方式。換句話說，就是從一個概括或統合的陳述，導論出不同的個別現象的過程。這也就是先有結論，再羅列理由的過程。例如：

結論（統合的陳述）：陳國明教授是個很會演說的人。
原因（個別例子或舉證）：因為他
1.有受過演說的專門訓練。
2.很會使用肢體語言來輔助論點。
3.咬字清晰。
4.聲音宏亮有力。

　　歸納法的推理方式，與演繹法恰恰相反。它是由三百八十四爻回歸到太極，或從不同的個別案例著手，然後導出一個結論的過程。例如：

原因（個別例子或舉證）：陳國明
1.上課老是遲到。
2.作業老是不交。
3.沒有學習動因。
4.忙著兼差。
結論（統合的陳述）：所以他的傳播學概論的課被教授給死當了。

　　這兩個人類推理方式結合起來，形成了一個很堅強的思維系統。正如朱熹在註解《中庸》時所說的「其書始言一理，中散為萬事，末復合為一理」，由一推到多，再由多收納到一，正是演繹法與歸納法的合一。

　　應用到學術研究，這兩種推理方法代表了「資料到理論」（data-to-theory）與「理論到資料」（theory-to-data）的差異。前者是事先觀察現象界的林林總總，然後從這些蒐集的點點相關資料，歸納出一個可以解說某個現象發展或研究問題的模式或理論。後者則先提出一個暫時性的模

式或理論，再以此來演繹或比照現象界的林林總總的個別事證或資料。兩個方法各有優缺點。「資料到理論」法，可以避免先見（即事先預設的理論）的牽制，自由地蒐證資料；缺點是，這種沒有一個事先假定的解釋來引導，很容易導致研究者因主觀意識的影響，造成專斷性的或刻意造假的個別資料的產生。「理論到資料」法，有一套先定的看法可以依賴，整個研究過程的操作，可以受到控制；但是因為受制於先定的理論解釋，容易窒息學者創意與想像力的發揮，而失去其他值得對事件或問題加以另外詮釋的機會。雖然目前西方學術界比較重視「理論到資料」的研究方式，但是這並不意味著孰優孰劣。正確的作法應該是以自己研究題目的性質，來決定使用哪個方法比較適當，而非一味跟著潮流走。

三、如何審核理論

理論既然是一組對現象或事件發生原因作出解釋的陳述，其正確性或適當性如何，當然有其一套評審的標準。一般而言，決定一個理論的好壞，最少要有三個要素：效度（reliability）、預測性（predictability）以及啟發性（heuristic）（Kaplan, 1964; Smith, 1988）。

效度指理論對事件所提出的解釋，是不是與事件本身的實際情形或該事件相關之概念相互吻合。例如Schramm（1971）的子彈理論與Berlo（1960）的皮下注射針理論以刺激—反應的模式，把受眾看成一個既被動又容易受到媒介訊息影響的對象，媒介可以對閱聽人予取予求，以達到事先預設的目標。這兩個理論在早期研究說服與宣傳兩個主題的時候頗為流行，且普遍受到學者的接受。可是後來的研究結果，陸續發現人類其實是具有己見，而非完全受制於媒介訊息的被動生物。因此，目前如果用這兩個理論來解釋媒介對受眾的影響，就不再是適當了，因此它們的效度或準確性就不足為信了。一個有效的理論，它所涵蓋的各元素或概念的意義與彼此之間的關係，通常是具有精簡與一致性（precision and consistency），而不是變來變去的。

預測能力是理論的基本功能之一。如果一個理論對事件的發生，無法提出可靠的解釋，也就是無法提供在該種特殊情況之下，一個原因所引發出的可能結果，那麼這種理論就失去了存在的價值。例如，使用與滿足理論（uses and gratifications theory）到目前還受到推崇，就是因為它認為受眾會對訊息作出積極的篩選與詮釋，受眾接受媒介訊息時，不僅具有滿足自己需求的目的，而且很能瞭解自己的動機是什麼，因此媒介其實只能滿足受眾局部的需求，而非完全控制了受眾（Katz, Blumler, & Gurevitch, 1974）。比起子彈或皮下注射針理論，使用與滿足理論對媒介使用與受眾之間關係的預測能力，當然是更強大、更精準了。

最後，理論的啟發性表現在它的範疇（scope）夠廣與用途（utility）夠大。範疇夠廣指這個理論能值得信賴地用來解釋不同事件發生的原因，或不同概念之間的關係；用途夠大指這個理論是否能夠讓我們對如人類的行為有更進一步的理解，或者對研究問題的領域發展能提供更進一步的線索與契機。例如Homans（1958）在1950年代提出的社會交換理論（social exchange theory），就是一個啟發性很強的理論。作者用生意上交換時的付出（cost）與報酬（reward）兩個概念，來解釋如人際關係發展的行為，認為在報酬高於付出的情況下，雙方的交往才比較有可能持續下去。這個直指人類對利益盤算的特性，幾乎可以應用到不同學科領域。其範疇與用途都很廣大。

四、與傳播相關的理論

傳播學之所以能發展到今天這麼龐大的一個學門，除了時代潮流的需求之外，主要原因在於傳播學是一個很重視理論與方法的學術領域。在理論方面，傳播學不僅承襲了傳統社會科學與人文學的主要理論，半個世紀來也陸續從傳播學的角度發展出傳播學自己的理論。以下推薦的四本著

作，很值得用來對與傳播學相關的理論的理解以及畫出一幅比較完整的傳播學理論的圖案：

1. Dance, F. E. X. (1982). *Human communication theory*. New York: Harper & Row.
2. Infante, D. A., Rancer, A. S., & Womack, D. F. (2003). *Building communication theory*. Prospect Heights, IL: Waveland.
3. Littlejohn, S. W., & Foss, K. A. (2007). *Theories of human communication*. Belmont, CA: Wadsworth.
4. Wood, J. (2003). *Communication theories in action: An introduction*. Belmont, CA: Wadsworth.

 結　論

　　本章開宗名義，闡述傳播學的內涵與傳播研究的類型，為本書奠下基礎。第一節闡述什麼是傳播學。以樹作為象徵，把傳播樹分成六個枝幹：人際傳播學、小團體傳播學、組織傳播學、公共傳播學、大眾傳播學、文化間／國際間傳播學；接著以傳播學系課程表，來顯示這六個傳播樹的枝幹或次領域所能開出的科目；然後以專業主義為基礎，從概念與應用兩個層次，對傳播學門做了扼要的說明。

　　第二節從目的、性質、領域、範型四個角度，說明了傳播研究的類型。從研究目的的角度來看，傳播研究可分為「純學術／基礎性研究」與「專利／應用性研究」兩種；從性質的差異來看，傳播研究可以分為定量與定性兩種。從學術領域的角度來看，研究的種類可劃分為物理／自然科學、社會科學與人文學三大項；最後，從範型而言，研究有發現、解釋與批判三大範型，這些範型背後都有自己依據的本體論、認識論、形上理論與方法論等哲學觀點。

　　最後一節從四個面向解說理論與傳播研究的關係。首先探討理論的意義與本質；其次解說理論的解釋、預測與控制的三大功能；再次是探討用以評價理論優劣的三個要素，包括了效度、預測性以及啟發性；最後是推薦了四本理解與傳播理論相關的書。

問題與討論

1. 本章為了方便起見，以樹和六個圓圈做比擬，來展示傳播學的六個次領域。這種用象徵性的方法來理解一個學術領域的種類很多，同學們就從自己對傳播學瞭解的角度，另外想出一或兩個模式，來與本章兩個模式作參照與比較。

2. 造訪以下與傳播學相關的網站，然後列出一表，對照這幾個傳播學會的性質、功能與出版的期刊：

   Association for Chinese Communication Studies (http://www.hkbu.edu.hk/~accs/)

   Association for Education in Journalism and Mass Communication (http://www.aejmc.org/)

   Communication Association of China (http://www.cacr.org.cn/)

   Chinese Communication Association (http://cca1.wetpaint.com/?t＝anon)

   Chinese Communication Society (http://ccs.nccu.edu.tw/)

   European Communication Association (http://www.ecanet.org/)

   International Association for Mass Communication Research (http://www.iamcr.org/)

   International Communication Association (http://www.icahdq.org/)

   National Communication Association (http://www.natcom.org/nca/)

3. 目前的傳播學理論與研究方法，可以說完全是西方文化的產物。如果說理論與研究方法，同時要受到文化的制約，那麼有可能有所謂的「中華傳播理論」，甚至「中華傳播研究方法」嗎？把同學分成兩組，每組四至五個人，一組持贊成意見，另一組持反對意見。然後用四十五分鐘的時間進行辯論。其他同學身兼觀眾與裁判，結束後提出看法。之後全班一起對這個問題辯論的結果，再進行討論。

4. 從推薦的四本與傳播理論相關的書中，整理出代表傳播樹每個枝幹領域的五個主要理論。

Chapter 2

傳播研究的過程

總 體 目 標

闡述科學的本質與傳播研究的過程

個 體 目 標

1.解釋研究知識的來源

2.說明科學研究的特徵

3.敘述傳播研究的過程

4.解說研究問題的陳述

　　科學研究方法與其他方法的差別，在於它要求遵守一套嚴謹的研究過程。本章分四節來對科學的傳播研究過程進行詳細的解說：(1)研究知識的來源；(2)科學研究的特徵；(3)傳播研究的過程；(4)研究問題的陳述。

 # 第一節　研究知識的來源

　　研究主要的目的，在於獲取知識。傳播的研究，就是從不同的角度來累積知識，以便瞭解人類溝通／傳播行為的過程。不過知識的獲取，可以使用不同的方法，從不同的管道來達致。本節先來討論人類在日常生活中獲取知識的方法，這些方法獲取的知識，通常我們會習以為常，並且信以為真，除非在某些特殊的情況下，很少會去挑戰它們的真實性。以下就來談談人類在日常生活中，賴以獲取知識的三個比較普遍的管道：(1)權威來源；(2)個人經驗；(3)風俗習慣。

一、權威來源

　　權威的成立，起源於人們的信任，因此可以來自各行各業。我們對從權威得來的知識，通常很少加以懷疑或批判，如果權威的來源屬於專業領域，應該會帶來良好的結果；但權威的來源如果是屬於怪力亂神的領域，所帶來的負面影響有時候很可能難以想像。

　　包括如有所成就的學者與醫生等，是屬於比較可靠的權威來源。身體有恙去看醫生，對醫生診斷的結果，大致上我們會相信。雖然醫生也可能會有誤診的時候，但是比起自己的感覺或朋友的判斷，會可信一些。不過所謂的醫生，當然不是指赤腳大夫或未經訓練的江湖郎中。至於學者，因為有專門的學術訓練，研究出來的結果，通常比較嚴謹，可信度也

高。不過，把學者當作一種權威的來源，是專指該學者在其專業訓練的學術領域裡。因為一個有成就的物理學家或數學家，所提供的有關如何蓋房子或如何有效的治理一個國家，可能是很沒有權威性的。

不可靠的權威來源很多，例如，小孩在爭辯的時候，常會以「我爸爸／媽媽／奶奶／老師說……」來唬倒對方。在孩子的眼裡，父母與老師是很有權威的專家，但是這種權威是不是真的那麼厲害，那是另外一回事了。對上帝鬼神等屬靈領域的知識，人們大概會聽從神父、牧師、道士或廟祝等神職人員的說詞，雖然我們根本無法去證明上帝鬼神或生前死後的世界是否真的存在。現代年輕人把影星、歌星、球星等通俗文化與娛樂界的崇拜者，當作是各種知識來源的權威者，更是值得深思。至於瘋狂的膜拜政治領導人，以為他們是天文、地理、人生各種知識的權威來源，在人類社會不同的歷史階段，更是層出不窮。

二、個人經驗

個人的經驗大概是我們獲取知識最直接與最方便的方法。俗話說，「不經一事，不長一智」，第一次用手指去抓取火，就知道火是會燒傷人，碰不得的。傳說神農氏遍嘗百草，得知各種草木本質，中國才會發展出那麼完整的中藥與中醫系統。另外，根據《易傳》的記載，古者包犧氏之所以能稱王於天下，乃是因為他「仰則觀象於天，俯則觀法於地，觀鳥獸之文，與地之宜」，經由個人對宇宙萬物觀察的經驗，而貫通天文與地理，所以才能成為引領百姓的聖人。俗話又說「如人飲水，冷暖自知」，這個自知的個人經驗過程，是累積知識的一個普遍方式。當然，由於個人受到個性、成長背景、信仰與文化等因素的影響，個人的經驗常常是一種主觀的認識，其可靠性並非隨時令人滿意的。

個人經驗的差異性在文化認知（perception）的研究裡很容易得到印證。例如，有一次在本地超市欣喜忘外地發現了該店竟然出售雞腳，有

如久逢知己，一口氣買了三包。付帳時，櫃台的年輕金髮小姐看到了雞腳，除了馬上露出一臉嫌惡的表情之外，同時把一包雞腳高舉在上，叫隔壁櫃台的小姐欣賞，對方也毫不思索地做出捧心欲嘔的樣子。我看了心生不快，覺得身為教授，有必要藉此機會教育一下這位小姐，乃輕聲問她是不是本校學生在此打工？既然是，我繼續問她主修什麼？發覺竟然是我們系上的學生。再問說知不知道我是系上教授？她說不知。我說現在妳已知道，希望妳下學期一定要選修我的文化間傳播學，在那堂課裡我將向妳解釋為何在許多其他地方雞腳是美食，而且比雞胸肉貴的原因。我話尚未說完，此小姐已如喝了半瓶高粱酒，自知做錯了事，羞得面紅耳赤，無地自容了（陳國明，2003b，頁59）。

文化教導我們相同的生活方式與分享共同的經驗。中國人吃雞鴨魚肉，不會放棄每個部位，美國人卻不吃雞鴨魚的頭與內臟。這種因文化的差異所形成的不同生活經驗，並不是誰對誰錯的問題，因為文化有其自己的思考與行為的方式，因之而得來的知識具有主觀與偏差性，硬把一方經驗套到另一方，難免牛頭不對馬嘴，承擔不住科學的研究與印證。

當然，個人的經驗很多也是建立在直覺（intuition）的基礎之上。對很多事情的判斷或習得，可能就只是因為「我覺得好像如此」或「感覺似乎很有道理」的直覺而已。直覺與想像在科學研究的過程所占的角色是不可忽視的，因為不少科學家在思考問題的時候，常常經由直覺的引導，而有了重大的發現。不過，我們應該瞭解，靠這種直覺成大事的能力，並非完全可靠或人人有之。直覺在問題的提出或解答的過程所扮演的角色常是曇花一現，可遇不可求，因此絕不能過度依賴直覺來從事研究。

三、風俗習慣

每個人類社會，都具有不同的風俗習慣。一個人從出生開始，就浸濡在自己所屬群體的風俗習慣的海洋裡。風俗習慣就像一個甩不掉的包

袱，從出生走到死亡的這個路途上，無時無刻伴隨著我們。這個風俗習慣的包袱，正像一個八寶袋，盛滿著對生活上各種疑難雜症的答案。風俗習慣支配著人的生老病死與婚喪喜慶，更指導著柴米油鹽醬醋茶的調理。

例如，結婚要經媒妁之言，要看八字，要配十二生肖，要門當戶對，要同姓不婚。死後要披麻帶孝，要做頭七，要誦經念佛。生產後媽媽要坐月子，要吃油飯，要送紅蛋，要為孩子取個配合生辰的吉利名字。每逢春節，家家戶戶都要在屋門或牆壁貼上「福」字，而且要倒著貼，意味著福到；又要採購百貨，畫門神桃符，迎春牌兒，全家大小灑掃門閭，換門神，掛鍾馗，祭祀祖宗。元宵夜要張燈結綵，吃湯圓，玩猜謎。

另外，每個陰曆月份，都有各式各樣的宗教與民藝儀式或活動。如一月開正要拜天公，慶元宵；二月要補運，要拜觀音；三月清明要掃墓，要拜媽祖；四月要浴佛，要吟唱乞食歌祭祀呂洞賓；五月端午節要包粽子，要龍舟競賽以懷祭屈原；六月要開天門祈福消災，曬衣物書畫去霉；七月有七夕願天下有情人皆能成為眷屬，有中元普渡饗宴孤魂遊靈；八月有中秋賞月全家團圓，嘗月餅並祝萬里共嬋娟；九月有重陽登高，人瑞壽星聚集以敬老；十月置香爐供四果，迎水仙王與三界公；十一月有冬至，搓湯圓祭神明祀祖宗招親友；十二月有尾牙祭商業守護神，饗員工，並以雞頭對準該被炒魷魚之人，還要恭送灶神與諸神上天，以保「好話傳上天，壞話丟一邊」。

風俗習慣給每一個社會或民族，累積了龐大的知識系統。其中不少是經由系統性的觀察，所歸納出對一個群體生存下去的可貴寶藏，但也有很多主觀的偏頗或不科學的信仰成分。就像卜卦相命與風水地理等風俗信仰，真假難分，虛實莫辨，因此如何以科學性的研究來去蕪存菁，是有必要做的事。

除了這三種管道，人類獲取知識的方法還有很多。例如，經由教育的過程，我們可以比較正規與系統性的學到各式各樣的知識。至於現代人，尤其是年輕人，獲取知識的主要管道，則非電視、網際網路或部落格

等電子媒體莫屬。不管怎麼說，經由嚴謹的科學方法所獲取的知識，比起從權威來源、風俗傳說或個人經驗，是準確得多，既比較可靠，又值得信任。那麼科學是什麼呢？下節就來繼續分解。

 ## 第二節　科學研究的特徵

　　「科學」（science）這個英文字，源自拉丁文的"scire"，意指「學習」（to learn）或「得知」（to know）。當然，這是指用一套有系統的方法來獲取真理的過程，而不是指雜亂無章或盲目迷信得來的知識。用在傳播研究上，傳播的科學研究，就是經由具有邏輯性論證與有系統的方法，來探究「傳播」這個作為人類口語與非口語互動機制的概念之意義、性質和功能，以及人類如何經由互動來發現自我和與他人建立起關係的過程。

　　科學的主要目的在於經由求取真理的過程，來達到美與善的人類生活。對科學來說，真理是達到美與善的基本條件，沒有真的存在，人生既善不了，當然更美不起來。在人類社會，有很多對獲致真理的誤解。例如，最明顯的就是前面所提到的，以為權威就是真理的靠山。常常聽到記者高喊或報章雜誌誇說本消息來自什麼權威人士，大家就以為該消息千真萬確，深信不疑，結果閱聽人常常受騙卻還懵懂無知。其次是眾口成真，以為大家這麼說，真理就在那裡。這種以多數為真理仲裁者的做法，結果常常會漂到非真理的岸邊去。民主社會以多數為贏，但卻不能說多數人的決定就是真理或接近真理，因為很多這種多數決定的事情，沒幾年又會因錯誤或不適當而被推翻。再次是用暴力或憐惜的方式，來迫使或吸引他人接受或同意的所謂真理，大概都不會是真理。普天之下，只用使用科學方法所獲取的，才有可能接近或獲得真理的知識。

　　以科學方法求知，主要是依賴著人類的兩項基本能力。首先是以我

們的感官（senses）來觀察與經驗宇宙萬物，包括用眼睛看、用鼻子聞、用耳朵聽、用手腳碰觸來感覺等，都是人類感官的求知功能。然後再以我們的心智（mind）來思考論證感官的所聞、所見、所覺。感官與心智的結合，必須以理智為前提，以邏輯為引導，一步一步往真理的王國推進。

從以上對科學的理解，我們可以歸納出科學研究的四個重要的特色：(1)系統性；(2)自我規正性；(3)創意性；(4)可觀察性（劉大椿，2000；Smith, 1988）。

一、系統性

科學研究是一個很有組織、很有系統的過程。科學的標記是對任何現象提出的解釋，必須加以印證才能算數。也就是說，科學研究的系統性，是建立在從觀察（observation）到證明（verification）這條路線的循環上。利用人類的感官來觀察一個現象或事件的發生後，一定會試著去發現這現象在此時此地發生的原因；心有所思之後，可能會提出一個或多個說明或解釋的原因。人類善於使用的推理方法，就是第一章談到的歸納法與演繹法。但是這些歸納或演繹出來的原因到底是無的放矢，還是有些道理，還是就是現象發生的根本原因呢？這必須經由檢驗的過程來加以證明哪個解釋是正確的。這個步步為營、有條不紊、循序漸進的發現真相的過程，就是科學研究的系統性的最佳寫照。

二、自我規正性

科學研究的系統運作過程，具有自己調整或修正錯誤（self-correcting）的特性與能力。科學的從觀察到求證的這條推理路線，仔細來說的話，其實是包含了觀察、解釋與證明三個連續的階段。當一個學者

發現自己提出的解釋不符合現象發生的原因時，可以回頭再度的觀察，然後提出新的解釋。在證明提出的解釋是否適當或正確的時候，若發覺解釋不適當，可以回頭再重新觀察與作解釋，一直到找到滿意的答案為止。這個來回自如、環環相扣的圓形運動，直到解決了問題的特性，就是科學自我矯正錯誤的能力。這也就是我們常說科學研究的結果必須是能夠被證明為非（falsification）的原因。一個科學研究所發現的結果，在當時、當地可能是行得通的，但不能因此說這個結果是歷久不變、易地不遷的。只要是屬於科學研究，就必須體認到，這個結果是隨時在接受著挑戰。而且在哪天哪夜，很有可能被發現有誤，或找出了另外可以解釋的原因。這也代表著科學的開放性，因為只要一故步自封，研究結果的周邊便築起了一道圍牆，科學就長了翅膀，飛離了我們。

三、創意性

科學研究雖然講求嚴謹，遵循一套有系統的法則來行動，但是研究者畢竟是人。人非木石，而是個有思想、有情緒的生物，這個人類深受主觀影響的特徵，難免會在我們從事科學研究的時候，產生了不同程度的影響。因此問題不在於如何摒除研究者主觀意識對研究本身的影響，重要的是如何有效的加以調控，來善於利用這些人類與生俱來的本能，以加強研究的效果。調控研究者對研究主題、研究過程或研究結果的主觀性影響的方法，就是所謂的「相互主觀性」的操作。「相互主觀性」是對一個現象的存在或一個事件的發生，經由不同學者之間共同的認定，而採用的一致性看法。換句話說，同一個現象，由不同學者研究的結果相互切磋比較，以取得一致性的認同。這個一致性，因為是眾多學者的相同意見所組成，所以從個人的角度來看，雖是各自具有主觀性，但多數共同主觀性相較之後所得到的結果，其實可說是接近，甚至是客觀了。

研究者主觀上可能對研究帶來貢獻的能力，主要是創意。人類的創

意常常發酵於前面所提到的想像力與直覺兩個元素上。Tyndall（2006）曾經說過，在有系統的科學研究過程，人類的想像力是理論的建築師。豐富的想像力常會產生出其不意的新思想，給研究的觀察與解釋提供創意性的觀點。創意性的想像力雖然可以訓練，但一般並不容易得到。做研究的過程，創意性的想像力的最大敵人，莫過於研究者遇到困難的時候，一直沉迷於如何去破除那道難關。碰到這種情況，最好的方法是暫時把困難拋開，不論是去泡個溫泉、玩玩電動玩具、把書房好好清理一番、與男女朋友去看場電影，或者是出去郊遊、旅行幾天都可以。與困難斷絕關係一段或長或短的時間，通常會引發出一番新的面貌或新的思考，很多困難也因此迎刃而解。創意性想像力的另一個較普遍的敵人是——研究者的思考受制於先前學者的論述，像卡在蜘蛛網裡，跳脫不出來。碰到這種情況，只好多閱讀或接觸不同意見之學者的著作，來擴充自己的視野，以跳脫思考傾斜的困境。

直覺意指對一個現象突如其來的頓悟或理解，它通常在研究者對一個主題深思熟慮時，突然從意識裡迸現出來（Beveridge, 1957）。直覺與想像力不同的地方，在於想像力是在暫時脫離研究問題的時候培育，直覺則是在對研究問題深思熟慮之時產生。對問題沒有探索到滿溢的邊緣時，直覺的功力便無法展現。因此，冀求直覺發功的主要元素，是逼使自己對研究的主題上窮碧落下黃泉的探索，很多問題在用力到深刻處，通常是會解決的；若問題苦思極索尚無法解決，直覺很可能就在這個關鍵處露面，亮出一些可能解決問題的招數。由於直覺的出現與消失，都是發生在瞬間，因此身邊隨時帶著紙筆是個好主意。當直覺突如其來的時候，專注精神，隨即將之記錄下來，是捕捉住它的有效方法。

四、可觀察性

科學研究只探究那些可以觀察的現象。當然，人世間很多事情是

無法觀察的，我們並不能斬釘截鐵的說它們不對或不好，因為科學非萬能，既然無法以科學方法來研究，就不能以科學的價值判斷，來加以衡量論定。最明顯的是宗教這個領域，它是屬靈，屬於信仰的部分，諸如上帝鬼神等概念，根本無法用科學方法來加以觀察或測量，因此宗教的歸宗教，科學的歸科學，河水不犯井水，必須相互尊重，彼此共存。這些所謂的科學外領域的無法觀察的部分，其實比科學自身所能涵蓋的領域大得多。諸如人類心靈所衍生的托夢、傳心術、心電感應、夢驗等等超感官的奇異現象，都是非科學所能。

科學的可觀察性，有直接或間接觀察兩種。你說張先生虎背熊腰、身長七尺、美髯垂腰、烏髮披肩、聲洪如鐘，但是鼻小如鼠、齒黑如炭，而且掛著高度近視眼鏡。這些對張先生的描述，是不是事實，只要求見張先生一面，對話幾聲，就可以用肉眼與耳朵，直接的觀察出來。不過，如果要瞭解一個人的價值觀是什麼，就無法直接去觀察了，因為價值觀是屬於個人的態度與信仰，我們只能間接的從這個人的行為，來觀察到底他對某事某物的態度與信仰為何，然後以間接的觀察結果，來推論這個人的價值觀是什麼。很多傳播學領域的概念，都是需要間接的從行為的層面來加以觀察，才能得到正確的結果。

值得一提的是，宇宙萬物萬事，很多是表面上看起來雜亂無章、無法加以觀察的；但其實經驗世界的林林總總現象，基本上都是具有秩序與形態的。人類的語言就是最好的例子。沒學過英語，聽人家說英語的時候，一定覺得對方不知道在胡言亂語什麼，因為根本聽不懂。漢語也是，不過身為中國人，聽起普通話來，卻覺得很悅耳動聽，意義清晰，句法明瞭。因此，不能因為不懂，就認為該現象是不能觀察、不能以科學方法來加以研究的。

第三節　傳播研究的過程

　　科學研究既然是一個系統性的對現象作直接或間接的觀察過程，自然需要遵守一套進行或操作的規則。科學研究有規則可循的進展途徑，就是前面所講到的由觀察開始，接著給觀察的結果作出解釋，然後再付諸證明的循環過程。這三個階段，在真正進行研究的時候，又可細分為幾個較特定的步驟。這一節就分兩個部分來討論科學研究進行的三個階段與特定的步驟。

一、傳播研究的三個階段

　　科學研究的三個主要階段的關係，可以用下面的圖案來表示：

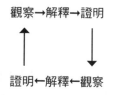

　　這個模式說明了觀察、解釋到證明的三段進行式，是一個周而復返的螺旋循環運動。更清楚地說，對宇宙內的現象加以觀察，有了發現之後，接著給予適當的解釋，然後進一步來證明這個解釋是否是正確的。例如，你發現看了暴力電視節目和沒有看的孩子，在行為上的侵略性好像有些差異，於是進一步加以說明為什麼這兩組孩子的行為會有如此的差異，真的是看了暴力電視節目的關係嗎？還是因為其他因素（如因為父母離異）所產生的結果呢？左思右想、東讀西看之後，你認為很有可能是因為成長在單親家庭之故。那你怎麼斷定這種解釋或推測是真的還是假的呢？

　　要回答這個問題，就只有訴諸求證了。於是你找了二十個年齡相近的單親家庭的孩子，做了比照，結果發現這兩類型的孩子，其實在侵略性行為上並沒有差別。可見你先前的解釋與判斷是不正確的，於是你繼續觀察這個現象，又列舉了幾個可能的原因，但還是覺得孩子的行為比較可能是因為看了暴力電視節目的緣故，於是就再求證一次。這次你決定做個實驗，讓十個孩子在實驗室看了兩個小時或更長的暴力電視節目，另外十個孩子則同時間在一個沒有電視的房間玩耍，或者讓他們看專門為孩子製作的像《芝麻街》的健康節目。之後把這兩組孩子共置於一個擺滿各式各樣玩具的房間，讓他們玩在一起，你也同時觀察這兩組孩子的行為表現。果然你發覺那組看了暴力電視節目的幾個孩子，在與同伴玩的時候，會模仿節目上的凶煞之風，比另一組孩子蠻橫多了。

　　這個過程正說明了科學研究觀察、解釋、證明三個階段之間螺旋循環運動的關係，也顯現了科學研究的系統性、可觀察性、自我規正性與創意性等特徵。下面分別來討論科學研究的這三個階段。

(一)觀察

　　觀察就是試著發掘現象的本質、結構或特徵的過程。看到孩子觀賞了不同電視節目後，在行為上有了不同的反應，到底為什麼呢？孩子認知系統有何特殊的結構或特性嗎？若看了暴力的電視節目後，行為變得更具侵略性，那麼電視節目的本質又是怎樣呢？有些人讓人一見如故，第一眼就喜歡上他？為什麼會有這種特殊的魅力或吸引力呢？魅力或吸引力又是什麼東西呢？這些在感官觀察到的事件，然後依賴心智的思考，來追蹤這些事件的本質與引發的原因的過程，就是科學方法的觀察階段的表現。當然，這個眼耳鼻舌身意等六識啟用的觀察過程，必須是有系統、有順序的。

　　一般而言，有系統的觀察，建立在三個要素：首先是觀察必須有個特定的對象。宇宙內的萬事萬物林林總總千變萬化，人的能力卻很有

限，要能在研究上取得正確的成果，只能鎖定一個特定的觀察對象。例如，如果你對傳媒這個領域有興趣，你可能會喜歡觀察或研究使用網際網路對大學生身分／認同（identity）的影響，或者你想瞭解男生與女生花在使用部落格的時間差異，那麼你觀察的特定對象就有了。

其次是觀察的時候，必須事先預定用什麼方式來說明你那個觀察的特定對象。當然，你可以有自己的一套想法，如從前面討論的那些知識的來源，作為說明的依據。不過，個人的想法，常常經不起嚴格的考驗，因此，如果能依據你閱讀過的其他學者在這個特殊主題方面的論說或理論作為說明的基礎，或許會比較可靠些。

最後，所謂觀察，通常是指對不同現象之間關係（relationship）的探究。例如，前面講的男生與女生使用部落格的差異，就是在觀察性別與部落格使用之間的關係。使用網際網路對身分／認同影響的觀察，就是在瞭解網際網路與身分／認同之間的關係。這種對關係的研究，提供下一個階段作為解釋的依據。由於與傳播有關的大部分明顯的概念之間的關係，大概都已經有學者研究過，自己的研究要在這種情況下有所貢獻，首先必須要觀察於隱微，找尋出學者沒有注意到的現象；第二是能夠擁有對相同現象從不同角度觀察出不同結果的能力；第三是要擁有先進的知識，時代隨時在改變，傳播領域也隨時會產生新的概念與問題，要能夠既快且準的掌握時機，得到搶先研究的機會。

由此可見，科學方法的觀察，是個有意識而且專注的對某種現象發生原因的探究。有價值的觀察結果，要求洞察機先、見微知著、感官敏銳、正確判斷、好奇心強、知識豐富、訓練有素、邏輯推理等人類的能力。這很類似《易經》所提到的知時、知位與知幾的能力。從人類溝通的角度，根據Chen（2001）的定義，「時」指時間因素，知時就是知道行動的適當時間；「位」是空間因素，知位就是知道周遭環境的變化，以便在適當的情況下採取適當的行動；「幾」是任何事情發生之前的那個先兆，知幾就是看清了那個先兆以掌握事情變動的前因與後續方向。合起

來，能夠看準現象發生的先兆，然後在適當的時間，採取適當的行動的能力，當然就是觀察能力的最佳理想狀態了。

(二)解釋

觀察到一個現象的發生，若把它作為研究的對象，下一個步驟就是要回答為什麼在那個情況下發生的原因。事情的發生，一定在那個特殊情境下有個前因與後果。這種找尋事情發生的原因，其實就是提供理論的過程。當然，尋找為什麼的答案的時候，可以自己給予解釋，也可以依賴先前已經存在的相關理論來加以解釋。我們在第一章已經詳細討論了理論的意義、本質、功能與判定理論良窳的標準。在此就不再重複，而只是再度強調，好的理論或解釋的過程是一個高度邏輯推理的過程。除了歸納與演繹，或「資料—理論」與「理論—資料」的推論方法之外，對兩個概念之間關係推理的過程有三種形式值得在這裡討論。這三種形式可稱之為推理或科學研究的基本條款（殷海光，1972）。它們包括了必要條件（necessary condition）、充分條件（sufficient condition）以及充分又必要的條件（sufficient and necessary condition）。

必要條件係指有A存在的話，B不見得存在；但是沒有A存在的話，B是必然不存在的。在這種情況下，A就是B的必要條件。例如，在很多國家，參加聯考，不見得就能上得了大學；但是不參加聯考，一定是上不了大學的；所以，聯考是上大學的必要條件。又如，在傳統的中國社會，經由媒妁之言，不見得男女雙方可以成為夫妻；可是不經由媒妁之言，一定是成不了夫妻的（除非像卓文君與司馬相如一樣相約私奔）。因此，媒妁之言在中國古老社會是結為夫妻的必要條件。

充分條件係指有A存在的話，B一定存在；但是A不存在的話，不意味著B也不存在。這種情況說明了A是B的充分條件。例如，在中國社會，人際關係好，事情就辦得成；但是，沒有好的人際關係，並不是意味著事情一定辦不成。所以，好的人際關係是辦好事情的充分條件。又

如，在法治社會，無故殺了人，一定是會被關到牢裡的；但是不殺人，並不見得就不會入獄（如偷東西或搶劫都會被判入獄）。因此，殺人可說是入獄的充分條件。再如，佛教徒是不殺生的，但不是佛教徒不見得一定會殺生。因此，佛教徒是不殺生的充分條件。

最後，充分又必要的條件係指有了A，鐵定會有B；沒有了A，鐵定B也不存在。在這種情況下，A就是B的充分又必要的條件。例如，水是人類生命的充分又必要的條件，因為有了水，人才能活；沒有水的話，人是活不了的。又如零度是冰的充分又必要的條件，因為溫度降到零度，水自然會結冰；如果溫度沒有降到零度，水自然是不會結冰的。充分又必要的條件在自然科學界比較容易找到例子，人文或社會科學界研究的是與人有關的現象，人所生成的社會糾結複雜，一因多果，多因一果，或多因多果的情況很多，比較難有像絕對性的一因一果的既充分又必要之條件的關係。

由此可見，對現象解釋的過程，一不小心就會犯了邏輯推理的錯誤。在傳播研究的領域，一般學生與學者比較容易誤入歧途的因素，主要在觀察未充分之前就妄下判斷，把概念之間的相關係（correlation）誤解釋為因果關係，或是傾向於把一個原因，認定為是結果發生的唯一理由。避免這些思考上可能誤差的最好方法，莫過於有了發現或解釋後，與師長或同儕一起分享討論。經由前面提到的「相互主觀性」的過程，可以避免主觀上所造成的錯誤。

(三)證明

對現象發生的解釋，只有靠證明才能知道它的適當或正確性。科學研究求證的過程，主要是使用特殊的方法蒐集相關的資料，來檢驗對現象發生所提出的解釋。檢驗解釋或理論適當性的標準，就是第一章提出的效度、預測性與啟發性三個要素。當研究方法，如決定使用實驗方法選定後，整個操作的過程，都必須有清楚的計畫與進行的步驟。這個過程包括了抽樣的方式、實驗場景的安排與控制、問卷的設計與發放的方法、如何

蒐集與分析資料等必要的措施。這些步驟，將在下一節仔細說明。

　　證明的過程，除了謹守測試的標準與程序之外，第一章所提到的多重方法的使用，也是獲得有效結果很值得推薦的方式。科學研究證明的過程，最怕有想當然耳（take it for granted）的主觀論斷。這種不經嚴格考驗的主觀判斷，有時會引起嚴重的負面影響。著名的醫學科學家Samuel G. Morton（2007）在十九世紀對種族智力的研究，就是一個很值得警惕的例子。Morton在他的研究裡，蒐集了六百二十三個人的頭顱，研究分析之後，發覺男人頭蓋骨的尺寸比女人的大，他於是作出結論說，頭蓋骨大意味著頭腦比較多，因此男人比女人聰明。他也發現非洲人與美國印第安人的頭顱比白人的小，由此他認為這是黑人與印第安人酗酒和容易犯罪的原因。Morton更進一步以頭顱的大小，來正當化白人殖民與奴隸其他族裔的惡行。這些對觀察後的扭曲解釋與遽然的判斷，引起了很大的爭論。雖然Morton的主觀論斷，多年來已經受到其他學者的挑戰與證明其說並非正確，但對族裔之間一百多年的關係，帶來了很不好的影響，尤其是在政治上受到政客的操弄與煽動，給人類社會所帶來的災難性影響，更是令人痛心。

二、傳播研究的四個步驟

　　把「觀察→解釋→證明」這個循環三階段付諸實施時，可細分為四個實際操作的步驟：(1)概念化（conceptualization）；(2)操作化（operationalization）；(3)分析（analysis）；(4)再概念化（reconceptualization）（Frey, Botan, & Kreps, 2000; Smith, 1988）。

(一)概念化

　　科學研究的概念化層次（conceptual level），主要是處理從研究題目到研究問題提出的這一個過程。概念化是指如何形成一個研究問題與如

何界定所研究之概念的意義。更確切地說，概念化就是對概念定義的過程。概念化層次通常必須從事五項工作：(1)決定研究的方向；(2)定出研究的題目；(3)界定概念的意義；(4)文獻調查（literature review）；(5)問題陳述（problem statement）。

■ 決定研究的方向

　　首先是在茫茫的學術大海裡，尋找出自己有興趣的研究方向。作為一個傳播學領域的學生或學者，你到底喜歡往傳播學的哪個研究方向走呢？這個問題的答案，一定會落在本書第一章提出的傳播樹所包括的人際傳播學、小團體傳播學、組織傳播學、公共傳播學、大眾傳播學、文化間／國際間傳播學的六個枝幹或主幹中。自己對學術研究的興趣在哪裡，通常不是靠想像或憑空而起的，而是經由閱讀與學習的過程來發覺。知識涉獵越廣泛，感興趣的東西或方向自然會浮出。

■ 定出研究的題目

　　有了喜歡研究的方向，第二個步驟就是從這個方向，擬定出一個值得研究的題目（research topic）。在這個部分，必須提出研究這個題目的原由（rationale），說明為什麼這是一個值得研究的題目，是因為以前沒有學者研究過，因為研究的結果會對社會產生貢獻，因為可以充實該研究領域的文獻，或是可以測試、改良既存的理論等等，可以支持研究這個題目的理由。從科學研究的角度來說，研究的題目要越小或越特殊越好，過大的題目在定義與測量方面，都會無法加以適當的控制，而影響到研究結果的可信度與有效性。

■ 界定概念的意義

　　有了題目之後，接著是定義（conceptualize）題目裡的概念。例如，你從跨文化傳播學這個枝幹提出了這麼一個研究題目：「跨文化敏覺度與跨文化衝突解決的關係研究」（The Relationship between intercultural sensitivity and intercultural conflict resolution）。「跨文化敏覺度」與「跨

文化衝突解決」就是這個題目裡的兩個概念，那麼它們的意義為何呢？在學術研究的這個階段是非加以定義不可的。好，那麼就把「跨文化敏覺度」定義為「對文化差異的承認與尊敬」；把「跨文化衝突解決」定義為「化解文化差異所引起之歧異的方法」。對概念下定義的目的，在於把概念限制在一個可以控制的意義範圍之內。也就是說，概念的意義給界定之後，這個研究就不能超越出這個定義的範圍。例如，對「跨文化敏覺度」的測試時，只能測試對文化差異的「承認」（acknowledgment）與「尊敬」（respect）兩個已經界定的意義，不能測試如「覺知」（awareness）或「溝通技巧」（communication skills）等不包含在定義裡面的意義。

另外，下定義時，必須避免使用循環語言（circular language）。例如把男人定義為「具有男性氣概的人」，「男性氣概」與「男人」兩個概念就是循環語，這種界定沒有意義，因為只有重複了原來的概念而已，並沒有把意義說清楚。還有，定義時儘量不要使用綺麗語言，科學研究的用語應講求簡單、平實、明瞭。

對研究題目裡的概念下定義有兩個通用的方法：一是沿用前人的定義，二是研究者自己賦予新的定義。前者是最安全可靠的做法，尤其是對學生或剛出道的學者。因為在專業期刊發表的概念的定義，通常意味著已經受到學術社群的公認或接受，使用起來不會產生爭議性。何況一個領域內研究概念的數目有限，很多都已經有了既成的定義，使用起來也比較方便。後者通常發生在從事研究已經多年，已經累積了不少經驗的學者；因為相關的主題深研已久，發現前人對一些概念的定義有了缺失，或者因為時空有了變化，既存的意義已無法滿足當前的需求；或是研究者刻意挑戰原先的定義，因此重新給予概念一個新的定義。當然，概念有了新的定義之後，同樣必須經過其他學者的挑戰，才有可能成為一個學術社群所接受的意義。這種概念定義的換新之後，如果蔚為風潮，影響到整個領域的思考方向，很有可能帶來所謂的汰舊換新之「範型轉換」（paradigm shift）

的漸進（evolutionary）或革命式（revolutionary）的思想運動（Kuhn, 1970）。

■ 文獻調查

　　文獻調查可說是整個研究過程中最為費時的部分，而且因為書籍與期刊的內容浩瀚如海，很多初學者一跳進去就爬不出來，甚至遭到滅頂。所以有人一畢業之後根本不想從事研究的工作，也有不少學者在升遷拿到終身職之後，也就只顧教書，不再從事研究工作了。早期學生一進入傳播研究所，通常在碩士班第一個學期，就會有所謂的圖書館研究（library research）的訓練，讓學生瞭解如何經由圖書館取得自己研究時所需要的各種資料。現在科技發達了，很多資料可以經由電腦連線，從不同的資料庫（database）索得。不過，這通常也得經由訓練的過程，才能更有效地從電腦網路取得研究所需要的資料。

　　文獻調查的用意在於瞭解與自己研究相關的主題，以前學者研究的成果為何。沒有徹底瞭解先前研究的結果，無法得知自己所做的題目是否有價值，是否以前學者已經研究過。有些學生花了一、兩年的時間，總算把論文完成了，結果發現那個題目其實早就有學者做過了，除了喪氣之外，也白白地浪費了寶貴的時間。綜覽相關文獻要求慎思與明辨的基本功夫。一個研究者必須對相關文獻從事閱讀、思考、整理、批判，然後整合到自己論文的方向，提出研究的問題，這樣的研究才有可能產生價值。

■ 問題陳述

　　有了研究的主題，又對相關文獻做了徹底的調查與歸納，概念化過程的最後一個步驟就是陳述出研究的問題。研究問題的陳述主要有研究問題（research question）與假設（hypothesis）兩種形式。這兩種是實證研究最常用的方法。另外一種是簡單地以「本研究的目的是……」來表述。這個陳述方法在非實證研究裡比較常使用，因為非實證研究通常不需要有研究問題或假設的陳述。研究問題與假設兩種問題的陳述，在下一節

會有詳細的說明。

(二)操作化

　　科學研究的過程，除了必須對研究題目裡的概念的意義加以釐清之外（即概念化或概念定義），還得進行另一步的操作化或操作定義（operationalization/operational definition）。操作化或操作定義就是說明觀察或測量（measure）概念的過程，也就是交代觀察的設計與如何蒐集解答研究問題之資料的過程。整個科學研究其實可以說是建立在概念化與操作化兩個步驟的基礎之上。

　　在研究的設計方面，基本上是決定用什麼方法來蒐集資料，以解答研究的問題或假設。傳播研究幾個不同的類型，我們在第一章已經有了說明，這裡從另一個角度來談談研究設計的種類。不過，不管是科學性或人文性的研究，或者是採用哪種特殊的研究方法，共同的目的都是希望在設計的過程，訂定出分析單位（unit of analysis）與觀察的情境（observational condition）。前者指著手研究的元素是什麼，也就是資料來源的對象的什麼；後者指在何種情況下與使用何種方法來觀察這個先定的元素。研究設計的種類乃在於決定使用實驗方法、調查方法、文本分析法或自然研究法等。更詳細地說，在於決定使用基礎或應用研究，定量或定性研究，解釋／批判或功能研究，實驗或田野研究，以及直接參與性或非參與性研究等等。

　　科學研究在測量的部分，免不了要使用工具（instrument）和面對效度與信度的問題。以測量方式來蒐集資料，最常用的工具是問卷（questionnaire）。問卷可以是選擇／是非題之類的封閉式問題（closed questions）或問答的開放式問題（open-ended questions）。使用訪談（interviewing）方法蒐集資料時，當然也得依賴事先準備好的問題。資料的來源則可以是由樣本提供的所謂的自我報告（self report）資料，由研究者或助理來觀察取得的他人報告（other report）資料，或是由儀器

（devices）蒐集的資料。

　　測量的工具與蒐集的資料是否可靠，則由效度與信度來衡量。效度指測量工具（如問卷）的正確性（accuracy）。例如，你知道自己的體重大約是七十公斤，你站在剛買來的體重計上秤重之後，發覺差不多就是這個重量，那麼這個體重計就是具有效度。如果你一秤，體重計竟然顯示八十或六十公斤，那麼它就是一個不良品了。信度指測量工具的穩定度（stability）與一致性（consistency）。你新買的體重計如果連續三次測量自己的體重，每一次的重量都一樣或差距很微小，這個體重計就是具有信度。由此可知，有效度的測量工具，一定具有信度；不過，有信度的工具倒不見得就會有效度。因為你新買的體重計可以連續三次都告訴你你的體重是八十公斤，但是明明你的體重只有七十公斤呢！因此，有信度但沒有效度的體重計也可能是個不良品。操作定義所包括的這些與測量有關的有趣問題，本書在第二篇的不同章節，會有更詳細的討論。

(三)分析

　　用了方法蒐集到的資料，這些以數字（0、1、2、3、4、5……）、字母（A、B、C、D、E……）或語言文字組成的資料，代表著什麼意義呢？這必須等到這些資料準確分析之後，才能得知。也就是從這些結果可以得知研究的問題是否得到了解答，或研究的假設是否受到了肯定。分析數字的工具當然是統計學的技術了，加上電腦的協助（如SPSS或SAS等統計軟體），通常能很快又很準確地得出結果。語言文字組成的資料，則可以用譯碼（coding）的方法來加以分析。本書第四篇會以三章的篇幅，討論統計分析的方法。

(四)再概念化

　　擬定研究題目，到陳述研究問題或假設，到蒐集與分析資料後，結果就判然若揭了。資料分析的結果如果回答了提出的研究問題或肯定了

提出的假設，是值得高興的，因為資料分析的結果與自己的研究預測相吻合。既然符合預測，那麼這個結果與先前的文獻或理論之間能更進一步的連接，或從另一個角度來開拓新的研究題目嗎？它能對前人的研究或理論提出修正或補充嗎？如果結果與預測的不符合，問題到底出在哪裡呢？怎麼檢討與改進，以便得到更好的結果呢？另外，不管結果是否回答了研究問題或肯定了假設，這個研究具有什麼局限性呢？如果將來有學者延伸這方面的研究，本研究的結果能提供什麼啟示呢？或者作者能給予什麼建議呢？這些都是作者把研究的整個過程與結果，書寫成一篇論文的最後一個部分必須清楚報告的內容。這個過程就稱為「再概念化」。

最後，如果把以上幾個科學研究的步驟整合成一篇期刊的論文，其規格大致上是分成五個部分：簡介（introduction）、方法（methodology）、結果（results）、討論（discussion）、文獻（references）。簡介的部分包含了概念化層次所做的該題目的原由、概念定義、文獻調查與陳述問題等報告；方法的部分包含了使用的方法、樣本選擇過程、資料蒐集過程、使用的工具、分析的方法等報告；結果的部分報告資料分析後的結果；討論的部分處理再概念化過程所該注意的細節；文獻的部分則列出此研究所引用的所有資料來源。下一章會繼續討論書寫研究報告的來龍去脈。

 ## 第四節　研究問題的陳述

前面提到，從自己感興趣的傳播學方向，確定了從事研究的題目，把題目內的概念下了定義，並徹底做了文獻的調查之後，就是陳述研究的問題。短短的一句或幾個問題的陳述，就是把對研究題目的層層思辨，做出了一個簡單扼要的預測總結。研究問題的提出，開啟了揮舞方法之劍，以資料分析的結果論輸贏的大門。作為把關之鑰，研究問題的陳述事

關整個研究品質的良窳與成敗。這一節分為五個部分來討論研究問題的陳
述：(1)研究問題；(2)假設；(3)關係的類型；(4)變項的類型；(5)問題陳述
的審核標準。

一、研究問題

陳述問題的第一個方法是以研究問題來表示。當研究者做了徹底的
文獻調查之後，仍然無法清楚的對問題做出明顯的預測時，可以用研究問
題來表示。研究問題的形態可約略歸納為兩大類：

一種是直接性的描述或分類傳播行為，例如：

1.溝通的本質為何？
2.影響中國人溝通的主要變項是什麼？
3.跨文化傳播能力有幾個面向？

這二個問題，都是直接詢問的描述性問題。

另一種比較普遍的方法是陳述研究的變項（variable）之間的關係。
變項之間的關係，可以歸納成以下四個方式：

1.因果關係
　例一：看暴力電視節目對孩子侵略性行為的影響為何？
　例二：外表長相如何對吸引力造成影響呢？
2.非因果關係
　例一：看暴力電視節目與孩子侵略性行為的關係為何？
　例二：外表長相與吸引力之間的關係為何？
3.相關係（association/correlation）的陳述：它包括有方向（directional）
　與沒有方向（non-directional）兩類關係。
　例一：看暴力電視節目與孩子侵略性行為之間有相關係嗎？（沒有
　　　　方向）

例二：外表長相與吸引力之間有相關係嗎？（沒有方向）

例三：看暴力電視節目與孩子侵略性行為之間有正面／負面
（positive/negative）的關係嗎？（有方向）

例四：外表長相與吸引力之間有正面／負面的關係嗎？（有方向）

4.差異的陳述（question of differences）：它包括有方向與沒有方向兩
類關係。

例一：說話的多寡在男女之間有明顯的差異嗎？（沒有方向）

例二：中國人與美國人對人情的看法有任何差異嗎？（沒有方向）

例三：男生比女生話多嗎？（有方向）

例四：中國人比美國人更重視關係嗎？（有方向）

二、假設

當研究者做了徹底的文獻調查之後，發覺可以有足夠的信心對研
究的問題做出明顯的預測時，則用假設來陳述。換句話說，如果對研究
問題提出暫時性的解答具有足夠信心的話，就可以用假設來取代研究問
題。因此，研究問題以疑問號，假設以句號作為句子的結尾。假設的陳
述有兩種，一是虛無假設（null hypothesis），二是對立假設（alternative
hypothesis）。

(一)虛無假設

「虛無假設」係指變項之間沒有任何關係。

例一：說話的多寡與親密關係的建立沒有相關係。

例二：看暴力電視節目與孩子侵略性行為之間沒有相關係。

(二)對立假設

「對立假設」係指變項之間彼此有特定的關係。對立假設又有雙尾

（two-tailed）與單尾（one-tailed）兩種形態。雙尾假設指兩個變項之間的關係，可以是正面也可以是負面的；但到底是正是負，則必須等待資料分析之後才能確定。單尾假設則明確地指出兩個變項之間的關係是正面還是負面的。

例一：說話的多寡與親密關係的建立彼此之間有相關係。
（雙尾假設）

例二：看暴力電視節目與孩子侵略性行為之間有相關係。
（雙尾假設）

例三：說話的多寡與親密關係的建立彼此之間有負面的關係。
（單尾假設）

例四：看暴力電視節目與孩子侵略性行為之間有正面的關係。
（單尾假設）

三、關係的類型

從以上研究問題與假設的陳述之中，可以看出探究變項之間的關係，是科學研究的重點。那麼變項之間關係的種類有多少呢？基本上可以分為四類：(1)正面關係（positive relationship）；(2)負面關係（negative relationship）；(3)倒U字型關係（inverted U-shaped relationship）；(4)U字型關係（U-shaped relationship）。

(一)正面關係

「正面關係」係指兩個變項之間的關係，同時往一個方向發展。換句話說，一個變高，另一個也跟著變高，反之亦然。

例一：暴力電視節目看得越多，孩子的行為就變得越具侵略性。

例二：外表長得越醜，就越沒有吸引力。

(二)負面關係

「負面關係」係指兩個變項之間的關係，彼此往不同的方向發展。換句話說，一個變高，另一個變低，反之亦然。

例一：電視節目看得越多，與人交談的機會就變得越少。

例二：蹺課越少，成績越好。

(三)倒U字型關係

「倒U字型關係」係指兩個變項之間的關係，由正面發展到負面。換句話說，剛開始是一個變高，另一個也變高；之後卻一個繼續長高，另一個卻變低。例如，恐嚇與屈服之間的關係就是個倒U字型關係的好例子。因為當你恐嚇我說，如果你不給我二百元，我就宰了你。二百元並不是大錢，承擔得起，當然就給你二百元以保住性命。不過，如果你說，你若不給我兩百萬元，我就宰了你。這個恐嚇已經超出了我所能承擔的範圍，因為我根本沒有那麼多錢。因此，既然我已無能為力，那麼，只有命一條，你要宰就宰吧！

(四)U字型關係

「U字型關係」係指兩個變項之間的關係，由負面發展到正面。換句話說，剛開始是兩個往相反方向進行，之後卻變成往相同方向。注意力與訊息進行的時間之間就是具有這種關係。例如，教室裡學生的注意力在剛開始上課的時候，大家因為精神好，對老師的講述聽得津津有味；可是十分鐘、二十分鐘過了，大家越聽越累，精神越來越委靡不振，有的學生甚至開始打起瞌睡，注意力也就逐漸減低。不過再看看錶，三十分鐘過了，離下課的時間快到了，於是精神又慢慢好了起來，對老師滔滔不絕的說詞也就越來越能聽得進去，直到下課鈴聲響起。**表2-1**歸納了這些變項的關係類型與意義。

表2-1　變項之間的關係類型與意義

變項關係	意義
正面關係	兩個變項同往相同方向，同高或同低。
負面關係	兩個變項往相反方向，一往高一往低。
倒U字型關係	由正面關係發展成負面關係。
U字型關係	由負面關係發展成正面關係。

四、變項的類型

　　所謂「變項」，就是指具有兩個以上價值的概念。概念具有比較寬泛的意義，因為蒐集的資料需要有不同的價值，才能用加減或乘除等數學方式來計算，所以在研究問題或假設裡的概念，其實就是變項。也就是說，必須把概念轉換為變項，才有辦法加以蒐集資料，加以量化分析。例如，「車子」是一個概念，要研究車子，通常得把這個概念轉化成如「車子的價格」、「車子的尺寸」、「車子的顏色」、「車子跑的速度」等變項。價格有高低，尺寸有大小，顏色有強弱，速度有快慢，這些高低、大小、強弱與快慢，都是具有兩個價值以上，所以就成了變項。研究問題或假設所包含的變項，可以簡單的從兩個方面來分類。

　　首先是把變項分為連續性／順序性變項（continuous/ordered variable）與不連續性／類別性變項（discrete/nominal variable）兩種。連續性／順序性變項係指這個變項的價值是具有連續性的。例如，薪水、時間、速度、身高、溝通能力、吸引力、關係等，都是具有從少到多、或從低到高的一組連續的價值。不連續性／類別性變項的價值是彼此獨立，具有非A則B，或者是A則非B之形式。例如，性別只有男女兩種，只要是男就不能是女。國家只有固定那些，中國是中國，美國是美國，中國不可能同時也是美國。姓氏也是不連續性／類別性變項，因為我不可能同時姓陳也姓葉。電視節目或廣告種類都屬於這種變項。

有趣的是，不連續性／類別性的變項無法當連續性／順序性變項來處理；但有時卻可以把連續性／順序性變項作為不連續性／類別性的變項來處理。例如，一個人的年薪雖然是從一到幾百萬元以上，但為了研究的需要，有時我們可以把薪水的收入劃分成高收入者（如一百萬元以上）、中等收入者（二十萬到一百萬）以及低收入者（一到二十萬）三個彼此獨立的群體，然後來比較這三群人表現同情心的差異。

另一個分類的方法，是把變項劃分為自變項（independent variable）、依變項（dependent variable）、中介變項（intervening variable）與混淆變項（confounding variable）四種。

「自變項」指影響到研究問題或假設裡的另外一個變項的價值者，被影響者則稱為「依變項」。以前面舉的「暴力電視節目看得越多，孩子的行為就變得越具侵略性」這個假設為例。孩子行為具有侵略性與否或強弱，是依他們有沒有或花多少時間看了暴力性的電視節目來決定的。所以影響者是暴力節目，也就是自變項；被影響者是侵略性的行為，也就是依變項。這麼說來，自變項就是因，依變項就是果。

那麼自變項影響依變項，是在什麼情況下發生的呢？這個因果關係發生的情境就是「中介變項」。例如，看了暴力電視節目，導致行為上的侵略性，是發生在什麼情況下呢？原來只有發生在小孩子身上，因為大人看了同樣的暴力電視節目，行為上並不會產生類似的侵略性。因此，小孩就是這個假設的中介變項。

至於「混淆變項」，它是一種自變項，但它並沒有在研究問題或假設裡被提出來。研究者對混淆變項需要特別小心，因為這常常是研究過程中所存在的一個盲點。思考不足或文獻調查不徹底，都很容易造成忽略了混淆變項，而盲目地相信只有自己提出的自變項，影響了依變項。例如，你預測小孩子看多了暴力性的電視節目後，行為會變得更具有侵略性。但是，說不定小孩子是獨生子女，或者是成長在父母離婚的家庭，也同樣是影響了侵略性行為的自變項呢；而且「獨生子女」或「離婚家

表2-2　變項的種類與意義

變項	意義
自變項	因，影響依變項價值者。
依變項	果，價值受到自變項影響者。
中介變項	變項之間關係發生的情境。
混淆變項	在研究裡未被提出的因或自變項。

庭」這個混淆變項對依變項的影響，有可能比看了暴力電視節目來得更強烈呢！所以，做研究提出了自變項時，必須先弄清楚是否有其他可能的混淆變項存在，這對研究成果的有效性是很重要的。**表2-2**列出了變項的種類與意義。

五、問題陳述的審核標準

　　包括研究問題與假設的問題陳述，可以說是科學研究的中樞，它是概念化層次的總結，它開啟了使用研究方法的大門，因此如何提出一個好的研究問題，是一切科學研究的基礎。一個好的問題的陳述，最少必須遵守三個原則：(1)越特定（specific）越好；(2)越簡單明瞭（clear）越好；(3)以測試相關係為主。

　　問題陳述的特定性，指關係預測越有方向越是理想。變項之間有方向的關係，比沒有方向的關係來得特定化。因此，能用有方向的關係陳述是比較理想的選擇。另外，假設的陳述比研究問題的陳述更具特性化，能用假設，當然就使用假設。

　　其次，問題的陳述，講求簡單明瞭。例如，「電視觀賞會影響人類行為嗎？」這個研究問題裡的「電視觀賞」與「行為」兩個概念就顯得過於廣泛，不夠清晰明瞭。若把電視觀賞對人類行為的影響，當作是研究的題目或許還可以接受。但是經過概念定義之後，「電視觀賞」與「行為」兩個概念必須變成清晰明瞭，且可以觀察或測量的對象。因此，把這個研究

問題陳述為「觀賞暴力電視節目對人類侵略性行為會有影響嗎？」就變得很清楚了。又如，「長得英俊會增加個人的可信度與說服力」這個假設的陳述，就顯得拖泥帶水，囉嗦複雜，犯了所謂的雙管或模稜兩可（double-barreled）的毛病。因為這個假設其實是把兩個假設湊在一起。正確的做法，應該是把它分成這兩個既簡單又清楚的相互獨立的假設：「長得英俊會增加個人的可信度」與「長得英俊會增加個人的說服力」。

最後，學術界傳統的習慣是測試變項之間的相關係，而不是變項之間的沒有相關係。例如，取：「長得英俊會增加個人的說服力嗎？」與「長得英俊會增加個人的可信度」。棄：「長得英俊不會增加個人的說服力嗎？」與「長得英俊不會影響個人的可信度」。這種只顧變項之間的有相關係，而不測試它們之間的沒有相關係，只是學術界沿用成習的做法。孰是孰非，沒有定論，因為有些學者認為測試變項之間不具有相關係，有時候比測試它們之間具有相關係來得重要。事實到底如何，無法在此細述。讀者知道有這種不同看法即可。

 # 結　論

本章分為四節闡述科學的本質與傳播研究的整個過程。第一節解釋人類知識的來源。研究的主要目的，在於獲取知識。不過知識的獲取，有不同的方法，人類在日常生活中，賴以獲取知識的三個比較普遍的管道，包括了權威來源、個人經驗與風俗習慣。由這些方法獲取的知識，通常真假難辨，主客觀混淆。經由嚴謹的科學方法所獲取的知識，比起這些方法可說是準確得多。

第二節說明了科學研究的特徵。「科學」意指學習或得到知識的過程與方法。它具有系統性、自我規正性、創意性與可觀察性。科學研究的系統性建立在觀察、解釋與證明三個階段的循環上。科學研究的系統運

作過程，具有自我調整的特性與能力，能夠規正過程的偏差與錯誤。科學研究乃由人操作的，人是會思會想的生物，因此研究者主觀上對研究的影響，自是難免。研究者主觀上可能對研究帶來貢獻的主要能力來自創意，想像力與直覺則是創意的兩個重要元素。另外，科學研究只探究那些可以觀察的現象。諸如宗教或超感官的靈性等領域，都非科學所能研究，因此河水不犯井水，彼此尊重對方的存在。

第三節敘述傳播研究的過程。傳播研究的過程，可分為觀察、解釋與證明三個周而復始的螺旋循環階段。這三個階段付諸實施時，可細分為四個實際操作的步驟：(1)概念化；(2)操作化；(3)分析；(4)再概念化。概念化層次通常必須從事五項工作：(1)決定研究的方向；(2)定出研究的題目；(3)界定概念的意義；(4)文獻調查；(5)問題的陳述。操作化步驟必須說明觀察或測量概念的過程，也就是交代觀察的設計或如何蒐集解答研究問題之資料的過程。資料的分析，通常借統計學的技術來完成。至於再概念化，則指對分析結果是否回答研究問題或肯定了假設的討論，並且提出該研究的可能局限性與對未來類似研究的建議。這些步驟完成後，結合成一篇研究論文，其規格大致上是分成五個部分：簡介、方法、結果、討論以及引用的文獻。

最後一節從研究問題、假設、關係的類型、變項的類型以及審核問題陳述的標準五個方向，解說了與研究問題的陳述相關的內容。研究問題的形態可歸納為兩大類，一種是直接性的描述或分類傳播行為，另一種是陳述研究的變項之間的關係。變項之間的關係又可以歸納成因果關係、非因果關係、相關係、差異的陳述四個方式。假設的陳述則有虛無假設與研究假設兩種。變項之間關係的類型基本上可以分為四類：正面關係、負面關係、倒U字型關係以及U字型關係。變項類型的分類有兩種，一是把變項分為連續性／順序性與不連續性／類別性，再者是把變項分為自變項、依變項、中介變項、混淆變項四種。至於問題陳述的審核標準，則至少必須遵守三個原則：(1)越特定越好；(2)越簡單明瞭越好；(3)以測試相關係為主。

問題與討論

1. 三人一組，集思廣益後各舉出三個從權威來源、個人經驗與風俗習慣獲取知識的例子。比較這些知識的主觀與客觀性。

2. 也是三人一組，舉出五個無法以科學方法來研究的主題。

3. 同樣三人，請想出三個研究問題或假設，來代表變項之間的正面關係、負面關係、倒U字型關係以及U字型關係。

4. 分析以下四個研究問題與假設：

   (1)使用電腦與教室內的互動有什麼關係嗎？

   (2)中國人比美國人話講得少。

   (3)年齡與感情的表達有正面的關係。

   (4)比起美國人，在衝突的情況裡，日本人比較傾向於使用避免性的方法。

   然後辨認出每個陳述裡面的自變項、依變項、中介變項與兩個可能的混淆變項。並且判斷這些變項在每個陳述裡面，是屬於連續性／順序性或不連續性／類別性變項。

5. 仔細讀李清照這首〈聲聲慢〉：「尋尋覓覓，冷冷清清，悽悽慘慘戚戚。乍暖還寒時候，最難將息。三杯兩盞淡酒，怎敵他曉來風急？雁過了，正傷心，卻是舊時相識。滿地黃花堆積，憔悴損，如今有誰堪摘？守著窗兒，獨自怎生得黑！梧桐更兼細雨，到黃昏，點點滴滴，這次第，怎一個愁字了得？」然後：

   (1)提煉出十個以上與這首詞有直接或間接關係的概念（如：喝酒、情感、寂寞、性別等）。

   (2)接著把其中任何兩個概念組合起來成為一個研究題目（如：男女喝酒後表達情感的差異研究）。請組合出三個題目。

   (3)最後，把每個研究題目用研究問題或假設表達出來（如：男人喝酒後比女人更善於表達內心的情感；或：喝酒與表示內心情感有正面的關係嗎？）。

Chapter 3

傳播研究報告的書寫

總 體 目 標

說明傳播研究報告書寫的過程

個 體 目 標

1.說明研究報告的種類

2.說明研究報告資料的來源

3.解說研究報告的格式

4.闡述期刊研究報告的流程

從選定研究方向，決定研究題目，從事文獻調查，提出研究問題，到蒐集與分析資料，得知研究的結果這個漫長的時間之後，對研究者最後的一個挑戰是如何把整個過程用一篇精簡的論文報告出來。科學研究的結果報告，在長短上，雖然因不同學術領域會有不同的要求，但是論文報告，通常會規範在幾個比較普遍的格式。本章就從傳播學的角度，分四節來討論研究報告書寫的過程：(1)研究報告的種類；(2)研究報告資料的來源；(3)研究報告的格式；(4)期刊研究報告的流程。

 ## 第一節　研究報告的種類

研究報告的分類方法有多種，為了說明方便，在此就大略把它分為非學術與學術性報告兩種。非學術性報告，在格式上則比較鬆散或隨意；學術性的報告，需要依據嚴謹的規範來書寫。

一、非學術性報告

非學術性報告，最好的例子就是在大學裡，每個學期末了，很多老師都會要求學生繳交的研究報告（term paper）。在西方，這種學期末了的研究報告，通常是指非學術性的論文。因為在大學本科的階段，學生基本上還沒有受過較紮實的方法學訓練；縱使有，也是屬於基本性的瞭解而已，很難達到具有獨立做研究的水準，因此要完成一份研究性的論文報告，是不實際也不太可能的要求。不過，非學術性的報告，並不是完全沒有價值。這種報告，有些也會經由第二章談到的觀察、解釋與證明的研究階段來取得資料與結果，只不過是研究的過程沒有那麼嚴謹，不需依據專業要求的書寫格式，或不用太計較什麼效度與信度之類的問題罷了。而且，對一般人而言，非學術性的研究與報告，也是獲取知識不可忽略的來

源之一。

非學術性報告的其他種類還有很多，例如教科書即是。教科書這種屬於非學術性的報告，並不是說書裡沒有報告學術性的知識，而是Frey、Botan和Kreps（2000）所謂的「次要的研究報告」（secondary research reports）。這種非學術性報告之教科書的內容，大致上是集合不同學者的研究成果或論點，而不是作者自己親自從事研究所得到的東西。另外，報章雜誌與電視、網路、收音機等電子媒體所提供的很多新聞或訊息，也是屬於非學術性的報告。這些知識或常識性的訊息，常常是經由轉載、簡介、改寫或隨筆的方式來傳播。當我們一般人平常沒有足夠的時間來閱讀，或是沒有足夠的訓練來瞭解學術性的報告，這些非學術性報告倒是能協助我們節省時間閱讀，並且把艱難乏味的學術性東西，變得平易近人。因此，只要取捨有道，從貨真價實的非學術性報告的管道，我們仍然可以獲取大量寶貴的知識。

二、學術性報告

學術性的報告專指那些經由嚴謹的研究過程得到成果的論文，它們通常也是由親自參與研究的作者來著手書寫的。學術性的報告主要的來源有三：(1)專業期刊論文；(2)研討會論文；(3)學術性專書。

如本書第一章提到的，一個學術領域的茁壯與鞏固，乃是由健全的研究／學術社群來發展與維持的。而這個學術社群，乃是以學術自主與學術理性兩個要素，來建立起它的公平與權威性。以傳播學而言，靠著學者、師生以及傳播相關行業同仁的支持與投入，經由彼此之間思想與意見的折衝樽俎所建立起來的這個傳播「學界」或研究／學術社群，是傳播研究的操作與發表之規範的立訂之所（陳國明，2007）。學術社群通常以學會（academic association）的建制來體現，學會既出版專業期刊，也舉辦研討會，提供會員一個相互交換研究所得的場所。傳播學領域的主要學

會，第一章已經提到，**表3-1**列出與傳播學相關的部分西文期刊。

由於全世界有幾千所大學開設與傳播相關的系所（僅僅美國就有兩

表3-1　與傳播學相關的部分西文期刊

American Journalism Review	Journal of International and Intercultural
Argumentation and Advocacy	Communication
Asian Journal of Communication	Journal of Language and Social Psychology
Australian Journal of Communication	Journal of Mass Media Ethics
Canadian Journal of Communication	Journal of Popular Culture
China Media Research	Journal of Public Relations Research
Chinese Journal of Communication	Journalism History
Communication Education	Journalism & Mass Communication Educator
Communication Monographs	Journalism & Mass Communication
Communication Quarterly	Quarterly
Communication Reports	Journalism Quarterly
Communication Research	Language & Communication
Communication Research Reports	Management Communication Quarterly
Communication Review	Mass Communication Review
Communication Studies	Mass Communication & Society
Communication Theory	Media, Culture & Society
Critical Studies in Mass Communication	Media Studies Journal
Discourse & Society	New Media & Society
European Journal of Communication	Newspaper Research Journal
Health Communication	Philosophy & Rhetoric
Howard Journal of Communications	Political Communication
Human Communication	Public Relations Journal
Human Communication Research	Public Relations Review
Intercultural Communication Studies	Qualitative Research Reports in
International Journal of Intercultural	Communication
Relations	Quarterly Journal of Speech
International Journal of Listening	Research in Language and Social Interaction
Journal of Applied Communication	Rhetoric and Public Affairs
Journal of Broadcasting & Electronic Media	Rhetoric Review
Journal of Business Communication	Southern Communication Journal
Journal of Communication	Technology and Culture
Journal of Communication and Religion	Text and Performance Quarterly
Journal of Communication Inquiry	The Review of Communication
Journal of Health Communication	Western Journal of Communication
Journal of International Communication	

千餘所），身兼教書與研究之責的學者數量實在不計其數，但專業期刊的數量卻是有限的，因此要成功的把研究論文在具有水準的專業期刊上發表，其競爭是相當的激烈。正常情況下，期刊的每篇論文必須經由該論文研究方向的兩位匿名專業學者的評審，若兩人皆同意，該文則可發表。若兩人意見有所不同，但差異不是太大，期刊的主編可逕自裁決是否刊登還是退件。若意見兩極，主編會另外邀請第三個學者評審後，再做最後的論斷。這個匿名評審的過程，可以保證論文的品質，與避免偏私之不公平的事情發生，這對整個學術界的發展，具有良性的作用。期刊雖然有主要期刊與次要期刊之別，但因為數量有限，而且評審的過程類似，除了少數期刊與一些比較特殊的問題之外，論文只要能夠在經由匿名評審過程的專業期刊上發表，基本上都是值得閱讀的學術性報告。

學術期刊的性質各有不同，雖然發表同一領域的論文，但是有的只收錄實證研究的報告（如*Human Communication Research*），有的只收錄定性的報告（如*Quarterly Journal of Speech*），有的只收錄特定研究方向的報告（如*Health Communication*、*Journal of International and Intercultural Communication*、*Public Relations Journal*等）。每個期刊也都會有特定要求的如APA或MLA等不同的寫作格式，這部分我們會在下一節討論。學者把論文投出審核之前，必須先弄清楚選定期刊的要求，要不然主編收到之後，馬上會把論文退回。**表**3-2以*China Media Research*這個專業期刊為例，列出了其對徵求論文的各種要求。一般專業期刊，大致上都會有一頁類似的徵稿訊息，從裡頭也可以看出該期刊的性質與內容取向。專業期刊的發行，幾年來因為電腦科技的發達，有些開始以網路期刊的面目出現。由於剛起步與技術上的問題，網路期刊的品質，很多學者仍然抱著懷疑的態度，因此受到肯定的網路期刊到目前還不多。傳播學領域，由NCA發行的*The Review of Communication*算是比較受到信任與青睞的一個網路期刊。

學術期刊在質與量方面，可以說是學術報告的主要集中地。另外，學

表3-2　*China Media Research*徵求論文的說明

Submission

China Media Research is the first international English-language journal in its field. The journal is intended to bring the results of Chinese media research to the attention of the world, as well as to facilitate, in reciprocal fashion, the acquaintance of scholars within China with media research done outside of China. Therefore, not only papers directly related to all the fields of Chinese media research are desirable, but also thoughtful, pioneering media research papers from any sectors of the world, the acquaintance with which would be useful for media scholars within China, are also welcome. Submissions can be a variety of types; in addition to regular papers, book reviews, investigative reports, opinions/ debates, interviews, news items, letters, etc. are all suitable.

I. GENERAL INFORMATION

(1) Goals: As the first international English-language journal in its field, published in America, and both in print and on the internet, China Media Research is dedicated to the dissemination of updated knowledge of all aspects of Chinese media research and related topics. The main purpose of China Media Research is to serve as a bridge between Chinese and world media studies, therewith to promote global harmony.

(2) Publication schedule: quarterly.

(3) Who may contribute: We welcome submissions from academic scholars, as well as from experts from any relevant fields. Contributors may be of any national, racial, or ethnic identity.

(4) Kinds of submissions: Submissions can be a variety of types; in addition to regular papers, book reviews, investigative reports, opinions/debates, interviews, news items, letters, etc. are all suitable.

(5) Publication costs: At present there is no publication charge for papers accepted. Nor is there any honorarium paid to authors. However, for accepted papers originally written in Chinese, and which will be translated into English, there will be a translation charge. For details contact China Media Research editorial office at editor@chinamediaresearch.net.

(6) Journal copies delivered gratis to authors: One hard copy of the journal will be provided free of charge to each author.

(7) Additional copies available to authors: Authors can purchase offprints and additional hard copies of the journal at the price of US$4 per item (mailing and handling costs not included).

（續）表3-2 *China Media Research*徵求論文的說明

(8) Other distribution of the journal: A web version of the journal is accessible worldwide without payment or registration. The journal is distributed free of charge to selected institutions. Other institutions and individuals may purchase it in hard copy at a cost of US$5/issue.

(9) Advertisements: Suitable advertisements will be placed. The price will be calculated at US$800/page; thus: $400 for a half page, $200 for a quarter page, etc.

II. SUBMISSION OF MANUSCRIPTS

(1) Submission methods: Electronic submission through e-mail is encouraged. Authors should email an electronic copy of their completed manuscript to editor@chinamediaresearch.net. In cases where electronic submission presents a hardship, a hard copy accompanied by text-data on an IBM-formatted computer diskette would also be acceptable. Hard-copy submissions should be sent either to Editorial Office in USA, CHINA MEDIA RESEARCH, P. O. Box 1324, East Lansing, MI 48826-1324, USA; or to Editorial Office in China, CHINA MEDIA RESEARCH, Communication Studies Institute, Zhejiang University, 34 Tianmushan Road, Hangzhou, Zhejiang 310028, China. Contributions must not be simultaneously submitted to other journals. China Media Research follows a policy of blind peer review. To facilitate this review, a separate title page without identifying information should be provided for each manuscript copy. The procedure should normally take one to three months.

(2) Software: Microsoft Word files (.doc).

(3) Font: Use Times New Roman, 10-point, single-spaced; put in boldface type the title and subtitles, e.g. "New Research Findings".

(4) Paragraph indentations: Indent four spaces at the beginning of each new paragraph.

(5) Text format: Use the default for Word. Do not use "Footnote" or "Header/Footer" features of the word-processor.

(6) Cover page: Besides the full title, put another short title and detail information of authors in the cover page.

(7) Captions of graphs, figures and tables: You may use charts, graphs, and other graphics characteristically associated with Word, your processing software. Use the full words "Figure" and "Table", e.g. "Figure 1. Annual Income of Different Groups", "Table 1. Annual Increase of Investment".

(8) References: Use new version of the APA style. In the text, cite references by

（續）表3-2　*China Media Research*徵求論文的說明

an author's last name and the year of publication, e.g. "(Smith, 2003)". The list of references at the end of the paper should include, for each item, all the authors' last names and initials, the title of the item, and all the details needed to find it, as in the following examples:

[Journal article:] Bond, M. H. (1993). Emotions and their expression in Chinese culture. Journal of Nonverbal Behavior, 17, 245-262.

[Book chapter:] Mody, B., & Anselm, L. (2002). Differing traditions of research on international media influence. In W. B. Gudykunst & B. Mody (Eds.), Handbook of International and Intercultural Communication, 2nd ed. (pp. 381-398). Thousand Oaks, CA, London, New Delhi: Sage Publications.

(9) Paper length: Papers should ideally be 12 to 15 pages, including references and tables. However, shorter or longer papers may in special cases be acceptable.

(10) Submission addresses and telephone numbers of the editorial offices:

Online:

    editor@chinamediaresearch.net

Postal:

    Editorial Office in USA

    CHINA MEDIA RESEARCH

    P. O. Box 1324

    East Lansing, MI 48826-1324, USA

    Telephone: 517-402-6891

    Editorial Office in China

    CHINA MEDIA RESEARCH

    Communication Studies Institution

    Zhejiang University

    34 Tianmushan Road

    Hangzhou, Zhejiang 310028, China

    Telephone: 86-571-8827-3032

III. MANUSCRIPT PREPARATION ORDER

It is suggested that each manuscript include the following components unless the authors have good reasons for doing it in some other way:

(1) Cover page: Include the complete article title; each author's full name; the names and locations of the institution(s) with which each author is affiliated;

（續）表3-2　*China Media Research*徵求論文的說明

and a name, complete mailing address, telephone number, fax number (if available) and e-mail address for all correspondence.
(2) Abstract
(3) Keywords
(4) Text
(5) References

IV. BOOK REVIEWS

Books to be considered for review should be sent to Prof. Li Jie, Book Review Editor of CHINA MEDIA RESEARCH, Vice Dean of Communication Studies Institute, Zhejiang University, 34 Tianmushan Road, Hangzhou, Zhejiang 310028, China. Individuals wishing to review books should indicate their choices and qualifications to Prof. Peiren Shao, Dean of Communication Studies Institute, Zhejiang University, 34 Tianmushan Road, Hangzhou, Zhejiang 310028, China.

V. DISCLAIMER: Statements of fact or opinion published in the journal are those of the contributors alone, and not of the American Chinese Media Research Association, the Institute of Communication Studies of Zhejiang University, or CHINA MEDIA RESEARCH, none of which makes any representation concerning the accuracy of the material presented in the journal, and none of which can accept any legal responsibility for any errors or omissions in that material.

VI. COPYRIGHT: A condition of publication in the journal is that authors assign copyright to CHINA MEDIA REPORT. All rights are reserved: no part of this journal may be reproduced, stored in a retrieval system, or transmitted in any form or by any means, electronic, mechanical, photocopying, recording, or otherwise, without prior written permission. For information on how to request permission to reproduce material from the journal visit http://www.chinamediaresearch.net/permissions.

術研討會則是由各領域學會每年或每兩年召開一次，通常在不同的城市舉行。研討會除了提供一個場所，給學者或從業人員從事社交活動之外，主要的目的在分享研究與教書的經驗與成果。以世界最龐大的傳播學會「國家傳播學會」（NCA）為例，它有近九千個會員，每年參加NCA年會的約有五千人左右，所宣讀的論文也不下四千篇。這些論文由學會的各個單位

負責審核，各單位代表著傳播學這個領域研究旨趣的不同方向，單位會員多的，每年可接受的論文數量就相對增多。論文能否在研討會上宣讀，則由各單位負責評審。從各單位評審後接受宣讀的論文，再由學會總部負責整合起來，並安排宣讀的時間與地點。學會組織裡的單位結構，不同學會有不同的編制。表3-3列出了NCA目前具有的單位。

在量方面，研討會所宣讀的論文，當然比期刊多得多。不過，研討會的論文只是宣讀，意在鼓勵學者之間交換意見，與彼此瞭解行裡當前學者們研究的內容與方向；評審的標準也沒期刊那麼嚴謹，因此研討會論文的品質，無法與期刊相比。這種差異可以做如此的理解：研討會宣讀的論文是往期刊發展的墊腳石。學者在研討會宣讀論文之後，蒐集了不同學者給予的意見，然後把論文加以修改，以便投往期刊評審。因此可知，大部分期刊的論文，發表之前，通常會先經由研討會宣讀這個過程。一個學者學術事業的建立，一般也是從研究生階段就開始參加研討會，耳濡目染，一步一步地學習、模仿、吸收，而後發展出自己新的思想與研究方向。

專書是另外一種學術性的報告。專書與教科書不同，教科書的目的在於整合性的報告或說明一個專門科目已經累積的知識，專書則是學者對一個專題深入研究之後的報告，其中不少是一篇研究性論文的橫寬與縱深的延伸。專書因為篇幅大，作者可以對研究的過程與結果暢所欲言，所以思想的系統性與完整性都比較堅強。它的價值比教科書高，與期刊論文等齊。在西方學術界，學者職位的升等，很多學校只計算期刊論文與學術專書，教科書因為思想的創意性不高，而不受重視。

學術性的專書，除了整本書由一個或幾個學者合作的方式寫作之外，還有編輯性的專書，由編者蒐集多篇來自不同學者，從不同角度研究同一個主題的論文，串連成書。這種合輯的學術性專書，有時可以給讀者帶來諸多的方便，尤其可以收到同時一覽不同學者從多方角度，探討同一主題的便利。形態居於專業期刊與專業書籍之間的學術性年刊

表3-3 NCA目前的組織單位

African American Communication & Culture Division	Gay, Lesbian, Bisexual, Transgender, and Queer Communication Studies Division
American Studies Division	Group Communication Division
Applied Communication Division	Health Communication Division
Argumentation & Forensics Division	Human Communication and Technology Division
Asian/Pacific American Caucus	Instructional Development Division
Asian/Pacific American Communication Studies Division	International and Intercultural Communication Division
Basic Course Division	Interpersonal Communication Division
Black Caucus	La Raza Caucus
Caucus on Lesbian, Gay, Bisexual, Transgender and Queer Concerns	Language and Social Interaction Division
Communication and the Future Division	Latino/Latina Communication Studies Division
Communication and Law Division	Mass Communication Division
Communication Apprehension and Competence Division	Master's Education Section
Communication Assessment Division	Nonverbal Division
Communication Centers Section	Organizational Communication Division
Communication Ethics Division	Peace and Conflict Communication Division
Communication and Social Cognition Division	Performance Studies Division
Community College Section	Political Communication Division
Communication as Social Construction Division	Public Address Division
Critical and Cultural Studies Division	Public Relations Division
Disability Issues Caucus	Rhetorical and Communication Theory Division
Elementary and Secondary Education Section	Semiotics and Communication Division
Emeritus/Retired Members Section	Spiritual Communication Division
Environmental Communication Division	Student Section
Ethnography Division	Theatre Division
Experiential Learning in Communication Division	Training and Development Division
Family Communication Division	Undergraduate College & University Section
Freedom of Expression Division	Visual Communication Division
	Women's Caucus

（annual），則同時具有雙方的特色。這種年刊，可以解決發行專業期刊必須面對的巨大人力與財力開銷的難題，長年持續的出版下去，它們通常對該學術領域的未來發展方向，具有指標性的功用。傳播學領域的 *Communication Yearbook*與*International and Intercultural Communication Annual*兩本歷史悠久的年刊，就是很好的例子。

第二節　研究報告資料的來源

　　科學研究講求引經據典。從研究題目的擬定、文獻調查、問題的提出，到蒐集與分析資料的觀察、解釋與求證過程的基礎，乃建立在先前學者研究的基礎上。換句話說，學術研究並非靠憑空想像，而是從前人研究的結果，再往前推進。因此，如何取得與自己的研究相關之既存資料，為健全學術研究的橋頭堡。這一步沒有做好，會導致研究結果不可靠的前功盡棄的下場。這一節將討論當今學術研究報告資料的兩個主要來源：圖書館與網路資料。

一、圖書館

　　在當今的人類社會，圖書館可以說是知識的儲存所，它長年累月地有系統地蒐集與整理各式各樣的知識產物。在古老的人類社會，知識由族裡的智者或長老來掌握，經由口述代代相傳。接著逐漸由文字的記載加以保存，直到印刷術發明之後，圖書典冊的數量大增，為了管理保存這些出版品，於是有了圖書館的產生。如今，幾乎每個人類社會都會有形態類似的圖書館存在。以西方社會為例，圖書館的種類有多種，其中主要的有學術性圖書館、公共圖書館以及特殊用途圖書館三種。

(一)學術性圖書館

　　學術圖書館主要是指學校，尤其是大學的藏書之所在。只要是大學，一定會設有一個圖書館來服務學校人口。大學裡的圖書館，可以說是包羅萬象，資料齊全。包括書籍、期刊、雜誌、縮微膠片／縮微膠卷（microfiche/microfilm）、影音圖片等資料，加上電腦設備，連接與使用各種資料庫等，應有盡有。所有這些收藏，又可分為參考性的資料（reference materials）與政府的蒐集（government collection）。一般書籍當然是圖書館最主要的資產。其中，參考性的圖書與資料，可包含百科全書（encyclopedias）、手冊（handbooks）、字典（dictionaries）、年鑑（yearbooks）等。這些較大部頭的出版物，通常擺設在圖書館內一個特定的區域，不能外借，僅供使用者在館內參考。期刊則是很多學術圖書館開銷最大的一個部分。通常一個圖書館都會訂購數以百計的期刊，以便利師生研究時的參考使用。期刊（與雜誌）在圖書館一般分為兩個區域。一個是當期或當年的期刊，會擺在一個較方便取用的區域，過期的期刊則裝訂成冊，集中在圖書館的某一個樓層，通常與一般圖書分開。

　　圖書館裡對浩瀚資料的管理，有其一套分類與索引的方法，例如使用美國國會分碼法（Library of Congress Call Number）、杜威索引法（Dewey Call Number）或書目法（Book title）等等。經由這些歸類與索引的方法，使用者可以迅速有效地找到自己想要的圖書資料。當圖書館沒有使用者想要的圖書資料時，大部分圖書館也都有圖書館間借閱（interlibrary loan）的服務，即從其他圖書館幫使用者把書借過來。另外，在美國也有不少區域或同一個州之內的圖書館之間有聯盟關係，學校的成員可以同時直接借閱結盟圖書館內的資料。

(二)公共圖書館

　　在歐美國家的每個市區鄉鎮，通常設有為居民服務的公共圖書館。這是由居民繳納的稅所支撐的資料服務中心。除了大城市之外，公共圖書

館的規模通常比學術圖書館小得多，所收藏的圖書資料也不多；收藏的內容比起大學圖書館，也顯得更通俗化，以適合一般民眾的口味。

(三)特殊用途圖書館

　　至於特殊用途的圖書館，則是為了特殊性目的而設的。這類的圖書館，可以是針對宗教、貿易、歷史、戰爭等不同的目的而設，就像專門收藏的博物館一樣，有些收藏的東西極具價值，尤其是那些原始的文件資料，在其他地方是看不到的。特殊用途的圖書館的資料，不像是學術或公共圖書館，它的資料大部分是不外借也不對外開放的，通常是經由事先請求或登記，才能使用。

二、網路資料

　　隨著科技的突飛猛進，越來越多的資料已經電腦化。不管是期刊或書籍，都已經逐漸地數位化，以電子方式儲存。這些電子檔案，若沒有經由網際網路（Internet）的管道，很難發揮其功能。經由網際網路，電腦儲存的資料，可以彼此迅速的連接與取用，方便無比。除了由電腦連線到學術圖書館、公共圖書館或不同的資料庫，以搜索或取用可靠的資料之外，經由全球資訊網（World Wide Web, WWW）也能獲取大量的資訊。

　　網上最具有學術性與可靠的資料庫種類，目前已經有很多。就以筆者學校圖書館所訂閱的網上連線的資料庫，就可分為以下十一大類：(1) General & Reference; (2) Arts & Humanities; (3) Social Sciences; (4) Education; (5) Government, Politics & Law; (6) Business, Labor & Economics; (7) Health Sciences; (8) Life Sciences, Marine & Environment; (9) Physical & Mathematical Sciences; (10) Engineering & Technology; (11) Rhode Island & New England。**表3-4**列出了與傳播學相關的Arts & Humanities、Social Sciences與Education三個項目庫裡的各種不同資料庫給大家作為參考。

表3-4　與傳播學相關的網路資料庫

Arts & Humanities	Social Sciences	Education
Art Abstracts Indexes and abstracts articles from periodicals published throughout the world. Besides art and art history, topics include advertising, antiques, archaeology, architecture, fashion, interior design, textiles, and more. Also indexed are reproductions of works of art that appear in indexed periodicals, yearbooks, and museum bulletins. 1984-. **Film & Television Literature Index** Comprehensive bibliographic database covering the entire spectrum of television and film writing. It has been designed for use by a diverse audience that includes film scholars, college students, and general viewers. Subject coverage includes film & television theory, preservation & restoration, writing, production, cinematography, technical aspects, and reviews. 1988-. **Grove Music Online** A comprehensive, integrated online music resource containing articles, biographies, and musical examples on all types of music.	**Abstracts in Anthropology** Abstracts in Anthropology covers a broad spectrum of significant, current anthropological topics from a vast number of periodicals. Indexed by author and subject. Covers cultural anthropology, physical anthropology, archaeology, and linguistics. 2002-. **Anthropological Index Online** Index of periodicals available in the Museum of Mankind Library, which receives periodicals in all branches of anthropology from academic institutions and publishers around the world. 1957-. **AnthroSource** Full text access to current and back issues of fifteen of the American Anthropological Association's periodicals. Coverage varies by publication, but generally covers the 1990s to the present. **Communication Abstracts** Indexing and abstracts of publications related to communications, broadcasting, and public opinions on a world-wide scale. Covers articles, reports, papers, and books. 1977-.	**CollegeSource Online** Full text of U.S. college catalogs online, plus college profiles. **Discovering Collection** Use this comprehensive database to retrieve in-depth reference content for the core curriculum areas of Literature, History, Biographies, Science, and Social Studies. Includes historical overviews and events, critical analyses, plot summaries, and multicultural studies. Written primarily for students at the junior-high and high school levels. **ERIC(AccessERIC)** Main site of the Educational Resources Information Center. Provides information on ERIC products, services, contacts, and Clearinghouses. Users should note that ERIC Digests, offered on this site, are NOT the same as ERIC Documents. 1966-. **ERIC(CSA)** Indexing and abstracts of journals and other materials in education, including teacher education, testing, measurement, and evaluation. 1966-. **ERIC(FirstSearch)** Indexing and abstracts of

（續）表3-4　與傳播學相關的網路資料庫

Arts & Humanities	Social Sciences	Education
JSTOR JSTOR is an online archive of back runs of core scholarly journals in many disciplines. Articles may be searched by keyword or browsed by journal. JSTOR provides high-resolution, scanned images of journal issues and pages as they were originally designed, printed, and illustrated. Note that JSTOR is not a current issues database. Because of JSTOR's archival mission, there is a gap, typically from 1 to 5 years, between the most recently published journal issue and the back issues available in JSTOR. **LitFinder** Find poems, stories, plays, speeches, and essays. **Literature Resource Center** Provides access to biographies, bibliographies, and critical analyses of authors from every age and literary discipline. Covers more than 120,000 novelists, poets, essayists, journalists, and other writers, with in-depth coverage of 2,500 of the most-studied authors. Includes work overviews, plot summaries, and explications.	**Gale Virtual Reference Library** Database of encyclopedias, almanacs, and specialized reference sources for multidisciplinary research **GEOBASE** Indexing of articles from over 2,000 journals covering the world-wide literature of geology, geography, and ecology. 1980-. **ICPSR Direct** The Inter-university Consortium for Political and Social Research (ICPSR) maintains and provides access to a vast archive of social science data for research and instruction. **Journalism and Mass Communication Abstracts** Journalism & Mass Communications Abstracts, formerly Journalism Abstracts, includes abstracts of dissertations and theses accepted for graduate degrees. The abstracts were prepared by the student authors and represent research theses. The abstract database may be searched by author's name, institution, year, and subject for theses, dissertations or both.	journals and other materials in education. 1966-. **ICPSR Direct** See Social Sciences. **JSTOR** See Arts & Humanities. **KCDLOnline** The Kraus Curriculum Development Library (KCDL) Online is a searchable database of 7,000 curricula, frameworks, and standards, including educational objectives, content, instructional strategies, and evaluative techniques for all subjects covered in PreK-12 and Adult Basic Education. Of these, over 3,000 documents are available in full text. **LearnATest** Online practice exams for GED, SAT, AP, Civil Service, MCAT, GMAT, LSAT and many more. Immediate scoring and answer explanations. **Library, Information Science & Technology Abstracts** See Social Sciences. **MAS Ultra - School Edition** Designed for high school students, this database provides full text for more

（續）表3-4　與傳播學相關的網路資料庫

Arts & Humanities	Social Sciences	Education
MLA Directory of Periodicals Contains information on the journals and series that are covered in the MLA International Bibliography. Current. **Music Index Online** Indexes more than 670 international music periodicals. Covers broad range of subjects, including past and present personalities, the history of music, forms and types of music, musical instruments from the earliest times to modern electronic instruments, plus computer produced music. Book reviews and reviews of music recordings, tapes, and performances are also indexed. 1979- . **The Philosopher's Index** Provides indexing and abstracts for books and over 480 international journals in philosophy and related fields. Covers the areas of ethics, aesthetics, epistemology, logic, axiology and metaphysics as well as material on the philosophy of the disciplines, such as law, religion, science, politics,	**JSTOR** See Arts & Humanities. **Library/Information Science & Technology Abstracts with Full Text** Indexes more than 600 periodicals, plus books, research reports and proceedings. Subject coverage includes librarianship, classification, cataloging, bibliometrics, online information retrieval, information management and more. Coverage in the database extends back as far as the mid-1960s. **Project MUSE** See Arts & Humanities. **PsycARTICLES** Provides full text access to articles from journals published by APA and allied organizations. Covers general psychology and specialized basic, applied, clinical, and theoretical research in psychology. 1988-. **PsycINFO** Indexing and abstracts of journal articles and books in psychology, including applied psychology, developmental psychology, and personality. 1806-.	than 700 popular, high school magazines. Also provides more than 500 full-text pamphlets, more than 350 full-text reference books, biographies, primary source documents and an Image Collection of photos, maps, and flags. **NoveList** See Arts & Humanities. **Primary Search** Provides full text for nearly 70 popular magazines for elementary school research. All full text articles are assigned a reading level indicator (Lexiles). Full text is also provided for over 100 pamphlets, and indexing and abstracts are offered for almost 100 additional magazines. Full text dates as far back as 1990. **Project MUSE** See Arts & Humanities. **ScienceDirect** See Arts & Humanities. **Teacher Reference Center** Provides indexing and abstracts for more than 270 of the most popular teacher and administrator journals and magazines to assist professional educators.

（續）表3-4　與傳播學相關的網路資料庫

Arts & Humanities	Social Sciences	Education
history, language, and education. 1940-.	**ScienceDirect** See Arts & Humanities.	**Web of Science** See Arts & Humanities.
Project MUSE Project MUSE offers the full text of over 220 journal titles from 37 scholarly publishers covering the fields of literature and criticism, history, the visual and performing arts, cultural studies, education, political science, gender studies, economics, and many others. Journals may be browsed or searched by keyword.	**Social Services Abstracts** Abstracts and indexes current research in social work, human services, and related areas, including social welfare, social policy, and community development. Covers journals, including book reviews, plus dissertations. 1979-.	
ScienceDirect Science Direct is a collection of journals from the publisher Elsevier and its affiliates. Journals may be browsed or searched by keyword.	**Sociological Abstracts** Covers the international literature in sociology and related disciplines in the social and behavioral sciences. Indexing and abstracts for journals, books, dissertations, and conference papers in areas such as social structure, inequality, social change, and social problems. 1952-.	
Scribners Writers Series on CD-ROM Full-text biographical and critical essays on 510 writers from all time periods and nationalities. .	**Web of Science** See Arts & Humanities.	
Theater in Video Provides streaming video of over 250 plays and 100 film documentaries. Includes performances featuring notable actors and actresses from the 50s, 60s, and 70s.	**Women's Studies International** Covers the core disciplines in Women's Studies to the latest scholarship in feminist research. Sources include journals, newspapers, newsletters, bulletins, books, book chapters, proceedings, reports, theses, dissertations, NGO studies, Web sites, and	

（續）表3-4　與傳播學相關的網路資料庫

Arts & Humanities	Social Sciences	Education
Web of Science Web access to ISI citation databases (*Science Citation Index, Social Sciences Citation Index,* and *Arts & Humanities Citation Index*). Contains citations to articles from nearly 8,500 of the most prestigious, high impact research journals in the world. The ability to search by cited reference allows the user to uncover the research that influenced an author's work or to navigate forward in time to discover a paper's impact on current research. 1998-.	grey literature. Coverage ranges from 1972 and earlier to the present.	

　　值得注意的是，一般人尤其是學生喜歡直接上網，在如Google、Yahoo、Wikipedia、百度、搜狐、新浪等熱門的網站或不同的部落格（Blog）搜索資料。由於這些資源既方便又可以免費取得，在大家趨之若鶩的情況下，有兩件事需要提醒：首先，這些網上資料，因為沒有特定或嚴謹的規範，在從事學術研究的時候，要特別留心從這些網路得來之資料的可信度。例如，有些大學教授就嚴禁學生使用Wikipedia。雖然Wikipedia包羅萬象，而且不乏值得信賴的資訊，但是不可靠的東西也不少。原因是任何人都可以上Wikipedia貢獻自己所知，或修改在Wikipedia已經存在的資料檔案，而且並沒有經過像專業期刊評審的過程。因此品質良窳難辨，有時會因內容的偏頗或錯誤而誤導了使用者。當然也有比較可靠的來源，例如，Google Scholar就值得推薦。不同的是，Google Scholar並不直接提供內容資料，而是包含了論文引用記錄，並且可以從中連線到

不同論文的出處，只是它的功能並無法與前面所提到的資料庫相比擬。

其次是學術倫理的問題。一般人有個不正確的觀念，以為網路上可以獲取的資料，都是可以隨意取用的。在某個程度上，這是個事實，因為有些作者有意把自己的作品經由網路廣為流傳。但是很多網站資料都是有版權的，不按照版權法規定下載或使用，很可能會有侵權、盜用、剽竊等違反學術倫理或觸法的問題發生。在使用網路資料時，這點不可不察。

 ## 第三節　研究報告的格式

撰寫研究報告必須依照指定的格式。目前西方世界，有五種廣受使用的報告撰寫格式：APA、MLA、AMA、Turbian、Chicago。

APA為美國心理學會（American Psychological Association）所制定的一套報告格式的規則，通常使用在心理學、教育學與其他相關的社會科學領域。MLA 為現代語言學會（Modern Language Association）所制定，使用在文學、藝術與其他人文學科。AMA為美國醫學學會（American Medical Association）所制定，使用在衛生、醫學與生物科學等學科。Turbian格式乃專門為大學生所設計，使用在各種不同主題的報告。Chicago格式則使用在書籍、雜誌、報紙與其他非學術性的出版物。傳播學因為同時屬於社會科學與人文學，因此APA與MLA為其所使用的格式。若從整個傳播學出版的情況來看，其中又以APA較為普遍。為了參考起見，以下就列出APA與MLA兩個格式，在五個基本引用部分的異同。

1. Journal Article（期刊論文）：

   Chen, G. M. (2007). Media education in the United States. *China Media Research, 3* (3), 87-103. (**APA**)

   Chen, Guo-Ming."Media education in the United States." *China Media Research 3.3*, 2007: 87-103. (**MLA**)

2. Newspaper or Magazine Article（新聞或雜誌文章）：

Gupta, S. (2008, March 3). Stuck on the couch. *Time*, p.58. (**APA**)

Gupta, Sanjay. "Stuck on the couch." *Time*, 13 March. 2008: 58. (**MLA**)

3. Book（書籍）：

Chen, G. M., & Starosta, W. J. (2005). *Foundations of Intercultural Communication*. Lanham, MD: University Press of America. (**APA**)

Chen, Guo-Ming, and William J. Starosta. *Foundations of Intercultural Communication*. Lanham, MD: University Press of America, 2005. (**MLA**)

4. Book Article or Chapter（書籍內文章）：

Chen, G. M. (2009). Intercultural effectiveness. In L. A. Samovar, R. E. Porter, & E. R. McDaniel (Eds.), *Intercultural communication: A reader* (pp.393-400). Boston, MA: Wadsworth. (**APA**)

Chen, Guo-Ming. "Intercultural effectiveness." *Intercultural communication: A reader.* Eds. Larry. A. Samovar, Richard E. Porter, & Edwin R. McDaniel. Boston, MA: Wadsworth, 2009: 393-400. (**MLA**)

5. Website Article（網上文章）

Thorn, M. (2002). *Leadership in international organizations: Global leadership competencies*. Retrieved February 25, 2008, from http//www.academy.umd.edu/publications/global_leadership/marlene_thorn.htm. (**APA**)

Thorn, Marlene. "Leadership in international organizations: Global leadership competencies." 2002. 25 February, 2008 <http//www.academy.umd.edu/publications/global_leadership/marlene_thorn.htm>. (**MLA**)

比較起來，APA格式比MLA來得簡潔，這可能是採用APA作為報告格式的專業期刊越來越多的主因之一。不過如前面所說，每個期刊雖然採用某種特定的報告格式，通常都會因期刊本身的需求，在報告格式上會有些微的變化。尤其是不同語言的報告，所要求的格式，可能會出現重大的不同。另外，各種報告的格式，細節的部分都是非常的繁雜瑣碎，以上所舉的五個例子，只是占整個格式內容與規則的一小部分，寫作的人身邊應該備有一本格式手冊，需要時可以隨時查閱。

 ## 第四節　期刊研究報告的流程

研究報告的寫作，就是把第二章傳播研究的概念化、操作化、分析以及再概念化四個步驟，依照格式，以論文的方式表現出來。為了討論方便，茲將一篇論文的流程與結構，大致歸納在**表3-5**。

表3-5　研究論文的流程與結構

I.　前言（Introduction）——對問題背景的述說。可包括以下內容：
　1.簡短述說研究主題的歷史背景。
　2.陳述研究主題領域尚未解決的問題，理論上可能存在的問題，以及社會對此主題可能的關心情形。
　3.解釋研究此主題的重要性。
II.　文獻調查（Review of the Literature）——對前人在相關主題研究的文獻檢閱。包括：
　1.概念／變項的定義（conceptual definition）。
　2.閱讀、批評、整理、歸納先前相關的研究。也就是對學者在以前研究同一變項的結果、結論與優劣等的探究。
　3.檢閱先前相關文獻之後，提煉出值得研究的相關主題作為自己研究的基礎。
III.問題陳述（Problem Statement）——以文獻調查為基礎，提出自己研究的問題。問題的陳述有三種：
　1.簡單地以「本文研究的目的在於……」的句子，陳述出研究的目的何在。
　2.研究問題（research question）。

（續）表3-5　研究論文的流程與結構

　　3.假設（hypothesis）。

IV.方法（Methodology）──包括研究方法的使用與資料蒐集的過程。可以包括以下幾項內容：

　　1.方法（method）的選定──如調查法、實驗法、文本分析或自然研究法。

　　2.資料蒐集工具（instruments）為何：

　　　a.對自變項與依變項做操作性的定義（operational definitions）。

　　　b.說明使用的資料蒐集工具是什麼（如使用問卷）。

　　3.樣本與資料蒐集過程（participants and procedures）。包括：

　　　a.樣本如何選取。

　　　b.如何分發資料（如問卷）。

　　　c.說明如何蒐集資料。

　　　d.說明如何分析所蒐集的資料。

V. 結果（Results）──報告與陳述之問題相關的所有資料分析後的結果。例如：

　　1.研究問題是否有滿意的答覆，或研究假設是否受到肯定。

　　2.變項之信度與／或效度係數為何。

　　3.以圖表來清晰顯明統計分析的結果。

VI.討論（Discussion）──通常包含三種訊息：

　　1.研究結果的簡短結論。

　　2.研究結果與相關理論和以前的研究之間的銜接性。

　　3.研究結果在理論、方法、實用與未來研究的可能貢獻與重要性。

VII.參考文獻（References）──依照格式（如APA）羅列所有文中引用的文獻資料。

　　以上研究論文的流程與結構，只是一個代表性的綱要，並非是一成不變的，它通常是代表科學研究或實證研究報告的流程與結構。若以概念化、操作化、分析以及再概念化四個步驟來對照，I、II和III（前言、文獻調查和問題陳述）三個部分屬於概念化層次，IV（方法）屬於操作化層次，V（結果）屬於分析層次，VI（討論）屬於再概念化層次。以下就以一篇論文為例，直接以這些步驟，來做點評，以達更進一步的瞭解（如**表3-6**）。

表3-6　研究論文的流程與結構——論文點評

Differences in Self-Disclosure Patterns among Americans versus Chinese:
A Comparative Study*（論文題目）
Guo-Ming Chen, University of Rhode Island（作者的姓名與所屬機構）
Communication scholars have become increasingly interested in studying the nature of dyadic interactions from the perspective of intercultural communication (Barnlund, 1989; Gudykunst & Nishida, 1984; Ma, 1990). An area which has received attention is self-disclosure. Following the line of research on self-disclosure, this study examines differences in self-disclosure, comparing patterns of the Americans versus the Chinese. Specifically, this study compares the two cultures on the degree of self-disclosure on different conversational topics and to selected target persons.（以下到方法的部分，為概念化層次，包括了前言、文獻調查與問題陳述三個部分。但這些標題，作者並沒有在這篇論文裡顯示出來。由此可以看出論文結構上標題使用的彈性）（這一段為扼要的「前言」）

Self-disclosure is conceptualized as "the process of making the self known to other person" (Jourard & Lasakow, 1958, p.91). The process of self-disclosure is considered "the process of communication through self-disclosive messages" (Wheeless & Grotz, 1976). Target persons refer to those individuals who receive the information about the self. Target persons may include parents, friends, acquaintances, strangers and so on. The comparative study of self-disclosure patterns among different cultures has gradually gained popularity in the field of intercultural communication. It is assumed that, through the knowledge of self-disclosure patterns, people from different cultures can better understand each other. More research on this line becomes necessary.（這一段開始為「文獻調查」的部分。首先對概念／變項下了定義）

According to Nakanishi (1987), the reciprocal relationship between culture and communication may lead to the different patterns of self-disclosure in different cultural contexts. Culture not only conditions the perceptions of reality, but also programs our language patterns. What, where and how we should talk is regulated by culture (Becker, 1986; Chen, 1993; Oliver, 1962; Zimbardo, 1977). Culture is necessarily manifested in persons' communication patterns. Thus, culture contributes to self-disclosure. For example, Lewin (1948) finds that Germans disclose themselves less than Americans. Jourard and Lasakow (1958) find the total disclosure of American whites is significantly higher than blacks. Barnlund's (1975, 1989) studies show as well that Americans substantially reveal more information than Japanese on different topics (e.g., physical appearance, sexual adequacy, financial affairs, and personal traits) and to different target persons.（對

文獻的閱讀、批評、整理與歸納）

　　Wheeless, Erickson, and Behrens (1986) indicate that a greater depth of self-disclosure is associated with subjects of non-Western cultural origins, and greater amounts of self-disclosure are associated with American subjects. Furthermore, less depth, greater amount, less internal control locus, and more positively intended disclosiveness are associated with American subjects rather than non-Westerns.（對文獻的閱讀、批評、整理與歸納）

　　Moreover, Nakanishi's (1987) study on perceptions of self-disclosure in initial interactions among the Japanese illustrates that the Japanese, compared to Americans, generally show a high reluctance to initiate conversations with strangers. The Japanese also rate low levels of self-disclosure positively, and, in contrast to sex differences of self-disclosure for Americans, the Japanese females feel more comfortable in the low-disclosure conversations than do the Japanese males.（對文獻的閱讀、批評、整理與歸納）

　　Similarly, the Chinese subjects feel more constraint on their behaviors in the low-disclosure conversation than the American subjects (Wolfson & Pearce,1983). Finally, Gudykunst and Nishida (1984) report that Americans show a higher level of self-disclosure than the Japanese. This is consistent with Ogawa's (1979) findings that Asian Americans are more hesitant to express themselves verbally and show more self-restraint in interactions. In order to investigate the differences in self-disclosure patterns between Americans and the Chinese, it is necessary to describe the characteristics of American and Chinese cultures.（對文獻的閱讀、批評、整理與歸納）

　　The individualism-collectivism dimension of culture is often used to understand the differences in communication styles between Americans and the Chinese. According to Hofstede (1980), the American culture is individual-oriented, and the Chinese culture is collective-oriented. Individualistic cultures show a tendency for members to be more concerned with the consequences of one's behaviors to one's own interests, needs, and goals (Hui & Triandis, 1986; Triandis, 1986; Triandis, Brislin, & Hui, 1988). Individualistic cultures consider "I" identity the prime focus, and emphasize "individual goals over group goals, individualistic concerns over group concerns, and individual rights and needs over collective responsibilities and obligations (Ting-Toomey, 1988, p.224). In contrast, members of collectivistic cultures are more willing to sacrifice personal interests, needs, and goals for the group's purpose. Collectivistic cultures value "interdependence, reciprocal obligation, and positive-face need" (Ting-Toomey, 1988, p.224).（對文獻的閱讀、批評、整理與歸納）

　　The individualism-collectivism dimension of culture is complemented by

Hall's (1976) classification of high-context and low-context cultures. According to Hall, people of high-context (e.g., China) and low-context (e.g., the United States) cultures show significantly different communication styles. Ting-Toomey (1988) summarizes the characteristics of the low-context culture as valuing "individual value orientation, line logic, direct verbal interaction, and individualistic nonverbal style," and the high-context culture valuing "group value orientation, spiral logic, indirect verbal interaction, and contextual nonverbal style" (p.225). The individualistic culture is therefore associated with the low-context culture, and the collectivistic culture is associated with the high-context culture.（對文獻的閱讀、批評、整理與歸納）

The differences in communication styles between Americans and the Chinese, based on the classification of individualism-collectivism and high-low context cultures have been supported by many studies. Becker (1986) examines three areas of the oriental culture including social history, linguistic features, and philosophy and religion. He concludes that Chinese people reject debate and argumentation in the process of communication. Becker's conclusion is well supported by Confucian and Taoist thoughts. For example, sayings like "The superior man acts before he speaks, and afterwards speaks according to his actions," and "The superior man seeks to be slow of speech but quick in action" from Confucius; "Much talking will lead to a dead end," and "He who knows does not speak, he who speaks does not know" from Lao Tze; and "Words are the ladders leading to disorder," and "He who uses few words is rewarded with good fortune" from *I Ching* are typical examples of discouraging the use of speech in interactions.（對文獻的閱讀、批評、整理與歸納）

Yum (1988) examines the impact of Confucianism on communication patterns in East Asia and finds that the Chinese emphasize process orientation, differentiated linguistic codes, indirect communication, and receiver-centered communication, as opposed to the Northern American patterns of communication which emphasize outcome orientation, less-differentiated linguistic codes, direct communication, and sender-centered communication. Leung (1987) compares communication behaviors of the Chinese and Americans. The Chinese show much higher preference of bargaining and mediation than American subjects in conflict situations.（對文獻的閱讀、批評、整理與歸納）

All these studies confirm the differences in communication patterns between Americans and the Chinese. Two hypotheses are proposed to investigate the differences of self-disclosure patterns between Americans and the Chinese:（對文獻的閱讀、批評、整理與歸納之後，在第一句導入了本研究的方向，然後緊接著是「問題陳述」的部分）

H1: There are significant differences of self-disclosure between Americans and the Chinese on conversational topics (i.e., opinion, interests, work, finances, personality and body).

H2: There are significant differences of self-disclosure between Americans and the Chinese to different target-persons (i.e., parents, strangers, acquaintances, and intimate friends).（提出了兩個假設）

In addition to the two hypotheses, it is predicted that sex differences of self-disclosure on conversational topics and to target persons also exist.（另外一個次要的假設）

Methods（方法）

Respondents and Procedures（參與者／樣本與資料蒐集過程）

Respondents include 200 American students (93 males, 104 females) and 144 Chinese students from Taiwan (83 males, 55 females) studying in four-year public universities at the northeastern area of the United States. Nine students do not report their gender. The average age is 21.72 for Americans and 24.30 for the Chinese. Data for the Americans are collected in the basic speech communication classes. The average time Chinese students have stayed in the United States is two years and three months. The researcher personally delivers or mails the questionnaire to the Chinese respondents.（作者先談樣本與資料蒐集過程，從最後一句也可以看出本研究使用問卷調查方法）

Measurement（測量）

A revised version of the Self-Disclosure Scale developed by Barnlund (1975) is used in this study. A questionnaire of self-disclosure on different conversational topics and to target persons is devised. Target persons in this study include parents, strangers, acquaintances and intimate friends. Conversational topics are comprised of six categories: opinions, interests, work, financial issues, personality and body. Each category contains three to five items. For example, the category of opinions includes topics of politics, religion, education, social problems and world affairs. Participants are asked to complete the questionnaire by indicating the degree of willingness they like to disclose information of each item to target persons. Participants mark a scale from 1 to 7 - 7 representing "very much," 1, representing "not at all," and 4, representing "neutral". The coefficient alpha for the overall scale is .98. Thus, the scales are considered highly reliable in this study.（這一段解釋了變項的操作定義，測量的工具，如何回答問卷的指示，以及報告了問卷的信度係數）

Design and Data Analyses（設計與資料分析）

Nationality (the United States and China) and sex (male and female) are the

two independent variables in this study. The degree of self-disclosure to target persons (parents, strangers, acquaintances and intimate friends) and on different conversational topics (opinions, interests, work, financial issues, personality and body) are the two dependent variables. The 2 (nation) x 2 (sex) factorial design is used to analyze the data.（這一段說明了自變項與依變項，以及分析它們關係時的設計）（由以上可以再度看出標題安排的彈性。只要該涵蓋的資料都涵蓋了，標題的處理，可以隨作者的需要來擬定）

Results（結果）

MONAVA is used to test the effect of nationality and sex on self-disclosure of different conversational topics. MANOVA produces a significant main effect for nationality [$F(5,161)=42.19$, $p < .001$]. The results of univariate tests indicate that Americans consistently show a higher level of self-disclosure than the Chinese on topics of opinions, interests, work, financial issues, personality and body. The multivariate tests also reveal a significant main effect for sex [$F(5,161)=2.62$, $p < .05$]. No significant difference is found in the univariate tests (see Table 1).（結果部分這兩段，清楚地提到統計分析的方法，結果是否肯定了假設，以及用了圖表顯示了結果的數據。問卷信度的係數，則在方法部分已經報告了）

Table 1. National and Sex Differences of Self-Disclosure on Different Conversational Topics

Topics	Nation		Sex	
	American (N=200)	Chinese (144)	Male (176)	Female (159)
	Mean (SD)	Mean (SD)	Mean (SD)	Mean (SD)
Opinions	4.75* (0.99)	3.59 (0.83)	4.21 (0.88)	4.15 (0.96)
Work	5.25* (1.07)	3.72 (0.97)	4.41 (0.97)	4.60 (1.06)
Finance	3.72* (0.94)	2.82 (0.80)	3.31 (0.83)	3.24 (0.89)
Personality	3.75* (0.91)	3.25 (0.86)	3.44 (0.78)	3.57 (1.01)
Body	3.65* (0.87)	2.68 (0.86)	3.23 (0.82)	3.13 (0.91)

Note. *$p< .001$. The larger the mean values, the more self-disclosure.

The multivariate tests on the self-disclosure to target persons reveal a significant main effect for nationality [$F(5,161)=40.33$, $p< .001$]. The results of univariate tests indicate that Americans show a substantially higher degree of self-disclosure than the Chinese to target persons such as parents, strangers, acquaintances and intimate friends. The multivariate tests also reveal a significant main effect for sex [$F(5,161)=4.26$, $p< .05$]). The results of univariate tests indicate that sex difference exists on disclosing to intimate friends (see Table 2).

Table 2. National and Sex Differences of Self-Disclosure to Target Persons

	Nation		Sex	
	American (N=200)	Chinese (144)	Male (176)	Female (159)
Target Persons	Mean (SD)	Mean (SD)	Mean (SD)	Mean (SD)
Parents	5.11** (1.19)	4.14 (1.10)	4.61 (1.07)	4.15 (1.21)
Stranger	2.99** (0.97)	1.84 (0.85)	2.47 (0.88)	2.38 (0.95)
Acquaintance	3.72** (0.88)	2.78 (0.84)	3.31 (0.78)	3.21 (0.95)
Intimate	5.39** (0.94)	4.35 (1.02)	4.73* (0.91)	5.04 (0.99)

Note. * $p< .001$. ** $p< .05$. The larger the mean values, the more self-disclosure.

Discussion（討論）

The overall findings of this study suggest that there are significant differences in verbal styles between Americans and the Chinese. The differences of self-disclosure between the two nations may be attributed to the consequence of cultural values. The difference between individualism-collectivism and low-high context cultures is a plausible explanation. Traditionally, to Chinese, speech is considered not an effective way of communication. It is the "act," based on the sincerity of mind, which accounts for the development of interpersonal relationship. Articulation and talkativeness through the means of words are not valued in the Chinese society. Eloquent persons are considered to be less knowledgeable and even dangerous. （此段對研究結果做了一個簡短的結論後，開始銜接相關的理論，

以做合理的解釋）

Speech, in contrast, is regarded by Americans as the principal vehicle for exchanging personal experiences and for the achievement of interpersonal relationship. In the Western cultures speech is a form that "is seen not only as the species differentiating potential of human beings, but the source of their greatest accomplishment as well," and "the social system rests upon a deep commitment to discussion as the primary mode of inquiry, of learning, of negotiation, and of decision making" (Barlund, 1975, p.89).（此段繼續銜接以前相關的研究，並做更進一步的解釋）

The differences of verbal styles between Americans and the Chinese found in this study also support Nakanishi's (1987) assertion that culture and communication are reciprocal. This further demonstrates that "culture-specific" approach for the study of intercultural communication is increasingly important. According to Shuter (1987, 1990), the present research in the field of intercultural communication lacks region and culture specific studies. Intercultural communication scholars pay much attention to communication process while ignoring the concept of culture itself. For future research it is necessary for communication scholars to investigate the specific ways that culture affects the communication process in different societies.（最後一段進一步對未來這方面的研究，提出了看法與建議）

References（參考文獻）
（從這裡與文中文獻的使用，可以很明顯的看出這篇論文使用的是APA格式）

Barnlund, D. C. (1975). *Public and private self in Japan and the United States.* Tokyo: Simul.

Barnlund, D. C. (1989). *Communicative styles of Japanese and Americans: Images and realities.* Belmont, CA: Wadsworth.

Becker, C. B. (1986). Reasons for the lack of argumentation and debate in the Far East. *International Journal of Intercultural Relations, 10,* 75-92.

Chen, G. M. (1993). Self-disclosure and Asian students' abilities to cope with social difficulties in the United States. *Journal of Psychology,* 127, 603-610.

Gudykunst, W. B., & Nishida, T. (1984). Individual and cultural influences on uncertainty reduction. *Communication Monographs,* 51, 23-36.

Hall, E. T. (1976). *Beyond culture.* Garden City, NY: Anchor.

Hofstede, G. (1980). *Culture's consequences: International differences in work-related values.* Beverly Hills, CA: Sage.

Hui, C. H., & Triandis, H. C. (1986). Individualism-collectivism: A study of cross-cultural researchers. *Journal of Cross-Cultural Psychology, 17,* 225-248.

Jourard, S. M., & Lasakow, P. (1958). Some factors in self-disclosure. *Journal of*

Abnormal and Social Psychology, 56, 91-98.

Leung, K. (1987). Some determinants of reactions to procedural models for conflict resolution: A cross-national study. *Journal of Personality and Social Psychology, 53,* 898-908.

Lewin, K. (1948). Some social-psychological differences between the United States and Germany. In G. Lewin (Ed.), *Resolving social conflicts: Selected papers on group dynamics, 1935-1946.* New York: Harper.

Ma, R. (1990). An exploratory study of discontented responses in American and Chinese relationship. *The Southern Communication Journal, 55,* 305-318.

Nakanishi, M. (1987). Perceptions of self-disclosure in initial interaction: A Japanese sample. *Human Communication Research, 13,* 167-190.

Ogawa, D. (1979). Communication characteristics of Asian Americans in urban settings: The case of Honolulu' Japanese. In M. K. Asante, E. Newmark, & C. A. Blake (Eds.), *Handbook of intercultural communication* (pp.321-339). Bevely Hills, CA: Sage.

Oliver, R. T. (1962). *Culture and communication: The problem of penetrating national and cultural boundaries.* Springfield, IL: Thomas.

Shuter, R. (1987, November). *Pedagogical assumptions of intercultural communication.* Paper presented at the annual meeting of Speech Communication Association, Boston, MA.

Shuter, R. (1990). The centrality of culture. *The Southern Communication Journal, 55,* 237-249.

Ting-Toomey, S. (1988). Intercultural conflict styles: A face-negotiation theory. In Y. Y. Kim & W. B. Gudykunst (Eds.), *Theories in intercultural communication* (pp.213-238). Beverly Hill, CA: Sage.

Triandis, H. C. (1986). Collectivism vs. individualism: A reconceptualization of a basic concept in cross-cultural psychology. In C. Bagley & G. K. Verma (Eds.), *Personality, cognition, and values: Cross-cultural perspectives of childhood and adolescence.* London: Macmillan.

Triandis, H. C., Brislin, R., & Hui, C. H. (1988). Cross-cultural training across the individualism-collectivism divide. *International Journal of Intercultural Relations, 12,* 269-290.

Wheeless, L. R., Erickson, K. V., & Behrens, J. S. (1986). Cultural differences in disclosiveness as a function of locus of control. *Communication Monographs, 23,* 36-46.

Wheeless, L. R., & Grotz, J. (1976). Conceptualization and measurement of reported self-disclosure. *Human Communication Research, 2,* 338-346.

Wolfson, K., & Pearson, W. B. (1983). A cross-cultural comparison of the implications of self-disclosure on conversational logics. *Communication Quarterly, 31*, 249-256.

Yum. J. O. (1988). The impact of Confucianism on interpersonal relationships and communication patterns in East Asia. *Communication Monographs, 55*, 374-388.

Zimbardo, P. C. (1977). *Shyness: What it is and what to do about it.* Reading, MA: Addison-Wesley.

*本文取自：Chen, G. M. (1995). Differences in Self-Disclosure Patterns among Americans Versus Chinese: A Comparative Study. *Journal of Cross-Cultural Psychology, 26*, 84-91.

　　最後，研究報告除了以上討論的結構之外，一般把報告寄到專業期刊接受審核之前，還需要附有包括題目、作者名字、學業背景以及工作機構等基本資料，以便送出匿名審核時，可以把此頁分開，作為主編資料保存的用途。另外，第二頁，也習慣上附有一個通常在一百至二百五十字之間的簡短摘要（abstract），把整篇論文結構四個步驟的內容，精簡的表達出來，以利讀者能在很短的時間內，瞭解該研究的大概。其他有如註釋的使用，也都必須按照期刊要求的格式行使。至於論文報告的篇幅，專業期刊大致上要求不超過三十頁的雙行（double-spaced）打字。圖表則並不像前面的例子，直接放置確定的地點，而是擺在論文的最後面，直到印刷時，才擺到正確的位置。

結　論

　　本章分四節說明傳播研究報告書寫的過程。第一節解釋研究報告的種類。研究報告的分類方法有多種，本節大略把它分為非學術與學術性報告兩種。非學術性報告，在格式上比較鬆散或隨意；學術性的報告，則需要依據嚴謹的規範來書寫。學術性的報告主要是來自專業期刊論文、研討

會論文以及學術性專書。

　　第二節說明研究報告資料的來源。科學研究講求引經據典，從研究題目的擬定、文獻調查、問題的提出，到蒐集與分析資料的觀察、解釋與求證過程的基礎，乃建立在先前學者研究的基礎上，這些研究又經由報告的過程來保存與分享。當今學術研究報告資料的兩個主要來源為圖書館與網路資料。圖書館在西方主要的有學術性圖書館、公共圖書館以及特殊用途圖書館三種。網路資料因科技的發達，使用越來越方便，內容也越來越多，不過使用時，必須瞭解資料來源的可靠性，並避免如侵權、盜用、剽竊等違反學術倫理或觸法的問題發生。

　　第三節敘述研究報告的格式。撰寫研究報告必須依照指定的格式，目前西方世界，五種廣受使用的報告撰寫格式包括了APA、MLA、AMA、Turbian以及Chicago。本節解說了傳播學研究較常使用的APA與MLA兩種格式。不過因為各種格式的細節相當繁瑣，寫作的人身邊有必要準備一本格式手冊，需要時可以隨時查閱。

　　最後一節說明期刊研究報告的流程。從前言、文獻調查、問題陳述、方法、結果、討論、到參考文獻，一步一步加以說明，並以一篇論文為例，點評研究報告的流程與結構。本章主要是以西方的學術研究報告為對象，不同社會對書寫與格式的要求，可能會有所差異。希望讀者能以此章所述，與自己學術界的要求做比較。

問題與討論

1. 兩位同學一組，以二至三小時的時間，到自己學校的圖書館，徹底瞭解圖書館的藏書（包括期刊、雜誌、影音、電子資料等）與使用和借用的方法。特別把與傳播學或自己本行的各種收藏，列出明細表，以便將來可以方便使用。

2. 從中文與英文傳播學期刊各找出一篇與自己研究相近的論文，然後以表3-5的研究論文的流程與結構，加以分析點評（做法如本章內的例子）。之後，再進一步比較中文與英文論文在報告的流程與結構上，有何異同。

3. 選定一個概念（如：傳播），然後到Google與百度搜索。比較雙方所得的異同。

Chapter 4

傳播研究的倫理問題

總 體 目 標

瞭解什麼是傳播研究倫理，研究者的倫理素
質以及在研究中需要遵守的倫理規則

個 體 目 標

1.瞭解傳播研究倫理的本質和重要性

2.解釋傳播研究中的倫理問題

3.介紹傳播研究的倫理原則

4.說明傳播研究過程必須遵守的倫理規則

 ## 第一節　傳播研究倫理的本質

　　讀這一章節時，一定會有人問：倫理應該是和道德有關的。從事研究工作，本身就很辛苦，而且是給社會做貢獻，還用得著那麼嚴肅認真地談論倫理道德嗎？事實上，做研究講倫理是非常重要的。一項研究從設計構思到實施過程、再到研究結果，是否給社會帶來積極正面的效應，這實際上就是個研究倫理的問題。另外也有人認為，從事研究當然需要找人來配合，大學有的是人力資源。是否可以不徵求對方意見就將一群人拉來做研究？如何對待這些參與研究的人群？這也是研究倫理問題。

　　本書的第一章開篇就對傳播學有一個清楚的介紹。傳播學是一門雜糅不同領域知識的新興學科，同時融合了人文學與社會科學的內涵與方法。它的核心研究，建立在兩者之間的互動（interaction）基礎上。不論是人與人、人與物、人與媒介或團體與團體之間，只要彼此之間產生的互動，都可歸入傳播學的範圍。由此可見，傳播學的研究不僅僅是一個純粹的科學行為，無論是哪一種形式的互動，傳播學都與人有關，傳播學研究首先是揭示人類的活動，它反映了人們的社會價值觀，體現了不同的社會文化對人們影響的交叉反應。傳播學科的任何知識都是和道德理念相關聯的。這一章我們來探討並瞭解傳播研究倫理問題，它的本質以及它的應用規則。

一、傳播研究倫理的定義

　　「倫理」（ethics）這個詞是從希臘文ethos派生出來的，意思是「一系列道德原則」（a set of moral principles）。亞里斯多德曾在一篇論文中探討「倫理」的概念（Trumble & Stevenson, 2002）。哲學家傾向於將「倫理」等同於「道德」（morality），這個詞來源於拉丁字"moralis"，

原意為「社會習俗」（customs）。「倫理」因此可以界定為是一種道德習俗，這一習俗是被某一群體的人們所接受並認同的系列規則（Frey et al, 2000）。

由此可推導出「傳播研究倫理」（research ethics in communication），是指研究人員在從事傳播學研究過程中所必須遵循的、被傳播學界認可的道德準則。這裡有兩點需要引起注意：第一是道德準則；第二是被傳播學界認可的。

第一點「道德準則」。研究人員在研究中應該注意遵循最一般的人類行為的道德準則。道德標準一定涉及到行為價值的判斷。當研究人員面臨倫理困惑時，他首先要考慮的是價值觀的平衡，如誠信、尊重等問題。比如研究人員想研究一對夫妻的親密行為，這一定涉及到了這對夫妻的隱私權，研究人員的一些問題也會讓這對夫妻感覺回答上的尷尬。所以這種研究過程的處理要非常小心，要確信被研究人員是自願的，他們願意將他們生活中的個人隱私說出來。對於研究人員，把握好忠實和尊重有時是不太容易的。

第二點「被傳播學界認可的」。傳播研究人員在研究中會發現有些倫理原則是能被某一群體接受的，有些則不能。所以研究人員一定要確保所從事的研究在價值和行為上能被所研究群體的大部分人接受。儘管倫理準則很難靠列一個清單來把握，它不是一個簡單的「對」與「錯」的問題，但行內從事研究的學者都會有一個既定的原則和標準。從事傳播研究的學者首先應該理解並把握其原則與法則，這樣在研究中才能把握住分寸，不在倫理和道義上招來指責和非議。

事實上，對傳播研究過程的信度和效度進行考察，也就是尋求一種對某種行為或某個過程的「倫理原則」的判斷。所以一個具有倫理的傳播研究學者，他的研究活動是受公平、真實和對公眾有益等諸因素影響的。事實上，傳播學和社會科學是緊密相連的。傳播學的研究借鑑了許多社會科學的研究方法，在經驗主義、理論性、批判性和人文主義方面有其

一致性。傳播研究倫理在標準的界定和內涵上，和社會科學研究倫理有共通性，只是在研究的內容界定上，有學科上的不同，傳播學研究有其自身學科的特色。因此，這一章節傳播研究倫理的一些問題和社會科學研究倫理問題基本上是等同的。若將這一章的學科界定取消，也可以直接理解為「研究倫理問題」。

二、傳播研究倫理的重要性

二戰期間，納粹的非人道試驗，使整個研究領域對研究倫理的重要性有了清楚的認識，倫理原則的出爐和遵循也成了迫切的需求，1979年，美國頒布了保護個人的研究倫理原則和遵循條例（The Belmont Report, 1979）。傳播研究是研究人類的溝通行為和過程。由於涉及到人，倫理標準在研究中的作用就顯得格外重要了。傳播研究倫理涉及到五個方面（Soltis, 1990）：研究人員、被研究人員、研究人員的職業群體、資助研究的機構、一般公眾。它的重要性體現在以下幾個方面：

1. 可以幫助研究人員判斷哪些研究是可以從事的，哪些研究是不符合倫理的。例如，二戰期間，納粹研究者為了研究人對極其寒冷狀態下的反應，將一批關押在集中營的人們放在冰凍的氣候下，觀察他們如何被凍死。這種慘無人道的做法導致1949年頒布了紐倫堡法案（Nuremberg Code），對以人作為對象的研究做了一些具體規定（Wexler, 1990）。

2. 可以讓研究人員清楚地意識到該怎樣處理研究人員與被研究對象的關係。被研究對象包括人和物，在研究倫理這一章節裡，被研究對象主要是指被研究的人或人群。被研究人員有沒有得到足夠的尊重、隱私權的保護等等。若被研究人員作為一個群體，那麼對這一群體的文化、習俗的瞭解和尊重，也是研究人員必須做到的。

3.可以讓研究成果更有效度。研究人員出於尊重、公平的考慮，將研究初步結果回饋給被研究人員以聽取對方的意見，這既是研究倫理的要求，也會增加研究成果的效度。

4.研究人員是傳播學行業的人員或懂得傳播學行規的人。傳播學這個領域本身就有大家都必須遵守的行業規範和道德信念。違背了行規，是無法繼續從事研究工作的，研究成果也不會被同行們認可。

5.若研究是以一個項目的形式來進行，研究人員與項目資助機構的接觸，階段性的項目進展彙報，嚴格按項目機構的規定來研究並完成項目是最基本的要求。通常以此項目所撰寫的論文要按照資助機構的要求，明確項目資助來源。這都是研究倫理的要求。

6.傳播學研究一定要對人類的交流、社會的發展起到一定的作用。研究成果投放到社會後，會引起公眾怎樣的反應、社會怎樣的波瀾，研究人員需要從倫理角度來加以考慮。例如研究成果是否對弱勢群體、女性造成歧視，是否對青少年有不適宜的引導，是否在強調極端霸權政治等等。

 ## 第二節 傳播研究的倫理問題

一、學術政治的問題

(一)學術政治的概念

政治（politics）這個詞來源於希臘語"ta politika"。它是指政府管理的一門藝術或科學。它代表一個國家範圍內的個人和集體的組織、行政、制度、權利、法規以及和其他國家關係的制定和實施（Shorter Oxford English Dictionary, 2002, p.2268）。按照《中國大百科全書記載》（2004），中國先秦也使用過「政治」一詞，但通常將「政」和「治」分

開。「政」指國家的權利、制度、秩序和法令；「治」指管理人民、教化人民，也指實現安定的狀態。而將這兩個概念應用到學術研究上來，學術政治是指學術研究領域個人和集體的權利、制度、秩序、法則、關係，以及如何根據這些規定使研究處於一種安定有序的狀態。

每一個研究者和他所從事的研究都會和學術政治有關。在研究領域，每個研究人員對學術政治的瞭解是必需的。這包括社會對研究人員的要求以及所賦予的權利，學術制度和學術自由問題，研究資助和各類資源利用的問題，研究領域的各種關係處理包括學術傳承以及研究倫理規則遵循的問題等等。

在概念內涵的界定上，世界範圍內各種學術政治以及背後的文化理念實際上是有差異的，比如在如何看待抄襲、如何界定「抄襲」這個概念、抄襲行為在人們心目中嚴重程度的差異，都是不盡相同的（Scollon, 1995; Pennycook, 1996; Introna et al., 2003; Edwards et al., 2007），這無疑和各種學術政治有關。學術政治在某種程度上表現為我們通常所說的學術風氣。學術風氣是一種表面化了的學術政治，也是學術政治的生動表現。比如從研究關係來看，研究領域的各種關係的處理是非常重要的，例如：研究者與被研究者的關係、研究者與資助機構的關係、研究者與發表出版部門的關係、研究者與自己所在單位的關係等等。另外，從學術傳承來看，傳承的意義是很大的，因為每個人的研究都有時代的局限性，傳承可以使研究一脈相承，在時間和空間上都能將研究的視野拉大，使研究者站在更高的位置上來把握研究。但傳承會受到不同文化習俗、個人性格的制約。如有些人的學術只傳自己的弟子，不傳他人。這實際上也是學術政治的一個表象特徵。

(二)傳播研究人員的敏感性和研究視覺是學術政治是否成熟的表現

傳播學研究也要有政治的敏感性，要考慮到與研究相關的政府的策略和政策。比如，當前，中國政府對外的政治、經濟、貿易等，十分重視與

非洲國家的關係，從中非論壇的召開，到一系列互惠互利的非洲政策的確
定、施行，非洲即將進入一個與中國史無前例的親密的歷史時期。據悉中
國政府承諾未來三年將為非洲國家提供各類培訓一萬五千人次；在2009年
之前，向非洲留學生提供中國政府獎學金名額由目前的每年兩千人次增加
到四千人次（新華網，2006）。根據非洲國家的需要和要求，在非洲設立
孔子學院，幫助非洲國家開展漢語教學（中非合作論壇網，2006）。研究
人員面對這些重大的舉措，要有敏感的嗅覺，要善於捕捉研究機會，國家
對非洲留學生教育的重視，就是給各大學從事留學生教育與管理的人員提
供了研究層面的契機。那麼對非洲學生整體的研究，如跨文化適應障礙、
文化特徵給教育的啟示、非洲學生交流的行為特徵等等的研究，就變得有
意義了。像這種配合國家需求的研究，在項目申請上就會占有優勢。

　　傳播研究與社會文化是緊密相連的。傳播研究人員要考慮所從事研
究的社會性和文化代表性，以及受眾面。例如，從事在華留學生跨文化
適應問題研究，首先要考慮到它的研究意義是對十幾萬在華留學生提供一
個學習生活指南，也是給中國各大學從事留學生教育管理的人員提供多視
覺多文化理念的參考。那麼這種研究一定要有中國特色，要分析中國文化
以及現行教育制度的特性，留學生在適應上有哪些障礙，該如何排除。這
種研究不能僅僅局限在國際上的跨文化適應常規性的問題研究上，它要時
刻考慮到這批特定人群在特定環境下的適應特徵與應對策略。這種特定環
境在研究過程又起了怎樣的作用、使研究結果有何特色和差異，這些都屬
於學術政治範疇，需要研究人員把握好。否則，第一，申請不到研究項
目；第二，或申請到了項目，但做出來的研究，沒有達到資助機構在項目
上的指定目標，資助機構不滿意；第三，沒有實際指導意義，受眾面即各
大學管理人員不認可不接受。

(三)研究政策與項目經費

　　獲取研究項目意味著研究經費的保障。而研究經費的獲取很大程度

上取決於對研究政策的把握。研究經費通常與一些提供研究經費的基金會、研究機構或大學有關。經費是靠項目申報來獲取的。項目申報通常是根據某個機構的研究指南目錄的要求，從全方位去滿足研究指南的要求，才有望在激烈競爭中脫穎而出，拿到某個項目。這裡，把握好研究政策、迎合指南要求就是一種學術政治。

在各個大學，研究經費的多寡是大學總體評價指數之一。所以，各大學都設有科研處，專門為研究人員申報各類研究項目服務。這種機構的工作人員對各研究機構的政策和傾向性有透徹研究，並指導申報者們按正確的方式來滿足各研究指南的要求，以確保研究項目的申報成功。這種研究就是一種學術政治的研究。

二、個人的問題

(一)「研究」與「研究過程」的真正涵義

首先我們來瞭解什麼是真正意義上的研究。據《辭海》記載（1999，p.4657），「研」的最基本意思是：細磨。「研」也通「硯」。《易經·繫辭上傳》第十章記載，「夫易，聖人之所以極深而研幾也」。由無常的萬象深觀而入未形不變之理，即是極深之理。我們若從做研究的角度來理解「極深研幾」的意思，「幾」是指在研究過程中需要捕捉的、能展現某些本質特徵的徵兆，它在研究過程中，若隱若現，若有若無，吸引著研究者去探詢、去追求。但這種探索需要以「極深之理」來觀測獲取。「極深之理」即熟練精湛的研究方法，這種研究方法可以透過各種現象、數據而看到事物的本質，從而抽象凝鍊成理論模型。這是古人為我們指出的從事研究工作的路徑和方法。從獲取「極深之理」到「用理求幾」這一過程是艱難的，是由器入道的形而下到形而上（系統方法），而後又從形而上到形而下（用方法做研究）、再昇華到形而上的過程（得出研究結果再上升到理論），這一螺旋式上升過程既要有我們所說的靈性，還要有刻苦鑽研

的精神，若連從形而下到形而上的理都拿不到（沒有掌握研究方法），更不可能談「用理求幾」了。

(二)個人的學術道德

研究者應該襟懷坦白，對研究課題深思熟慮，研究方法有章可循，研究過程科學嚴謹，研究結果能對社會的發展產生正面效應。中國著名語言學家桂詩春教授這樣寫道：「我的《自選集》有不少文章都是基於親自動手的試驗性研究，我不敢說這些試驗性研究有些什麼『驚天動地』的發現，而只能說它們都是我親身『經過』的；問心無愧、冷暖自知。」（頁x）然而，在學術圈內，也有一些與此相背棄的學術行為，如：拼湊、抄襲、剽竊等等，這些做法既沒有對自己作為一名研究人員負責，也沒有對社會負責，有悖於學術倫理道德。最典型的例證就是「漢芯」造假事件。以下是有關報導（相關名字已刪掉）：

〔新華網上海5月12日電〕上海交通大學12日向新華社記者通報了「漢芯」系列芯片涉嫌造假的調查結論與處理意見。調查顯示，xx在負責研製「漢芯」系列芯片過程中存在嚴重的造假和欺騙行為，以虛假科研成果欺騙了鑑定專家、上海交大、研究團隊、地方政府和中央有關部委，欺騙了媒體和公眾。

2007年，復旦大學學術規範委員會發布通告，向全校通報了三起學術造假事件，分別是：外文學院某教授等人所編教材涉嫌存在嚴重抄襲現象；五官科醫院某教授等人涉嫌論文抄襲；資訊學院某博士生及其導師的兩篇論文涉嫌抄襲（東方早報，2007）。類似的情況還有北方某大學體育教研室一名主任、一名副教授和兩名講師，幾乎全文抄襲他人發表過的論文，並公開發表在某論文集上，由此引來匿名信向校方舉報（評論網論壇，2007）。

(三)學術自由

按照《不列顛百科全書》的解釋（p.39），「學術自由指教師和學生不受法律、學校各種規定的限制或公眾壓力的不合理的干擾而進行講課、學習、探求知識及研究的自由。只有學術探討不受國家、教會、各種機構和特殊利益集團的限制，知識才能得到最好的發展。人類的與宇宙的知識就能最有效地得到提高。」從研究的角度來看，學術自由是指探求知識及研究的自由。從研究的大環境來說，它是讓研究者解除一切顧慮，在學術的天空自由翱翔，窮理尋道。它是提高研究者境界的管道，也是研究者不斷創新的保障。

對於研究者來說，學術自由是一種精神境界。研究者只有在沒有思想壓力的約束下，才能拓展更大的科學想像空間，才能有創造。真正的研究者在學術空間裡有很強的自得其樂的感覺，他們在科學與知識的探索世界裡，流連忘返，博古通今，融會中西，那就是一種自由，一種研究者崇高的精神境界，也是研究者高尚的人格魅力的展現！著名語言學家桂詩春先生還這樣寫道：「學問有如神話中的崦嵫，可望而不可及；也許快樂和滿足不在於得到什麼，而在於求索和攀登本身。」（頁ix）著名史學家馮天瑜先生的「豪言壯語」：「於弘大處著眼，於精微處著力。我輩不敏，卻應當終身莫懈、不倦無悔地朝著這一方向努力！」（頁500）

學術自由意味著追求真理和公正。對於研究者，學術自由還體現在他們對研究的執著、對真理的探求，是任何人、任何機構也不能阻擋的。哥白尼（N. Copernicus）就是一個很好的典範。他確認地球不是宇宙的中心，而是行星之一，從而掀起了一場天文學上根本性的革命，是人類探求客觀真理道路上的里程碑。哥白尼有一句名言：「現象引導天文學家。」他正是要讓宇宙現象來解答他所提出的問題，要讓觀測到的現象證實一個新創立的學說——「太陽中心」學說。他這種目標明確的觀測，終於促成了天文學的徹底變革。由於哥白尼的學說觸犯了基督教的教義，遭

到了教會的反對。他的著作更是被列為禁書。但真理是封鎖不住的，哥白尼的學說後來得到了許多科學家的繼承和發展。1882年，羅馬教皇不得不承認哥白尼的學說是正確的。這一光輝學說經過三個世紀的艱苦鬥爭，終於獲得完全勝利並為社會所承認。

　　事實上，學術自由和學術政治是相輔相成的。學術自由受學術政治的制約，這就是我們常說的「家有家法，行有行規」。學術自由應該更多的是思想的自由，形而上思考問題的自由，研究過程中獨立判斷問題的自由。形而下的制度、關係、法則等等，則是不能自由化的，是必須受學術政治制約的。但反過來，學術政治的制定和實施在某種程度上又是為了保護學術自由，使研究者有更好的研究環境和思想空間。

(四)研究人員與被研究人員的關係

　　研究除了研究人員，還有參與研究的被研究人員。研究人員應該注意到這樣一種現象，那就是研究成果通常是對讀者有益，而對被研究人員沒有直接的幫助，有時甚至是一種損傷。被研究人員的感受和讀者的感受是不一樣的。所以，研究人員需要從被研究人員的角度來考慮問題，如「這項研究從被研究人員的角度來看值不值得參與」、「被研究人員被公平對待了嗎」等等，這些都是屬於研究倫理問題。例如，在瞭解對某一事物出現的大眾態度時，如對方手機答鈴效果設置的好壞對撥打電話者情緒的影響。當研究人員從事這項調查時，要從被調查人員的角度來考慮他們參與調查的意義和積極性，以什麼方式可以鼓勵更多的人來參與這一研究並受到公平對待。儘管這都不是簡單的「要這樣」或「不要那樣」的問題，但在業內還是有一些大家認同的規矩的。這裡涉及到下面我們要提到的傳播研究的倫理原則。

第三節　傳播研究的倫理原則

一、相互性

在選擇一些人作為被研究對象時，研究人員應該明確告知被研究人員，此項研究的性質、目的、過程，以及研究人員與被研究人員雙方的責任和義務。經過雙方同意後，研究才能開始進行。這一過程就體現為研究倫理的相互性原則。

例如，一位研究者談到他曾經去一個中學做訪談和觀察，瞭解學生與教師的溝通、學生與學生間的溝通、學生與家長溝通的一些問題。在經由校方允許的情況下，開始接觸一些中學生。他發現有些中學生特別配合，積極並很主動地談他們面對不同對象的不同溝通過程，出現的問題等等。而且非常願意研究人員給他們拍照。但也有另外一些學生，不太願意開口，研究人員問一句，他們就非常簡單地回一句。絕對拒絕拍照。像這種情況，研究人員就不能要求所有的學生都有同樣的表現。必須採取自願的原則，蒐集數據。

儘管研究人員的職責是盡最大努力、在最大範圍內拿到所有相關研究材料，但在獲取一些個人及某個機構團體的獨特資料時，還是要耐心細緻地講述其研究目的、此材料的使用範圍和相關承諾。在對某一個研究環節進行觀察時，要事先得到對方的允諾。在做訪談時，應該充分考慮並體諒到被研究人員的個人及社會背景，努力創造一個非常輕鬆、自在的環境，讓被研究人員知無不言。例如訪談地點的選擇，應該是讓被訪談人員覺得輕鬆的地方，最好是能讓被訪談人員來選擇，比如被訪談人員家中。如果是有多種語言背景的被訪談人員，選用那種語言來交流也應該由被訪談人來定，以便被訪談人能自如地表達自己的意思。

所有材料的使用、觀察的結果、訪談的分析都應該回饋給被研究人

員，以達到相互確認的效果，使之符合研究倫理的相互性原則。只有當研究人員講明了研究的目的和意義，才有可能得到認同並獲取到珍貴的一手資料；也只有當研究人員提供了一個非常輕鬆自然的訪談環境的情況下，被研究人員才可能自如地、坦誠地表達自己的想法，並接受研究人員在自然狀態下的觀察。

二、誠實不欺

誠實不欺是指這樣一個過程：研究人員在要求被研究人員配合時，一開始就要開宗明義說明此研究的目的意義及研究過程，詳細解釋哪些方面需要被研究人員的配合，嚴格界定並說明所收取材料的使用範圍，並徵得被研究人員的同意。其研究結果要展示給被研究人員，並聽取被研究人員的回饋意見，在此基礎上，再做修正。研究人員應該襟懷坦白，不帶任何個人隱藏目的。研究人員與被研究人員應該建立一種非常和諧平等的關係，以此獲取到最真實的研究數據和材料。

然而，在自然觀察中，也有一些情況，被研究人員不知曉也不知情，若讓他們知曉，其表現可能就不真實了。像這種情況，研究人員是沒有辦法承諾自願原則的。如Piliavin、Rodin和Piliavin（1969）研究人們的幫助行為。他們設計讓一個人在地鐵跌倒，這個人有時是顯示生病了，有時是顯示喝醉了。研究人員比較每次有多少人以多快的速度來幫助這個跌倒者。這些人並不知道他們成為被研究人員。

在研究過程中，有些研究人員並不操縱研究過程，只是客觀地研究人們的自然行為，只是不讓被研究人員知道而已。而有些研究人員是「深入虎穴」，將自己完全放進被研究人員的圈子中，通常從事的研究是為了發現並揭露社會上一些不公開的現象。如研究吸毒的人群、同性戀行為、孤兒院管理人員虐待兒童的事件等等。清華大學女博士生何明將成都數量龐大的餐飲業女性農民工定為自己的博士論文選題，她臥底成都

酒樓一年,在普通女服務員的崗位上與女農民工們共品了近一年的喜怒哀樂,寫出了《服務業女性農民工個案研究》的博士論文(成都晚報,2007)。

從研究倫理的角度來看,研究人員是否應該隱瞞自己的身分,這種研究過程是否合乎倫理是一個爭議的問題。一些研究人員(Gans, 1962; Bulmer, 1982)認為,研究人員為了得到真實客觀的數據,可以採取一些隱瞞行為。他們認為,如果將研究目的和過程非常仔細地講述給被研究人員聽,如果涉及到某些潛在的風險,自願來參與研究的人們就會少很多,甚至還會遭到某些反對者的威脅和迫害(Thompson, 1967; Yablonsky, 1968)。在這種情況下,研究人員沒有辦法完全做到「誠實不欺」。

有些研究人員採取了下列的方法來避免研究中的「欺騙行為」。向被研究人員彙報並聽取回饋意見(debriefing)。研究人員將研究結果回饋給被研究人員,向被研究人員彙報其研究目的和過程,澄清個中被欺騙的環節,並從中瞭解被研究人員的感受以及他們的回饋。允許他們提出任何疑問(Kreps & Lederman, 1985)。比如,被研究人員是否意識到在參與研究,意識到後的問題回答以及行為上的反應是否依然真實,哪些方面會影響他們的真實回答。這種方式可以發現研究過程的一些問題並加以糾正。但這種方式一定是一個雙向的過程,被研究人員有權提問並參與觀察過程。

「彙報並聽取回饋意見」這種方式可以避免前面所提到的「隱瞞」問題。研究人員可以在研究開始前非常簡略地向被研究人員介紹其研究過程,而忽略或避開一些實施環節,但保證在研究完成後將一切情況公布於世(Hammersley & Atkinson, 1995)。

三、不妄加臆斷

臆斷是指研究結果沒有建立在忠實原始數據的基礎上,或者是對被

研究人員的文化背景沒有充分的瞭解，研究者將自己主觀判斷作為研究結果的依據。在研究過程中，忠實原始數據和材料是研究人員最基本的素質。研究人員對自己的詮釋一定要準確並有事實或資料依據，儘量不帶有自己的任何積極或消極的偏見。所以，返回給被研究人員檢驗、同行間的彼此傳閱、專家的認定等等，都是確保「不妄加臆斷」的有效手段。例如，在訪談過程中，有可能因對一個特點環境下的問題的探討，被訪談者表達出一種感受與看法，但看到轉寫材料後，又覺得自己並不是想表達這個意思。所以，研究人員一定要和被研究人員建立和諧的關係，弄清楚被研究者到底想表達什麼，其間有無出入，允許他們在看法上的調整，而不要一次性就從所收材料上下結論。從事民族志的研究人員既應該「移情」（empathy）自身到被研究人員的心靈，站在被研究人員的角度去理解詮釋種種社會現象，又應該在此基礎上提煉昇華，批判性地解釋並對一些社會現象進行呼籲吶喊。

在從事研究時，研究者對所研究的文化背景因素應該要有非常清楚的瞭解，這對最終研究結論的對錯很關鍵。例如Eve Gregrey在研究英國小學裡的中國學生Tony的情況時，發現學校讓Tony帶回家讀的故事書被原封不動的退了回來。是Tony不愛學習，還是家長不重視小孩的學習？研究人員後來瞭解到是Tony的爺爺不讓Tony讀這些書。是爺爺有問題嗎？能否簡單歸結為這位中國家長不配合也不懂得從小讓孩子讀故事書的重要性呢？當研究人員把文化背景因素考慮進來後，發現情形和自己想像的完全不一樣了。按照中國的文化背景，中國人非常注重下一代的教育，也重視從小的培養。只是在學習方法上有差異。Tony的爺爺受中國傳統漢語學習的影響，認為學語言首先要從「字」開始，不能不學認字就去學一句一句的話。他認為這樣會把小孩的習慣搞壞了。一定要先學認字、寫字，於是不許Tony讀那些故事書。癥結原來在這裡，不同的文化背景使人們對學習方式的認知產生了差異。如果Gregrey按照常規的理解，家長不允許小孩「讀書」，一定會認為這個家長不重視教育，而且怪

異。如果這樣做結論的話，就離真實相差很遠，也違背了研究倫理所要求的，對社會做真實反應。

Rashid和Gregrey（1997）提到了另一個有趣的現象。在兒童成長的過程中，尤其是語言學習方面，研究領域通常認為撫養這個孩子、也就是經常和這個孩子在一起的大人（caretaker），對孩子的語言學習是起很大的作用的。也就是說，一個小孩的初期說話、識字都來自於這個成人。然而，仔細研究在英國的孟加拉家庭，發現帶孩子學習認字的不是媽媽，而是哥哥、姊姊。這些哥哥姊姊們以在學校學習到的方式，教他們的弟弟妹妹們學會識讀。這也是一個有趣的現象，它同樣反映出不同文化背景的人群學習方式是不一樣的。若以常規的方式臆斷某種情形，研究結果就不能反映真實，也不代表這個群體的某種行為方式。

所以，研究人員務必特別小心，尤其是從事人的溝通行為的研究，切勿臆斷。

四、彼此尊重

研究人員和被研究人員應該是平等互助的朋友關係，彼此要互相尊重。研究人員不可因自己在從事某種研究，或對社會現象有一些清晰的認識，就高高在上，不可一世。或以強勢的態度武斷處理被研究人員所展示的一些社會現象。被研究人員也應該充分認識到參與某項研究的意義，珍惜並認真對待自己參與研究的過程，積極配合研究人員的工作。從多角度多層面真實自然地提供自己的見解和相關材料。只有這樣，所研究的成果才是客觀的、能反映某些社會現象的、具有說服力的。

這裡有一個負面例子。美國公共衛生服務機構（Public Health Service, PHS）從1932年開始研究梅毒患者若不進行治療會出現什麼情況。他們選擇了四百個美國黑人做實驗，這個研究持續了四十年，死者達一百人。從1936年至1973年，有關這項研究的進展情況被美國主要的醫學雜誌報導了

十三次。在這期間，只有一個專業人士於1963年對此項研究行為提出反對。這項研究造成的後果是，很長一段時間美國黑人不再信任政府所從事的研究，比如對愛滋病的研究。美國白宮對此項研究沉默了二十五年，最後於1997年，克林頓（B. Clinton）總統代表國家公開對此項研究進行道歉。他說：「美國在一些事情上做錯了，完全的、絕對的、道義上的錯」，並承認這是一種種族歧視（Brandt,1978; Solomon, 1985; Neikirk & James, 1997）。

研究中經常會遇到這樣的情況，被研究者不願意正面準確地回答所提問題。比如，在個人收入的調查中，被調查者可能不願意將具體的收入情況透露，研究者要理解並尊重被研究者的顧慮，可以將收入分成幾檔，以便被調查者選擇。總之，研究人員一定要充分考慮到被研究人員的各種情況，尤其是不同的文化背景，對問題的反應會有差別。

彼此尊重應該體現在這樣幾個方面：

1.被研究者對研究者有一個清楚的瞭解和認識。

2.對研究目的的共識。

3.對研究過程的詳盡瞭解。

4.對自身參與的作用認識清楚。

5.保證數據提供的真實性。

6.確保分析過程的客觀性並得到參與方認可。

7.任何數據收取方式都經參與方同意。

8.共同協商數據獲取地點（如有可能的情況下）。

9.對參與人員的回饋要進行修正，再回饋，再修正。

第四節　傳播研究的倫理法則

一、參與的自願性

從事任何研究，研究人員要確保被研究人員是自願參與其研究過程的，最好是有文字承諾書。Ristock和Pennell（1996: 36）提到被研究人員自願參與研究的重要性：

> 研究人員和被研究人員所簽定的合同內容之一就是自願。彼此
> 同意此研究的假設、目標、意義，以及所要承擔的風險。被研
> 究人員有被保密和匿名的權利。研究人員有將被研究人員的經
> 歷放進研究中的權利。

為了徵得被研究人員的同意，研究人員應該提供一些基本的訊息，如Adelman和Frey（1997）在一個研究項目中涉及到被調查人員在兩年內的四個不同階段的調查，因此在每一次開始做調查前，被調查者會填寫一個自願參加的同意書。他們的同意書包括：研究目的，研究過程，自願參與的承諾以及他們的隱私保護，（不）承擔風險，功效（利益），保證者簽名，簽名時間。

Frey等人（2000: 151）提出「自願參與保證書」應該包括以下幾點：

1.以簡潔的方式和通俗的語言來陳述其研究目的。

2.描述其研究過程（包括要通過實驗確證的結果）。

3.研究人員的身分、教育程度和資格證。

4.因為此研究，被研究人員所要承擔的即時以及長效的不愉快、危險和其他風險。

5.被研究人員有權在此研究過程的任何時候提出任何質疑。

6.注意研究人員的聯繫地址和電話。

7.被研究人員應被告知他們可以在研究過程的任何時候提出推出或中止合作，而不受到不公平的對待。

8.確保被研究人員的任何個人資訊在沒有被研究人員的允許下不被洩漏，除非是法律要求。

9.確保如果研究涉及面或所蒐集資訊的使用有所改變，被研究人員有權被告知，他的同意書不再生效。

當然也有個別例外的情況是不需要文字承諾的，如大型的低風險問卷調查、公共場合的觀察、檔案資料研究等等，但如大型調查問卷，填寫本身就是一種願意合作的承諾。

自願參與的原則有時是很難做到的。比如研究人員想研究交流過程中的不愉快現象、交流的衝突等等。在研究問題設計時，就是為了使對方尷尬難堪。這個時候假如讓被研究人員完全知情，他們的反映有可能達不到真實的效果，他們或許不表現衝突，或相反地，按他們的理解，誇張地表現衝突。還有，若研究欺騙的交流行為，研究人員不可能告知被研究人員。像這種情況，研究人員只能採取不誠實的手段來獲取誠實的數據。所以，有時研究人員會對被研究人員含糊其辭。

Lewin（1979）建議有些研究可以先做前期小規模的研究，然後將其結果、目的告知被研究人員，如果他們認同這種研究設計及方式，再大規模進行；若他們反對或不滿意，研究人員就需要調整或放棄原研究計畫。Kelman（1967）提出在從事「欺騙行為」的研究中，採用分配角色的方式進行。研究人員告知被研究人員，在這樣情景中，被研究人員不要想研究人員希望他怎樣說，而是展現這個角色在這種場合該表現的行為。

二、個別性／類別的尊重

大部分傳播學研究是研究多數人群的交流行為和過程，這容易導致研究人員忽略被研究人員是作為一個一個的個體來參與研究的。例如

Eichler（1988）指出反性別歧視者對一些研究結果有以下反映：

1. 以男人為中心。研究人員往往從男性的角度考慮問題，如認為征服欲是每個人都具有的。
2. 任意擴大結論範圍。如只對母親進行了訪談研究，結論變成了父母的意見。
3. 性別的不敏感性。在研究中忽略性別的差異，不彙報參與人員的性別比例。分析某個事件或演講時，不從男女兩個不同性別的角度來考慮反應差異。
4. 雙標準。對男女同一行為、現狀、處境的表現，給出不同的分析結果。如若是一女性打斷別人的談話，會認為是缺乏傾聽修養，而對一男性來說，則是一種權威性的表現。

使用學生來做被研究人員時，Lewin（1979, p.28-29）提出了研究需要注意的幾點：

1. 學生們應該意識到他們參與的重要性，而不應該拒絕。
2. 研究人員應該像從事一個教育過程那樣對待學生，詳細解釋清楚其研究意義。
3. 對於參與者的要求，可以先有一些文獻參考閱讀的基礎。
4. 對從事的研究應該有一個審查的機制。也就是說，對於學生們提出的問題，隨時會由學術委員會或從事研究設計的研究人員來回覆。學術委員會在確定該項研究作為課程要求時，先要審查其研究項目的可行性。

研究人員要切記性別、種族、年齡、不同社會背景等等，都會影響到他們對個別性尊重的看法。研究人員一定要謹慎自己所做的結論，是否能被被研究人員接受，表達了對他們的尊重。所以研究報告的回饋是尊重被研究人員的途徑之一，若大規模的研究，至少應該找幾個被研究人員代

表來聽聽他們的回饋意見。

　　一個具有研究倫理的研究人員通常將對被研究人員的尊重體現為「快捷、有效」，不浪費被研究人員的時間和精力。研究人員在開題前要大量的閱讀相關資料，瞭解相關研究進展，深思熟慮要研究的主題，通過前期小範圍試探性研究來確定要調查的問題，問卷的設置，研究程序等，然後再開始大規模的研究。總而言之，做某項研究，要確信值得一做。在研究過程中，對被研究人員的需求和希望要敏感並表示關注。被研究人員希望保留的隱私要予以保護。在做調查的時間上也要注意尊重對方，被調查人員可能不喜歡在某些時間被打擾，如晚餐時間或電視節目「高峰期」等等。Frey等人（2000, p.161）指出一條尊重被研究人員的法則，那就是：研究人員若希望別人怎樣尊重你、對待你，你就怎樣去對待被研究人員，甚至更好。

三、從參與中獲益而非受到傷害

　　研究人員應該意識到：被研究人員應該從研究中獲益，而不是因此受到傷害。當被研究人員向研究人員提供數據，一個有研究倫理的研究人員應該考慮到該如何來回報以互惠。他們應該讓被研究人員覺得參與這項研究是值得的，至少被研究人員不應該對這個過程覺得遺憾。

　　例如，某大學一研究團隊從事教育部國際司「來華留學生跨文化適應」項目研究，其研究結果將直接回饋給國際司作決策參考，同時也回饋給各大學從事留學生管理的部門作參考。十八所大學的留學生管理部門配合該團隊做調查問卷蒐集這項工作。來華留學生約一千人填寫了調查問卷，其中包括開放式回答問題。當輸入留學生回答問題的數據時，發現他們提了很多與他們生活學習相關的問題，並反映了各校不同的情況。學生們將這個調查問卷的填寫、尤其是開放式提問當作一個表達自己的機會，提出了一些調查問卷沒有涉及到的問題。如學費問題、教師英語水準

問題等等。這些問題的提出，一方面更有助於該項目的研究，同時研究結果回饋給國際司，會在留學生管理決策上起到一些參考作用，最後研究報告發送到各大學參閱。另外，該團隊讓留學生以自願的方式留下聯繫電子郵件地址，到時會將數據統計結果寄去給他們。從這些結果來看，各高校留學生管理部門的配合、留學生對這個項目的參與，對他們都是有利的。

有些研究人員的做法是給參與者提供一些小禮品，或按所需時間付一定的報酬。有些研究人員將最後的研究報告給被參與者一份，讓他們感受到參與研究的意義，他們的數據提供的價值。一些機構能意識到參與某項研究對機構的發展是有益的，也鼓勵員工參與數據的提供。

Berg（1998）列出了七個能從研究中獲益的對象：被研究人員、社區團體、調查者、研究機構、提供研究資助的機構、科學發展和社會進步。這裡我們列出被研究人員，來看看他們能從參與研究中獲益到什麼：

1. 關係網的建立。透過參與研究，被研究人員與研究人員、研究機構以及其他參與研究的人建立了友好關係，有助於將來人際關係的發展。
2. 獲取知識。被研究人員透過回答問題，對自身的某一方面或自己所在的社區團體有了進一步的認識，對研究過程的某一環節有了清晰的瞭解。這是一種增長知識的過程。
3. 發現自身的價值。透過參與，被研究人員發現他們的數據提供對某項研究的貢獻，從而感受到自身的價值。
4. 加深文化認同感。被研究人員在參與的過程中感受到研究人員對他們文化的興趣，他們在參與中隨研究人員的問題更深刻地認識到自身文化的特點，從而加深了對自身文化的認同。

然而不可避免的是，當研究人員需要研究一些負面問題對人們的影

響，如高度緊張、壓力對人們交流的影響，或恐怖電影在人們心裡所產生的陰影等等，研究人員該如何處理才能盡可能的減少人們對恐懼壓力的感覺？一種方式是挑選那些曾經有過類似經歷的人們來複述，而非專門去製造這樣一種環境讓人們來感受一番，如當人們面臨手術或面對牙科醫生時、學生準備考試時、應聘工作面試時的感受。第二種方式是在研究中儘量減少壓力程度。若要比較研究高度緊張狀態和正常情況下的差異，可設置一個低度緊張狀態的實驗環境，比較低度緊張狀態和正常情況的不同，從而分析預測高度緊張狀態的差異。或者，在實驗時間上，以最短的測量時間完成其數據蒐集任務，以減少參與者痛苦的感覺。

研究人員還須注意的是，有些問題對大多數人來說是可以接受的，但如果某個人有特殊經歷，則會對一些問題引起反感。如要求單親子女來談日常與父母交流的情況。研究人員應該事先將參與研究人員的背景瞭解清楚，確信所提問題對每個人都無傷害。另外，研究人員還可以對被研究人員提供一些幫助。例如，當研究人員蒐集了在公眾場合演講緊張的數據後，可以給出一些建議，幫助人們消除公眾場合演講緊張的情緒。在研究某些敏感問題的結項報告中，如青少年懷孕問題、吸毒問題等等，應該注意要確信被研究人員的所在單位名稱、被研究人員個人名字已全部匿名處理。

四、隱私的保護

我們知道，社會科學研究是研究一個群體的行為或透過某個人行為的研究，來發現所隱藏和表現的社會現象，但這絕不意味著可以侵犯人們的隱私權。通常研究人員會用匿名或保密的方式保護被研究人員。研究人員不應該也不能公開被研究人員的真實姓名，也不能向公眾或媒體隨意透露被研究人員提供的訊息數據。被研究人員所提供的任何訊息數據都只能作為研究所用。

　　一位研究人員這樣描述：我曾經經歷過這樣的一件事。我透過訪談瞭解外企的外籍員工在中國環境工作生活的適應情況。有一位被訪談人員非常興奮也非常神秘地對我說，「我在中國試過吃狗肉」他說，「就想試一試，中國人都吃。」作為一名研究人員，我將此理解為一種跨文化特徵在飲食方面體現出的探險與嘗試。透過這種嘗試，他能感覺到中國人味覺上的特點，中國飲食文化的特點。從一種飲食文化到另一種飲食文化，這種想嘗試的欲望到嘗試行為的發生，都非常自然，也能讓人理解。這是我第一次匿名地描述這件事，因為它涉及到個人的隱私，影響著被訪談人員自身文化圈的人如何看待「這個人」的問題。

　　在研究過程中，研究人員有時需要使用錄影，錄影前，一定要先徵求被研究人員的意見，在同意的情況下才能開始錄影以及必要的觀察。錄影完成後，研究人員應該將錄影記錄給被研究人員過目，是否整個過程的行為、語言表達以及每一個細節都是被研究人員願意展示給研究人員的。也許被錄影人員要求刪掉某些場景，或要求不描述某些行為和表達。當拿到經過許可的錄影記錄後，研究人員在此基礎上轉寫、分類、重點標註並分析。研究人員需要將分析結果再一次拿給被錄影人員檢查，是否真實地再現了他／她想表達的意思，沒有涉及到他們的隱私或不願意公開的任何情況。陳向明（2000）在《質的研究方法與社會科學研究》中提到，「隱私」因文化的差異而涵蓋面不一樣。比如中國人和西方人的隱私觀念是不完全一樣的。如在中國人眼裡，年齡、婚姻狀況、收入等可被視為「個人資訊」，但不一定等同「隱私」，而在美國白人中產階級文化中，這些就是「隱私資訊」，研究者不能在公開場合隨便詢問。

五、偏見／偏差的避免

　　研究人員必須確保自己的研究是公正的、嚴謹的、建立在相關數據分析基礎上的。研究結果的推論可以從兩方面產生：第一，透過自己收

取數據，分析來做結論；第二，也可在廣泛的別人研究的基礎上，推導而來。

　　若是第一種情況，要避免產生偏見的研究結果，在研究一開始的設計上，就要把好關，確定該研究是有意義的。在研究過程中，對數據的蒐集和處理是避免偏見的重要一環。我們知道，研究人員通常是按照所收數據分析並給出結論，但在對數據的處理上是否科學嚴謹，只能靠研究人員的倫理標準去規範自身。研究人員有倫理責任來確保所收數據的有效性和可靠性。尤其是從事量化分析的研究人員，要確保整個數據的處理過程是符合統計常規的。事實上，研究人員在蒐集數據的過程中，會出現許多的問題。比如在統計參與人員的答案或記錄他們對問題的回答，都會出現弄錯或遺漏現象。而這樣的錯誤就有可能導致最後結論的偏差。所以，倫理素質高的研究人員對數據蒐集過程非常仔細，防止任何偏見誤區。

　　有些研究人員，在蒐集數據的過程中出現了偏差，為了使研究結果與假設相符合，製造假數據。更有甚者，編造參與人員與答案；在觀察研究中，觀察人員將自己內部的交流內容也加到被觀察者身上，使得內部相關性呈現很高的一致性。「漢芯造假」事件就是一個非常典型的案例。造假人沒有經過任何研究環節，只是僱用一些農民工，將別人的商標磨掉，然後換成自己的，這種造假行為極其惡劣，完全喪失了一個研究人員起碼的研究倫理和素質。

　　而若是第二種情況，即研究結論建立在引用別人的研究成果，或在別人的研究成果上推導出自己的觀點，這時就更要格外小心，避免因自己的理解錯誤造成偏見。尤其要注意，明知道別人的研究成果沒有闡述某種結論，而自己擅自在別人的研究結果基礎上，引發出與原研究者結論不符的觀點，即「歪曲分析」。歪曲分析是傳播學尤其是大眾傳播容易出現的現象，它主要涉及到媒介人士，但又和傳播研究有千絲萬縷的聯繫。

　　作為傳播學研究，新聞影像捕捉與製作過程分析是研究內容之一。對於這樣的研究，研究者參與觀察這個過程很有必要。有些記者為了目

標讀者和新聞價值，有意篡改可視材料，將新聞故事的選擇和加工混淆起來，即「歪曲分析」。「歪曲分析」存在的可能性是有一個真實的影像訊息源存在，新聞影像來自這個訊息源。正因為如此，在新聞捕捉和處理過程中，新聞影像操控、誤導性選擇、有重大缺失和導致涵義變化的剪裁才有可能。所以，從事這方面研究的研究人員必須做到以下兩點：(1)作為新聞現場一手材料的見證人，伴隨攝影記者在採訪現場捕捉新聞圖景；(2)見證並參與新聞製作處理過程，包括最後的選定、編輯工作。這樣研究者就能發現新聞圖像的選用是否有片面性，是否脫離了真實的場景。如一個典型案例是英國《每日鏡報》於1994年8月31日將一個牆上的標語「該和平了：該回去了」（Time for Peace: Time to Go），剪裁成「該和平了」。按原標語，和平是有條件的，「該回去了」意指英軍撤離白愛爾蘭（Hanson, 1998）。所以，研究者的親身參與和觀察是確保研究結果真實可靠的前提。研究者透過參與，可以瞭解媒介新聞或節目製作機構的制度安排和組織架構，揭示媒介新聞或節目製作的特徵屬性，從而更好的認識影響新聞製作的錯綜複雜的力量和因素，為公眾客觀認識和界定新聞事件、避免偏見偏差的產生是很有幫助的。

由於真實的研究數據掌握在研究人員的手中，在寫研究報告時，研究人員應該在最大限度內描述清楚數據的蒐集處理過程，並陳述清楚研究結論完全是建立在數據分析的基礎上，分析過程是由研究人員自己完成的。若結論因推導而來，那麼推導文獻的理據，原作者的意圖，都要闡述清楚。當研究結果發表時，學術雜誌採取匿名專家審稿的主要原因之一，就是要確保研究程序是科學嚴謹的、研究數據的處理是按照正規的統計方法進行的。

結　論

　　這一章介紹了傳播研究倫理的概念以及傳播研究倫理在研究過程中所起的重要作用。第一節闡述了傳播研究倫理的本質和瞭解其本質在研究中的重要性。第二節列舉了傳播研究的倫理問題，如學術政治、學術自由的概念。在第三節和第四節，提出了傳播研究倫理的原則以及如何遵守的法則。原則是指行內人的行為規範，規則是把原則落實到行為層次所應該遵守的條目。傳播研究倫理涉及研究人員的道德標準以及採取的研究模式。它貫穿於整個研究的始末。研究倫理尤其看重研究中被研究人員的地位，要尊重他們，要採取自願的原則，要保護他們的隱私，要注意到他們的興趣。重要的是，要把被研究者當作一個個體的人來看待，而不是數字或某個物體。

問題與討論

1.結合自己的論文寫作，談談理解並遵循傳播研究倫理的重要性。

2.舉例說明，大眾傳播研究中，受眾研究應該注意哪些倫理問題？

3.課堂討論：清華大學女博士生何明的博士論文《服務業女性農民工個案研究》的研究過程是否違背了「誠實不欺」的原則？

Part 2

設計篇

Chapter 5

傳播研究的測量設計

總 體 目 標

建立用以測量傳播研究概念之工具與方法

個 體 目 標

1.瞭解測量的意義與邏輯

2.學習如何將理論定量並測量

3.認識測量的層次

4.決定問卷問題的形式與量表建構

傳播研究是社會科學領域中的一支，它和其他的社會科學研究一樣，有「定性」和「定量」兩種。從第五章一直到第八章，將和你一起探索定量世界的內涵。測量在定量研究中占有舉足輕重的地位，精準的測量才能確保理論建構實證結果的準確性，也唯有如此，方法佐證、反駁或修正理論模式，才是建立社會科學嚴謹的思辨過程。本章分四節探討定量傳播研究的測量方法：(1)測量的意義與邏輯；(2)理論的定量與測量；(3)測量的層次；(4)問卷問題的形式與量表建構。

第一節　測量的意義與邏輯

當我們開始思考一個傳播研究該如何進行測量的同時，我們其實也正在開啟社會科學研究中另一扇研究的窗——定量研究（quantitative research）。

我曾經聽到一位同事說，她在美國一堂研究方法課中，聽到教授說天下的所有事物都可以量化，她覺得毫無道理，就決定退選這堂課。我一方面驚訝量化和質化的爭辯如此方興未艾，一方面認真地思考到底誰有道理。

在課堂上，我問學生誰可以舉個例子說明哪樣事物完全不能被量化，學生舉手說：「愛」。我靈機一動，想起了鄧麗君的〈月亮代表我的心〉，唱出了前兩句：「你問我愛你有多深，我愛你有幾分……」；隨即，又有學生說道，俗諺有云：「人不可貌相，海水不可斗量」，這句話其實正說明了「能不能量化」和「適不適合量化」的差異性。「以貌取人」是人性很普遍的現象，事實上它並非不能，亦非完全不準，只是其誤差可能很大，讓人不得不相互提醒，相貌不是用來判別人的最好方法；同樣地，海水是液體，斗是個容器，只要此斗非漏斗，用來量水有何不可？只是海水太多，斗太小，這種量法，恐怕效率不彰。上述兩個例子告

訴我們，量化萬物並非不能，只是，在什麼條件下希望達成什麼目的，是需要考量其他因素的配合程度。定性研究（qualitative research）亦復如此，有些研究囿於某些主客觀因素，特別適合某種方法或不適合某種方法；換個題目，可能又不盡相同。希望這兩個例子能讓定性和定量孰優孰劣的爭辯，到此為止。

　　定量傳播研究的基礎，首重清楚界定研究題材，並將研究重點清楚陳述且精確測量，這個步驟必須依賴精準的概念解析（concept explication）。

　　欲量化一個事物時，我們必須思考：量得有沒有意義？量得精不精準？當我想問：「你愛我有多深、有幾分？」，得先問自己「愛」是什麼？怎麼定義？我想的和你想的和他們想的是不是同一件事或同一個標準？凡事要精確，都得「說清楚，講明白」，這就是概念化的開始。

　　傳播研究和所有的社會研究或自然科學研究一樣，一開始一定是來自於一個疑問。像喬治‧葛本納（George Gerbner）的涵化（Cultivation）理論（Gerbner & Gross, 1976），起始於一個簡單的疑問：「究竟暴力的電視內容會不會造成觀眾的暴力傾向？」接著，就展開一連串抽絲剝繭的驗證分析。從一個疑問或者研究問題到可以測量的研究假設，這中間的過程，就稱為「概念解析」（concept explication）。

　　概念解析分成兩個部分，一個是意義分析（meaning analysis），一個是實證分析（empirical analysis）（Hage, 1972; Hempel, 1952）。意義分析和實證分析的過程形成了一個迴路，相互提供了社會科學研究的方法和途徑，圖5-1係根據McLeod和Pan（2005）所發展的架構，解說從理論到實證研究建立假設的過程中，如何透過意義分析及實證分析逐一實踐研究的步驟及方法。

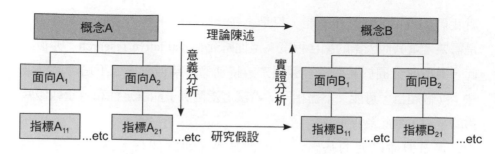

圖5-1　概念解析流程圖

一、意義分析

　　科學研究是一個往返於理論和實證之間，不斷互相檢驗的循環過程。一個理論必須被解構，將之逐步具體化成可以測量的指標，這個過程就是意義分析。

　　以涵化理論為例，這個理論可以發展出數個理論陳述（theoretical statement），例如其中一個是「收看電視暴力內容易導致暴力行為」。在實證化的過程中，我們可以將上述理論陳述更清楚的寫成「收看暴力內容（概念A）導致暴力行為（概念B）」，然後抽絲剝繭將其中的概念逐一概念化，這個過程又稱為概念解析。從概念到面向到指標的過程是意義分析，顧名思義，這個過程，旨在將理論陳述鋪陳清楚，成為意義清晰、可以測量的研究假設。例如：「收看愈多電視新聞中的暴力情節，愈容易增加言語攻擊他人的頻率」。

　　圖5-1的左半邊說明了意義分析是將一個抽象的理論一步一步具體化成為研究假設，以方便測量的過程。其中一個概念（concept）可能會有幾個不同的面向（dimension），例如：「收看電視暴力內容」是一個概念，概念A理論上可以區分為「收看真實的暴力內容」（如新聞中的暴力事件）及「收看虛構的暴力內容」（如影集中的暴力情節）這兩個面向，或者視理論建構與研究假設之需要，概念A亦可能區分為「收看普通

級的暴力內容」及「收看限制級的暴力內容」這兩面向，此乃端視研究者要發展或檢視的理論不同而異。面向又可進一步具體化，成為指標；例如「暴力行為」（概念B）可以分為「肢體暴力」（面向B_1）及「言語暴力」（面向B_2）兩個面向；而「言語暴力」這個面向，又可以更具象化成為可以測量的指標（indicator），例如：「一天之中罵人的頻率」（指標B_{21}）和「罵人的激烈程度」（指標B_{22}）等多個指標。

　　以圖5-2牛頓的地心引力定律為例，所有的偉大發明皆來自於一個懷疑或點子。當牛頓開始思考「蘋果為什麼會從樹上掉下來？」時，這個疑問便是一個「研究問題」，接著，他用物理學中力學的概念推演，認為一定有一個作用力加諸在蘋果上，才會使蘋果移動，因此他進一步推論──「有一個作用力使蘋果從樹上掉下來」，這個更為具體的論述，就是「理論陳述」。將理論陳述公式化，就是將它寫成A導致B的格式，這樣可以更清楚地看出因果關係，找出自變項和依變項；從理論陳述中，找到使這個理論陳述具有意義的構成元素，就是概念（如圖5-3）。

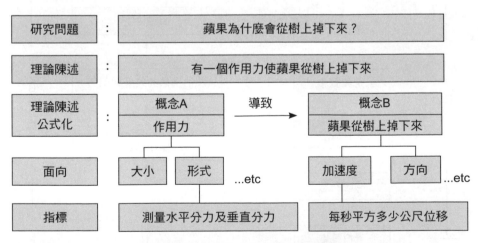

圖5-2　地心引力定律的概念解析

概念要繼續發展成面向，面向要再發展成可以衡量之指標，這整個過程在傳播研究方法中稱為「意義分析」。在自然科學中亦復如此，當牛頓開始懷疑有一個力量使蘋果掉落時，他必須進一步找出「作用力」和「蘋果掉下來」這兩個概念該如何觀察、如何操作、如何測量，以使它們之間存在的關係被發掘出來；因此他必須將抽象的概念變成面向，再變成可以量化的指標，例如以「每秒移動多少公尺」作為「速度」的指標，以「質量和垂直加速度的乘積」來衡量垂直分力的大小等等。當這些足以測量出「作用力」和「蘋果掉下來」等主要概念的具體指標都具備之後，便要開始設計一個實驗，操縱不同的指標去測量其他指標，最後找出各指標間的函數關係。

綜言之，如**圖**5-3左半邊所示，意義分析包括了賦予一個概念之概念

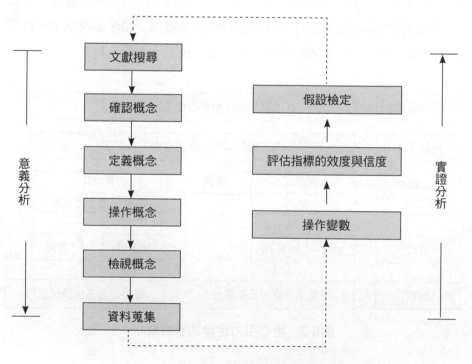

圖5-3　意義分析與實證分析流程圖

化定義（conceptual definition）與操作化定義（operational definition）的整體過程，它可以逐步實現如下（Chaffee, 1991）：

(一)文獻搜尋（search the literature）

進行研究的第一步，是將你腦海中的點子或研究問題清楚地寫下來，然後逐一找出其中蘊含的概念（或類似的概念）；接下來，將這些概念當成關鍵字，逐一在文獻中搜尋，看看以往的文獻中是否曾經研究過類似的概念，瞭解以往的研究是如何定義這些概念，它們如何被解析？有哪些面向？有哪些指標？如何被觀察？如何被操作？又如何被測量？仔細搜尋並細讀文獻，將可以使你的研究省掉許多無謂的力氣，少付許多冤枉的學費，踏出成功的第一步，這也是「站在巨人肩膀上看世界」的好處。

(二)確認概念（identify the concept）

找出研究中的概念之後，接著我們必須檢視這些概念是否為可以測量的「變數概念」（variable concept）？如果不是，要將一般概念轉換成對於檢驗假設有助益的「變數概念」。例如：「電視中暴力內容」是一般的名詞概念，「收看」是一般的動詞概念；將其轉換成「收看電視暴力內容」，便成了一個可以具體測量的「變數概念」。找出概念的這個過程，可以幫助研究者將研究聚焦，並清楚地知道接下來該如何展開調查與測量。

(三)定義概念（develop a tentative conceptual definition）

逐一檢視每一個概念，並且確切明白它們的意義為何？這些概念分別有哪些更具體的面向？是否可以再向下發展出更適合觀察或測量的指標？定義概念旨在於闡明每一個概念，使它們能夠以最原始、最清楚的方式呈現。例如：「收看電視暴力內容」就是一個抽象的概念，它至少可以被分解成比較具體的兩個面向：「收看真實的暴力內容」與「收看虛構的

暴力內容」。欲更進一步定義這兩個面向，我們將需要更具體的指標以方便觀察、操作與測量，例如「每天收看真實的暴力內容的時間多寡」、「每天收看虛構的暴力內容的時間多寡」等衡量該面向的指標等等。

(四)操作概念（define the concept operationally）

確保每一個概念下的面向所發展出的指標，都能夠在真實世界中被清楚地觀察。每一個面向最好能夠有兩個以上的指標，對於測量的精準度將有所助益。操作型定義（operational definition）必須具備觀察及測量兩項功能，它通常包括了觀察的狀況（如：在什麼前提和條件下進行有系統的觀察）、測量工具（如：問卷的內容、測量的尺寸等）、實證設計中常見的控制或操縱的情境，以及資料分析的過程及方法等。

(五)檢視概念（examine empirical properties）

仔細檢視每一個概念的操作型定義具有之特性，看看每一個欲觀察或測量的概念是否具備可以進一步分析的性質，例如：一個變數（variable），不論是自變項或依變項，如果沒有足夠的差異性，那麼資料蒐集回來之後，都無法藉由這個變數去分析或預測它和其他變數間的關係，於是這樣的變數對研究的實證分析將不具意義。好比說，欲檢驗「收看愈多美國所產製的國際新聞，愈容易支持美國出兵伊拉克」這樣一個假設時，我們就必須考慮，如果我們欲觀察或測量的場域在中國的內地，其中「收看美國產製的國際新聞」這個概念就有可能產生實證上的困難，因為絕大部分的人是無從或者不習慣收看美國電視新聞的，那麼「收看美國國際新聞多寡」這個概念在操作化的過程中，其測量的結果將顯示不出這個變數的差異性，因此，將無法進一步驗證該假設是否成立；而這樣的判斷不一定需要依賴蒐集回來的資料，其實在意義分析的過程中逐一檢視概念，便可事先預判，毋須等到發展問卷並進行調查耗費人力物力之後才喊停。

(六)資料蒐集（data gathering）

　　意義分析的最後一個步驟是資料蒐集，其目的在於將蒐集到的資料或數據，提供給實證分析使用，用以檢驗我們發展的理論或假設是否成立。資料蒐集是意義分析的最後一個步驟，也是銜接意義分析和實證分析的關節，它的重要性不言可喻。蒐集到不完整的資料就像瞎子摸到象的腿，最後就會斷下結論，認為大象長得像根柱子，犯下以偏概全的謬誤。

　　鄧麗君的〈月亮代表我的心〉歌詞中的「你去看一看、你去想一想」，其實就是「愛」的意義分析過程，「看一看」不正是「文獻搜尋」、「想一想」不正是「確認概念」和「定義概念」嗎？而最後唱出「月亮代表我的心」說明了「月亮」是測量「我的心」的指標。哈哈一笑之餘，還頗有一絲道理，不是嗎？

二、實證分析

　　透過意義分析，一個理論可以被解析成數個相關聯的指標，當這些指標間可能存在的關係（包括正相關、負相關、因果等）需要被放在真實情境中檢驗時，我們便需要將所蒐集到的資料或數據，逐一透過實證分析的步驟，驗證所建構的研究假設是否成立，理論是否因而被證實。事實上，也可能在實證分析的過程中，由蒐集到的資料歸納出新的靈感，而回頭去重新確認概念、定義概念、操作概念或檢視概念。

　　實證分析係指將研究假設操作化，使其得以被檢驗的過程。它包括了將指標具體化成為調查法中的問卷內容或實驗法中的實驗設計變項，然後蒐集資料或數據，逐一檢驗每一指標面向或概念間的關係，例如統計上的關聯性、因果性等，最終的目的在於檢驗理論陳述的真實性，建構理論的周延性及準確性。實證分析包含了操作變數、信度效度檢驗及假設檢定三個步驟，如**圖5-3**右半邊所示。

(一)操作變數（operationalizing variables）

透過實證分析的過程，我們可以得到欲講述一個概念的諸多指標，在調查研究中（survey research），這些指標將被發展成問卷中的題項，而每個題項要如何精準地測量到研究欲測量的變數，是實證分析必須解決的第一個問題。在量化調查研究中，我們透過問卷蒐集到可以檢定研究假設的變數，例如代表受訪者基本資料的變數有：性別、年齡、教育水準等；此時我們需要指定一個表達該變數數值的方法，通常以阿拉伯數字表達以方便電腦化處理；以性別為例，0代表女性，1代表男性，這樣的數值足以區別性別這個變數下的兩個類別；以教育水準為例，如果我們的問卷題目是：「請問您一共受過多少年的教育？」那麼受訪者回答的答案則會是受教育的年限，例如國中畢業的人應該會回答九年（如果他的心算還可以的話），另一種可能是為避免受訪者還要屈指算算的不方便，問卷題目亦可設計為：「請問您的教育程度是？(1)未上學；(2)小學畢（肄）業；(3)國中畢（肄）業；(4)高中畢（肄）業；(5)大學畢（肄）業；(6)研究所及以上學歷；(7)其他」。此時，我們便是用1到7的數值去代表我們欲測量的變數內容。

上述所舉的例子，都是很簡單的概念發展出來的指標，因此其問卷題目也可以直截了當，因為性別和教育水準這兩個概念都毋須多加解釋，也不需要概念解析，它本身既是一個概念，也是一個指標，一個變數；但是，在社會科學中，有許多較複雜的概念，它有不同的面向，也會有多重的指標，例如：我們欲檢驗「愈關注傳媒中公共事務的內容，愈容易激發愛國情操」這樣一個研究假設，我們在測量自變項「傳媒中公共事務的關注程度」這個概念時，便需要發展多重指標，因為這個概念包含了多重的面向，很難用問卷中的單一題目說清楚、講明白。

(二)評估指標的效度與信度（evaluating the reliability and validity of indicators）

當我們將複雜的概念抽絲剝繭，使其具象化，透過面向、指標和問卷題項，得以具體測量之後，我們得反思一下，究竟我們量得對不對？這些問卷中的項目，是否準確地反應了我們打算測量的原始概念？如果不是，豈不白忙一場？

因此評估指標有沒有效——即效度？可不可信——即信度？是將變數操作化之後，欲將蒐集到的資料檢驗研究假設前的一個重要步驟。詳細的信度與效度評估方法，將在第七章中討論。

(三)假設檢定（hypothesis testing）

傳播研究是探索人類傳遞訊息與溝通的模式，整個過程是一個往返於理論與實際間的循環。最常見的研究模式，是一個靈感啟動了一個理論的發想，於是透過閱覽文獻和反覆思考之後，逐一具象化成為欲檢驗的假設；當問卷資料或實驗資料蒐集完畢之後，藉由統計分析得以檢定真實的數據和理論發展出來的假設是否吻合，這個假設檢定的過程常常是研究的最後一個步驟，透過分析出來的數據，可以讓研究者更進一步確定研究發想或理論是否得到支持。而假設假定的結果往往也可能使研究者回過頭來重新審視理論，進而再一次進行意義分析及實證分析，重啟另一個修正過後的發想或理論，形成一個不斷自我挑戰、探索真理的循環模式。

第二節　理論的定量與測量

當我們坐在客廳沙發上看著電視新聞，突然新聞中播放國會殿堂立委諸公大打群架的新聞，一個直覺的反應是，左右環顧看看其他人特別是小孩子有沒有在看，如果有，可能要考慮轉台，因為這個時候我們的直

覺告訴我們，這樣的畫面可能會使人模仿，這個簡單的直覺，就是喬治．葛本納的涵化理論基本的假設。當我們看著八點檔連續劇裡男女主角互摑耳光的畫面時，心裡不免出現一個念頭：「……這樣的畫面，顯然是虛擬的情境，對我是沒什麼影響，不過，坐在我旁邊的老公，會不會學啊？……」這個念頭和八〇年代菲立普．戴維森（Phillip Davison）所發想的第三人效果（third-person effect）如出一轍。

有了這樣的念頭，你不一定會成為一個發明家或者傳播學大師，因為，大部分的人在浴缸裡都曾有過偉大的靈感，但是，99%的人走出浴室後，就不了了之。所以，要成就一個發明，除了要如宋儒張載所言：「於不疑處有疑，方是進矣」，更要有「打破砂鍋問到底，還問砂鍋在哪裡」的格物致知，窮究事理的態度和訓練。

當我們興起了「收看電視暴力內容會不會導致暴力傾向？」這樣的想法時，首先，趕快將它寫下來，接著，展開意義分析的第一步；進行文獻搜尋，看看有沒有人從事過類似的研究獲致類似的發現，如果有，看看過去的研究發現有沒有需要修正的地方或者有沒有可以擴充的地方？（例如：增加一個變數、推翻其中的一個假設、增加一些條件，或者採用新的實證方法或研究設計等）。如果遍查文獻都沒有類似的理論，那麼恭喜你，繼續努力不懈，你有可能創造出一個新的理論或學派，成一家之言。

圖5-4告訴我們，在寫下「收看電視暴力內容會導致暴力行為」這個理論陳述之後，我們得先找出這個理論陳述中的主要概念（focal concept），然後找出理論中提及之自變項與依變項，分別依理論陳述到研究假設的層次，逐一解析，同時，也將每一個概念依面向、指標依序展開，最後會形成一個容易觀察、方便測量的研究假設和指標及問卷題項。

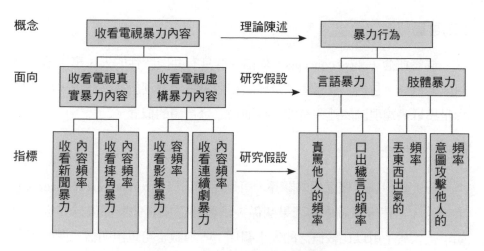

圖5-4 涵化理論的概念解析

一、概念的種類

概念是構成理論和陳述的重要成分，它的功能和角色就像一幢高樓大廈的鋼筋結構體，蓋一棟房子，必須先築好結構體，才能將磚和水泥砌上去；同樣地，理論中的概念逐一釐清之後，才能進行概念解析，發展面向和指標。

然而，什麼是指標？哪些是值得研究者注意且必須進行概念解析的指標？McLeod和Pan（2005）依指標的特性和功能，將概念區分為六種：

(一)單一概念

單一概念（singular concepts）包括特定的人、事、地、物——人（如：貝克漢、姚明）、事（如：奧運、聖火傳遞）、地（如：上海、紐約）、物（如：我收藏的古董、王建民的簽名球）等。在傳播研究中，我們所使用的單一概念，一定是和我們的研究主題密切相關的，而且有可能是研究中的觀察單位（unit of observation）或分析單位（unit of analysis）。

(二)群體概念

群體概念（class concepts）係指一群具有共同特性的人、事、地、物組成的概念，包括：大學生、足球迷和老饕等。有別於單一概念，群體概念是用以表達理論陳述中有關人事地物之聚合體的概念。

(三)關係概念

研究當中諸多概念間的關係，可以用關係概念（relational concepts）來描述，它使得理論中的因果關係、函數關係或其他關係得以界定，例如：「大於」用以比較概念的大小關係；「導致」可以說明概念間的因果關係；「相關」可以說明概念間的關聯性等。關係概念在意義分析和實證分析中都扮演著重要的關鍵，因為沒有它將會使理論陳述或研究假設無法被檢驗。

(四)變數概念

理論陳述中的概念如果都不具備變數概念（variable concepts）的特性，那麼量化研究中重要的測量步驟將無從進行。變數概念用以表達研究中需要被觀察、被操縱或被測量的概念，例如：收看電視的「頻率」足以區隔收視多寡的差異性，因此可以檢驗收視多寡有沒有影響的差別。

(五)過程概念

過程概念（process concepts）是比較複雜的概念，通常用以描述一般概念不容易講清楚、說明白的概念。這種概念通常一眼望去，你的腦海中呈現的不會是單一的人、事、地或物，而會是一個過程、一個邏輯或是一套機制。例如：「涵化」這個過程概念所表達的是「傳媒內容使人易受影響因而產生學習模仿」的機制和過程。

(六)複合概念

　　複合概念（mega concepts）和過程概念相似，它們都比較抽象，正因為它的抽象性，使得它們是最需要被透過面向化和指標化逐一解析的研究概念。複合概念中包含了許多形容詞，例如：「優秀」的人，「優秀」這個複合概念就必須透過概念解析，具體界定何謂「優秀」；「民主」也是一個必須被概念解析方得以獲致共識的複合概念，因為若不清楚定義，就無法化成指標，也就無從測量起。

　　以「收看電視暴力內容會導致暴力行為」這個理論陳述為例，「收看電視暴力內容」和「導致暴力行為」這兩個概念，都具備需要被觀察與測量的變數特性，是為「變數概念」，而「導致」則是屬於描述因果關係的「關係概念」。這個理論陳述可以套用「A→B」的簡單模式來表達。因為A（自變項）與B（依變項）都具有變異數（variance），即A和B都不是恆常不變的常數，符合定量分析的基本要件。從變異數分析的角度觀之，可以將這個理論陳述進一步發展成「收看電視暴力內容（的多寡）會導致暴力行為（不同輕重的程度）」。

　　「收看電視暴力內容」這個概念並非是一個最簡單的概念，張三可能想到的是兒童看的暴力卡通情節，李四想到的可能是八點檔連續劇在客廳裡動輒互相掌摑的畫面；當概念仍具有抽象性時，測量便會成問題，因此，概念解析的過程便是當務之急。「收看電視暴力內容」這個變數概念可以分解成不同的面向，包括「真實的內容」和「虛構的內容」或「言語暴力內容」和「行動暴力內容」等等。要分解成為哪一些「面向」要視理論而定，例如在理論發想建構的過程中，我們認為真實的暴力內容（如政治人物打架等）比較接近現實，容易讓人模仿，虛擬的內容（如影集、連續劇中的暴力情節等）較不似真實，觀眾的模仿意圖較低等，那麼我們就必須將這兩種不同面向區隔開；如果，我們認為「真實」或「虛構」與否並非理論關注的焦點，而是觀看哪一種的暴力情節才是影響之所在，那

麼，我們就得區隔如「語言」和「肢體」的不同面向；當然，如果，理論
認為「真實」或「虛構」及「語言」或「肢體」都是需要進一步區分及檢
驗之面向，那麼，就得發展出一個2×2的面向。同樣地，在依變項中，
觀眾會產生的「暴力行為」，可依理論區分為「言語」和「肢體」兩面
向，亦可區分為「在家中」或「公共場合」等。

　　如圖5-4的例子，依據理論及個人的研究目標或興趣，這個理論陳述
選定了自變項中的「真實暴力內容」和「虛構暴力內容」這兩個面向，以
及依變項中的「言語暴力」及「肢體暴力」這兩個面向。然而，這兩個面
向具備的特性還不足以被測量，因此我們還需要更明確的指標來衡量這些
面向，讓它們得以在後續的資料蒐集和實證分析中更清楚地被測量及分
析。

　　從「面向」到「指標」的過程中，研究者需要找出可以具體測量的
標的，例如：我們得先思考欲測量「一個人收看電視上的真實暴力內容
之頻繁程度」可以用哪些標的來衡量？其中電視新聞中出現的暴力是一
類，運動競技場上的摔角比賽（有些亦是虛構的）是一類；衡量「一個人
收看電視上的虛構暴力內容之頻繁程度」則可以發展出測量「收看電視影
集暴力情節」和「收看連續劇暴力情節」的頻繁度等指標。建構指標和建
構面向一樣，要考慮「互斥性」及「周延性」。「互斥性」係指兩種面向
之間可以清楚區隔不至於混淆，例如「言語」及「肢體」這兩種暴力的面
向，是可以清楚判別不致混淆的；至於「一邊罵人，一邊打人」這樣的
行為則是在測量的過程中，可以在不同的指標中被分別測量的。欲兼顧
「周延性」必須考慮該面向所建構的指標是否包含了在理論架構下所有可
以測量該面向的指標，例如：欲測量一個人言語暴力的頻繁程度，可以測
量其一天當中「口出穢言」或「責罵他人」的頻率。

　　指標建構完成之後，如圖5-4所示，自變項和依變項各有四個指標，
可以發展出十六種組合，每一個組合都可以是一個研究假設，例如：
「收看新聞暴力內容愈頻繁，則口出穢言的可能性亦愈高」。另一方

面，如果同一面向下的數個指標，其實是可以在分別測量後加總成為一個變數代表該面向，則亦可根據理論的需要，讓多重指標（multiple indicators）測量出來的面向成為研究假設的依據，例如，若理論上認定「收看影集暴力內容」和「收看連續劇暴力內容」在理論的架構中可以視為相同的影響力，但是在指標上必須區隔以方便逐一測量，那麼我們的研究假設可以是「收看電視虛構暴力內容愈頻繁，則言語暴力的可能性愈高」，或是「收看電視虛構暴力內容愈頻繁，則口出穢言的可能性愈高」。至於，依變項部分「責罵他人」和「口出穢言」這兩個指標，要分別成為單獨的研究假設之依變項或是合併成為「言語暴力」的多重指標，端視理論發展之需要，亦即，研究者在理論中是否意欲區隔「言語暴力」為「責罵他人」和「口出穢言」這兩種不同型態。

二、單一指標與多重指標

有些概念具有明確簡潔的意涵，或面向可以直接以單一指標來測量，例如性別、年齡等概念，它的面向單一，指標亦單一，甚至在問卷中，亦可以以一個問題直接準確測量出答案（只要受訪者不說謊）。但是，另一方面，有些概念具有較複雜的意涵，不容易以單一面向、單一指標或問卷中的單一題項清楚表達，此時，我們便需要多重指標。變數概念、過程概念和複合概念，通常因為具有較複雜的意涵，比較需要多重面向和多重指標來表達。

一般說來，多重指標比單一指標較能精準地達成意義分析的功能，其理由如下（McLeod & Pan, 2005）：

1.簡化數據資料是實證分析的基礎。如果我們有數個指標（indicators），結合它們成為一個指標索引（index）的方式，要比分別去分析及呈現它們來得有效率。

2.當指標適當地被結合成為指標索引時，每個指標的隨機測量誤差可能相互抵銷。

3.指標索引的運用，使我們可以在理論發展中較抽象的層次上進行操作化，因而作為更廣泛可應用的理論及更重要的政策意涵。

4.有愈多的概念指標，可以讓我們避免忽略研究中概念的某些領域，也因此提升了研究內容和方向在意義和實證上的精準度。

5.多重指標所產出的數據資料，使我們可以依據信度和效度評估的準則，並憑經驗對概念的操作型定義做質性的評估。

6.完成資料分析後，多重指標能幫助我們去評估概念的意涵是否周延，例如，我們將概念分解成幾個成分指標，然後依據其關聯性，評估概念中的諸多指標彼此間的關係，用定性及定量的方法，分別檢驗這些指標是否合宜。

 ## 第三節　測量的層次

在生活中，我們用阿拉伯數字去描述事物的多寡，例如：2本書、3種顏色；有的時候，我們不需要去數事物的多寡，因為它們可能很難加總，我們所需要的只是將它們分門別類，例如：關於信仰可以分類為基督教、天主教、佛教、無神論等；像這樣加總或分類的過程與方法，在社會科學研究中，是一個必需的基礎。

在測量傳播研究的變數時，首先，我們要先界定它是可以用來加總的或是不可以加總只是用來分類的。S. S. Stevens（1951）將變數的測量分為四種層次：名目測量（nominal measurement）、順序測量（ordinal measurement）、等距測量（interval measurement）和等比測量（ratio measurement）。其中，可以用來加總的，包含了等距測量和等比測量；不可以加總，只用來分類的，則包含了名目測量和順序測量。

一、名目測量

　　名目測量是一種質性的測量，它將變數內容加以分類，每一類的內容可以是按名字分類，例如：職業類別可以分為工程師、教師等；也可以按數字分類，例如：世界上的國家依經濟發展的程度被分類為三類──第一世界、第二世界、第三世界等。名目測量的主要特性是變數內容之分類中，各類別必須具有獨特性、互斥性和周延性，而且彼此之間不能相互四則運算。獨特性指的是作為一個變數內容之分類必須有其獨特性，也就是定義必須清楚具體，不能模糊，因為唯有具體的事物方能被測量。互斥性指的是類別之間必須互不隸屬或重疊，否則亦無法測量，例如音樂可以分為古典樂、搖滾樂、流行樂等，這樣的分類，就有可能因為不具備互斥性而發生測量和處理資料上的困擾，因為有些音樂介於幾種類別之間，不易單獨認定。周延性是指一旦分類，就要將變數的內容中所有類別都含括在內，才不會有遺珠之憾，致使測量的過程中有些屬性找不到可以適用的類別，例如前述以第一世界、第二世界、第三世界來分類，這種依開發程度及屬性來涵蓋世界所有國家的分類方法，大體上可以包含所有的國家；如果發現一類新的國家無法歸類於這三種類別中的任何一項，則可以出現第四類，最常見的就是以「其他」作為兼顧周延性的另一種類別，或者是用第四世界來含括那些很難歸類於傳統三種世界類別的一些新經濟體。

　　名目測量的另一個重要特性，就是變數的內容既是類別化，就無法進行四則運算，它們之間既不能加減，亦不能乘除。例如：第一世界加上第二世界之後，再乘以第三世界，這樣的運算是毫無意義的。

　　最常見的名目測量包括：性別（分為男、女兩類）、居住地區（都市、鄉村……及其他等）、職業（士、農、工、商、自由業……及其他等），以上分類都具有獨特性，不互相重疊隸屬的互斥性及包含所有類別的周延性之三大特性。

二、順序測量

除了名目測量是用以分類的定性測量方法之外,其他三種測量方法包括順序測量、等距測量和等比測量都是屬於定量測量方法(Bailey, 1987)。既是量化的測量方法,它們分別具有可以比較大小,可以加減或乘除不等的特性。

順序測量具有名目測量之獨特、互斥、周延及可分類的特性之外,它最重要的特性在於可以區別大小。但是,它和名目測量一樣都不能加減亦不能乘除。常見的例子是問卷的學歷欄中的選項「□小學(含)以下、□國中、□高中、□大學、□研究所(及)以上」,即是典型的順序測量;從學歷高低的角度,我們可以明確地知道研究所大於大學大於高中大於國中大於小學;但是有兩件事情我們並不清楚,一是組內有沒有差異,亦即勾選高中的人是念了一年的高中,或者三年甚或四年,究竟有沒有畢業?另一個是組間的差距到底代表什麼,小學和國中之間的差距是否等於高中和大學間的差距?這是順序測量無法解決的問題。

三、等距測量

等距測量具有名目測量之獨特、互斥、周延及分類的特性,亦具備順序測量可以比較大小的特性;除此之外,它可以做加、減的運算,但不能做乘、除的運算。

在順序測量中,小學學歷和國中學歷代表著兩種類別,且就「教育程度」的觀點,國中學歷大於小學學歷;但是小學學歷和國中學歷間的距離並無實質的意義,同時亦不能拿來和國中學歷與高中學歷間的距離兩相比較,因為順序測量旨在比較順序,無法比較差距。

然而等距測量可以解決差距的問題,它除了具備名目測量及順序測量的所有特性之外,還包括了可以加減的特性。

常見的等距測量的例子如溫度，攝氏十度和攝氏二十度之間的差距是十度，攝氏三十度和攝氏四十度間的差距也是十度，這兩個十度是一樣的，這也反映了它們可以加減的特性。但是由於攝氏零度並非絕對零度，亦即，攝氏零度並非「沒有溫度」，而是人為訂定的一個相對基準點，因此，從代數的角度觀之，既無客觀的零點，那麼「乘」或「除」便沒有意義，比方說：攝氏二十度比攝氏十度高出十度，但並非兩倍差的關係，因為在攝氏刻度中，二十除以十並無倍數上的意義。

四、等比測量

等比測量具備了名目測量的獨特、互斥、周延及分類的特性，亦具備了順序測量可以比較大小的特性；同時，它還具備等距測量可以加減的特性；除此之外，等比測量還可以乘和除。

用來鑑別一個測量是否具備等比性質的最關鍵要素，就是這個變數是否具有絕對的「零」（nonarbitrary zero）。例如：年齡、身高都具備絕對的零，姑且不論零歲或零公分代表何種哲學上的意義，但是在數學上，這個零代表測量不出數量；也因為它們具有絕對的零，所以除了可以比較三十歲和十五歲的差距之外，也可以用除法得出三十歲是十五歲的兩倍之運算結果。

在選擇測量之前，必須先考慮欲測量之標的或變數的特性，再依上述四種測量的性質找出適合的測量方法，如此可以確保變數的特性得以保留，並且依正確的測量方法精準的呈現。

第四節 問卷問題形式與量表建構

一、問卷問題的形式

調查研究者經過縝密的意義分析，將所有研究問題經由概念化、面向化及指標化之後，最終必須將其轉換成問卷，方能進行真正的測量工作。調查研究的問卷通常有三種形式：(1)開放式問題（open-ended question）；(2)封閉式問題（close-ended question）；(3)混合式問題（mixed question）（羅文輝，1997）。

(一)開放式問題

開放式問題是指研究者只提供問題，而不提供答案選項供受訪者勾選，旨在讓受訪者自行以描述方式回答問題。以下是開放式問題的例子：

1.你最常看的是什麼雜誌？
2.你為什麼喜歡看上述這種雜誌？
3.你認為上述這種雜誌有什麼引人入勝的優點？
4.你認為上述這種雜誌有哪些可以改進的地方？

■優點
開放式問題具有的優點如下：

1.可以讓受訪者不受局限，自由回答問題。
2.避免研究者的主觀和期望投射在答案選項中，導引了受訪者的思考。
3.可以以連鎖題的方式，逐漸深入探索受訪者針對某一個主題多重面向的想法或態度。

4.可以用於初探式研究或前測中，協助研究者蒐集封閉式問題的選項。

5.可避免答案選項不周延造成受訪者無從選擇的偏誤。

6.問題設計相對較容易。

■ 缺點

開放式問題具有以下的缺點：

1.受訪者易天馬行空，答案可能不著邊際。

2.調查的時間較難掌控。

3.受訪者需要較高的知識水準和組織能力，才能作答順暢。

4.譯碼和資料分析難度較高，譯碼員的質量將左右譯碼的結果和資料的質量。

(二)封閉式問題

　　封閉式問題除了提供問題之外，亦將每一個問題可能產生的答案提供給受訪者以勾選的方式作答。封閉式問題所提供的答案選項必須具備周延性，周延性係指答案選項必須包含受訪者所有可能的回答，方不至於讓受訪者找不到自己想要回答的答案。封閉式問題可以是單選題或複選題，單選題則必須同時兼顧互斥性，以免讓受訪者徬徨於兩個類似的答案中。封閉式問題的例子如下：

1.〔單一選擇題〕您是否贊成死刑？
    a.贊成
    b.不贊成
    c.沒意見

2.〔複選題〕您每天都會收看（視）的傳媒有哪些？
        □電視　　□廣播　　□早報　　□晚報　　□雜誌　　□網際網路

■ 優點

封閉式問題的優點如下：

1.受訪者容易作答。

2.調查時間較為經濟。

3.問卷可以容納較多題目。

4.譯碼及資料分析較為簡單且不易出錯。

5.較容易與電腦輔助系統和網際網路搭配使用。

■ 缺點

封閉式問題的缺點包含：

1.研究者設計的有限選項容易限縮受訪者的表達。

2.研究者的答案選項或次序可能導引受訪者的思考。

3.不是所有的問題都可以被單純化地以單一答案或有限答案來回答。

4.無法滿足有條件式的回答方式。

(三)混合式問題

混合式問題是結合封閉式與開放式兩種問題的一種類型，它提供受訪者制式的答案選項，也提供了受訪者表達其他意見的可能性。常見的混合式題型如下：

請問您獲得訊息的主要來源：

(1)電視　(2)廣播　(3)報紙

(4)雜誌　(5)網際網路　(6)親友　(7)其他（請說明）＿＿＿＿＿＿＿

■ 優點

混合式問題的優點如下：

1.可以讓受訪者勾選既定答案選項或表達其他意見，不致限縮或框架

了受訪者的思考。

　　2.讓不同知識水準的人都可以表達意見，答案更加多元化。

■缺點

　　混合式問題的缺點如下：

　　1.譯碼及資料分析時有一定的難度。

　　2.答題的時間不易掌握。

二、量表的建構

　　當意義分析抽絲剝繭的完成之後，研究者必須將指標建立和測量層次結合成問卷上的題項；此時，量表建構（scale construction）成為當務之急，因為，當指標發展成問卷的題項時，每一個可能的答案將如何轉換成可以測量的對應數值，成為接下來統計分析是否可以順利進行的關鍵，以下說明常用的量表適用的範圍與特性。

(一)李克特氏量表

　　李克特氏量表（Likert scale），將對一個意見調查的答案區分為贊成和反對兩類，並且以強度順序標示出意見的強弱（Likert, 1932）。例如許多測量受訪者意見正反向及強度的題目，均以非常贊成、贊成、無法決定、反對、非常反對五種反應類別來表達。當研究者欲測量美國加州州民對於槍枝合法化的態度時，最原始的李克特氏量表的功能是用來決定每一個題項之間的相對強度（relative intensity）關係。又譬如說，研究者設計出五個題項用以測量一個變項──「對外籍勞工的偏見」，假設我們同意這個概念是單一面向，會有五個指標，每個指標分別以一個題項來測量，五個題項包含了「外籍勞工普遍都比較笨」、「外籍勞工普遍都比較不重視衛生」、「外籍勞工比較懶」、「外籍勞工普遍性行為比較氾

濫」及「外籍勞工比較嗜賭」。

每一位受訪者對每一個題目都可以回答同意（得1分）和不同意（得0分）兩種答案，得分範圍從0分到5分，因此，甲受訪者全部回答同意可以得5分，乙受訪者全部回答不同意則得到0分。依據李克特原理所建立的量表，不僅能統計出每個受訪者的指標總積分，還能分別計算出對各題項抱持同意態度的人，其指標積分的平均值。指標積分的平均值其意義在於，能夠反應出不同指標彼此間的相對強度關係。假設我們一共訪問了一千位受訪者，從統計的結果我們發現，九百位同意「外籍勞工比較懶」的受訪者，其指標積分平均值為3.1（滿分為5）；而兩百位同意「外籍勞工普遍都比較笨」的受訪者，其指標積分平均值為4.5。這樣的結果，顯示出後者對外籍勞工存在較大程度的偏見。

根據上述分析結果，接著，我們以指標積分平均值建立起一種新的量表。例如，同意「外籍勞工比較懶」的受訪者可以得到3.1分，而認為「外籍勞工普遍都比較笨」的受訪者可以得到4.5分，另外，贊同其他三個題項的受訪者也分別給予不同的指標積分。

然而，因為原始李克特氏量表過於複雜，鮮少被使用。如今為社會科學研究者廣泛應用的五選項或七選項的態度量表亦可歸納為李克特氏量表的一種。例如：

□非常不同意、□不同意、□無意見、□同意、□非常同意

或者是

□非常不可能、□很不可能、□不太可能、□不一定、
□有些可能、□很可能、□非常可能

(二)語義區分法

語義區分法（semantic differential）是融合李克特氏五選項或七選項的態度量表，藉由語義差別的形式，提供受訪者在兩個極端的反應中做選

表5-1 語義區分量表

您對於記者的印象是？						
	非常	有些	都不是	有些	非常	
不專業	☐	☐	☐	☐	☐	專業
不敬業	☐	☐	☐	☐	☐	敬業
不值得尊敬	☐	☐	☐	☐	☐	值得尊敬
沒有正義感	☐	☐	☐	☐	☐	有正義感
貪腐的	☐	☐	☐	☐	☐	清廉的

擇的量表（Osgood, Suci, & Tannenbaun, 1957）。

　　研究者在列出問題的同時，找出兩個極端的答案配成一對，例如：「公平」vs.「不公平」，放在答案的兩端。**表5-1**提供了這類計分表的例子。

(三)鮑氏社會距離量表

　　鮑氏社會距離（Bogardus social distance）量表旨在區別一個問題中不同指標間的強度。透過具有層次的強度測量，可以看出受訪者看待一個問題的邏輯及一致性（Borgatta, 1955）。

　　例如：一個國家在制定勞工政策時，會考量引進外籍勞工對社會大眾生活的衝擊程度，欲測量一般民眾接受外勞的程度，可以用鮑氏量表測量之：

1.你贊成引進外籍勞工來國內工作嗎？

2.你贊成外籍勞工可以在國內置產嗎？

3.你贊成外籍勞工可以享受國人所有的社會福利嗎？

4.你贊成開放外籍勞工申請永久居留權嗎？

5.你贊成開放外籍勞工申請移民本國嗎？

　　從上述題組中，可以看到接納外籍勞工的程度可以由1至5題逐漸增強。實際上，第1題的題目是門檻較低的題目，預期可以接受的民眾比較

多，第5題是門檻較高的題目，可以接受的民眾應該會少許多。鮑氏量表的邏輯是，在1至5難度逐漸增加的題目中，受訪者一旦不同意第3題（門檻較低），應該就會不同意第4和第5題（門檻較高）。如果不依此邏輯，可能會是受訪者誤答或是有其特別的判斷原因，值得研究者深究。

(四)古特曼量表

古特曼量表（Guttman scale）和鮑氏量表的邏輯相似，是一種累積量表（cumulative scale），它強調變項項目之間具有差異性，研究者必須依據題項的強度加以分級，避免總和量表（summated scale）把不同強度的題項加總的偏誤（Guttman, 1944）。

研究者欲調查一般民眾對於墮胎合法化的態度時，古特曼量表會先將各種可能支持或反對的意見依強度排列，由最無條件支持到最持保留態度：

1.醫師診斷認定嬰兒可能有嚴重先天瑕疵的情況下，墮胎就應合法。
2.醫師診斷認定懷孕可能造成婦女身心傷害時，墮胎就應合法。
3.只要懷孕婦女出於自願，墮胎就應合法。

受訪者中最支持墮胎合法者，應是**表5-2**中的A類型態度模式者，D類型則為最不支持者。

受訪者回答的答案如果如研究者預期的強度邏輯，則如同**表5-3**上

表5-2　古特曼量表的回答強度

受訪者答覆類型			
態度模式	1	2	3
A	＋	＋	＋
B	＋	＋	－
C	＋	－	－
D	－	－	－

註：－表不同意，＋表同意。

表5-3　支持墮胎三項陳述的量表分析

		受訪者答覆類型			
	態度模式	1	2	3	人數
量表形式	A	＋	＋	＋	152
	B	＋	＋	－	110
	C	＋	－	－	98
	D	－	－	－	90
總人數					450
混合形式	E	－	＋	－	20
	F	＋	－	＋	11
	G	－	－	＋	8
	H	－	＋	＋	11
總人數					50

註：－表不同意，＋表同意。

半部的量表形式，也有許多受訪者答題的邏輯與研究者所預期的強度不符，如**表5-3**下半部混合型中的例子，其中又以G和H的邏輯最為混淆，因為他們同意門檻最高的選項，卻不同意門檻較低的答案。

在總合量表中，無論每一個題目的強弱，只要同意都可以得到1分，而古特曼量表則區分強弱，將答案原始意涵的強度反映出來。

表5-3中混合形式的回答類型，從E到H，都出現和預期強度不符合的錯誤。例如，E形式的二十位受訪者只選了一種支持的答案（造成身心傷害時允許墮胎），而這和量表形式中預期只選擇一種支持項目的邏輯（應該是門檻最低的「胎兒有先天瑕疵時允許墮胎」）不符，這種和研究者邏輯不符的選擇，被視為一種「誤差」。

複製係數（coefficient of reproducibility）是用來表達對正確性預測的一種百分比。量表總誤差數為回答各類型者誤差之總和，受訪者人數即為此次調查回答問卷的總人數，題目數係指量表中的題目數目。

表5-4　支持墮胎的指標和量表積分

	回答類型	人數	指標積分	量表誤差
量表類型A	＋＋＋	152	3	0
B	＋＋－	110	2	0
C	＋－－	98	1	0
D	－－－	90	0	0
混合類型E	－＋－	20	1	20
F	＋－＋	11	2	11
G	－－＋	8	1	8
H	－＋＋	11	1	11
總人數		500		
量表總誤差數				50

註：－表不同意，＋表同意。

$$複製係數 = 1 - \frac{量表總誤差數}{受訪者人數 \times 題目數}$$

$$= 1 - \frac{50}{500 \times 3} = \frac{1450}{1500}$$

$$= 96.67\%$$

　　一般研究者的標準認定複製係數在0.9以上，即為可以接受的古特曼量表（Bailey, 1987）。

(五)排列法

　　當研究者希望瞭解受訪者對於一些事物的喜好程度，特別是企圖比較喜好程度之多寡時，排列法（ranking）是一種最便利的排序方法，例如演講比賽的名次排列便是一例，評審常用的序位積分法即是先依排列法排列出名次，再將每一參賽者獲得各評審的名次加總成為積分，總分較少者表示平均名次較優。

　　當我們希望瞭解民眾心目中最值得信賴的傳媒為何時，我們可以用

以下的排列法調查之，最後將每一份問卷的每一個選項名次加總，總分愈低就表示民眾愈信賴，題目舉例如下：

　　以下各種不同形式的傳媒中，您依照信賴的程度分別排列名次，最信賴的填上1，次信賴的填上2……依此類推。

　　＿＿＿＿電視、＿＿＿＿廣播、＿＿＿＿報紙、＿＿＿＿雜誌、＿＿＿＿網際網路

　　排列法的題目不宜過多，題目愈多，愈容易造成填答者比較上的困難，電話訪問時尤其不適合過多選項的排列法，因為聽到後面往往忘了前面。

(六)評分法

　　評分法（scoring）是讓受訪者在一定的分數範圍內，自由勾選足以表達適當強度的分數。

　　評分法也是一種等距尺度的量表，它和李克特氏量表中的態度選項量表相似，只是評分法給予受訪者自行選擇答案表達意見強度，後者則是在對稱的選項中找尋答案的落點。評分法的另一項優點在於填答者的答案不一定要整數，他可以選擇任何含小數點的數字，因此，從統計的角度觀之，評分法的量表具有等比測量的性質。以下是兩種量表的比較：

李氏五選項量表

　　你是否贊成槍枝合法化？

　　□非常不同意　□不同意　□無意見　□同意　□非常同意

評分法量表

　　請用1～5的分數表達你對槍枝合法化的看法；1表示非常不同意，5表示非常同意。

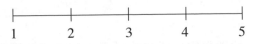

　　評分法中的分數通常會依低分代表弱，高分代表強的方式排列，例如非常不同意以1代表，非常同意以5代表，即是依「同意」的程度，由低至高按阿拉伯數字小至大排列，這樣的做法，有助於統計上的譯碼一致性及資料分析之方便性。

　　評分法的分數全距（range）最好是單數，填答者比較容易找到中點，因此0～10分的選項比1～10分要佳；1～5分的選項比0～5分要佳。

　　感覺溫度計（feeling thermometer）是另一種常用的評分法。這種以類似溫度計測溫度的概念，被用在社會科學上測量受訪者對於人、事、物的態度或評價，分數愈高代表愈佳的感覺或評價。以下是兩個用感覺溫度計分別測量態度和評價的例子：

1.請問您是否贊成槍枝合法化？請您用0～100分的評分，0代表完全不贊成，100分代表非常贊成，您會給幾分？

2.請您用0～100分的評分，表達您對國際巨星李連杰的喜好程度，最低0分，最高100分，您會給幾分？

　　從統計變異數的觀點，量表中的全距愈大，則統計量的變異數愈大，愈有利於統計分析的運用，因此0～100分的量表優於0～10分的量表；然而，研究者還必須同時考量這兩種量表對於填答者找出最適合代表自己感覺的分數究竟有何差別？一般來說，對填答者而言，全距愈大的量表，愈不容易感受分數所代表的相對意義，例如：85分和82分有何差別。在實務上，0～10分的量表常被使用，因為它和一般人日常生活經驗中，以阿拉伯數字判斷大小的習慣有關。

結　論

　　本章開始進入傳播學定量研究的世界，探索傳播研究如何針對研究

主題進行觀察與測量。

什麼樣的研究需要進行定量研究？什麼樣的研究更適合定性研究？欲回答這個學術界反覆思辨的問題之前，我們必須先瞭解研究的目的和範圍。

第一節探討測量的意義和邏輯。定量傳播研究的第一步，便是將欲研究的內涵逐一分解成可以理解、觀察和測量的單位。概念解析以「意義分析」和「實證分析」兩個途徑，協助研究者逐一釐清研究的焦點並完成測量和檢驗。意義分析包括了文獻搜尋、確認概念、定義概念、操作概念、檢視概念及資料蒐集六個步驟。實證分析則包含了操作變數、評估效度信度及假設檢定。意義分析和實證分析之間的交互辯證，是建構理論、修正理論和檢驗理論不可或缺的主要方法。

第二節探討傳播研究者如何透過概念解析的流程，逐一將研究問題中的複雜概念，依概念—面向—指標—問卷題項由繁而簡的層次，落實測量的步驟。

第三節測量的層次係處理定量研究中牽涉到數字運算的條件和分類。名目測量、順序測量、等距測量和等比測量依序代表四種由簡單到複雜的測量尺度。依據其不同的特性，不同的尺度各有其功能和限制，得以量度不同性質的變項。

第四節介紹問卷的不同形式及量表建構的類型。一般調查研究使用的問卷不外乎開放式、封閉式和混合式三種。量表又依研究目的的不同和研究資源的限制而有李克特氏量表、語義區分、鮑氏量表、古特曼量表、排列法及評分法等多種選擇。

經過這一章的介紹之後，讀者應該可以充分瞭解傳播研究的定量基礎，能夠將一個發想或理論逐步鋪陳，清楚解析，使其中所有的概念都成為能夠測量的指標或問卷題項。

問題與討論

1. 傳播學者諾爾紐曼（E. Noelle-Neumann）的「沉默螺旋理論」（The spiral of silence）主張，「當人們在公開場合中感覺到自己的言論是少數人的觀點時，就會傾向於沉默不公開表態。」請就這個理論（假說）進行意義分析。

2. 下列的變項屬於測量中的哪一個層次？
   (1)奧運百米徑賽的名次
   (2)小朋友的智商（IQ180）
   (3)出生地（紐約、台北、東京）
   (4)一場棒球比賽的分數（紐約洋基擊敗波士頓紅襪，比數5：2）
   (5)社會經濟階層（高所得、中所得、低所得、貧戶）

3. 以下哪些概念需要單一指標？哪些需要多重指標？
   (1)婚姻狀態
   (2)宗教信仰
   (3)電視收視行為
   (4)性別
   (5)施政滿意度

4. 試就第1題的「沉默螺旋理論」，選擇你心目中最理想的量表建構方法，發展出一套含基本資料共十五題以內的封閉式問卷。

Chapter 6

傳播研究的樣本處理

總 體 目 標

闡述樣本的決定及取得方法與流程

個 體 目 標

1.認識抽樣的概念與定義

2.瞭解隨機抽樣的理論和邏輯

3.探討隨機抽樣的種類與方法

4.探討非隨機抽樣的種類與方法

　　研究者在選定研究主題和研究方法之後，下一步便是要決定研究的對象是誰。於是，研究者該面對的問題包括：哪些人是本研究需要找到的研究對象？他們需要具備哪些條件？這些人該去哪裡找？用什麼方法篩選？又哪些人必須排除在外？為什麼？這整個過程，稱為抽樣（sampling）。當我們要進行中國人的涵化研究，看看西方傳播理論對於電視內容可能產生的影響是否適用於中國人身上？這個時候，我們的常識告訴我們，這個研究絕對不需要千里迢迢地去紐約進行調查，也不需要到東京做訪談，但是究竟該去上海還是烏魯木齊？上海這麼大，去哪裡找研究樣本？誰的意見才算數？這些便是我們在進行實證研究的過程中必須立即面對的問題，傳播研究的樣本處理便是要解決這樣的問題。

第一節　抽樣的概念與定義

　　抽樣的最基本原因來自於研究者通常沒有足夠的資源和能力進行全面普查。然而，縱使有能力進行普查，也要考慮是否值得耗費龐大資源；況且大規模的普查往往可能因為執行上的繁瑣及資料整合的複雜，衍生許多錯誤。因此，以正確的抽樣方法取得的樣本，未必會比普查來得遜色。

　　欲瞭解抽樣的邏輯與應用，我們必須先認識抽樣的基本定義：

一、母體與樣本

　　母體（population）是研究者所要研究調查的對象，它是一群具有某種共同特性的基本單位所組成的群體。調查母體（survey population）則是指實際上在調查中可以找得到的對象之集合。樣本（sample）則是指研究者從調查母體抽取出來實際訪問調查的對象之集合。

如果我們要進行台灣的收視率調查，看看某一天之內哪些節目最受歡迎；在理想的情況下，我們應該要測量全台灣二千三百萬人某一天二十四小時內收看電視的情形；但是在實務上，這是幾乎不可能的，因為不論是使用裝置在電視上的收視測量器或是用電話調查，二千三百萬人是一個相當龐大的數目，不見得每個人都可以找得到，有些人可能連他自己的爸媽都找不到他了，何況是研究人員；就算每個人都可以找得到，其曠日廢時的程度令人難以想像，像這樣的研究不知道要做到哪一年。

有沒有比較簡單的方法可以「聞一知十」、「見微知著」，我們得想想什麼方法可以讓我們從「一粒沙看世界，一朵花看天堂」。「二千三百萬台灣人」是我們想要調查的「母體」，扣除失蹤人口、遊民街友等不易聯繫的人之外的所有人口之集合，即為「調查母體」。當研究者挖空心思想找出一群人足以代表二千三百萬人又不至於失真的調查對象時，我們需要的是一個精準的「樣本」，而「人」則是我們要調查研究的對象，「人」即是這個研究的「元素」。

二、元素

元素（element）係指研究觀察的基本單位，通常也會是分析的基本單位。例如欲調查全台灣人口的收視行為時，每一個體的「人」便是研究觀察的單位，在進行收視率分析時，我們欲統計《星星知我心》的收視率，我們得測量有多少「人」在這個特定時段看這個節目，「人」既是觀察單位，亦是分析單位，也是此次調查研究的「元素」。

當研究者想要調查台灣選民2008年總統大選的投票意向時，台灣所有二十歲以上的合格選民便是「母體」，而台灣所有二十歲以上可以被研究者透過其抽樣方法找得到的選民之集合，稱為「調查母體」；這其中二十歲以上的合格選民，每一個個人便是「元素」。元素不一定是「人」，欲調查電視的「家戶收視率」時，「家庭」則成了抽樣的元素。

三、抽樣單位

在抽樣的過程中，每一個階段所選取的元素或者元素的集合，稱為抽樣單位（sampling unit）。單一階段抽樣的抽樣單位通常就是元素；多階段抽樣的抽樣單位在每一階段都會有些不同。例如在中國以多階段集群抽樣進行民意調查，其第一個抽樣單位可能是省，第二階段可能是市，第三階段是區等等，最後一個階段的抽樣單位是人，因為「人」才是這整個調查母體——「所有中國人」的元素。

四、母數與統計量

母數（parameter）又稱為參數，是用以描述母體某些屬性或特徵（attribute）的數值，例如：上海市人口平均收入，即是一個用以描述上海人口這個母體經濟情況的母數。

統計量（statistics）又稱為估計量（estimate），係指樣本中所取得用以描述樣本某些屬性或特徵的數值，這個數值的目的在於推估母體的母數。若我們抽取出兩千名上海人作為調查的樣本，他們的平均年收入是兩萬元人民幣，則兩萬元人民幣便是樣本的統計量，用來推估母數——所有上海人口平均年收入。

五、抽樣架構

將調查母體中每一個元素集合成一個可以供抽樣的集合體，稱為「抽樣架構」（sampling frame）。這個集合體可以是一個名單清冊，亦可以是電腦中的檔案，例如：電話簿常是電話調查的抽樣架構，北京大學學生通訊錄可以作為調查北大學生意見的抽樣架構，全國建築師公會通訊錄可以作為調查加入公會的建築師之抽樣架構等。

六、抽樣誤差

正確的抽樣方法，可以使樣本精確地代表母體。畢竟樣本不等於母體，無論如何精準，其間仍然存在差異，這種由於抽樣所產生存在於統計量和母數之間的誤差，稱為抽樣誤差（sampling error）。

七、信心水準與信賴區間

信心水準（confidence level）是指研究者有多少把握或信心，可以推定抽樣得到的樣本統計量，會在一定的誤差範圍之內，這種統計機率上的「把握」或「信心」，稱為「信心水準」。而研究者認為有把握的誤差範圍，即是「信賴區間」（confidence interval）。媒體的民意調查報導常出現類似「贊成的民眾占62%，不贊成的占38%，這項調查具有95%的信心水準，抽樣誤差是±3%。」

這樣的報導模式，其中「95%的信心水準」即表示研究者認為有95%的把握（亦即一百次調查中會有至少九十五次以上）；贊成的人數占調查母體總人數的（62% ± 3%），亦即贊成的人數介於59%到65%之間，這個區間即是「信賴區間」。

 ## 第二節　隨機抽樣原理

「從一粒沙可以看世界，從一朵花可以看天堂」，這句話可以看成是隨機抽樣原理的廣告詞。事實上，只要這一粒沙或這一朵花具有足夠的代表性，也就是選取這粒沙或這朵花的過程符合隨機抽樣原理，那麼一粒沙或一朵花適足以視為一個良好的「樣本」，可以精確地推估世界或天堂這個「母體」。

一、抽樣分配原理

一個正常的骰子有六個面，這六個面分別有代表1、2、3、4、5、6這六個阿拉伯數字的六個點。事實上，擲骰子的原理就是一種隨機抽樣，因為，公平的骰子六個面出現的機率應該相等（如**圖6-1**）。

雖然骰子的六個面被擲出的機率相等，但是我們擲六次骰子，通常不會剛好出現1、2、3、4、5、6六個數字，但是依據機率原理，如果，我們擲三千次，則這六個數字出現的次數會接近五百次，如果我們擲三萬次，則1到6每一個數字出現的次數會更接近五千次，擲的次數到達N次（接近無限大）時，每一面骰子出現的次數應該是N/6次，因為每個面被抽中的機率相等（如**表6-1**）。

當我們將每擲兩次骰子的總和加起來成為一個樣本統計量時，**表6-2**代表樣本數為2的多次抽樣分配情形，其中包含其點數出現的方式、兩次點數的總和以及出現機率。

如果我們每次擲兩粒骰子（樣本數為2），一直擲N（接近無限多）次，亦即取N個樣本，則每兩次骰子的點數總和，會以7點出現次數為最多，2點為最少；平均值則以3.5的機率最大，因為六個面點數的平均值為

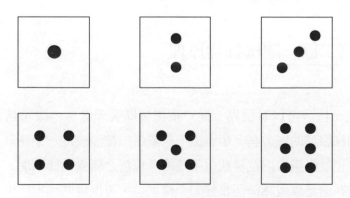

圖6-1　一粒骰子的六個面代表基本的六個元素

表6-1　擲N次骰子的機率分配

點數	1	2	3	4	5	6
出現次數	N/6	N/6	N/6	N/6	N/6	N/6

表6-2　樣本數為2的多次抽樣分配情形

呈現方式	總和	平均值	出現機率
(1，1)	2	1	1/36
(1，2)(2，1)	3	1.5	2/36
(1，3)(2，2)(3，1)	4	2	3/36
(1，4)(2，3)(3，2)(4，1)	5	2.5	4/36
(1，5)(2，4)(3，3)(4，2)(5，1)	6	3	5/36
(1，6)(2，5)(3，4)(4，3)(5，2)(6，1)	7	3.5	6/36
(2，6)(3，5)(4，4)(5，3)(6，2)	8	4	5/36
(3，6)(4，5)(5，4)(6，3)	9	4.5	4/36
(4，6)(5，5)(6，4)	10	5	3/36
(5，6)(6，5)	11	5.5	2/36
(6，6)	12	6	1/36

3.5。換言之，平均值出現的機率最大，邊緣值出現的機率最小。

　　如果我們增加樣本數至3，即是每次擲三粒骰子，將三粒骰子出現的點數加起來平均，使其平均值成為一個樣本的統計量，則抽樣分配圖會更集中於平均值3.5。這樣的規律可以依此類推，當樣本數愈大時，抽樣N次的分布圖會愈集中於中心，亦即其真正的平均值——3.5（如圖6-2）。

　　依隨機抽樣原理發展出來的抽樣分配圖，告訴我們兩個事實：(1)樣本數愈大時，樣本統計量之抽樣分配會愈集中，當樣本數接近無限大時，其抽樣分配圖會長得像台北的101大樓；(2)不論樣本數的大小，只要抽取愈多個樣本，其統計量會逼近母體的母數，當抽樣數為無限大時，樣本的統計量會等於母體的母數。

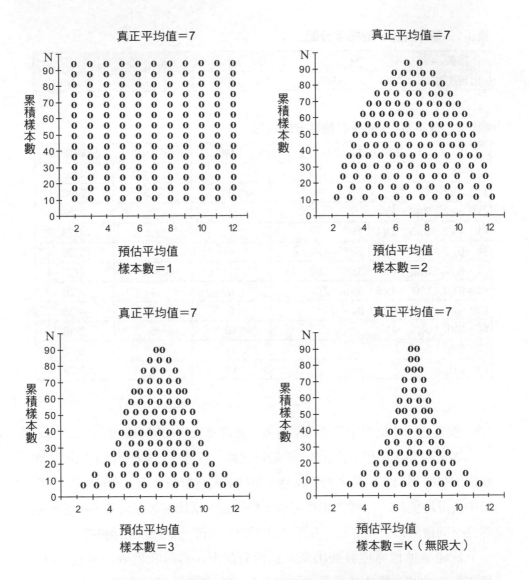

圖6-2　樣本數為1、2、3及無限大的抽樣分配圖

二、二項分配

　　二項分配的應用更接近一般傳播研究者所進行的研究內容。我們在傳播相關研究中常見的問卷有「贊成／不贊成」或「是／否」，這些答案都是二項式的；另外，「非常同意、同意、不同意、非常不同意」這類的問卷選項表面上看似多項式，然而其實針對每一個選項而言，都可以視為是該選項與非該選項（即其他所有選項）組成的二項式選項，在統計學理上，樣本中每一個選項的平均統計量，都有其各別的抽樣誤差。

　　統計學亦用標準誤（standard error）來測量抽樣誤差，二項分配的標準誤公式為：

$$S = \sqrt{P \times (1 - P) / n}$$

（S為標準誤，P與1－P代表母體中的二項式變項的機率，n為樣本大小）

　　由於通常研究者很難知道真實母體中二項次分布的機率，也就是說，如果研究者已經知道母體中贊成及不贊成死刑的比例為何，其實也就不必進行抽樣調查了，不是嗎？因此，我們通常會將該次抽樣調查得到的贊成／不贊成死刑的人數比例代替母體二項式變項的出現機率，倘若此次調查樣本為兩千名上海人所組成，贊成死刑的人占60%，則其標準誤為：

$$S = \sqrt{(0.6)(1 - 0.6) / 2000} = 1.095\%$$

　　依據隨機抽樣理論，特定比例的抽樣結果，會落在一定的範圍內，這個範圍係以標準誤為增加減少的單位，舉例來說，大約有34%的抽樣結果會落在大於母數值一個標準誤的範圍內，亦會有34%的抽樣結果落在小於母數值一個標準誤的範圍內，於是我們也可以說會有68%的樣本落在與母數值相距正負一個標準誤的範圍內。當信心水準設定為95%時，隨機抽樣理論告訴我們，大約95%的樣本會落在與母數值相距正負兩個標準誤的

範圍內，大約99.9%的樣本會落在正負三個標準誤的範圍內。

標準誤和抽樣誤差的關係可以用以下公式說明：

$$B = \pm Z_{\alpha/2} \times S$$

（B為抽樣誤差，S為標準誤，其公式為信心水準為95%時，$Z_{\alpha/2}$ ＝1.96，信心水準為99%時，$Z_{\alpha/2}$＝2.576）

學術界和實務界常將信心水準定在95%，係一種約定俗成的結果；當然理論上，99%要比95%精準，99.9%又要比99%精準，但是是否需要如此精準，則得視實際需要而定。例如，人命關天的藥物臨床實驗，需要99.9%信心水準的可能性會比一般研究要高。

當我們設定研究所需要的信心水準，且知道母體二項分配的比例（或由樣本二項分配比例取代之）以及樣本數大小時，即可由上述公式中求出該次抽樣調查的抽樣誤差。

在民意調查實務上，我們無從得知母體二項分配的比例，且問卷調查中每一個題項在樣本中的二項分配均不一樣，通常研究者會假設贊成和反對的人數比例各占一半，將P和1－P分別以0.5代入，這樣的做法不失為一種安全且省事的替代方案（羅文輝，1987）。因為P×（1－P）的數值以（0.5）×（0.5）為最大，所有其他二項分配的組合所產生的標準誤，均會小於這個數值；故該次民意調查以其中所有題項產生二項分配之標準誤最大值作為代表，亦可確定所有的抽樣誤差應可被涵蓋在這個最大範圍之內。

第三節　隨機抽樣方法

　　隨機抽樣（random sampling）的特性，在於抽樣的過程是依據足以代表母體的抽樣原則進行，因此，依照隨機抽樣所選出的樣本，可以在預設的誤差範圍內精準地代表母體，此特色是非隨機抽樣所不能及的，因此，要想從樣本精確地推估母體，達成「一粒沙看世界，一朵花看天堂」的意境，就非得要用隨機抽樣不可。

　　常用的隨機抽樣方法包含了簡單隨機抽樣（simple random sampling）、系統抽樣（systematic sampling）、分層抽樣（stratified sampling）、集群抽樣（cluster sampling）。

一、簡單隨機抽樣

　　「簡單隨機抽樣」可以望文生義，它是一種可以由抽出的樣本推估母體的隨機抽樣方式，而且也是最簡單的一種隨機抽樣。這種抽樣方法中，抽樣架構裡的每一個元素被抽中的機率均相同。

　　簡單隨機抽樣有兩種方式，一為置回式抽樣，一為非置回式抽樣。置回式抽樣，即為抽取一個元素後再將其放回，等待下一次抽取。譬如，欲在一千萬個合格選民組成的抽樣架構中，抽取一千人進行民意調查，則每一次抽樣中，每一個人中籤的機率都一樣，均為一千萬分之一。但因為是抽取後放回，所以一個人被抽中兩次的可能性是存在的，只是其機率可謂微乎其微。整體而言，被抽中一次的機率是一萬分之一。非置回式抽樣則為每一次抽取後，抽中者不再放回抽樣架構中，因此第一次抽取的過程中，中籤的機率為1/10000000，第二次則為1/9999999，在第n次抽取被抽中的機率則為1/〔10000000－（n-1）〕；此次民意調查中被抽中一次的機率則為每一次被抽中的機率的總和。嚴格說起來，非置回式

抽取的過程中，每一個元素被抽中的機率略有出入，但是當抽樣架構中的元素夠多，亦即欲調查的母體夠大時，期間的差距是可以略而不計的。

　　簡單隨機抽樣之所以被社會科學研究廣為使用，乃因為其理論簡單易懂；然而此方法必須具備的要件是抽樣架構得明確完整，亦即調查母體中的每一個元素都要可以被明確標示；例如，欲以簡單隨機抽樣進行所有合格選民的電話民意調查，則每一個合格選民的名單及電話都要具備，在實務上有一定的困難度，因此較適用於可以完全掌握名單的小規模樣本。

　　常用的簡單隨機抽樣方法包括：(1)摸彩法；(2)亂數表（random table）。常見的抽獎方法即是利用摸彩法，係將所有抽樣架構中的元素一一以號碼球或紙條代表，在摸彩箱中逐一抽出得獎者。在完全均勻攪拌的摸彩箱中，每一個彩球（號碼）被抽中的機率均相等，這是一種土法煉鋼的基本簡單隨機抽樣法。另一種較為簡便的簡單隨機抽樣法，就是利用亂數表，常用的亂數表包括Kendel & Babington Smith、Fisher & Yates以及RAND Corporation's A Million Digits等（楊和炳，1990）。使用亂數表進行簡單隨機抽樣時，必須先將調查母體中每一個元素一一編號，再利用亂數表隨機抽取行和列的號碼，需要注意的是，必須確保每一個號碼被抽中的機率相等，以符合簡單隨機抽樣的基本原則。

(一)優點

　　簡單隨機抽樣的優點在於：

1.當抽樣架構完整時，直接從其中抽出所需樣本，其理論或方法均相對簡單。
2.每一個元素被抽中的機率相等（或相近），參數的估計較為簡單。

(二)缺點

　　簡單隨機抽樣的缺點在於：

1.抽樣架構往往不易完全掌握，會因為母體中部分元素不齊造成抽樣
　誤差。

2.取得完整的抽樣架構往往耗時費事。

3.當樣本中的元素各別差異性大時，抽樣誤差會相對變大，影響樣本
　的代表性。

二、系統抽樣

系統抽樣法是以等距離的方法一一抽取出所需的樣本，因此又稱為等距抽樣法。

抽樣之前，要先計算樣本區間，即以調查母體的大小（M）除上所需樣本的大小（N），然後先從所有編好號碼的元素，第1號到第M/N號中，以隨機方法抽取一個號碼，然後將這個號碼加上樣本區間M/N，即為第二個抽出的元素，依此類推到樣本數抽足為止。

在上述一千萬合格選民中抽出一千名進行民意調查的例子中，調查母體（M）為一千萬人，所需之樣本大小（N）為一千人，因此，研究者必須從每一萬人（M/N＝10000000/1000＝10000）中抽取出一人進行調查。首先，研究者須從編號1號到10000號中間以隨機抽樣方式抽出一人，例如抽出的第一個人是編號第1234號，那麼接下來第二個被挑出者即為1234加上10000（M/N），為第11234號，第三個被挑出者為第21234號……依此類推，直到第9991234號被挑出為止。

系統抽樣最方便的地方在於一旦找出樣本區間，並且在樣本區間中找出第一個隨機號碼之後，就可以等距離的方法依此類推出所有的號碼，其簡易性不言可喻；然而，其優點之所在，亦即其缺點之所在。如果在最起初編號時出現系統性的規則，這個規則就會一直被沿用，造成週期性（periodicity）的偏誤，例如，軍隊中「九條好漢在一班」，如果軍隊選名冊時，每一個班的第一人為班長，後面接著九名班兵，那麼以系統抽

樣法在所有班組成的軍隊總名冊中進行樣本抽取時，一旦抽到1、101、201、301、401……這種個位數為1的數列時，就會出現所有抽到的元素都是班長的情形。

(一)優點

系統抽樣的優點在於：

1.樣本抽取的過程簡單易執行。
2.如果週期性的偏誤得以在詳細的考量下被排除，則樣本得以較均勻地從母體被抽出，代表性因此相對提高。

(二)缺點

系統抽樣最大的缺點在於，如果對母體的分布無法充分掌握時，可能會發生週期性的偏誤。

三、分層抽樣

分層抽樣的基本概念，是先將調查母體的所有元素分成若干互斥的層（stratum），然後再分別從各層中隨機抽取需要的元素，再將各層隨機樣本抽出之元素合併成一組分層隨機樣本，它結合了系統抽樣和隨機抽樣的優點，進一步地確保樣本的代表性，也因而減低了可能的抽樣誤差。

例如，研究者想要調查北京市宣武區北京小學學生的平均身高，普查將會耗費太多時間，系統抽樣則恐怕有些班級以身高編排學號，將可能導致週期性偏誤。此時，分層抽樣頗為適合，它優於簡單隨機抽樣之處在於抽樣誤差較小，因為我們按年級分為一至六層，再由每一層中逐一隨機抽樣時，每一層學生的身高較相近，即同質性（homogeneous）較高，抽出的樣本抽樣誤差較小（如圖6-3）。

究竟該用什麼作為分層的標準呢？研究者首先必須考量的是，選擇

圖6-3　分層抽樣方法

作為分層標準的變項必須與欲測量的變項密切關聯者。例如，欲測量全校六個年級學生的身高時，年級就是一個很好的分層標準，因為通常同一年級的學生年齡相近，身高亦較接近，也就是欲測量的變項之同質性較高，因此每一個分層所抽出樣本之抽樣誤差會比較小。除了以單一變項作為分層的標準之外，亦可視需要以兩個以上的變項作為分層的標準。因為男女生的身高有別，所以如果我們在年級分層之外，再以性別分出第二層，可望使每一層元素的同質性更高。分層的最終功能，在於將母體分成一至多個同質性高且彼此互斥的次集合，然後再從每個次集合中取出適當的樣本，最後合成一個整體樣本（Babbie, 2004）。

分層抽樣時，每一層抽出元素的數量比例可以採行下列兩種方法：

1. 按比例分層抽樣，即根據每一層的元素占母體的百分比去抽樣，譬如，北京小學一千八百名同學中欲抽出三百六十名量身高，則以360/1800＝20%的比例在每一個年級層中的學生分別抽取。

2. 不按比例分層抽樣，即是對不同層抽選不同比例的元素，使用這種方法的時機，是當某些分層的同質性明顯偏低時。譬如，北京小學全校學生抽取三百六十位量身高時，五、六年級學生因為正值青春期，班上先後發育的孩童身高差異會較明顯，因此這兩個層的異質性便會較高。統計上的變異數較大，抽樣誤差也會比其他層要大，因此，補救方法之一即是在這兩層中抽取較多的樣本，以降低其抽

樣誤差。

(一)優點

分層抽樣的優點在於：

1.樣本的代表性提高。
2.可以獲致各層間詳細的訊息，亦可比較各層的特性。
3.可以視各層特性，在各層間分別採用不同的隨機抽樣方法，增加執行上的彈性。

(二)缺點

分層抽樣的缺點在於：

1.分層標準的變項選取需要充分掌握測量變項的特質，否則會製造更大的誤差。
2.各層樣本的比例配置需要充分的資訊配合。
3.各層抽樣出來的元素在整理合併時，統計上的推估較為複雜。

四、集群抽樣

當母體清冊的蒐集極為龐大困難時，集群抽樣是一個因應的好方法。它先將樣本中的元素依屬性分成不同的集群，然後先抽取集群，再從集群中抽取元素，至於兩階段抽取的方法，則可以視需要結合各種隨機抽樣方法。

集群抽樣法常用於母體內元素分布廣闊且無法清楚掌握抽樣架構時，例如我們要對一個城市的人口進行抽樣調查，當該城市沒有所有人的人口名冊時，我們可以按照區作為一個集群的單位，例如：列出北京市所有區的清冊，先抽出某些區，再從抽出的區中抽出適當的人進行調查。

在選擇集群時，包括學校、街道、行政區等，都可以作為集群單位，只要集群的名冊得以掌握，第一段的抽樣便得以順利進行，例如，欲將北京市所有小學生當成調查母體，蒐集完整名單恐曠日廢時，集群抽樣法只需先備齊所有小學的名冊，先抽出某些小學，之後只要蒐集這些被抽出的小學的學生名冊，從中進行第二段的抽樣即可，如此便可以省去蒐集此市所有一千五百所小學全部六十萬小學生名冊。

　　由於研究者樣本的選取是由第一階段被抽中的集群當中選出，因此，若集群選取的過程代表性不足，則最後樣本的抽樣誤差可能過大，因此，如何確保第一階段抽出的集群具有代表性是第一個重要因素。

　　另外，每一個集群內的元素若同質性太低，且在集群內抽出的元素數目又不足時，則會出現另一種代表性不足的問題；因此，集群間和集群內的抽樣方法和數量需要一併考量，才不至於顧此失彼。

　　研究者必須從理想和現實間求取一個平衡點，選擇集群的分類時，必須從集群的特性和欲調查的變項間之關聯性去考量其同質性高低造成之影響，且必須同時兼顧掌握集群清冊以方便抽樣。譬如，當我們想要調查香港中學生的讀書習慣時，倘若以學校作為集群，則各個學校間的差異性可能會比較大，也就是較好的學校和較差的學校在學生讀書習慣這個測量變項的同質性相對比較低，然而在同一個學校中的學生同質性則可能比較高；那麼，我們在抽取第一個集群──「學校」的時候，就應該多選取一些元素，以增加其代表性，降低抽樣誤差；至於在同一所學校中選取的元素，就可以比較少些；如此在這兩者之間視同質性的大小作為選取元素多寡的依據，可以減低集群抽樣的抽樣誤差。

　　研究者可以視研究需要進行多階段的集群抽樣，稱為「多階段集群抽樣」（multi-stage cluster sampling）。例如：為了降低抽樣誤差，研究人員會希望在學校這個集群之下再增加第二個集群──「班級」；也就是先抽出學校，再從該校中抽取班級，最後再從抽出的班級中抽取適當的學生進行調查。

香港中學生讀書習慣調查之例子中，集群抽樣可能產生一個很大的問題，就是當集群大小差異很大時，每個元素被抽中的機率也會很懸殊，例如：假設香港60%的中學生集中在十所私立中學當中，其他40%的中學生則分散在其他二十所公立高中當中，當學校與學校間學生人數差異很大時，被選中的小學校和被選中的大學校中的學生，被第二階段選中的機率就大不相同。

為了彌補上述問題，解決集群大小差異很大時可能帶來的抽樣誤差，「機率比例抽樣」（probability proportionate to size, PPS）應運而生，這個方法可以使母體中的每個元素被選中的機率相等。

若A、B兩校均為四十人一班，當A學校的學生總數為六百人，而B學校的學生總數僅有二百人時，研究者用集群抽樣法抽出A校及B校等集群，再從集群中向下抽取班級，那麼依機率比例抽樣原則，A校抽出的班級數必須是B校的三倍，如此當兩校每班學生人數相等時，每一名學生被抽中的機率才會相等。

當我們不確定集群和集群之間的同質性且亦不確定每一集群內元素之同質性時，一般性的準則是，盡可能多選取集群，而減少每個集群中選取元素的數量（Babbie, 2004）。

(一)優點

集群抽樣的優點在於：

1.當調查母體分布於很廣闊的空間時，集群抽樣可以大幅減低成本。
2.母體清冊龐大以致蒐集整理不易時，集群抽樣可以避免整理所有細部名冊的麻煩，只需處理抽出集群之細部資料即可。

(二)缺點

集群抽樣的缺點在於：

1. 抽出集群不多時，可能出現樣本代表性不足的問題，而抽出集群數較多時，又會增加許多抽樣行政上的負擔，而失去了集群抽樣經濟省事的優點。

2. 每一階段的集群抽樣都有抽樣誤差，且每一個集群的樣本數都會比所有樣本的總數要小，因此，各階段的抽樣誤差都有可能大於單一階段的隨機抽樣產生之誤差。

3. 抽樣誤差是以觀察到的樣本之間的變異數為基礎計算出來的，當許多樣本來自於同質性較高的同一集群時，會使研究者低估了實際的抽樣誤差（Babbie, 2004）。

 ## 第四節　非隨機抽樣方法

　　非隨機抽樣（nonprobability sampling）所憑藉的規則是樣本的方便取得性，而非統計上的機率原理。這種不符合隨機抽樣理論的抽樣方式所選取出來的樣本，因為不具有充分的代表性，所以無法依統計推論原理推估母體。

　　然而，並非所有的社會科學研究都可以很理想地取得足以進行隨機抽樣的抽樣架構，因此隨機抽樣往往陳義過高，無法落實執行。例如，欲針對廣州市的流動攤販進行調查，研究者無從取得所有流動攤販的名冊，無論是簡單、隨機、系統、階層、集群等抽樣方式皆不可得；此時，為了落實調查的執行，非隨機抽樣仍不失為一個替代方案。常用的非隨機抽樣包含了便利抽樣（convenience sampling）、立意抽樣（purposive sampling）、滾雪球抽樣（snowball sampling）、自動抽樣（automatic sampling）以及配額抽樣（quota sampling）。

一、便利抽樣

　　我們在路上偶爾會碰到請你填問卷的人，他們希望你撥空填答一份問卷，有的只有一個或幾個題目，有的可能需要五至十分鐘不等，通常他們會給你一個小禮物作為酬謝，這種攔截式調查的內容可能包羅萬象，常見的包括對某個產品的印象或使用調查，有時候他們會搭配一個商品，譬如香水或乳液，詢問路人試用的感想等等，這類以樣本易得性為考量的調查方式，稱為便利抽樣。

　　便利抽樣的出發點是為了抽樣的方便，有時候亦有其不可取代性；例如當研究者需要大量的受訪者簡單試用一個商品後再回答問卷，便利抽樣便成為非常理想的抽樣方式。

　　便利抽樣的抽樣過程亦可搭配一些隨機抽樣的方法，以提高代表性，降低選擇性的偏誤，例如選擇受訪者時，可以將不同性別、年齡層納入抽樣的考慮，使樣本的組成更具有普遍性。在街頭做便利抽樣時，亦可藉由更多地點的抽樣提高樣本代表性，也可以輔以系統抽樣法，以選取每間隔K個過往路人的方法讓樣本更隨機化；不過無論輔以何種隨機抽樣的方法，便利抽樣的本質仍為以方便為考量的非隨機抽樣，因此不能將所取得樣本的調查結果過度推論。例如某香水廠商在上海外灘依便利抽樣取得的樣本，不論樣本數多大，都只能說這項調查結果係根據「某個時段在上海外灘針對過往路人調查的結果」，而不能推論到「上海人的使用習慣」或是「中國人的使用習慣」。

二、立意抽樣

　　研究者常常會依據自己的判斷或主觀，設定或篩選一群特定的調查對象，這種抽樣方式稱為立意抽樣，又稱為判斷抽樣（judgmental sampling），因為研究者的主觀介入了抽樣的過程，破壞了隨機抽樣的原

則，因此這種抽樣方式係非隨機抽樣，抽取出來的樣本所調查的結果，亦不能進行統計推論，無法代表母體。

　　雖然如此，立意抽樣在實務上也常因特殊需要而被廣泛使用。例如在第一階段問卷設計完成之後，研究者往往需要進行一個小規模的調查測試，旨在測試該份問卷設計有無瑕疵，因為通常係一百人以內的小規模測試，樣本太小，致使隨機抽樣並無法有效降低抽樣誤差，且這樣的前測（pre-test）目的往往不在強調代表性，而是在於找出正式問卷調查過程中潛在的問題，譬如某些題目可能對某些族群不適合、某些題目用詞過深、某些人可能不易理解等等。因此，這樣的小規模前測，往往就會特別強調選取某一類的調查對象，例如選取教育水準較差者，以測試問卷題目會不會太難等。

　　除此之外，研究者面臨一個大規模母體時，往往因為現實考量，沒有辦法進行全面的隨機抽樣。但是這個大規模母體下的次集合相對容易獲得，此時，立意抽樣往往成為研究者的選擇。例如台灣大學考慮修改校規中的幾項條款，欲針對一萬五千名學生進行普查或隨機抽樣有其困難，且恐怕回覆率甚低，因此，研究者可以依其判斷或立意，直接在學生會和其他較常參與校園公共事務的社團中，選取社員進行調查。但是，透過這種方法得到的意見彙整，往往與廣大的學生民意有出入，因為學生社團中的成員通常自主意識較強甚或較激進，相較於沉默的大眾，他們的意見可能較為極端，所以調查結果不能推論為「台灣大學學生的看法」，然而，這樣的意見蒐集也確有其實務上的意義，因為就行政管理的立場，掌握意見領袖的意見往往比一般民意要來得有參考價值。

三、滾雪球抽樣

　　當欲調查的對象為特殊且難找尋的小眾時，滾雪球抽樣有其易得性及不可取代性。

當我們想要找出一群俗稱「發燒友」的音響玩家，以隨機抽樣方式可能需要訪問一百人才找得出一人，成本上的浪費不言可喻。透過音響雜誌或樂迷組成的協會散發消息，廣徵志願者加入調查研究是一個方法，但是恐怕被動者多，不易達成目標。此時，如果我們先打聽找出五位發燒友，訪問完畢後，請他們每人推薦五個同好，針對這第二波二十五位人再進行訪問，訪畢後，也請每個人推薦五名同好，以此方法複製下去，依等比級數成長的受訪者很快就會累積出大量的發燒友。

滾雪球抽樣法亦特別適用於一般研究者不容易打入的社會次團體，例如傳播學者欲研究同性戀者對於某支引發歧視爭議的廣告片之看法，若非透過熟悉且彼此信任的圈內人以滾雪球方法引薦，這類題材和對象的研究往往很難透過別種抽樣和調查方法完成。

然而滾雪球抽樣最大的缺點在於，調查的對象局限於想法屬性相近的一群人，會造成代表性嚴重不足的問題。因為透過彼此引薦的結果，往往會找出一群看法相近的人，這群人往往只是研究者想要研究的次團體中的一個小圈圈而已，而且這些人受訪的動機，往往來自於人情壓力，這些都可能是造成選擇性偏誤的原因。

四、自動抽樣

研究者開放一個投票的平台，讓想要表達意見或投票的人可以前往投票，這樣的樣本取得方法，稱為自動抽樣。由於傳媒和網際網路的影響力日增，自動抽樣亦日漸普及。目前在電視上政論節目的「叩應」（call in）及開放供觀眾以電話投票的方式，以及在網際網路大型入口網站相當流行的網路投票，皆為自動抽樣的應用。

自動抽樣有兩種，一種是不篩選自動抽樣，也就是只要民眾願意進入研究者提供的平台（廣播、電視、網際網路等）表達意見或投票，研究者都不加設限，全部接受列入統計；其中，有些平台對於特定人重複投

票亦不加設限，這類的民意蒐集平台，有些還有收費機制，民眾撥打投票電話時，電話公司要額外收費，和研究者共享營業所得。這種任何人都可以進入投票系統參與投票的調查方法，明顯暴露了樣本不具代表性的缺點，再加上部分人的重複投票，致使這種抽樣方法蒐集到的意見，往往是具有較強烈表達意見動機的極端意見。為了避免不設限造成的極端偏誤，亦有研究者在投票平台上，增加各種條件，以篩選投票者，例如最常見於網際網路上意見調查的不重複投票機制，研究者雖然在網上醒目處張貼問卷題目歡迎網友投票，但是亦增加了每一個網址（internet protocol, IP）只能投一票的限制，所以一個人在同一台電腦上投第二次票時，就會被電腦的伺服器偵測到並加以拒絕，這樣可以杜絕灌票造成的偏誤。另外，也有的自動抽樣問卷調查機制需要登錄的會員才能投票，以確定投票者的身分（如性別、年齡、職業等），這樣蒐集到的樣本比較可以防止以駭客程式製造大量IP灌票的情形發生。

　　只要選對熱門話題並結合醒目的媒體，以自動抽樣獲得樣本的調查方式，容易在短時間內獲致大量的樣本數，再加上方法十分簡便，遂成為近來相當熱門的調查方式。然而，只要樣本中元素抽樣的方式不是隨機，則不論樣本數多大，其代表性依然值得質疑，例如叩應節目中的觀眾投票可以在一小時內累積上十萬票，但是，相對於不叩應的沉默大眾，這十萬個意見反應出來的，往往是比較主動甚至極端的意見，若以此推估母體的一般民意，則並不科學。

五、配額抽樣

　　配額抽樣是基於樣本和母體間的比例關係為理論基礎，按母體中某些特質的分布特徵，挑選出樣本的一種非隨機抽樣方法。

　　配額抽樣的第一步，是要先選定幾個可能會影響研究而必須特別留意其代表性的變數，作為決定配額的依據。而這往往就是配額抽樣中最難

決定的事項，因為研究者往往無法精準掌握所有可能影響研究的變因，例如：依據選舉行為理論和文獻指出，性別、年齡、教育、居住地區、職業類別可能是直接影響投票意向的因素，研究者就必須根據母體上述五個變項的類別分布情形，依照比例在樣本中選取適當數目的受訪者，這樣方能避免某個年齡層或某個教育類別的人被選出的受訪者過多，造成樣本結構和母體差異過大而不具代表性的困擾。

配額抽樣最大的優點在於，如果母體的特徵十分清楚，使得配額的架構得以依據理論精準產生，則這種抽樣方法的代表性足以媲美隨機抽樣，和階層抽樣以及集群抽樣具有若干相近的理論和方法，它可以說是非隨機抽樣中，最接近隨機抽樣概念的方法。然而，實務上，精準的配額架構往往可遇而不可求，一方面需要在理論和實證中找出哪些因素或變項需要被列入配額考量，另一方面需要精準地掌握母體最新的細部資訊，瞭解重要變項的比例分布情形。

1936年喬治蓋洛普（George Gallup）曾經運用配額抽樣精準地預測了美國總統當選人，卻在1948年造成了嚴重的錯誤預測，真應驗了「水能載舟，亦能覆舟」，「成也蕭何，敗也蕭何」的現實，研究者欲以配額抽樣方法做統計推論推估母體時，不可不慎！

1936年美國總統大選前，民意調查專家喬治蓋洛普利用配額抽樣，將足以影響投票意向的變數，如性別、種族、年齡、收入等一一找出，根據母體中上述變項的分布比例，建構了一個矩陣式的配額抽樣架構，再依比例選取一定人數組成調查樣本，經由選前密集的民意調查，蓋洛普在混沌的選情中，大膽預測羅斯福將會擊敗藍登，結果大選開票的結果，和蓋洛普的預測十分接近，也讓蓋洛普一戰成名，至今，蓋洛普彷彿成了民意調查的代名詞。

其後的1940年和1944年，配額抽樣依然大行其道且精準地預測了候選人的得票率。直到1948年，一樣的配額抽樣調查法卻錯誤地預測紐約州長選舉結果，使得當時民意調查機構幾乎奉為圭臬的配額抽樣被重新

檢驗和挑戰。1948年，正值世界大戰前後人口大量由鄉村流入城市，使得過去依賴的1940年人口普查資料失真，而蓋洛普用以形成配額架構所依據的母體資料，正是這份美國1940年的全國社會普查（general social survey, GSS）資料。因為美國城市居民較支持民主黨而鄉村選民較支持共和黨，因此，鄉村人口數被誇大的同時，也導致了共和黨得票高估的偏誤（Babbie, 1990）。

　　非隨機抽樣並非偏誤的代名詞，其實，往往仔細規劃執行的隨機抽樣失誤的例子，亦屢見不鮮，正是所謂「猴子也會從樹上掉下來」的哲理。一般來說，強調代表性，欲以統計推論理論透過樣本推估母體的研究，宜採用隨機抽樣，定量研究多半採用此法。而研究目的不在於精準推估大型的母體且抽樣有其難以克服的局限性，非隨機抽樣亦可考慮，定性研究經常使用此種方法達成其強調訪問內容深入但不十分在意抽樣誤差的研究目的。

 ## 結　論

　　如何抽樣進行調查，是研究是否具有質量的關鍵因素，定量研究尤為看重抽樣方法。第一節介紹抽樣的概念和名詞解釋，從定義中瞭解抽樣的關鍵要素。

　　第二節則是從簡單的機率論開始，逐一探討抽樣分配原理，瞭解樣本數大小和抽樣分配圖的關係。同時，本節介紹常用的二項分配的原理及標準誤是如何產生的，從數學公式中，我們可以明白抽樣誤差、標準誤、二項分配的機率以及樣本大小之間的函數關係。

　　第三節介紹常用的隨機抽樣方法，包括了簡單隨機抽樣、系統抽樣、分層抽樣以及集群抽樣；這些抽樣方法各有優缺點，研究者必須在現實條件考量下，謹慎地挑選其中一種或者數種方法互相搭配，方能抽取出

適合的樣本進行調查。

　　第四節則介紹非隨機抽樣方法，包括了便利抽樣、立意抽樣、滾雪球抽樣、自動抽樣以及配額抽樣。非隨機抽樣雖不能進行推論性統計分析，但是它亦具備了方便和樣本數大等若干優點。

問題與討論

1. 如果我們預估甲候選人的民意支持度約落在40%～46%之間，乙候選人的民意支持度約在52%～60%之間，你在有限的預算下，想要進行一份民調，旨在95%的信心水準下，區分出甲、乙候選人的支持度到底孰強孰弱，你最少應調查多少民眾才可以達到上述的目的，並說明你的理由。

2. 配額抽樣和分層抽樣有何異同處？

3. 在http://www.norc.org中，分析美國全國社會普查（GSS）的抽樣方法、抽樣架構及調查母體。

4. 網路上常見以贈品招徠瀏覽路過的網友，點進一個廣告進行問卷調查，這種自動抽樣的方法，比較適用於哪一類的調查？有哪些方法可以改進其代表性不足的問題？

Chapter 7

傳播研究的信度與效度

總 體 目 標

探討傳播研究的信度與效度,並分析比較影
響測量準確度的因素及改良方法

個 體 目 標

1.瞭解測量過程中誤差的來源

2.認識信度的種類並學習如何評估各種信度

3.學習效度的各種特性及評估方法

4.探討信度與效度的關係並學習如何增進信
　度與效度

　　測量在定量傳播研究中具有關鍵性的功能。但是，我們如何知道測量得好不好呢？如果盲人摸到的是象的鼻子，他會認為大象長得像蛇；如果盲人個頭不夠高，只抱到了大腿，他肯定會認為象是根柱子。從這個譬喻中我們不難發現，片面的觀察和不當的測量對於發掘事實的真相，將產生多麼負面的影響。換言之，研究者需要一套客觀公平的標準來評量傳播研究的測量究竟做得好不好，因為唯有精準的測量，才能確保研究結果的正確性。

　　誠如回答「西瓜到底甜不甜？」除了必須定義什麼叫做「甜」之外，還得要有一套衡量甜度的儀器來測量甜度，否則賣瓜的說瓜甜，買瓜的說瓜不甜，到底誰說了算？《辭海》裡面用以表達「準」這個概念的辭彙，包括了「正確」、「準確」、「精確」、「精準」等，它們大同小異，表達一樣的概念，所不同的是強度上的些許差異。在英文中，"reliability" 和 "validity" 這兩個單字，則代表了中國字──「準」的兩個不同面向，前者譯為「信度」，後者譯為「效度」。

 ## 第一節　實證分析的準確度

　　第五章曾經闡明意義分析和實證分析兩個流程構成了定量社會科學研究的核心。科學研究即為這兩大分析方法在理論和實證之間反覆彼此驗證形成的循環流程（Singleton & Straits, 1999）。

　　意義分析旨在透過文獻搜尋、理論建構、預期假設、確認概念、定義概念、操作概念、檢視概念以及資料蒐集的過程，將抽象的研究目的，落實成清楚的指標，以利於實證分析的資料驗證。而接下來的實證分析則是透過操作變數、信度效度評估及假設檢定，從數據資料中驗證理論發展的正確性。

　　科學研究的辨證過程係由不斷的觀察和驗證所組成的理性迴路

（loop）。有時候，我們觀察到許多現象，嘗試從諸多現象中求同，試圖形成一個通則或理論，這種由觀察到理論的過程，形成了歸納法（induction）。然而，另一種可能性則是我們想要證實一個點子或靈感，於是我們透過意義分析的流程，從理論發展到假設，最後以實證分析的方法完成假設檢定，測試這個理論是否具有普遍性，足以應用於若干個案上；這種由理論推論到個案觀察的方法，是為演繹（deduction）。這兩種方法經常交替形成，構成了自然科學和社會科學中重要的研究方法。當牛頓看到蘋果落地時，他開始觀察其他水果是否也會落地，它們落地的時間和速度是否一致，透過系統性的觀察，他可以「歸納」出一些通則，例如：舉凡有質量的物體都會落到地面……；接著他反覆思索，大膽假設地球有一個力量，會使萬物朝地球核心墜落，於是將這個假設概念化，找出自變項及依變項，並進一步觀察與測量，然後找出並記錄下自變項與依變項間的關係，最後證明地心引力與質量間的函數關係，將這個理論「演繹」到所有的個案觀察上。

不正確的測量方法，將使得假設檢定的結果失真，缺乏信度與效度的測量，則可能根本扭曲了概念化的意義，讓研究者白忙一場。決定測量的良窳有兩個基本要件：一個是我們必須確實地量出我們欲測量的標的，是為效度；一個則是我們必須確保這樣的測量經得起時空的考驗而不至於因人、因地、因時或因物而異，此之謂信度。透過正確的信度與效度檢驗，研究者可以清楚明白研究誤差的來源並尋求方法補救克服之。

一、測量誤差的來源

一個研究團隊從著手蒐集文獻開始，就注定了要與誤差「纏鬥」的命運；因此，在心理準備上，要效法宋儒張載「於不疑處有疑」的精神。

在浩瀚無涯的學海中，汗牛充棟、飽覽群經之餘，必有可能掛一漏

萬，而根據莫非定律（Murphy's Law），遺漏之處往往是致命的關鍵，不可不慎。

在文獻蒐集的過程中，研究者的主觀篩選或無心的遺漏是理論建構過程中的誤差來源；研究假設的發想亦可能源自片面的觀察和邏輯的斷續，導致預期假設的偏差；概念解析則可能發生概念定義的不精準、面向取捨的偏頗、指標發展的局限性，而使得問卷的題目本身根本無法精準地測量研究的理論與假設。

以研究傳媒對閱聽人的影響為例，「生也有涯，學也無涯」，如何以有涯逐無涯，便是研究者的第一個難題。在超過五十個以上有關傳媒的理論、學說、假設中，如何篩選聚焦？每一個理論中，至少超過千篇的文獻，如何歸納？理論矛盾之處，如何拿捏？實證結果相左之處，如何取捨？研究假設的邏輯性如何？概念是否清晰可測？面向是否周延互斥？指標是否準確？多重指標與問卷題數限制如何取捨？問卷題項是否能夠真實反應指標、面向、概念及假設？問卷的遣詞用字是否通順？答案選項是否周延互斥？指標索引的組成是否有理論依據？多重指標是否可以使測量更準確？這些關鍵因素如果未能精準掌握，則都可能是研究過程中誤差的來源。

調查研究執行的過程中，選樣的偏誤可能造成代表性不足的誤差；此外，執行調查的訪員亦可能因為口齒不清、疲勞失誤、粗心大意、馬虎草率、甚至蓄意造假等，造成調查的誤差。這些林林總總，或有心，或無意，或偶發，或經常的失誤，都可能失之毫釐，差之千里。

誤差可以從其產生之頻率與原因，進一步區分為隨機誤差及系統誤差。隨機誤差肇因於非系統性的偶發因素，例如某位電訪員在執行電訪時，打了個噴嚏，誤把受訪者回答的「2」聽成了「3」，這樣的事情不會太常發生，因此也毋須太過憂慮，從樂觀的角度思之，另一個訪員也有可能打了個嗝，誤把「3」聽成了「2」；簡言之，在樣本數夠大的情況下，隨機誤差可能會互相抵消；縱使不互相抵消，影響也不至於太大。

系統誤差則是指誤差的發生並非偶發性，而是具有系統性，例如一個未經校正的磅秤，人還沒站上去，歸零點就已經在十公斤處，那麼不論是婀娜多姿體態輕盈的妙齡女郎或是日本的相撲選手貴乃花，秤出來的體重都會多出十公斤。相較於隨機誤差，系統誤差是研究人員較值得憂慮的。系統性的誤差對效度是很大的傷害，因為這樣的測量不管怎麼測總是測不準；然而如果每次都重十公斤，就信度而言卻並無傷害；也往往因為如此，常會被研究人員忽略，在此特別提醒諸君，此等誤差對測量傷害甚大，不可不慎！

二、初探信度與效度

為了探索實證分析的信度與效度，以下將以美國威斯康辛大學大眾傳播研究中心（Mass Communication Research Center, University of Wisconsin-Madison）主任傑克・麥克勞（Jack McLeod）教授針對「傳媒使用與公共事務」所蒐集之電話調查數據以及案例為例，逐步解說分析信度與效度的評估方法（McLeod & Pan, 2005）。

麥克勞教授的研究靈感來自於「到底閱聽人的專注程度如何影響傳媒在閱聽人身上所造成的效果？」他的研究團隊以傳媒中的公共事務新聞為研究標的。就這樣研究自變項——「收看新聞傳媒中有關公共事務報導的專注程度」而言，研究者必須先解析概念，確定其面向、指標、問卷的題項。圖7-1說明了這個過程的每一個步驟。

圖7-1顯示本研究之自變項可以解析成三個次概念（sub-concept）——「新聞傳媒」、「公共事務」和「專注程度」；基於問卷的篇幅限制，此研究的新聞傳媒僅區分為兩個面向——「報紙新聞」和「電視新聞」；「公共事務」分為「國際事務」、「全國事務」及「地方事務」三種。由於美國聯邦政府與州政府各司其職，州政府在行政位階上是一個完全自治的「邦」，在電視新聞中，各州的新聞和全國新聞分屬兩個不同的

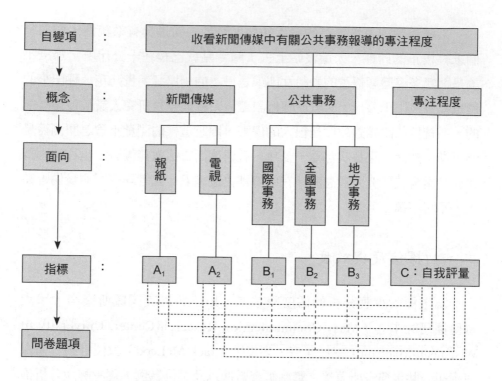

圖7-1 「收看新聞傳媒中有關公共事務報導的專注程度」之概念解析

時段；報紙亦然，各州的報紙著重該州發生的新聞，而全國性的報紙則以全國新聞及國際新聞為重點，故研究中以全國事務與地方事務區隔之。這些面向分別各以一個指標代表，在問卷中，每一個指標則以一個問題供受訪者填答；例如：測量「報紙國際新聞專注程度」時，問卷題項為——「當您閱讀報紙有關國際新聞的相關報導時，您的專注程度有多少？」至於「專注程度」則以1（非常不專注）到10（非常專注）的自我評估量表回答之。

從**表7-1**中麥克勞教授蒐集到的四百八十份問卷資料之描述性統計，我們看到六個指標，亦即問卷中的六個題項，其平均值十分接近，介於5.72～6.54之間，且標準差亦相去不遠，分別介於2.43～2.77之間；由回收問卷資料之平均值及標準差可以初步鑑定信度與效度，這項測量結果顯

表7-1　「收看新聞傳媒中有關公共事務報導的專注程度」的描述性統計資料

指標	平均值	標準差
1.報紙國際新聞專注程度	6.18	2.67
2.報紙全國新聞專注程度	6.06	2.64
3.報紙地方新聞專注程度	5.95	2.50
4.電視國際新聞專注程度	6.54	2.77
5.電視全國新聞專注程度	6.24	2.66
6.電視地方新聞專注程度	5.72	2.43

示，四百八十位受訪者對於六個指標所發展出來的六個問題之答案，其相
似度頗高且分布的集中度相去不遠。然而，更精確的信度效度檢驗還需要
進一步的方法，以下分別介紹之。

 ## 第二節　信度的種類與評估

　　信度的英文是"reliability"，從字首的"re"可以看出，信度這個字
有重複的意涵在內；而「信用」這個字在中文的意思亦有經過屢次考驗
皆不變的涵義。在傳播研究方法中，信度的定義是「針對某一個相同的
受試物體，以同一種方法重複進行測試，均得到一樣的結果」（Babbie,
2004）。

　　圖7-2左邊的標靶中，彈著點雖然離紅心頗遠，頗不準確，即效度
低；但是多次射擊的結果均集中一處，代表了信度頗高；而右圖則顯示所
有彈著點離紅心的距離均比左圖之彈著點離其紅心要近，顯示右圖的射擊
成績較左圖為佳；易言之，右圖代表的效度高於左圖，但是右圖的彈著點
十分離散，其信度則遠不及左圖。

　　以測量工具和方法為界，屬於測量本身的一致性，稱為內在信度
（internal reliability）；屬於諸多測量工具和方法在不同外在條件之間，

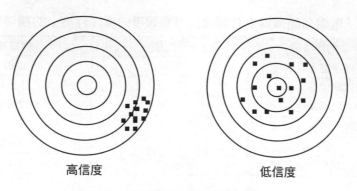

高信度　　　　　　　　　低信度

圖7-2　高信度與低信度示意圖

如人、事、時、地、物，反覆測試呈現的穩定度與同等度，稱為外在信度
（external reliability）。

一、內在信度

　　檢驗同質度（homogeneity）是衡量內在信度最適當的方法。同質度
係指運用同一個概念下的不同操作型定義，輔以相同的資料蒐集方法，在
同一群受測的人或物上，是否會得到相同的結果？若結果愈相近，即表示
該測量同質度愈高，信度亦愈高。同質度又稱為「內部一致度」（internal
consistency），以「收看新聞傳媒中有關公共事務報導的專注程度」這個
概念的測量為例，如果研究者認為兩種傳媒和三種公共事務新聞的六種組
合形成的指標／題項，可以形成測量該概念的良好指標索引，那麼這六個
題項之間應該有相當程度的同質性和一致性，也就是在某個題項得分高的
人，在另一個題項得分也會高才是，例如：對報紙報導之地方新聞專注程
度愈高的人，其對電視報導之國際新聞專注程度亦高，其對電視報導之全
國新聞專注程度也應愈高才是；如果研究者回收之問卷得到的數據無法證
實上述之同質性，則研究者即必須考慮是否這六個題項不該同屬於一個概
念，也就是它們彼此不能「物以類聚」，不該形成一個指標索引。

以下四種方法可以驗證指標之間諸題項的同質程度：

(一)折半相關係數（split-half correlation）

將指標中的所有題項任意分成兩組，測試兩組之間的相關係數，看看在這一組數個指標的得分與另一組數個指標的得分之間，是否有高度的相關，如果呈高度相關，則顯示這些問卷題項的同質性高，所形成之指標索引之內在信度亦高。

(二)平均題項間相關係數（average inter-item correlation）

研究者必須測試欲測量同一概念的諸多題項之間是否彼此高度相關，因此，我們可以求出每兩個題項之間的相關係數，最後，再求其平均值作為判斷同質性的標準。

(三)校正後題項與全體間相關係數（corrected item-total correlation）

為了測試每一個題項與全體之間的同質性，我們可以計算出每一個題項和其他所有題項組成的指標索引的相關係數，若相關係數低，我們可以大致判斷該題項是「害群之馬」，因為，這個題項和其他整體並不一致，研究者可以重新考慮這個題項的必要性，如果相去太遠，應將這個題項排除在該概念的指標索引之外。

為了測試「收看新聞傳媒中有關公共事務報導的專注程度」之六個項目的同質度，我們必須先求出它們之間的皮爾森相關係數（Pearson r correlation coefficient），這個係數的最大值為＋1，代表完全正相關；最小值為－1，代表完全負相關；介於0.7～0.99之間為高度相關，介於0.4～0.69之間為中度相關（邱皓政，2007）。皮爾森相關係數的公式如下：

$$r = \frac{\mathrm{Cov}\,(x\,,y)}{\sqrt{\mathrm{Var}\,(x)\times \mathrm{Var}\,(y)}} = \frac{[\sum\limits_{i=1}^{n}(x_i - \overline{x})\times(y_i - \overline{y})\,/\,n-1]}{\sqrt{[\sum\limits_{i=1}^{n}(x_i - \overline{x})^2\,/\,n-1]\times[\sum\limits_{i=1}^{n}(y_i - \overline{y})^2\,/\,n-1]}}$$

(四)Cronbach's α相關係數（Cronbach's Alpha coefficient）

Cronbach's α係數將平均題項間相關係數經由題項數目加以加權（weighted）調整而得。其公式如下：

$$Cronbach's\ \alpha = \frac{N\bar{r}}{[1+\bar{r}(N-1)]}$$

N為指標索引中的題項總數

$\bar{r}$ 為平均題項間相關係數

Cronbach's α是常用來衡量一個指標索引間各題項一致性的檢定係數。α值愈大，顯示該指標索引內各題項間的相關性愈大，即內部一致性愈高，為良好之指標索引成分。根據Guieford（1965）提出之Cronbach's α係數取捨標準，α值大於0.7代表高信度，α值介於0.35～0.7之間代表信度尚可，若 α 值低於0.35則代表低信度。Bryman & Cramer（1997）則認為Cronbach's α值至少應在0.80以上，所測得的內在信度才符合標準。

表7-2中的皮爾森相關係數是根據回收的四百八十份問卷當中，受訪者在六個題項回答的答案中（1代表非常不專注，10代表非常專注），兩兩之間的相關係數值。對角線以虛線表示，乃因同一題項間的相關係數為1，並無意義；對角線右上方和左下方係對稱關係，是一樣的數據。

於**表7-2**中可知，最低的相關係數係「電視地方新聞的專注度」和「報紙國際新聞的專注度」間的0.21；最高的相關係數則為「電視全國新聞的專注度」與「電視國際新聞的專注度」間的0.81，絕大部分的相關係數介於0.4～0.9之間，屬於中高度相關之範圍內。

平均題項間相關係數是將一個題項和其他各題項間的相關係數加總之後，求取平均值，例如「報紙國際新聞的專注度」的平均題項間相關係數，係這個題項和其他五個題項的兩兩之間相關係數之平均值：0.49。**表7-2**顯示各題項的平均題項間相關係數介於0.44～0.58之間，均呈現中度相

表7-2　觀眾收看公共事務新聞報導專注程度之皮爾森相關係數

對傳媒公共事務報導專注程度	報紙			電視			平均
	國際	全國	地方	國際	全國	地方	
1.報紙國際新聞	----	0.76	0.42	0.56	0.51	0.21	----
2.報紙全國新聞	0.76	----	0.60	0.47	0.63	0.33	----
3.報紙地方新聞	0.42	0.60	----	0.22	0.36	0.59	----
4.電視國際新聞	0.56	0.47	0.22	----	0.81	0.48	----
5.電視全國新聞	0.51	0.63	0.36	0.81	----	0.60	----
6.電視地方新聞	0.21	0.33	0.59	0.48	0.60	----	----
平均題項間相關係數	0.49	0.56	0.44	0.51	0.58	0.44	0.50
校正後題項與全體間相關係數	0.64	0.73	0.54	0.66	0.78	0.56	0.65
題項移除後之Cronbach's α	0.84	0.82	0.85	0.83	0.81	0.85	0.83

關。

　　校正後題項與全體間相關係數係一個題項和其他五個題項組成的指標索引之間的相關係數，**表7-2**顯示「報紙國際新聞的專注度」的校正後題項與全體間相關係數為這個題項與其他五個題項所組成的指標索引（五個題項回答分數之平均值）間之相關係數：0.64。由**表7-2**的數據得知，該六個題項之題項與全體間相關係數最小值為0.54，最大值為0.78，皆為中高度相關。

　　表7-2顯示，整體的Cronbach's α 值高達0.83，表示六個題項所組成的「對傳媒公共事務報導專注程度」指標索引之內部一致性頗佳，即信度頗高。圖中最下行所示之題項移除後之Cronbach's α 可以用來檢驗每個題項移出指標索引後之Cronbach's α 值變化情形；若該值小於整體Cronbach's α 值，則表示該題項之存在，有助於提高整體之Cronbach's α 值，顯示其為不錯之題項；反之，若Cronbach's α 值不降反升，則表示該題項相對於整體指標索引而言，有降低內部一致性的負面作用。

　　另一方面，太高的相關係數值或Cronbach's α 值也是值得研究人員三思的，因為太接近1的相關係數，表示這些題項之間的答案接近完全正相

關，研究人員必須考量是否這幾個題項太過相似，以至於有畫蛇添足之嫌。

二、外在信度

外在信度係比較各種方式重複測量結果之間的穩定度與同等度，其中包括了在不同受測者身上的反覆測試。在不同時間點上的重複測量，不同的調查人員進行重複測量，以及不同的測量工具和方法間的重複測量等。外在信度又可以進一步分為穩定度（stability）及同等度（equivalence）兩種：

(一)穩定度

用同樣的測量工具和方法在同一群受測的人或物上重複測量，是否會得到相同的結果？若結果愈相近，即表示該測量穩定度愈高，信度亦愈高。穩定度測試需要在不同的時間點上進行兩次以上的測試，研究者常用多次測試的結果互相比較，例如：針對一群受測對象進行問卷調查，然後事隔多年，再以同一份問卷測量同一群人；其中重複測試相關係數（test-retest correlation）是一個衡量的方法，相關係數愈高，穩定度愈高，信度亦愈高。又如一把尺昨天量某甲的身高是一百七八公分，今天再量的結果卻變成一百八十三公分，因為人一天之內不太可能長五公分，我們足以合理的判斷，這把尺可能因為冷縮熱脹的緣故，造成重複測試間的差異，其穩定度不佳，信度偏低。

(二)同等度

不同的調查測量人員用同樣的測量工具和方法測量同一群受測的人或物，是否會得到相同的結果？若結果愈相近，即表示該測量相等度愈高，信度亦愈高。例如，以同一把尺量某甲的身高，張三和李四量出來的

結果應該相等；若兩個人以同一把尺量同一個人的身高，量出不同的結果，豈不怪哉？如果證實其間沒有人為的操作疏失，那麼這項測量工具或方法之信度顯然有所不足。此外，同樣的調查測量人員以不同的測量工具和方法測量同一群受測者，亦是測量相等度的方法。例如，研究人員以問卷調查和深度訪談針對同一個研究主題調查同一群人，然後比較這兩種方法的測量結果，愈相近的結果證明這兩種方法具有愈高的信度。

 ## 第三節　效度的種類與評估

　　效度這個字的英文為validity，前面五個字母 "valid" 的意思就是「有效」，而當我們問起「這個藥是否有效？」或是「這方法有效嗎？」我們指的是「有沒有效果？」、「能不能符合預期的目標？」因此，有效與否意味著我們的測量或方法，是否達成心中設定的那個目標。

　　圖7-3說明了效度的定義，左半圖的標靶中的射擊點圍繞著靶心，我們可以說，這名槍手和其所使用的槍具有高效度，因為槍槍中的；而且每一個彈孔，都意味著一次獨立的測量，因此，我們也可以說，這名槍手

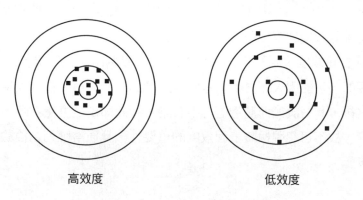

高效度　　　　　　　　　　　低效度

圖7-3　高效度與低效度示意圖

和這支槍每一次射擊的過程都具有高效度。反觀，右邊的標靶中，只有兩、三發堪稱準確，其他都遠離靶心；同理，如果我們把每一次射擊類比成一次又一次的測量，右圖所顯示的是只有二至三次測量呈現高效度，其餘皆為低效度。在此，特別注意的是，效度指的是「單一」的測量是否符合預期目標，與其穩定度無關。以下分別說明四種不同效度的定義與其檢驗方法：

一、表面效度

表面效度（face validity）顧名思義即為光看表面即決定測量是否有效度的方法。通常，研究者必須由指標或問卷題項的文字中，判斷其是否是測量某個概念或其面向的有效方法。例如：欲測量「對傳媒公共事務報導專注程度」，某研究者列出了八個題項分別如下：(1)收看報紙國際事務新聞的專注程度；(2)收看報紙全國事務新聞的專注程度；(3)收看報紙地方事務新聞的專注程度；(4)收看電視國際事務新聞的專注程度；(5)收看電視全國事務新聞的專注程度；(6)收看電視地方事務新聞的專注程度；(7)收看超女的專注程度；(8)收看韓劇的專注程度。從這八個題項的望文生義中，一般人可以清楚判別(1)至(6)項符合表面效度，(7)和(8)則不符合表面效度。表面效度的檢驗方法是諸多效度檢驗方法中最簡單直接的一種，也是檢驗效度的第一個步驟。

檢驗表面效度，始於指標題項，終於直覺判斷。判別表面效度的方法是主觀的，可能因人而異；但是經過訓練的研究人員，在其大量閱讀比較文獻之後，其對於如何測量應心中有譜，因此即使是直覺判斷，亦有相當的效度，故不可忽視檢驗表面效度的重要性，且通常應列為檢驗效度的第一個步驟。

二、內容效度

和表面效度相對的是內容效度（content validity）。表面效度關心的是哪些題項包含在測量方法之內（What's there?）？它們合不合理？而內容效度則相反，它注重的是哪些題項該有而沒有（What's not there?）。易言之，內容效度旨在檢驗題項是否涵蓋所欲測量之概念的意義範圍（domain of meaning）（羅文輝，1997）。

例如以上述「收看公共事務新聞報導的專注程度」這個概念的六個題項為例，從內容效度的角度觀之，日漸普及的「網際網路」及「廣播」和「雜誌」都可能是民眾獲得公共事務消息的來源，卻未列入測量指標或題項，其內容效度備受質疑。

檢驗內容效度亦相當程度源於直覺判斷，可能因人而異；研究人員必須仔細閱讀文獻，清楚架構理論及假設，並且逐步透過概念化的過程解析每一個研究概念，如此，方可以清楚地透過指標題項的內容，進一步思考是否有滄海遺珠或掛一漏萬之憾。

三、效標效度

效標效度（criterion validity）依照測量時間的不同，可分為一致效度（concurrent validity）和預測效度（predictive validity）。

一致效度是將欲測量的概念之題項和既有的同一概念目前所具備的條件相比較，如果具有一致性，則該測量具有一致效度。例如：研究家庭社會學的學者欲發展一套測量工具，其中測量「好丈夫」這個概念的五個題項分別是：(1)是否「妻子在，不遠遊，遊必有方？」(2)是否按時將薪水帶回家？(3)是否固定分擔家事？(4)是否經常讚美妻子？(5)是否對妻子忠實不欺？欲檢驗這五個題項構成的測量方法是否具有一致效度，就是將這一個測量方法同時測試眾所公認的一些「好丈夫」，看看這些人是否在

這五個題項中得到高分，如果是，則表示這個測量方法具有一致效度。

預測效度和一致效度頗為相似，只是它所比較的是未來的情況。例如：針對一群剛步入禮堂的新郎進行「好丈夫」的量表測試；然後，一段時間後，比較看看那些在上述的五個題項中得高分的新郎是否真的在婚姻生活中成為一個好丈夫，如果相關程度很高，則表示該五個題項構成的測量方法預測準確，具有高度的預測效度。

不論是以和當下做比較的一致效度或和外來做比較的預測效度，都是屬於資料蒐集後（post-data）的實證檢驗方法。表面效度和內容效度皆是在問卷設計完成後，調查執行前，所進行的效度鑑定；然而，效標效度則必須在調查執行完成資料回收後，才能依據回收資料中的數據進行分析判讀。通常，為了避免問卷資料回收後進行效度鑑定恐怕為時已晚，研究者亦可以以小規模的樣本前測資料進行分析，鑑定標準效度。

四、建構效度

建構效度（construct validity）可以區分為收斂效度（convergent validity）及鑑別效度（discriminant validity）兩種。

收斂效度是指用不同的方法去測量同一個概念，均會收斂成相似的結果。例如：研究者欲測量受試者「收看新聞傳媒中有關公共事務報導的專注程度」，他可以用先前例子中的自我評量法，以問卷1～10代表專注程度讓受測者自我評量；研究者也可以換一個方法，用參與觀察法。在受測者收看這類新聞報導的同時，參與觀察者記錄下他們的專注程度，最後將這兩種測量結果相互比較，若相關性高，則表示這兩種測量方法的收斂效度高。

鑑別效度則是指研究者所設計針對某一個概念的測量應有別於對其他概念之測量，例如：測量「收看公共事務新聞報導的專注程度」與測量「收看軟性新聞報導（soft news）的專注程度」這兩種不同概念的指標或

題項所測得的結果，應有所不同。

圖7-4說明了對於「收看公共事務新聞報導的專注程度」同一概念的兩種測量方法——「問卷自我評量法」和「參與觀察法」應呈現高度相關，方能顯示其收斂效度；另一方面，「收看公共事務新聞報導的專注程度」應與「收看軟性新聞報導的專注程度」之測量間呈現低度相關，方能顯示其鑑別效度。

為了測試對傳媒內容的專注程度是否可以再細分成不同的面向，麥克勞教授測試了三種不同的專注程度：(1)對傳媒種類（medium-specific）的專注程度；(2)對內容（content-specific）的專注程度；(3)普遍性（general）的專注程度。這個研究所關心的是，閱聽人對傳媒訊息的專注度是依內容而異？依傳媒而異？抑或是普遍性的？第一個面向——「對

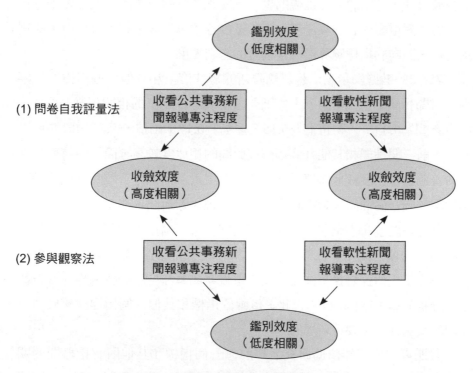

圖7-4 收斂效度與鑑別效度示意圖

傳媒種類專注」指閱聽人在收看某個媒體時特別專注,對其他媒體則不然;第二個面向——「對內容專注度」係指閱聽人會對某些感興趣的內容特別專注,對其他內容則不然;第三個面向——「普遍性專注」則是推翻前兩個面向的假設,認為閱聽人的專注度係普遍性而無針對性。

在原有的六個公共事務新聞專注度指標/題項之外,這項研究還加入了兩個報紙軟性新聞專注度的指標——人物特寫以及運動娛樂,以及兩個電視節目專注度的指標——偵探冒險及喜劇,形成了十個跨傳媒且跨內容的指標。這十個指標之間的皮爾森相關係數如**表7-3**。

表7-3係以傳媒的種類分類,測試閱聽人收看傳媒的專注程度是否會因傳媒的種類而異。也就是說,研究者假設閱聽人對閱讀報紙較專注,則不論報紙的什麼內容應該都會有相近的專注程度;同樣的,若閱聽人對看電視較專注,則閱聽人看電視的專注程度應在各種電視節目上都會十分相近;但是對電視內容的專注度和對報紙內容的專注度應該不近相似,即測量這兩個面向的指標應具備一定程度的鑑別效度。

表7-3的數據顯示,「報紙國際新聞專注度」和其他九個指標間的平均項目間相關係數為0.26,「報紙全國新聞專注度」的相關係數為0.31,地方新聞為0.33,人物特寫為0.15,運動為0.17;由這一系列的數據可以看出,前三個指標和其他九個指標彼此間的相似度較高,而人物特寫和喜劇的普遍性專注度較低,值得研究者留意這兩個指標是否該和其他八個指標隸屬於同一個面向。對電視而言,「電視國際新聞專注度」、「電視全國新聞專注度」和「電視地方新聞專注度」這三個指標個別和其他九個指標間的平均項目間相關係數分別為0.28、0.35和0.31,其普遍性專注度較高;而「電視偵探寫實專注度」及「電視喜劇專注度」的普遍專注度皆較低,分別只有0.15和0.14,因此,這兩個指標和其他九個指標隸屬於同一面向的妥適性,需要重新思考。

普遍專注度只能幫助研究者瞭解每一個指標和其他所有指標間的關聯性之平均數值。如果欲達成研究者鑑別「報紙」和「電視」兩種不同傳

表7-3　傳媒專注度指標間的相關係數

報紙專注度	報紙						電視					
	國際	全國	地方	人物	運動	平均	國際	全國	地方	偵探	喜劇	平均
1.國際新聞	----	0.76	0.42	0.04	0.02	----	0.56	0.51	0.21	-0.05	-0.09	----
2.全國新聞	0.76	----	0.60	0.08	0.07	----	0.47	0.63	0.33	-0.05	-0.07	----
3.地方新聞	0.42	0.60	----	0.37	0.24	----	0.22	0.36	0.59	0.05	0.08	----
7.人物特寫	0.04	0.08	0.37	----	0.42	----	0.10	-0.02	-0.02	0.12	0.25	----
8.運動娛樂	0.02	0.07	0.24	0.42	----	----	0.05	0.05	0.11	0.32	0.33	----
電視專注度												
4.國際新聞	0.56	0.47	0.22	-0.10	-0.05	----	----	0.81	0.48	0.09	0.03	----
5.全國新聞	0.51	0.63	0.36	-0.02	0.05	----	0.81	----	0.60	0.11	0.07	----
6.地方新聞	0.21	0.33	0.59	0.20	0.11	----	0.48	0.60	----	0.20	0.21	----
9.偵探寫實	-0.05	-0.05	0.05	0.12	0.32	----	0.09	0.11	0.20	----	0.47	----
10.喜劇	-0.09	-0.07	0.08	0.25	0.33	----	0.03	0.07	0.21	0.47	----	----
普遍性專注度												
平均項目間相關係數	0.26	0.31	0.33	0.15	0.17	----	0.28	0.35	0.31	0.15	0.14	0.24
媒體種類專注度												
平均內部相關係數	0.31	0.38	0.41	0.23	0.19	0.30	0.35	0.40	0.37	0.22	0.20	0.31
平均外部相關係數	0.23	0.26	0.26	0.09	0.15	0.20	0.22	0.31	0.25	0.08	0.10	0.20
鑑別力	0.08	0.12	0.15	0.14	0.04	0.10	0.13	0.09	0.12	0.14	0.10	0.11

媒的特性是否會造成閱聽人專注程度上的明顯差異，則需要進一步檢視其傳媒專注度之「鑑別力」（discriminant power）。

　　從測試傳媒專注度的角度觀之，研究者必須確認，不論何種內容，其在同種傳媒的專注度應該相近，反之，在另一種傳媒則有相當程度的不同。如**表7-3**所示，平均內部相關係數係指每一種內容和其他隸屬於同一種傳媒的其他內容間的相關係數之平均值，而平均外部相關係數則是指每一種內容和隸屬於不同傳媒的其他內容間的相關係數之平均值。例如：「報紙國際新聞專注度」的平均內部相關係數為0.31，係由「報紙國

際新聞專注度」和其他四個報紙內容的專注度兩兩之間的相關係數之平均值；分別是與「報紙全國新聞專注度」的0.76、與「報紙地方新聞專注度」的0.42、與「報紙人物特寫專注度」的0.04，以及與「報紙運動娛樂專注度」的0.02這四個相關係數的平均。依此方法可以求出其他九個指標的平均內部相關係數，分別為0.38、0.41、0.23、0.19、0.35、0.40、0.37、0.22、0.20；最後得以求出十個「平均內部相關係數」的平均值0.31。

　　「報紙國際新聞專注度」的平均外部相關係數0.23，是由「報紙國際新聞專注度」和其他五個電視內容的專注度兩兩之間的相關係數之平均值，分別是與「電視國際新聞專注度」的0.56、與「電視全國新聞專注度」的0.51、與「電視地方新聞專注度」的0.21、與「電視偵探寫實專注度」的－0.05，以及與「電視喜劇專注度」的－0.09這五個相關係數的平均。同上述方法，亦可求得十個「平均外部相關係數」的平均值0.20。

　　「平均內部相關係數」的平均值減去「平均外部相關係數」的平均值，結果為0.11，是為「鑑別力」。如果研究者的假設——「專注度係因傳媒種類而異」成立的話，那麼其同一傳媒「平均內部相關係數」的平均值應該愈高愈好；同理，其「平均外部相關係數」之平均值應愈低愈好；因此兩者之間的差距愈大，鑑別力則愈高，愈能證明閱聽人對於傳媒的專注程度會因傳媒的種類不同而異；換言之，當人們在收看「國際新聞」時，看電視和看報紙的專注程度應該明顯有別。

　　除了上述以「傳媒種類」區分專注度的測試之外，以「內容」區分專注度是另一種可能的面向測試。研究人員懷疑閱聽人對傳媒的專注程度是因內容而異，而非因傳媒種類而異；換言之，閱聽人感興趣的不是收視什麼樣的傳媒，而是收視什麼樣的內容。

　　表7-4係將**表7-3**做不同的排列而成，此處將收視傳媒之專注度依內容區分。如果閱聽人的專注程度確實是「內容取向」，那麼**表7-4**應清楚的顯示閱聽人對「公共事務新聞」的專注度在各傳媒間均高度相關，但和

「軟性新聞」的專注度應有相當差異性。

　　表7-4的數據顯示，「公共事務新聞」的「平均內部相關係數」的平均值高達0.50，而它與「軟性新聞」間的「平均外部相關係數」的平均值為0.07，兩者間的差距「鑑別力」高達0.43；相較於以「傳媒種類」區分面向所得之鑑別力0.11，以「內容」作為面向區分專注力明顯具有較高的鑑別效度。如果我們再進一步細看公共事務新聞的六個指標，其中「報紙地方新聞」和「電視地方新聞」的鑑別力分別占有0.25和0.26，和其他四個指標相較，明顯偏低；因此「地方新聞」作為「公共事務新聞」的指標之妥適性，應重新評估。

　　除了上述以相關係數為基礎的鑑別力分析方法之外，因素分析（factor analysis）是一種相當常用的效度檢驗方法。它先求出所有欲測量

表7-4　依內容區分傳媒專注度指標間的相關係數

公共事務專注度	公共事務							軟性新聞／娛樂				
	報紙			電視				報紙		電視		
	國際	全國	地方	國際	全國	地方	平均	特寫	娛樂	偵探	喜劇	平均
1.報紙國際新聞	----	0.76	0.42	0.56	0.51	0.21	----	0.04	0.02	-0.05	-0.09	----
2.報紙全國新聞	0.76	----	0.60	0.47	0.63	0.33	----	0.08	0.07	-0.05	-0.07	----
3.報紙地方新聞	0.42	0.60	----	0.22	0.36	0.59	----	0.37	0.24	0.05	0.08	----
4.電視國際新聞	0.56	0.47	0.22	----	0.81	0.48	----	-0.10	-0.05	0.09	0.03	----
5.電視全國新聞	0.51	0.63	0.36	0.81	----	0.60	----	-0.02	0.05	0.11	0.07	----
6.電視地方新聞	0.21	0.33	0.59	0.48	0.60	----	----	0.20	0.11	0.20	0.21	
軟性新聞與娛樂專注度												
7.人物特寫	0.04	0.08	0.37	-0.10	-0.02	0.20	----	----	0.42	0.12	0.25	----
8.運動娛樂	0.02	0.07	0.24	-0.05	0.05	0.11	----	0.42	----	0.32	0.33	----
9.偵探寫實	-0.05	-0.05	0.05	0.09	0.11	0.20	----	0.12	0.32	----	0.47	----
10.喜劇	-0.09	-0.07	0.08	0.03	0.07	0.21	----	0.25	0.33	0.47	----	----
平均內部相關係數	0.49	0.56	0.44	0.51	0.58	0.44	0.50	0.26	0.36	0.30	0.35	0.32
平均外部相關係數	-0.02	0.01	0.19	-0.01	0.05	0.18	0.07	0.10	0.07	0.06	0.04	0.07
鑑別力	0.51	0.55	0.25	0.52	0.53	0.26	0.43	0.16	0.29	0.24	0.31	0.25

同一概念或相近概念的題項之相關係數矩陣,並根據相關矩陣估計每一個題項的共同性(communalities),共同性愈高,表示該題項與其他題項可測量的共同特質愈多。

 第四節　信度與效度的增進

　　所有的研究人員都希望測量的過程兼具信度與效度,然而在有限的資源下,信度與效度未必全然能夠兼顧。一般來說,精準地做好每一次的測量,亦即提高測量的效度,可以確保一定程度的信度;另一方面,多樣化的測量方法則足以提升測量的信度。然而,在現實生活中,研究人員總是在人力不足、經費不足、時間緊迫的壓力之下做研究,因此,取與捨之間的拿捏,往往是研究人員最常面對的難題。

一、信度與效度的關係

　　在測量的過程中,有各種各樣的原因會使我們的測量失準,因此,再精準的測量皆有其誤差值,誤差值即是測量值與真實值之間的差距。以下以公式表示這三者的關係:

$$X_m（測量值）= X_t（真實值）+ X_e（誤差值）$$

　　就多次測量而言,每次測量之間的差異會形成一個變異量。變異量亦有測量變異量、真實變異量和誤差變異量之別,其關係如下:

$$V_m（測量變異量）= V_t（真實變異量）+ V_e（誤差變異量）$$

　　信度的定義為在多次測量間的變異量中,真實變異量所占的比例,其公式如下:

$$信度 = V_t / V_m = (V_m - V_e) / V_m = 1 - (V_e / V_m)$$

就測量的真實變異量而言，可以進一步分解為與測量特質相關之共同變異量（correlated variance; V_c）及與測量特質無關之個別變異量（specific variance; V_s）兩種。其關係如下：

V_m（測量變異量）$= V_c$（測量特質相關之共同變異量）$+$

V_s（測量特質無關之個別變異量）$+ V_e$（誤差變異量）

而效度則是指測量造成的變異量中，與測量特質相關的變異量所占的比例。其關係如下：

$$效度 = V_c / V_m$$

最後，將 V_c 以（$V_m - V_s - V_e$）代入，再將 V_m 以（$V_t + V_e$）代入，可得到信度與效度的關係如下：

$$效度 = (V_t - V_s) / V_m - (V_t / V_m) - (V_s / V_m)$$

$$= 信度 - (V_s / V_m)$$

$$信度 = 效度 + (V_s / V_m)$$

從上述的式子中可以看出，效度高則信度必然高；然而，信度高，卻未必保證效度高，因為在上述公式中，有可能是因為「與測量特質無關之個別變異量」占「整體測量變異量」的比重（V_s / V_m）過高。因此，簡言之，信度與效度的關係是：信度是效度的必要條件；效度是信度的充分條件。

測量的效度高，則其信度必然高。因為有效度的測量經過多次的重複之後，其結果應十分接近。就傳播研究而言，效度反映了研究者在實證分析的過程中每一個步驟的準確性，包括理論架構是否正確？研究問題是否合理？研究概念是否清楚界定？概念解析是否嚴謹？問卷題項是否精準？測量過程是否仔細？等等。

測量的信度高，未必代表效度高；但是信度低的測量，效度一定不高。一個研究的過程，常常因為研究者想當然耳的疏忽，造成了信度高卻效度低的結果。例如：錯拿了一個忘記校正的磅秤，量一位窈窕淑女的體重，結果量了十次都量出八十公斤的結果，讓這位實際只有五十公斤婀娜多姿的淑女大發嬌嗔，甚至拂袖而去；這樣的測量效度極差，信度卻極佳。然而往往由於信度極佳，常使得測量人員不會以為測量工具有問題，最常聽到的說詞就是「量了十遍都是一樣的結果，怎麼可能錯呢？」這個例子提醒諸君，錯的事物重複了上百次往往還是錯的，不可不慎乎。

二、如何提高信度與效度

研究人員從研究的發想開始，就必須注意信度與效度的問題，否則從理論建構、研究假設、概念分析、問卷建置，到實證分析中的抽樣問卷執行、資料整理及統計分析，每一個步驟都可能發生誤差，而每一個階段逐漸流失的信度與效度，經過逐層的累積，將導致嚴重的後果，甚至使研究結果完全失真。

表7-5顯示傳播研究中的每一個階段所可能面臨的誤差及因應之道。在文獻蒐集階段，常見的誤差或源自疏失，或來自於研究人員基於主觀刻意忽略某些理論或學派，造成研究前置作業的不完備，為了避免理論建構階段的不周延，研究團隊之間的密切合作十分重要，避免一個人閉門造車是防止這個階段產生誤差的有效方法。在概念解析的過程中，研究概念如何發展成有效的指標，除了需要從文獻中汲取經驗之外，「三個臭皮匠，勝過一個諸葛亮」亦是防止指標錯誤或遺漏的良方。在問卷設計的過程中，可能產生誤差之處包括了題目或者答案不適當造成的表面效度缺乏、題目或答案不夠周延以至於遺漏某些重要元素，造成內容效度缺乏、指標索引構成題項不適當以至於內在信度不佳，或者選樣的研究方

表7-5　研究流程中之誤差與因應方法

研究階段	誤差種類	因應方法
1.文獻蒐集	a.選擇性偏誤（缺乏信度）	a.研究團隊合作
	b.偶發性疏漏（缺乏效度）	b.研究團隊合作
2.概念解析	a.面向指標錯誤（缺乏表面效度）	a.集思廣益
	b.面向指標不全（缺乏內容效度）	b.集思廣益
3.問卷設計	a.題目或答案不適當（缺乏表面效度）	a.集思廣益
	b.題目或答案不周全（缺乏內容效度）	b.集思廣益
	c.指標索引不適當（缺乏內在信度）	c.精讀文獻
	d.研究方法不適當（缺乏外在信度）	d.慎選研究方法
4.抽樣過程	a.樣本不具代表性（缺乏外在信度）	a.慎選隨機抽樣方法
	b.樣本流失（缺乏外在信度）	b.避免調查期間相隔太久
5.執行調查	a.影響測量的環境因素（缺乏效度）	a.控制調查環境
	b.影響測量的人為疏失（缺乏效度）	b.精挑訪員並落實訪員訓練
6.資料編碼	a.人為疏失（缺乏效度）	a.慎選編碼員並加強訓練
7.資料分析	a.指標索引內部相關性低（缺乏內在信度）	a.信度鑑定剔除不適宜指標或題項
	b.概念測量鑑別力低（缺乏建構效度）	b.剔除鑑別效度低之指標或題項

法不適當致使整個研究的外在信度受到影響等。因此，問卷設計的過程中，除了要集思廣益之外，亦可以從過去的研究中汲取經驗，避免研究方法及問卷設計的不恰當。抽樣的過程中最常見的誤差是抽樣的不當，因此，為了保障起碼的代表性，隨機抽樣是不可或缺的基本要件。而在眾多隨機抽樣中選取最適當的抽樣方法，可以增加抽樣的代表性，確保其外在信度；另外，在縱貫式研究中，固定樣本連續訪談法可能造成樣本流失，影響外在信度；調查進行時應避免過度冗長的問卷，並且應注意每次訪問的間隔時間不宜過長，有關縱貫式研究，將在第八章第一節中詳述。

　　執行調查的過程包含諸多複雜繁瑣的細節，俗諺：「魔鬼總是藏在細節裡」，正足以提醒研究者必須按照標準作業程序，每一個步驟皆輕忽不得。環境造成的誤差常常容易被忽略，例如電訪時周遭太嘈雜、電

話太小聲等。此外，人為疏忽更是調查執行過程中最常見的誤差來源之一，研究者必須落實訪員訓練，並且善用良好的監督機制管控調查執行的細節。資料編碼是另外一種效度流失的原因，人力編碼的過程常常容易出現疏忽造成的隨機誤差，此外，程式上的誤差亦可能造成輸入時的系統誤差，不可不慎。在所有資料完成蒐集編碼之後，先別急著分析資料進行假設驗證；相反地，此時，應該是實證分析階段中最好的檢驗信度效度的時機。效度檢驗中，標準效度和建構效度都是必須在資料蒐集完畢後方才得以檢驗的；標準效度的檢驗在一般研究中比較難被落實，因為現實中不易另行測量與研究概念相同之現存其他標的以鑑定一致效度；研究者也無從等待一段時間，與未來的情況相比較，因此，預測效度也很難落實。不過，倒是在長期追蹤的研究中，例如評估學生入學考試信度效度趨勢研究，可以逐年比對並追蹤一致效度與預測效度。

在正式進行假設驗證前，研究者必須確認那些在資料蒐集前憑經驗、文獻、廣泛討論或甚至直覺所判定的指標和題項，是否經得起實證資料的考驗。也就是，那些研究人員認為應該合成一個指標索引的題項是否能得到實證數據的支持。此時，研究人員需要透過因素分析或相關係數Cronbach's α 等方法驗證同質度和收斂效度，此外，還需要經由鑑別力係數研判指標索引間或面向間是否具有足夠的互斥性，在內容分析中，同等度的信度測試，常常透過多人編碼的方法來校準彼此測量的信度；縱貫式研究須特別注意不同時間點蒐集到的數據間之差異，究竟是源自受測者真正的改變還是測量工具缺乏穩定度所致，當以嚴謹的方法加以區辨。

最後，除了上述的討論之外，研究過程中可以加強效度與信度的方法還包括了以下諸點：

(一)加強效度的方法

提高效度的方法如下：

1.仔細考量測量對象對於測量工具之適應性，例如：進行問卷調查時

應逐一考量並克服足以影響受訪者正常回答問卷的因素，如年齡、性別、知識背景、注意力、個性及其他生理和心理因素。

2.仔細檢驗測量內容的妥適性，例如：進行問卷設計時，要逐字檢查問卷內容的遣詞用字、問題形式及答題障礙等。

3.排除測量過程中不利測量的情境因素，例如：過度冗長的問卷、解說過程不清楚、環境干擾等。

4.增加測量人員本身的專業及用心可以提高測量的效度，例如：執行問卷調查時，訪員的挑選及訓練過程之嚴謹與否，會影響測量的品質，研究人員的研究設計、執行能力及結果分析能力，皆是影響測量效度的因素。

(二)加強信度的方法

提高信度的方法，包括以下數點：

1.提升測量工具的效度是提高信度的根本方法，因為一個有效的測量過程，經得起重複檢驗的考驗。

2.使用多重指標可以使研究者測量到一個概念下的多重面向，提高測量的信度。

3.前測、前導研究（pilot study）及重複測試（replication）都可以幫助研究者提高測量的信度。

 結　論

既然測量是定量傳播研究的核心，那麼「怎麼量才量得準」便成了最重要的課題。而量不量得準到底誰說了算？社會科學家用「信度」和「效度」這兩個面向為「準」字定下了明確的操作型定義。

第一節探討實證分析的準確度。從研究概念的形成開始，就注定了

誤差將如影隨形。文獻搜尋、確認概念、定義概念、操作概念、檢視概念到資料蒐集所經歷的意義分析每一步驟，都必須將研究重心聚焦在信度與效度的檢視上；在實證分析上亦然，調查資料回收之後，更提供了檢驗信度與效度的條件與環境。

隨機誤差和系統誤差是誤差來源的兩種類型。系統誤差因為常常容易為人忽略，且不似隨機誤差可能因樣本數夠大而相互抵消，因此，應特別注意其對測量造成的傷害。

第二節說明信度的種類和評估的方法。信度依其檢驗的範圍可以分為內在信度和外在信度兩種，內在信度以同質度亦即指標題項之間的內部一致度為衡量的標的，其中折半相關係數、平均題項間相關係數、校正後題項與全體間相關係數及Cronbach's α 相關係數是常用的檢定係數。外在信度則以在受測者身上或在不同的時間點上重複測試，檢驗其穩定度；此外，亦可以不同的測試者或不同的測量工具／方法反覆測試以檢驗同等度。

第三節探討效度的種類和評估方式，在問卷設計階段，表面效度和內容效度尤為重要，研究人員必須逐一檢驗指標和問卷中每一個項目，看看是否適當？是否有缺漏？標準效度和建構效度的檢驗，則適用於資料數據回收之後。一致效度可以將用以測量的題項和現存的同一概念所具備的條件兩相比較，預測效度則是用以檢驗測量方法是否能夠預測未來；建構效度可以區分為收斂效度和鑑別效度，前者測試不同方法測量同一個概念是否可以得到相近的結果，後者則檢驗不同概念的測量結果應該會有所區隔。

第四節討論如何加強信度與效度。本節就文獻蒐集到資料分析的每一個步驟，逐一提醒讀者可能損及信度與效度的因素，並列舉可以提高信度與效度的方法。最後，也順便提醒讀者，精準的測量是一件不容易的事，必須步步為營，否則，「測不準」有的時候比「不測量」對真理的追求所造成的傷害更大。

問題與討論

1. 試比較自然科學中常用的實證法及社會科學中常用的問卷調查法，這兩者之間的信度與效度。

2. 從報章雜誌中，找出一則既無信度又無效度的調查報導，並說明問題癥結及改進方法。

3. 請分別檢驗以下情境所發生的各種信度與效度：

   (1)神槍手用一支準心歪了的槍連續射擊三十發子彈。

   (2)一個初次練習射箭的人繳出來的成績單。

   (3)90%的題目出自於大學物理教科書的國中物理模擬考試卷。

   (4)帶有濃厚江浙口音的一群電話調查訪問員在香港所做的一項一千份的問卷調查。

4. 請大家動動腦，想想看電腦和網際網路的誕生，對於傳播研究的信度與效度會帶來什麼革命性的影響？

Part 3

方法篇

Chapter 8

調查研究方法

總 體 目 標

比較傳播研究中各種調查研究方法的特色、
設計和優劣

個 體 目 標

1. 認識調查研究的目標、功能與設計
2. 闡述調查研究的種類與特性
3. 學習調查研究中的訪談實務與管理
4. 探索調查訪問的發展與趨勢

調查研究是人類的本能，從有人類以來，為了互相溝通瞭解，互相探詢想法，調查研究便成了群居及建構社群的必要方法。除了左鄰右舍的打探溝通之外，更有系統的調查，起源於還沒有發明抽樣技術的古老年代。從歷史典故中，我們發現「普查」的概念早在西元前十五世紀就有了。《聖經》在〈民數記〉第二十六章第二節中提及：「你們要將以色列全會眾，按他們的宗族，凡以色列中從二十歲以外，能出去打仗的，計算總數。」並於該章中兩次提到當時以色列人二十歲以上能從軍的人口數是六十萬零三千五百五十人及六十萬零一千七百三十人。人口普查於今觀之，不是啥稀奇的事，然而於距今三千四百年前於地中海、約旦河、埃及以及亞蘭之間，包含現今的以色列、巴勒斯坦、黎巴嫩、敘利亞及部分的約旦在內幅員遼闊的迦南地，如何查出六十萬人口總數至精準的十位數字？當時是否採行任何科學抽樣方法？不得而知。

從面對面的打聽溝通、蒐集意見，到系統性及具有規模的普查，一直到二十一世紀初抽樣方法的應用，結合科技，以郵寄、電話、電腦及網際網路的搭配使用，調查研究方法無論在理論上或實務上均已相當成熟，經過一世紀的經驗累積，調查研究方法已經成為社會科學研究方法中的主流。

 ## 第一節　調查研究的目的

掌握民意具有許多好處。政治人物掌握民意方能「民之所好，好之；民之所惡，惡之」。經常做民意調查，將民意作為制定法案的重要依據，已是民主政治的常態。政治人物面臨幾年一次嚴酷的選舉考驗，必須藉由民意調查瞭解自己投入選戰的勝算，作為是否參選，該投入多少資源的判斷依據。民意調查亦廣泛運用在企業經營上，所有新產品的問市，都應該先藉由民意調查測試市場上的反應；應用於企業經營的民意調查，稱

為「市場調查」。市場調查可以協助企業主瞭解商品特性、商品定位、商品定價、消費者喜好、行銷管道、行銷策略等。因為如果只從販賣者的角度看事情，不論是政治人物要「販賣」理念或企業家要販賣商品，常落入一廂情願的想法，結果往往和市場上的消費者有很大的認知落差。

一、調查研究的特色

調查研究能在社會科學研究和市場資訊蒐集應用上擅場一個世紀，乃在於它具有邏輯性、決定性、普遍性、簡省性及針對性五大特色（Babbie, 1990）：

(一)調查研究富邏輯性（survey research is logical）

欲進行調查研究，必須先一步一步按部就班地做好理論文獻搜尋、研究問題鋪陳、概念面向解析、指標問卷建構，方能進行精準的實證調查。調查研究的進行必須建築在層層邏輯思維建構的基礎上，有系統地搜尋以千百計的受訪者關於許多變數間的理解、認知和態度。

(二)調查研究富決定性（survey research is deterministic）

調查研究的意義分析流程，旨在將研究者欲探索的現象，具體地形成可以檢驗的模式（model），調查研究的標準作業流程適足以驗證一個模式間諸多相關變數間的關係。一般的調查研究可以探索自變項和因變項之間的關聯性，而將時間序列納入考量設計的調查研究更可以進一步驗證變項之間的因果關係。

(三)調查研究富普遍性（survey research is general）

調查研究的目的通常不局限於瞭解樣本中有限元素的特性，更重要的目的乃在於探索、解釋更大的母體中存在的現象。換言之，調查研究可

以透過完善的抽樣過程，完成針對一般社會大眾的行為研究。

調查研究的普遍性可以從兩個方向上落實：(1)從一個較大的樣本調查中得到的結果，可以和樣本中的次樣本進行比較驗證。例如將樣本區分為男性／女性、高收入／中收入／低收入等次樣本，探索變項間的關係在各種不同次樣本中的關聯性；(2)嚴謹的調查研究會清楚記錄意義分析和實證分析的過程，其他研究者可以運用不同樣本調查相關的研究問題，檢驗相同的理論，甚至重複檢驗相同的研究假設，使得各研究不致流於個案分析，而得以建立理論的普遍性。

(四)調查研究富簡省性（survey research is parsimonious）

調查研究可以用相對簡省的代價，蒐集到相當規模，足以進行精確統計推論的樣本，且調查研究可以在一次調查中測量數十個變數，每一個變數都可以描述社會科學中的重要研究概念、面向或指標。而這些變項經過卡方檢定（chi-square test）、相關係數（correlation coefficient）、多元迴歸（multiple regression）、線性結構模式（linear structural equation modeling）等統計分析之後，又可以獲致變數間各種組合的關係，以投資報酬率而論，調查研究是一個極有效率的研究方法。

(五)調查研究富針對性（survey research is specific）

一個嚴謹的調查研究在經過意義分析的過程中，從理論建構、研究問題到研究假設，每一個環節都非常明確地說明欲探索、解析或驗證的標的；而在概念解析的過程中，更是清楚地指出哪些概念、哪些面向、哪些指標，最後發展成問卷中明確的題目和選項。這些邏輯的鋪設，其優點在於明確的針對性說明哪些是研究所要調查的，哪些不是。通常研究者會以一個或數個題目和選項決定一個概念的調查與測量，其間沒有模稜兩可的空間。例如欲檢驗「傲慢」與「偏見」之間是否存在因果關係，「傲慢」這個抽象的概念在概念解析之後，會被非常明確地界定其涵蓋的

範圍，以至於可以觀察、操作並測量。然而，囿於篇幅的限制，測量像「傲慢」這樣的一個較抽象的概念，研究者一般僅能以三、五個題目為之，在針對性頗為明確之餘，卻也有不周延之譏。

二、調查研究的功能

比起其他研究方法，調查研究方法的功能和應用範圍更顯廣泛，也因此，廣為社會科學家所使用。它具有分析、假設檢定及預測的功能。

(一)分析

調查研究可以廣為蒐集民意，然後按變數逐一地分析其分布及涵義。例如選舉前常見的選前民意調查，可以清楚地從樣本中看出樣本的人口基本資料，如性別、年齡、收入，以及政治態度，如對社會議題的態度、對候選人的支持度、投票意向等等。如果樣本的選取採用隨機抽樣，則民意調查的功能可以更上層樓，藉由樣本獲得的數據推估到母體，得到更廣泛的群眾訊息。透過基礎的統計分析，研究者更可以將取得的原始資料進一步的深入探索，例如基本資料和政治態度的變異分析可以瞭解不同性別、年齡層、收入群之間的政治態度及差異性。應用於蒐集商情的市場調查可以取得消費者對於產品的好惡，價格調查可以瞭解定價策略，銷售路線調查可以獲取通路及消費者購買方式的相關訊息，廣告調查可以比較評估行銷方式的優劣。

明確界定調查的目的及調查的範圍，並透過意義分析清楚解析概念，可以使調查研究精準地掌握調查的焦點，獲致寶貴的訊息，再加上統計分析及圖表，可以一目瞭然民意的分布，使決策者快速掌握民意及市場動態，運籌於方寸之間，決策於千里之外。

(二)假設檢定

　　廣泛為學術界使用的調查研究，通常用於驗證由理論發展出來的研究假設。嚴謹的學術研究，源於一個初始的研究發想，經過文獻資料的閱讀消化，會形成更具體的研究假設，進一步的意義分析與實證分析即是落實研究結果的必要條件。研究的最終目的在於證實自己的研究發想到底經不經得起考驗。因此透過嚴謹抽樣得到的樣本訊息，是實證研究中賴以支持或推翻研究假設的基本資料。透過理論—假設—調查—檢定的邏輯，是學術研究的重要模式。

(三)探索預測

　　發現未發現的真相是調查的基本功能，精準地預測未發生的事情，更是人人嚮往的目標。透過調查研究探索選民投票行為，可以使政治人物找出施政的盲點，探索民之所欲何在，進一步還可以發掘出想當然耳之外的遺漏真相；市場調查可以探索企業主不知道的經營盲點，找出消費者和企業間的認知落差，真正做到以消費者為導向的產品製造、行銷推廣及售後服務。

　　名相魏徵過世時，唐太宗感慨說道：「夫以銅為鏡，可以正衣冠；以古為鏡，可以知興替；以人為鏡，可以明得失。」「鑑往知來」是進步的動力，研究者如何透過既有之調查結果，推估預測未來的趨勢，是調查研究最大的挑戰，也是最具有前瞻性的功能。透過清楚的意義分析及嚴謹調查過程，可以獲得樣本資料的詳盡內容，從各變數間的函數關係，可以推估調查資料沒有蒐集到的資訊，例如：可以藉由消費行為調查找出年齡及消費意願間的函數關係，找出各種年齡層的消費潛力，作為廣告行銷市場的資源分配依據。統計上的應用，可以使調查資料發揮更大的功效，例如：迴歸模型（regression model）可以推估調查的變數在不同區間的影響力，時間序列模型（time-series model）可以以不同時間點的歷史資料為依據，預測未來不同時間點上各個變數的變動趨勢。

三、調查研究的基本設計

針對研究目的的不同，調查研究資料之蒐集，可以針對不同的對象，亦可以在不同的時間點上進行。調查研究的基本設計以時間點區分，可以分為橫斷式調查（cross-sectional survey）和縱貫式調查（longitudinal survey）兩種。

(一)橫斷式調查

研究者在一個時間點上，針對母體中抽取的不特定樣本進行調查，旨在描述該母體之特徵或推論變項間在該特定時間點上的關係。

橫斷式調查的特色，一在於時間點，二在於樣本的非特定性。進行橫斷式調查的假設前提，在於該研究無意觀察時間可能帶來的影響，因此將時間設定為一個常數，在一段特定的時間點上蒐集資料。一般而言，樣本數在一千左右的電話調查、網路調查、郵寄問卷或面訪，在合理的資源配置下，應可在一至兩週內完成。通常研究者將一至兩週內完成的資料蒐集視為在同一個時間點上的資料，蒐集資料間隔的時間愈長，愈容易因為特殊事件發生所造成的影響破壞了橫斷式調查的穩定性。例如：研究者欲進行美國總統大選的選前民調，如果在調查進行到一半的時候，某陣營的候選人被媒體揭露緋聞，那麼可以想見，事件前後做的調查，其結果必然很不一樣；於是，研究者就應當機立斷，將調查的結果就突發事件的發生點分為兩段，前段和後段蒐集到的資料，不宜合併統計。倒是拜此突發事件之賜，研究者得以取得可以相互比較的兩個時間點上的資料，進行類似縱貫式研究的比較。

因為民意往往如流水，因此橫斷式研究最好速戰速決，否則很容易發生上述因事件干擾產生影響的困擾。橫斷式研究的另一個特色在於樣本的選取，一般橫斷式研究旨在於選出研究所關注具有代表廣大母體的樣本，不像縱貫式調查中的固定樣本連續訪談或世代研究的抽樣那般具有特

定針對性。

(二)縱貫式調查

　　縱貫式調查係指研究者將時間因素列入考量，在不同的時間點蒐集資料，旨在瞭解資料變動性的調查方法。常見的縱貫式調查包括了固定樣本連續訪談研究（panel studies）、趨勢研究（trend studies）及世代研究（cohort studies）。

■ 固定樣本連續訪談研究

　　如果研究目的在於發掘同一群受訪者在不同時間點上，其認知、態度、行為上是否產生變化時，固定樣本連續訪談法適足以達成此一目標。

　　研究者首先以隨機抽樣在某一個時間點上抽取足夠的樣本數，進行第一次的調查；事隔一段時間之後，再針對同一群受訪者，進行第二次的調查，兩次針對同一群人調查得到的資料，可以比較分析差異性，觀察受訪者的變化。

　　固定樣本連續訪談法的調查時間之間隔，得視調查的主題、目的和需要而異。調查的次數可以不以兩次為限，只是調查次數愈多，除了經費增加之外，也易使受訪者生厭而影響接受調查的意願。通常研究者會依研究設計中是否需要考慮特殊事件的影響，來決定調查的時間，若不需要考量事件影響，則兩次調查間隔的時間需視意義分析中的理論建構和研究假設而異。如果研究者欲觀察選民在選前選後的消費信心變化，則兩個時間點必須一個在選舉前，一個在選舉後，且兩次時間不宜相距太遠，以一週左右為宜，以免受到其他因素的干擾而使調查失焦。

　　因為調查過程中樣本是固定的，因此樣本流失（panel attrition）將會是此種調查方法的一大隱憂，第一時間的受訪者可能因為生厭、遷徙、任何因素不願或不能接受第二次調查，因此樣本數可能會愈來愈少。此外，雖然固定樣本連續訪談法可以清楚地觀察每一個受訪者的變化情形並

分析造成變化的因素；然而，相對地，資料更形複雜，需要更高深的統計方法來詮釋資料的複雜性。

■趨勢研究

　　研究者在不同的時間點上，於同一個母體中，多次隨機抽抽樣本；由於隨機樣本足以推估母體，因此研究者得以透過趨勢研究的多次抽樣，比較不同時間點上母體的若干特性，進行趨勢的分析。

　　例如自1972年起每隔一至兩年進行的美國一般社會調查（General Social Survey），除了可以分析當年的社會狀況，亦可以跨年比較，進行趨勢分析，例如：每年的問卷題目中都有對於政府施政滿意度的評比，那麼跨年比較即可形成趨勢分析。

　　趨勢研究的時間間隔及比較次數得視研究者的比較目的而異，可以是每個月也可以是每十年做一次趨勢比較，間隔時間太長會使兩時間點中間的資訊無從顯現，間隔時間太短則不容易看出差異性。

　　研究者亦可以利用特殊事件作為趨勢研究的比較分界，例如美國總統大選常以候選人宣布參選、新罕布夏州初選、愛荷華州初選及電視辯論等事件發生後進行民調，作為趨勢研究的依據。

　　趨勢研究中很重要的一點是，受訪者不需同一群人，但是欲比較趨勢的問卷題項則必須完全相同，否則跨年比較便形成今年的蘋果比去年的橘子，毫無意義。

■世代研究

　　趨勢研究的樣本來自於多個時間點上的「一般」母體（例如選民、一般民眾等），世代研究則是特別著眼於比較「特定」母體在不同時間點上的變化。因此，世代研究可以說是自不同時間點上之特定母體中選抽樣本進行比較的趨勢研究。例如：台灣自1968年起採行初中免試入學方案，為了追蹤此方案實施第一年的學生是否會有適應上的問題，因此，研究者採用世代研究，自1968年起，每年年底進行學習能力追蹤調查，其母

表8-1 三種縱貫式調查方法比較

調查方法	母體	樣本	受訪者	時間
固定樣本連續訪談研究	相同	相同	相同	不同
趨勢研究	一般	不同	不同	不同
世代研究	特定	不同	不同	不同

體係具有針對性的一群——1968年入學的中學生。

　　表8-1比較了三種縱貫式調查方法在母體、樣本、受訪者及時間上的異同處。簡言之，固定樣本連續訪談研究係針對同一樣本之固定受訪者跨時間進行兩次以上調查，趨勢研究係針對同一個一般的母體中之不同樣本、不同受訪者跨時間進行兩次以上調查，世代研究係針對同一個母體中之不同樣本、不同受訪者跨時間進行兩次以上調查。

第二節　調查研究的種類

　　人類最早的調查方法始自於面對面的訪問；十九世紀，郵票發明，郵政系統開始逐漸發達之後，透過郵寄問卷蒐集意見成了主要的調查方法；十九世紀中葉以後電話誕生，到了二十世紀以後，科學家結合了電話和調查方法展開了電話調查擅場的一個世紀，其間電腦發明，使得電訪調查如虎添翼；1990年代，網際網路的逐漸普及，使得「天涯若比鄰」，調查方法進入了一個嶄新的紀元。以下，分別依調查研究演進的時序，介紹各種調查方法並比較分析其良窳。

一、面訪

　　面訪（face-to-face interview）的方式通常是由一位受過訓練的訪員對受訪者進行面對面的訪問。依據受訪者人數多寡，又可分為一對一面訪以

及一對多面訪。

面訪的最大優點，在於可以察言觀色，並且能夠進行較複雜的提問，還可以聆聽受訪者較詳細甚至冗長的答覆。因此通常面訪時，會充分利用此一優勢，進行開放式問卷的訪問。一對一面訪常見於質性研究的深度訪談中，有關訪談法，第十章有詳細的說明。

一對多的面訪包括了常見的焦點團體訪談法（focus groups）及集體問卷調查法兩種。焦點團體的優點在於它可以透過十到十五人所組成的樣本之間密切的討論互動，得到真實生活的資料。成功的焦點團體訪談需要仰賴專業且熟練的主持人（moderator）。集體問卷調查法最常用在大學校園中，教授利用教學之便，在課堂上發放問卷供學生填答，因為大概再也找不到比大學的課堂上更方便聚集一群聽話的受訪者。問卷的形式可以是封閉式問卷亦可以是開放式問卷；由於一對多集體問卷調查法兼具受訪者眾多與面對面互動的優點，因此，常被拿來進行實驗法（experiment）；研究主持人可以在調查前或調查中輔以影片播放或加入實驗所需的材料，使得研究得以在控制變項的環境下，蒐集到更互動式的資料。

面訪的最大優點在於面對面可以進行較深入的雙向溝通，以較快速彈性的應變方式，得到較深入的訊息；然而，水能載舟，亦能覆舟，其缺點也正是優點帶來的後遺症，包括面對面可能對受訪者帶來的壓力，訪員主觀的介入可能不客觀，以及較為費時費事等。

二、郵寄問卷

自從十九世紀郵政開始發達以來，郵寄問卷（mail survey）遂成為蒐集資料的一項重要方法。一份完整的郵寄問卷必須包含三個部分，缺一不可：(1)問卷的本身；(2)一封說明信；(3)回郵信封。

(一)問卷

郵寄問卷比起面訪和電訪較不具侵略性,受訪者比較不會感受到直接的壓迫感,亦不會有時間上的壓力。亦即,收到郵寄問卷的人可以選擇他所想要回答問卷的時間和地點,好整以暇地填答問卷;因為不會有時間和訪員的壓迫感,受訪者可以依需要分幾次填答,因此,通常可以容忍的問卷題目也較多。一般而言,郵寄問卷以二十題至五十題為宜,題目愈多,受訪者耐心回答完全部題目的機率愈低,題數和回覆率常常是魚與熊掌的關係,研究者必須有所取捨。

郵寄問卷可以問較為複雜的問題,因為從訊息吸收的角度觀之,眼球的吸收能力比起耳朵的吸收能力要佳,受訪者可以控制自己吸取訊息的速率,可以反覆閱讀增加理解力,較不會發生電話調查中受訪者因分心隨意答覆的情形。

(二)說明信

當受訪者收到一封郵寄問卷調查信時,立即的反應包括了「懷疑來者不善,善者不來」以及「多一事不如少一事」的心態,因此,信中附上說明信闡明來意便十分重要。

一封好的說明信必須達到兩個目的:一為化解填答者的疑慮,一為增加填答的意願。

以下這封說明信係筆者於2004年針對台灣、澎湖、金門、馬祖所有法官進行的「媒體對司法影響認知」的郵寄問卷範例:

敬愛的法官,您好:

您是否有承辦案件受到媒體曲解的經驗,或對媒體某些司法案件的報導感到不平?媒體雖然享有第四權的美譽,但也背負了一些惡名,不論您喜不喜歡媒體,它對於社會大眾對司法的認知可能產生的影響,值得探究。

本人曾經擔任台視記者，主跑過司法新聞，對於社會法治觀念未能深植民心的現象，頗感憂心。而在國內學術界，具有規模之相關研究，付之闕如；特別是跨司法和新聞之實證研究長期被忽略。

　　本人目前於台灣大學新聞研究所任教，獲得國科會支持，正進行針對媒體報導對司法影響的研究（計畫編號：NSC92-2414-H-002-034）。這個研究包含了司法新聞對檢察官、對法官以及對民眾之認知影響三個子計畫；希望透過本研究，探討目前媒體報導對司法和民眾的影響，進而提出一些建言，除思藉以改善媒體環境外，也期盼在提升司法、媒體及社會大眾間的良性互動關係，略盡綿薄之力。

　　此次調查採不記名方式，調查對象係由司法院王酉芬主任所提供。各位敬愛的法官，本人亟需您的協助，但願您在案牘勞形之餘，撥出五分鐘，協助我們完成這個具有指標意義的跨領域研究計畫。由於您的付出，也許會使媒體日後在司法新聞報導方面，更公正客觀，進而增進司法的公信力，對此，您將是幕後的最大功臣，本人願與各位共同努力。敬祝各位

身體健康　萬事如意

台灣大學新聞研究所副教授

彭文正敬上

Office：02-3366xxxx　0932918xxx

wpeng@ntu.edu.tw

研究計畫助理：蕭憲文0935840xxx

附記：

一、本研究將在5月底完成資料蒐集，為感謝各位法官的協助，本人
　　會將統計結果贈送各位（並公布在台灣大學網站）。

二、為使本研究更具實效性，本人會將研究結果公諸媒體並邀請各界
　　參與研討。

由於法官的知識水準和使命感平均比一般民眾為高,因此信的一開端,可以先喚起受訪者對於研究主題的認同。然而,若是針對一般民眾所做的郵寄問卷,則說明信遣詞用字的易讀性就更形重要。說明信中欲引起受訪者認同的說詞,應儘量避免主觀或導引式詞句,以免影響受訪者對研究主題之觀點,然而實務上兩者時有抵觸,研究者必須仔細拿捏。此外,如上述範例中的第二、三、四段,向受訪者說明「來者何人」以及「為何是你」極為重要。研究者必須誠懇地公布自己的身分、聯絡方式、研究計畫內容及相關的機構名稱,以取信受訪者。值此詐騙集團橫行,人際信賴缺乏的時代,開誠布公的說明加上具有公信力的研究機構背書,可以大幅降低受訪者的疑慮。讓受訪者知道抽樣的方法,可以降低受訪者心中「你為什麼知道我的地址」的疑慮,強調「不記名」並說明蒐集到的資料之用途僅限於學術研究,可以更進一步確保受訪者的資訊安全。如上述範例的最後一段及附記,加入鼓勵激發使命感的文字,可以激勵受訪者撥冗填答問卷,參與改革。

不具壓迫感是郵寄問卷的優點,也往往成為回覆率偏低的原因。受訪者往往會將問卷暫時擱置不填答,也常因此就遺忘而再也沒有填答問卷了。

(三)回郵信封

郵寄問卷不似電訪、面訪或網上填答一般,答完題目就結束了,因為,填完問卷才正是瑣事的開始,因此,研究者必須替受訪者解決所有的瑣事,才能提高回覆率。其中,包括了回郵信封、回覆地址、收件人、郵票,甚至細節如回郵封口處的雙面膠,都甚為重要,每一個細節都必須展現研究者的細心和體貼,也唯有如此,才能避免小節造成的不方便影響了回覆率。

為了增加回覆率,加強催收是不可或缺的手段。催收時程可以採「二二二制」,即第一波問卷寄出時,希望受訪者於兩週內回覆,兩週時

間一到，寄出第二波催收信，通常第二波催收信最好和第一封一樣，同時附上問卷、說明函和回郵信封。再過兩週之後，再針對未回覆者寄出第三波催收信。通常經過三波發信之後，不回覆者再回覆的機率相當低，研究者在寄發三波問卷之後，即可停止。其間，催收的方法可以多管道齊下，例如前述之「司法與媒體研究」係採行電話、郵寄及人際三重催收管道。由於台灣的法官均積案累累、忙碌異常，透過多管道催收方法，才使得此調查發出一千六百二十六份法官問卷，回收七百七十七份，回覆率47.8%；檢察官的部分則是發出九百三十七份問卷，回收二百九十八份，回覆率31.8%（彭文正，蕭憲文，2006）。

Babbie認為郵寄問卷的回覆率至少要50%才算是足夠的（adequate）；60%的回覆率才算是好的（good）；而達到70%則是非常好（very good）。不過，在現實面上，得視寄發問卷的對象、問卷的長度、贈品及內容的相關性而異。附贈贈品是郵寄問卷用以提高回覆率的方法，通常會以收到受訪者填完問卷的回覆信之後，即寄送精美禮品或抽獎的方式，鼓勵受訪者踴躍填答問卷，此舉對提高回覆率頗為有效。不過，水能載舟，亦能覆舟，受訪者也可能只為贈品而沒有認真作答，或者因為贈品而獲致的樣本之代表性常常可能出現偏誤，均不可不慎。

三、電話調查

電話調查（telephone survey）主要是以家戶訪問為主，因為具備快速、簡便及相對便宜的優點，是當今社會科學研究中廣為應用的一種調查方法。傳媒為了因應迅速發展變動的時事而進行的民意調查，都是以電話調查為之。

隨著電話的普及，大部分先進國家的電話覆蓋率都可以達到八成以上，再加上行動電話的普及，更使得電話調查的信度與效度大幅提升。最早期的電話調查係以電話號碼簿作為抽樣清冊（sampling frame），從

電話號碼簿中以隨機抽樣方法抽出足夠的號碼組成樣本，逐一進行電話訪問。這個方法所需要的工具只有電話和電話簿，因此人人皆可以自行進行調查。然而以電話簿作為抽樣清冊的缺點，在於許多人並不願意將自己的電話號碼登錄在電話號碼簿上，因此以電話簿作為抽樣清冊可能使得調查母體不夠完整。隨著電腦科學的逐漸發達，電腦的快速運算、大量儲存的優勢被運用在電話調查的領域，遂發展出了「電腦輔助電話調查系統」（computer-assisted telephone interviewing, CATI）。

所有的電話調查都面臨了兩個影響信效度的關鍵變數，一是什麼時間打電話才適宜？二是打給誰才對？

為了顧及隨機抽樣調查中最核心的價值——代表性，研究者必須考量調查的時機，在現實中，一天二十四小時，不論哪個時段，都不可能所有人都在家中，因此任何一個時間進行電話調查，其所真正可以聯絡上的受訪者，都只是研究者所欲調查的母體之部分成員而已。

通常最適合進行電話調查的時間在於晚上下班後的時段，而且會因為各個地方的文化風俗不同而異。在美國，民調機構較常執行電話訪問的時間，在週一至週五晚上六點到九點之間及週末的下午與晚上時段，美國中西部或南部鄉村型的城市中，大多數民眾下午五點即下班，晚上則較早就寢，因此也有民調機構以下午五點半到晚上八點半為主要調查時段。在「日出而作，日入而息，鑿井而飲，耕田而食，帝力於我何有哉」的農村地區進行調查，則調查時間要再提早，以配合調查母體的作息時間。然而，無論調查時段如何配合大多數人的作息，研究者都必須意識到，在特定時間進行的調查，總是很難避免系統性的抽樣偏誤。例如最常見的夜間電話調查時段，將無法調查到夜間上班的人和夜市擺攤做買賣的人。

至於找誰訪問亦是一件足以系統性影響信效度的關鍵因素。隨機抽樣的基本精神在於讓每一個調查母體中的元素都有相等的被選取機率，因此如果受訪者是具有某些特徵的族群，則將嚴重影響樣本代表性，使得樣本的外在效度受到傷害。因此，研究者進行一般的調查時，調查母體通常

會捨棄公司行號而採家戶電話調查，因為，公司行號接電話的人通常是總機小姐或電話語音系統，如果是前者，則訪問的結果會是一群總機小姐的看法，而非一般民眾的看法；如果是後者，在調查人員無法掌握分機號碼時，將無法按隨機抽樣原理，順利接通至不特定的受訪者。

至於家戶電訪亦必須嚴防受訪者抽樣的系統性偏誤。為了避免一般家庭中接電話的人有一定的類型，例如家中多半是家庭主婦接電話或者是談戀愛的妹妹總是搶著接電話等等，電話調查可以採戶中抽樣來彌補這種可能發生的系統性偏誤。常用的戶中抽樣法包括：性別法、生日法及性別生日混合法。

(一)性別法

採用性別輪流法的理論基礎在於一般社會的性別比例接近1：1，因此藉由受訪者抽樣時的性別比例平衡使樣本的選取更接近隨機抽樣。電話訪員在電話接通後，可以依照一通男性一通女性的原則，或依電話號碼末位數是奇數或偶數，決定所需受訪者之性別，若無該性別之受訪者，則須停止訪問，撥打下一通電話找尋新的受訪者。此種方法可以確保樣本組成之元素在性別分布上的平衡，也較接近隨機抽樣的邏輯，然而，在實務上或多或少會遭遇受訪者不想配合的困難。

(二)生日法

生日法係電訪員在說明來意之後，緊接著以「請問您家中上（下）次生日的人是哪一位，能否請他接聽電話接受這項訪問」作為開場白，以落實隨機抽樣原則。如果家中有舉行慶生派對習慣的家庭，通常詢問上次生日者比詢問下次生日者容易，但是有些人並不一定記得家中誰剛過生日或即將過生日，因此生日法可能在實際執行上遭遇一些困難。

(三)性別生日混合法

性別生日混合法係以「上次生日的男性，上次生日的女性，下次生日的男性，下次生日的女性」四種組合輪流選取受訪者。這種方法可以透過性別和生日雙重抽樣使樣本組成更符合隨機抽樣原則，然而愈複雜的方法往往會換來愈高的拒訪率。

四、電腦輔助電話調查系統

將電腦快速運算、大量儲存及互動性的優點應用在電話調查系統上，可以完成其他調查方法無法達成的功能，電訪員在電腦面前，頭戴耳機，一邊進行訪問，一邊輸入資料，將調查、編碼甚至資料分析均畢其功於一役。

電腦輔助電話調查系統（CATI）具有電腦設定的自動化系統，因此它可以完成一般電話調查不易達成的諸多功能，茲分述如下：

(一)電話抽樣

CATI系統可以內建調查母體之電話局碼（prefix），並且依所設定之抽樣方法自動隨機選取所需要的電話號碼組成樣本。

(二)自動撥號

由電腦伺服器選取出的號碼會自動分配至每一台電腦的終端機，並且自動撥號接通受訪者，可以使訪員免去手動撥號的不方便，亦可避免操作失誤產生的隨機誤差。

(三)自動勘誤

當受訪者回答的答案出現前後矛盾時，系統會將不合邏輯之處標示出來並且顯示警語，提醒訪員辨別是否是人為的疏失。例如有人回答未婚

卻回答有兩個孩子，或者出現受訪者年齡為一百二十歲時，電腦會提醒訪員應進一步確認資料的真實性。

(四)隨機出題

為了避免題目或答案出現順序一成不變造成可能的順序效應（order effect），系統可以以隨機方式呈現題目和答案選項，盡可能避免題目或答案選項出現的順序對受訪者造成某種暗示而損及效度。

(五)線上約訪

若調查進行中受訪者因突發因素致使訪問必須中斷，訪員可以利用系統約定補訪問的時間，並且會於該約定時間提醒訪員完成後續補訪題目。

(六)即時分析

系統可以於資料輸入的同時即時呈現包括次數分配、變異分析、卡方檢定等基本的統計分析結果。這中間省去一般訪問調查的資料記錄及資料輸入等步驟。

(七)監看監聽

系統具有可切換式畫面，可以監看所有訪員的輸入介面，並且監聽訪員與受訪者的對話，充分掌握調查的品質。

(八)錄音存檔

錄音存檔可以解決具有爭議或模糊難辨的資料檔案，透過調閱存檔重聽錄音的過程，可以判讀並彌補有爭議的資料。

圖8-1說明電腦輔助電話調查的作業流程，上半圖係於電話調查進行之前的前置作業，包括：(1)開會決定調查主題及方向；(2)決定抽樣方法

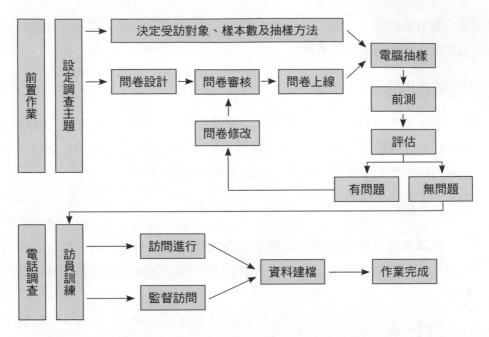

圖8-1　電腦輔助電話調查系統調查流程圖

及數量；(3)問卷設計；(4)前測評估四個主要步驟。研究會議的目的係訂定調查主軸，然後依照意義分析及實證分析的流程逐一訂定研究問題、解析概念及發展指標問卷，並且將問卷輸入電腦輔助作業系統中；另一方面，依事前選定之抽樣方法，用電腦選取出適當之樣本，然後在其中隨機抽取小量的樣本進行前測，前測的目的在於透過約三十至五十個樣本數的小規模調查，測試問卷是否有受訪者不易理解回答之處或者訪員與系統互動不良的實務障礙，若前測進行中發現問題，則進行問卷及流程修補，若通過測試，則進行正式的訪問調查。

　　電腦輔助電話調查系統訪問調查進行的過程中，具備有方便管理者監看及監聽的功能。管理者可以透過電腦監看並監聽每一個訪問及資料輸入的過程，並且管控訪問的時間及效能，相較於傳統的電話訪問而言，可以大幅提升效度並檢測出可能傷害信度的系統性偏誤。

五、網路問卷調查系統

透過網際網路進行問卷調查是二十世紀調查研究的一項重大發明。這種調查方法的樣本來源有兩大類，一為由網友自行填答的方便樣本，一為透過隨機抽樣方法產生的樣本。

網路問卷與方便樣本結合的調查方法，是將以HTML產生的問卷放置於入口網站（portal site）和人氣匯集的網頁，以顯著的橫幅（banner）吸引網路上的過往人潮點選進入填答問卷，在搜狐、雅虎、新浪、網易等入口網站中被廣泛應用。企業的市場調查常以小贈品作為誘因，吸引網友前往填答，藉以蒐集消費者資訊；此外，網站也常以此種方法調查網友對於不同新聞的點閱率與評價，以及將它應用於特別社會議題的民意調查。這種方法若應用在人氣旺盛的網頁上，可以在短時間內蒐集到大量的樣本；然而，這種方法的最大問題在於效度與信度皆不彰，因為，不論樣本數多大，其來源是任意參加的方便樣本，樣本的代表性存疑，將使其調查結果無法推論至母體。

網路問卷調查系統（Internet Survey System, ISS）則是結合隨機抽樣原理產生的樣本和網際網路的互動機制，係台灣大學新聞研究所教授彭文正及研究生尹相志研發之專利系統（彭文正，尹相志，2000）。它將傳統電話調查方法應用於網路上，利用名單管理、抽樣、問卷製作、問卷發送、互動填答及記錄分析等六大模組（module），達成快速、無國界及互動的特殊功能。

(一)名單管理模組

使用者能將蒐集來的名單直接匯入資料庫，並且可以設定primary key（例如電子郵件帳號）來剔除重複名單，同時系統會自動產生一個新欄位來記錄電子郵件伺服器名稱。

(二)抽樣模組

為了解決現有網路調查的樣本結構缺陷，因此在ISS系統設計中加入了抽樣模組的規劃。ISS系統可以在儲存好的名單中，進行各項抽樣功能，其功能包括：

1. 隨機抽樣：使用者可以選定primary key後，設定抽出筆數或者是抽取比例來進行隨機抽樣。
2. 系統抽樣：使用者可以自行設定n值，來進行每n個選一的系統抽樣。
3. 階層抽樣：使用者可以針對名單中既有的個人資料，自行設定每個欄位值域的交集與聯集，以篩選出特定樣本。例如，使用者可以設定二十至三十歲、大學畢業的女性來作為特定調查的受訪對象。

(三)製作問卷模組

ISS的問卷製作模組分為兩部分，一是彈性化問卷，使用者可以將其他網頁編輯器（如frontpage、dreamwaver等）所編輯的程式碼載入，即可透過後續發信系統寄發各種各式的電子郵件問卷。

另一方面，使用者可以利用格式化問卷功能，進行問卷製作，其功能如下：

1. 單複選設定：自動設答案選項的範圍，可以避免填答者任意亂答。
2. 跳題及鎖題設定：利用內建之java script語法來控制問卷中的邏輯驗證。
3. 防止順序效應：使用者可以設定選項範圍，在接下來發送的問卷中，這些選項會採取隨機排序的形式發送，以減少順序效應所帶來的影響。
4. 影像嵌入（video plug-in）：可以設定flash播放動畫或嵌入影片，進行傳媒內容效果測試及商品廣告效果測試。

(四)發送問卷模組

在抽樣出寄發名單以及設定好問卷內容後,便可以利用發送問卷模組來進行問卷發送。使用者可以設定流水編號,讓每一封電子郵件中埋藏流水序號,在受訪者填答後,流水序號便可以用來作為驗證重複投票的key值。

(五)互動填答模組

使用者可以針對填答者回答不同的選項給予不同的題目或影像嵌入,使得問卷設計具有互動性,完成類似面訪的人性化互動功能。

(六)記錄及匯出分析模組

受訪者填答問卷,按下送出鍵(submit)之後,結果直接寫入資料庫中,接下來可以透過一般數據挖掘(data mining)的ODBC來讀取資料進行分析,或者轉為flat file以供統計分析使用。

 ## 第三節　訪談執行與管理

在諸多調查訪問中,從訪員與受訪者互動緊密度的角度區分,由密切到疏離依序為面訪、網路影像調查、電話訪問、網路文字調查及郵寄問卷。面訪的過程中,訪員與受訪者經歷面對面的互動,彼此的穿著、手勢、態度、語調都負載著某種訊息;而電話訪問的過程中,也是一對一的互動,聲音的本身也帶有表達態度和想法的訊息,而且會彼此互相影響;網路調查比郵寄問卷多了一些互動性,它可以附加聲音和影像,也可隨著受訪者的答案變換題目,此外,訪員也可以以線上或預錄的方式拉近與受訪者的距離。

　　訪談執行上的細節和流程的管理，成為影響調查信效度的另一項重要因素。

一、訪員招募與管理

　　電訪員的主要來源以在校學生、家庭主婦及職業婦女為主。通常，女性比男性適合擔任訪員，尤其是面訪訪員，一般受訪者對男性訪員較具戒心。於下班後兼職擔任電訪員的職業婦女較受民調機構的歡迎，因為，一般來說，職業婦女的溝通能力，對工作的配合度及瞭解度均優於家庭主婦及學生。

　　訪員必須具備優良的溝通能力，並且要能夠聽說調查地的主要方言，足以因應受訪者的不同語言表達。督導在正式訪問開始前一至二天必須完成所有訪員的招募工作，平常要做好訪員名冊管理，瞭解每一個訪員適合當班的時段、優缺點及較有興趣的議題，然後針對上述主客觀條件選取適合的訪員，對於新招募的訪員，要預留他們不守信或不守時的後路，通常會比預定需要的訪員增加一至二成。

　　督導會在正式開始進行訪問之前的一個小時，與所有訪員進行會議，讓每個訪員清楚明白此次調查的目的、主題及問卷發展的概念，並且會逐字逐句朗讀一次所有的題目和選項，直到所有訪員都沒有疑慮為止。

二、訪談督導與複查

　　在訪談的執行過程中，督導扮演重要的角色，這個職務通常需要至少擔任三十場以上不同主題及不同形式之訪談經驗的人來擔任，且必須歷練督導助理，參與過實際訪問管理過程，並且應有良好的溝通和應變能力。督導須在執行調查前，確實瞭解這項調查的目的、內容、方法及特別

注意事項，並且逐一掌握執行中的細節，直到資料完全回收、勘誤及完成所有補救措施為止。一般督導的職責如下：

1. 與研究人員及委託單位充分溝通，瞭解該研究調查的目的、內容、方法及特殊需求等。
2. 於調查執行期間協助訪員排除技術上的困難，解決訪問過程中遭遇的狀況。
3. 控制訪員訪問的進度、檢視問卷的品質、監聽（看）訪談的過程、管理贈品發送、問卷發放及解說CATI使用方法等。
4. 監督必須於每一位訪員繳回問卷或以電腦輸入問卷答案後，當場檢查是否有漏題或不合邏輯之處並立刻補救。
5. 訪問資料回收之管理、勘誤、彙整及基本統計，包括次數分配和描述性統計的檢視。

複查之管理是監控訪談品質的重要環節。在大規模的訪談中，良善的複查制度可以彌補訪員有心或無心疏失造成的信效度傷害。經由電腦連線的CATI系統中，監看和監聽更是督導必須落實的任務。理想的訪員管理制度大約是以督導和訪員1：10的比例組成，每位督導要負責監控所轄訪員的訪問過程，除了針對訪員訪談技巧的指導之外，還要防止訪員取巧作假。一般而言，複查的進行是由督導在完成的樣本中隨機抽取約5％進行，一旦發現某位訪員的訪問結果有作假的嫌疑，督導應針對該訪員所完成之所有調查資料展開全面複查，如果一定比例以上的受訪資料有誤，則應將該訪員所有完成的調查資料視為無效，並立刻補其所缺之樣本數。

三、訪談要訣與禁忌

在人際關係逐漸疏離的工商業社會中，訪談調查愈來愈困難。懷疑、自我防衛及沒有時間是阻礙調查的三大障礙。

　　被抽選中的受訪者在被告知將進行訪談時的一連串反應通常是「為什麼是我？」、「你是不是詐騙集團？」、「回答你的問題有什麼好處？有什麼後遺症？」Lavrakas（1987）綜合受訪者在接到電訪員電話時，最常問的三個問題分別是：(1)你們怎麼會知道我的電話號碼？(2)這項調查有什麼目的？(3)是誰叫你做這項調查的？

　　因此訪員在一開始訪談時，就必須在十五秒鐘內開宗明義告訴受訪者「我是誰」、「我代表誰」以及「我要問什麼」。

　　忙碌的工商社會中，「沒有時間」也是受訪者拒絕的一大原因。因此，通常臨時拜訪或路過攔截的面訪以不超過五分鐘為原則，事先約好的面訪可以到三十分鐘的限度，而電話訪問則以二十道題不超過十分鐘為宜，至於網路調查及郵寄問卷，因為受訪者可以自己安排彈性的填答時間，這種調查方法較不具時間的壓迫性，可以容許五十題以內的問卷。題數和完成率呈反比，是魚與熊掌不可得兼的選擇，研究者必須兼顧現實，否則題目太多會造成回覆率太低代表性不足而得不償失。

　　訪員在進行訪談時必須遵守的要領和禁忌包括：(1)完全依照問卷上的題目逐字逐句說出來，不要自作聰明以免影響效度；(2)除非問卷上有提示說明，否則不要擅作主張，給予受訪者任何建議或暗示；(3)如果受訪者沒有聽懂問題，訪員必須將原題目逐字清晰地再唸一遍，不要嘗試迂迴說明，如果受訪者仍不清楚，則這個題目將被登錄為「沒有答案」；(4)必須謹守立場中立，不對受訪者的答案做出任何附和或批評的言論；(5)避免問模稜兩可的問題，尤其是不可以在一個問題中出現兩個以上的概念，例如：您贊成在上海和北京實施公共場合全面禁煙嗎？這樣的問題可能有四種組合的回答，因此，應該拆開成為兩個獨立問題分別詢問；(6)避免問太專業的概念或運用太艱深的辭彙，以免受訪者無從回答起；(7)避免用反面問句，例如：您不贊成全面禁煙嗎？這樣的問題常會讓受訪者一時之間意會不過來，不知該答是或不是；(8)避免引導式的詢問方式，因為摻雜有主觀意識或價值取向的用語易誤導受訪者傾向於迎合訪員

或問卷的主張。

 ## 第四節　調查訪問新趨勢

　　隨著電腦和網際網路的發明，調查研究的方法和應用皆快速的演進。近年來，調查訪問的趨勢朝向數位化、網路化、互動化及全球化的方向邁進，新的研究方法不斷地推陳出新，就如同網際網路帶來傳媒生態的變化和閱聽人習慣的改變一樣，正衝擊著傳統的調查研究方法，而它們利弊互現，也提供了社會科學研究更多嘗試和思辨的空間。

一、收視率調查

　　二十世紀中葉電視逐漸普及以來，研究人員無不挖空心思找出最具有信度與效度的收視率調查方法。早期，收視率調查仍依賴電話調查方法為之；然而，電話調查最大的缺點在於調查時段不能太早亦不能太晚，因此早晚和午休時間的節目收視率很難調查，用回溯法問受訪者過去某個時段的收視行為又有效度上的問題。此外，另有日記法用以測量電視收視率，在中國若干城市應用此法，日記法係以要求經選取的樣本戶中所有四歲以上家庭成員填寫日記卡，將他們每天收看電視的頻道和時間記錄在自己的日記卡上，每一張日記卡記錄一週的收視情形，以日記卡記錄收視率的觀察單位和測量單位均為十五分鐘。

　　電腦和網路逐漸普及的二十一世紀到來，結合伺服器和電視相關器材發展出的「人員測量儀」（people meter）逐漸成為測量收視率的主流。

　　人員測量儀法是在樣本戶中裝置人員測量儀，藉由測量儀記錄下收視者的收視情形，然後藉由電話線或網路線，回傳至伺服器主機中進行統

計運算，分析閱聽眾收視行為的總體資料。

　　在抽樣方法上，收視率調查公司首先要在欲調查的區域建置樣本，因為研究人員必須進入樣本戶的家中裝置人員測量儀，因此在執行上，被拒絕的比例會偏高，樣本的選取很難符合隨機抽樣的原理；一旦樣本的代表性不足，無論樣本數再大，都無法進行統計推論，亦即從樣本中得到的統計數據，無法推估母體的實際情況，這也是人員測量儀法最為人詬病之處。然而，由於人員測量儀法可以測量到樣本戶詳細的收視行為細節，是其他方法難望其項背的，因此，目前仍然是先進國家收視率調查的主流方法。

　　在中國，央視—索福端媒介研究公司在1997年率先成立收視率調查業務，並且採用日記法和人員測量儀法並用的調查方法，2004年AGB尼爾森市場研究公司跟進，目前人員測量儀法的樣本戶建置仍以大城市為主。

　　研究人員會在選取並經過同意的樣本戶中，建置人員測量儀，由於樣本建置需要相當的成本，因此，大部分抽樣都依循電話調查法的習慣，樣本數均在一千至二千戶之間，然而，即便是完全符合隨機抽樣原則，其抽樣誤差相對於收視率，仍然相當大；因此，調查出來的收視率若考慮抽樣誤差的因素，其真實的意義常令人質疑，這是當今無論採行何種方法蒐集到的收視率數據，均為人強烈詬病的另一大原因。

　　人員測量儀附有數個特殊功能的手控器，手控器上有代表家中每一個成員的按鈕，亦有訪客的按鈕。樣本戶平常收視電視時，必須在手控器上按代表自己的按鈕，訊息會透過電話線或網路線回傳至負責蒐集、儲存並運算的主機伺服器中，伺服器會儲存下每一個樣本戶成員的收視記錄，記錄的單位通常以每分鐘為時間段，亦有以每十五秒為一時間段，或更精準的每秒記錄法。

　　日記法蒐集數據和分析數據需要較長的時間，通常只能出週報表；人員測量儀可以隨時進行數據分析，提供日報表。針對特別節日的播

出，如果節目製作單位迫不及待想要知道收視情形，調查公司亦可在半小時內，提供詳細的收視率數據。

　　人員測量儀的最大優點是它可以透過電腦快速、精準且多變化的運算模式，提供豐富且詳盡的收視率資料，**表8-2**是人員測量儀調查系統常用的測量指標及方法。

表8-2　人員測量儀調查系統常用的測量指標及方法

指標	用語	定義說明
Average Viewing Fraction	收視分鐘數	指所有有效樣本某期間內的收視總分鐘數。
Ave. Min/Person	個人平均收視分鐘數	指所有有效個人每日的平均收視分鐘數。
Ave. Min/Viewer	收視者平均收視分鐘數	指所有有效收視者每日的平均收視分鐘數。
Base Target	基準目標觀眾	為計算指數（index）時的分母。
Cost	成本	為該節目的廣告每十秒的定價。
CPM (Cost per thousand)	每千人成本（CPM的M係"Mille"，為千的意思）	一則廣告的花費與其收視千人數的比例，經常被運用於廣告傳媒購買計畫上。
CPRP (Cost per rating point)	收視率每單位成本	為瞭解節目或廣告效率所使用的指標之一，其表示為了獲得家庭或個人1%收視率所需花費的金額。
Cum Reach	累積接觸率	在某段時間內，符合收視判定條件的前列所有節目觀眾占所有有效樣本之比例。
Cum Reach'000	累積接觸推估千人數	為Cum Reach乘上推估千人數（Potential ('000)），表示某段時間內，在符合收視判定條件下，接觸過前列所有節目的觀眾比例。
GRP	總收視點	為Gross Rating Points的簡稱。是指特定時段內每分鐘收視率總和。
Peak TVR	高峰收視率	指定時間內出現的最高每分鐘收視率。

（續）表8-2　人員測量儀調查系統常用的測量指標及方法

指標	用語	定義說明
Peak TVR'000	收視高峰推估千人數	指定時間內，每分鐘收視推估千人數的最高數字。
Potential ('000)	推估千人數	為調查地區之推估人口總數，以千人為單位。
Reach	接觸率	在某段時間內，在符合收視判定條件下，接觸過某節目的觀眾占所有有效樣本之比例。
Reach'000	接觸推估千人數	為Reach乘上推估千人數，表示某段時間內，在符合收視判定條件下，接觸過某節目的觀眾推估千人數。
Sample	有效樣本數	指定特性的有效樣本數。計算期間在二日以上者，以最後一日的樣本數為基準。
Share	占有率	在Time Slot功能部分，Share是特定電視台或節目之收視率占所設定的全體目標觀眾（Target）之比例。 在Program Rating功能部分，Share是特定電視台或節目之收視率占基準頻道（Base Channel）收視率之比例。
TV Rating	收視率	某一特定時間段的平均收視率，其計算方式為每分鐘收視率合計後，除以其總分鐘數而得之。
TVR'000	收視推估千人數	為TV Rating推估千人數，表示在某時段中收看電視的平均個人數。

資料來源：廣電人市場研究股份有限公司，2003年。

　　隨著科技的發展，越來越多的電視觀眾透過新興的科技管道，比如TiVo（電視節目定時錄製機上盒）、網路下載，iPod（視頻播放器）以及交互點播等方式收看電視，目前收視率調查公司也已經在現存的日記法和人員測量儀之外，加上了針對新科技管道量身訂做的收視調查法。

二、電子市場交易法

　　1988年3月底的一個夜晚，美國愛荷華大學三位經濟學教授常紐曼（George R. Neumann）、佛塞斯（Robert Forsythe）和納爾遜（Forrest Nelson）在酒吧裡異想天開，想用自由經濟市場股票交易的方式來預測總統大選的得票率。

　　芝加哥大學法瑪（Eugene F. Fama）教授的效率市場假說（Efficient Market Hypothesis）認為，投資大眾在買賣股票時會迅速有效地利用所有可能的資訊，做出最有利於自己的判斷，而這些足以影響股票價格的因素，都會即時反應在股票的價格中。常紐曼等人認為這個理論可以應用到總統大選的預測上，因為當人們有如同投資股票一般的切身直接利益時，一切資訊都會反映到市場中，這樣的民意調查才會最貼近真實的民意。

　　1988年6月1日，愛荷華政治股票市場開張，近兩百位教職員和學生按照自己對於候選人共和黨的老布希（G. Bush）和民主黨的杜卡吉斯（M. S. Dukakis）可能的得票率，下注購買股票。到了1992年，愛荷華政治股票市場改名為愛荷華電子市場（Iowa Electronic Market, IEM, http://www.biz.uiowa.edu/iem/），並且擴大交易給全球所有人下單。以2008年美國總統大選為例，如果投資者是在市場反應歐巴馬（B. Obama）得票率達45%時，以0.45美元買進一張股票，當開票結果歐巴馬真正得到了48%的選票，則投資人可以賺取兩者的價差0.03美元。

　　常紐曼等三位教授相信，有人可能會對電訪員開玩笑，隨便回答他們的投票意向，但是應該不會有人想和自己的荷包開玩笑，因此在愛荷華電子市場中，只要交易量夠大，透過買賣間的市場平衡，市場所反映的價格應該可以逼近真正的候選人得票率。**表8-3**顯示自1988年至2004年間，五次美國總統大選的民調預測和愛荷華電子市場預測候選人得票率的比較。

表8-3　1988～2004年美國總統大選民調預測和愛荷華電子市場預測候選
　　　　人得票率之比較

次數\年代\較準確者		1988	1992	1996	2000	2004	合計
選前 100天	民調	1	20	3	2	66	92
	市場	13	49	30	47	129	268
	市場勝比	93%	71%	91%	96%	66%	74%
選前 5天	民調	0	1	4	8	12	25
	市場	6	5	7	17	18	53
	市場勝比	100%	83%	64%	68%	60%	68%

資料來源：《科學人》，2008年3月，頁88。

　　在1988年美國總統大選中，愛荷華政治股票市場無論是在選前一百
天或選前五天，得票率預測準確度均以壓倒性的百分比勝出。綜合1998年
到2004年間的五次美國總統大選的預測準確度，選前一百天一共三百六十
次預測中，二百六十八次是電子市場較準確，占了74%，在選前五天一共
七十八次的預測中，電子市場以五十三次較準確，占68%為優。

三、影像視訊訪問法（internet video/audio interviewing, IVI）

　　隨著網路科技的發達，頻寬的逐漸增大，以及影像壓縮傳輸的進
步，訪問調查逐漸朝向結合網路和影像的趨勢發展。

　　MSN和Skype除了讓網友上網聊天交友之外，也可以用來進行網路
訪問，由於MSN和Skype的影像訪問必須訪問者和受訪者同時間上網，可
能限縮了抽樣的範圍，亦不利於跨國界有時差的地區；UMayTalk（http://
www.umaytalk.com）的興起，以電子郵件的形式賦予影像聲音的傳輸，
克服了網路上影像訪問的困境，是一個利用網路進行調查訪問的新趨
勢，表8-4顯示網路上影音傳輸工具的功能和差異性。

　　透過網路進行調查的最大優點，在於節省成本，樣本取得較便利，

表8-4 網路影音傳輸調查訪問工具比較

	同步	非同步
文字	Skype MSN	UMayTalk
影像	Skype MSN	UMayTalk
聲音	Skype MSN	UMayTalk

受訪者比較不會有壓迫感,以及其跨越時空及國界的絕對優勢,勢必成為未來調查的主流。從愛荷華電子市場的發展得知,結合新科技的調查方法,其準確性也終將勝過傳統的調查方法。

然而網路調查亟待克服的問題是,一個地區的電腦和網路的普及性將是決定樣本代表性的關鍵因素。以目前的普及率看來,網路調查方法僅能用於網路發達的城市和國家;至於結合視訊發展的新調查方法亦面臨同樣的問題,有待網路視訊設備更普及,才能使這項新方法的應用更為便利;然而,依目前年輕族群普遍網路化及影像化的趨勢看來,網路影像調查方法取代現有的焦點團體、電話訪問及面訪的時機指日可待。

 結 論

本章比較各種調查研究方法的目標、功能、設計及優劣,並探索調查訪問法結合新科技發展的趨勢。

第一節討論調查研究法的目的,分析調查研究的特色、功能及依資料蒐集之目的和時間而異的基本設計。

第二節描述面訪、郵寄問卷、電話調查、電腦輔助電話調查系統及網路問卷調查系統的原理、使用方法及注意事項以及優缺點。

第三節進行訪談實務,探討如何招募訪員、如何管理訪員、如何督

導及複查訪談，以及訪談時必須謹守的要訣和避免的禁忌。

　　第四節是本章中最富啟發值得仔細思考的部分。古有明訓：「學而不思則罔，思而不學則殆。」在電腦和網路發達的二十一世紀，調查方法起了革命性的改變，而這些新科技管道，或剛剛萌芽，或方興未艾，足以提供學子們許多嘗試及發明的機會。像是人員測量儀法的應用及如何因應行動電視及網路電視的誕生，重新設計收視率新的調查方法，如何結合有價有償的股票交易法則和民意調查，使預測更貼近市場，以及如何充分利用網際網路及影音傳輸功能，使調查訪問能無遠弗屆，是學子們發揮創意的時刻！

問題與討論

1. 調查研究的基本設計以時間點區分，可以分為橫斷式和縱貫式兩種，縱貫式又包括了固定樣本連續訪談研究、趨勢研究和世代研究等，請針對以下研究目的提出最適當的調查研究設計。
   (1) 上海市長施政滿意度調查。
   (2) 廣州市民連續五年平均家庭收入調查。
   (3) 越戰期間出生的美國人對兩次波灣戰爭的看法之比較。
   (4) 北京奧運前後，北京市民的自信心變化。
2. 比較面訪、郵寄問卷、電話調查、CATI、網路調查及影像視訊訪問法的SWOT（Strength, Weakness, Opportunity, Trend）。
3. 請設計一種結合ISS（網路問卷調查法）和影像視訊訪問法的新方法，達成一項飲料新包裝的使用者滿意度測試。
4. 電視節目的播放方式已由傳統的家庭電視機到車上數位電視、TiVo、iPod、手機電視及網路電視等，請針對新的節目播放管道，設計收視率調查法。

Chapter 9

實驗研究方法

總 體 目 標

瞭解掌握和運用實驗研究方法

個 體 目 標

1.闡述什麼是實驗法

2.分析實驗法的優缺點

3.掌握實驗法的基本設計和運用

4.瞭解實驗法的外在效度

 ## 第一節　實驗研究方法

　　實驗法為研究者們常用的一種研究方法，和調查方法一樣，是研究者們的十八般武器之一。實際上，我們在日常生活中常常運用實驗法。例如，如果你想變得更加苗條健康，那麼，你很可能會嘗試多種飲食方法，或進行多項體育鍛鍊，或雙管齊下來個飲食和體育鍛鍊的綜合。這其實就是實驗法在日常生活中的運用。在實驗法看來，飲食和體育鍛鍊是自變量，體重為因變量。科學的實驗法和這種日常生活的實驗如出一轍，亦即研究自變量的變化是如何引起因變量的變化的。這一章我們就來探討實驗法的各方面，包括什麼是實驗法、實驗法的優缺點、實驗研究的步驟，以及實驗的設計等等。

一、相關關係與因果關係研究

　　談起實驗法，不能不提及相關和因果這兩種關係。像其他許多學科一樣，傳播學的一大研究任務，是要分析兩個事物或更多事物之間是否存在顯著的相關關係或因果關係。

　　先來看看因果關係。上面的例子中，有一個隱含的假設是，飲食和鍛鍊是因，體重的增減為果。同樣地，許多傳播學研究致力於研究傳播的各種效果。如對電視暴力的研究表明，觀看電視可以助長暴力行為的發生和發展，經常被學者引用的早期的關於電視暴力的研究之一是Libert和Baron（1971）的研究。Libert和Baron兩人招募了一批五至九歲的孩童，一組觀看一節含有暴力的影片，另一組則觀看不含暴力的體育節目。這之後，兩組孩童分別被告知他們可以到旁邊的一間房子裡幫另外一個孩子贏得遊戲。如果他們按「幫助」按鈕，那麼那個孩子就能夠贏得遊戲，如果按「阻止」按鈕的話，那麼那個孩子就不太可能贏得遊戲。結果發現，那

些看了含有暴力的影片的孩子們比另一組更趨向於按下「阻止」按鈕，並且趨向於按著按鈕不動。由此可見，這項研究表明觀看電視是暴力行為的導火線，導致了暴力行為的發生。

相關關係的研究在傳播研究中也不鮮見。比如，議程設置理論認為媒體對各種事件報導，直接影響觀眾對這些事件的重要性的理解；那些被重點報導的事件會被民眾認為是重要的，而那些沒有接受同等程度報導的事件，則會被民眾認為是不重要的事件。又如前面提到的關於電視暴力和暴力行為的研究，對於這個問題，研究者也採用了調查研究方法來研究兩個變量之間的關係。比如，Huesmann和Eron於1986年發表了一項研究結果。他們跟蹤了一組孩童近二十二年（從他們八歲起到三十歲），結果發現那些在孩童時期看了較多暴力的電視節目的孩子，比起那些看了較少暴力的電視的孩子，更可能在成人時期捲入嚴重的犯罪行為。也就是說，他們的研究證明觀看含暴力內容的電視和暴力行為是相互關聯的。這些傳播研究都屬於相關關係的研究，也就是說，研究者只是把兩個事物聯繫起來，並沒有控制白變量的變化從而觀察因變量的變化。

從上面的例子可以看出，儘管相關關係研究可以確定兩個事物是否具有關聯，但是對「是先有雞蛋還是先有雞」的問題束手無策。由此，因果關係研究就在傳播研究中占有重要地位，因為傳播研究有很多問題是要確定兩個或更多的事物是不是存在因果關係。比如在廣告研究中，常常涉及到廣告的諸多效果研究，例如廣告是否促進了觀眾對產品性能的進一步瞭解，是否為產品或品牌在觀眾中建立了一種良好的印象，是否激發了顧客的購買欲望等等。又如在健康傳播中，研究者們致力於研究健康資訊的傳播效果，比如研究各大傳媒上形形色色的健康資訊是否真正促進了健康知識在大眾的傳播，改變了大眾對健康的態度，改變了他們的日常生活中與健康有關的行為等等。這些問題歸根結柢屬於因果關係研究的範疇；對於此類問題，實驗研究法是一個不錯的選擇。為什麼這麼說呢？首先來看看怎樣才能確定一個因果關係。

二、因果關係與實驗研究

要確定兩個事物是否為因果關係，相關只是一個必要非充分條件。比如我們都知道，晨曦的到來和雄雞的啼鳴常常相互伴隨，可是我們卻不能肯定地說黎明的到來導致了雄雞的啼鳴。為什麼這麼說呢？這是因為一個因果關係的確立需要滿足三個條件：第一，「因」發生在前，「果」發生在後；第二，如果「因」有變化，那麼「果」也隨之產生變化，反之亦然；第三，能夠排除有其他因素導致「果」的發生。在晨曦和雞鳴的例子中，顯然我們不能肯定地說哪一個發生在前，哪一個發生在後；並且，我們也不能夠確定黎明的到來就一定能夠聽到雄雞的啼鳴；最後，我們通常只是觀測到了兩個事物的相關，並不能肯定雄雞的啼鳴是否是由於其他因素所引起。總而言之，這個例子告訴我們要判斷兩個事物是否為因果關係，就必須滿足上述三個條件。

實驗研究法是一種能夠確立因果關係的方法。實驗法，指的是在控制其他干擾因素的同時，研究自變量的變化如何引起因變量的變化的一種研究方法。在實驗研究法中，研究者能夠控制自變量（「因」）的變化，從而觀察因變量（「果」）是否隨著自變量變化及如何變化。這一點滿足了「因」發生在前，「果」發生在後的條件；實驗中實驗者對實驗的環境、人員、場所和實驗器具等有嚴格的控制，由此盡可能排除自變量以外各種因素對因變量的干擾，這一點滿足了因果關係確立的第三個條件；最後，從上述討論中可以看出，如果實驗法中因變量隨著自變量的變化而變化，那麼我們就證明自變量和因變量之間存在因果關係。一言以蔽之，實驗研究法滿足了因果關係確立的三個條件，從而能夠幫助研究者確定兩個事物是否存在因果關係。

三、實驗法的優缺點

　　從實驗研究法的定義可以看出，實驗研究法對於其他研究方法（例如調查法）有不少的優點，茲分述如下：

　　第一，實驗研究能夠確定一種現象是否由於另一種現象所引起，這是實驗研究法之所以受到傳播研究者青睞的原因之一。Kamhawi和Weaver（2003）發表在《新聞與大眾傳播季刊》的一項研究指出，實驗法在1995～1999年的傳播研究中占了21%，較之1980～1984年上升了10%；而調查法則從1980～1984年的37%下降到了24%。實驗研究法在傳播學中的應用很廣泛，在各個傳播領域範圍內都可以看到它的身影。例如，在戒菸傳播研究中，研究者關心廣大媒體所做的關於「吸菸有害健康」的宣傳，是否在觀眾中產生了一定的效果，是否改變了公眾對於吸菸的態度，是否使得吸菸者做出戒菸的決定等等。對於這類的問題，如果採用調查法，雖然能夠確定所做的宣傳努力和觀眾對待戒菸的態度和採取戒菸的行為之間存在相關，但是不能得出類似這樣的結論：「公眾之所以有那樣的態度和行為趨勢，是因為觀看相關宣傳節目的結果。」相反，如果研究者借助實驗法，就可以得出以上的關於因果關係的結論。這是由於實驗法本身的特性所決定的。總而言之，能夠確定一個事物是否為另一個事物發生的原因，是實驗法最大的優勢。

　　第二，實驗研究對自變量、試驗環境和其他干擾因素都有不同程度的控制。這一點是調查法所不能比擬的。首先，實驗法最明顯的控制在於對自變量的控制。例如，在電視娛樂研究中，研究者可以選擇一組自願人員長時間（如一個月或更長時間）觀看明顯以性為主的三級片，而另一組人員則短時間內（如兩週內）觀看三級片，第三組人員則根本不看此類影片，由此觀察觀看三級片的程度對家庭觀念和夫妻關係的影響。在這個實驗中，實驗者操縱了自變量（觀看三級片的程度）的變化使之分為三種——一個月、半個月和零接觸。其次，實驗研究還可以對實驗環境（如觀看

三級片的場所）和實驗對象（如對實驗對象的選擇，是否安排在實驗組還是控制組等）進行嚴格的控制。這些都有利於排除各種各樣干擾因素對因變量的影響，從而獲得更為可靠的實驗結果。

第三，實驗研究有助於提高內在效度（internal validity）。內在效度是衡量一項研究的標準之一，指的是一項研究是否可以肯定的得出結論說，研究結果是由於研究中所進行的操控所引起的（Campbell & Stanley, 1966）。與之相反的一個概念是外在效度（external validity），一般指研究結果的可推廣程度，也就是說，一項研究是否能夠推廣到其他研究對象（如從大學生群體推廣到非大學生群體）和其他研究環境（如從一個實驗環境推廣到另一實驗環境或非實驗環境）中去。回顧實驗研究的定義，顯然實驗研究能夠很有效地保證研究結果的內在效度。

第四，實驗研究有利於研究結果的複製。在社會科學研究中，衡量一個研究的標準之一，就是看實驗結果能否被其他研究者在採用相同方法的前提下所重複。實驗報告中往往對實驗的各項環節有詳盡的描述，包括實驗對象的特徵，實驗的具體步驟，實驗所用的各種材料，實驗的環境等等，這些詳盡的資料有利於將來的研究者對實驗結果的複製。

最後，實驗研究法的花費相對來說較少。一般來說，實驗研究中每個組（試驗組或是控制組）有二十五至三十人就夠了，所以，像上面提到的娛樂研究只需七十五至九十人，就能夠滿足最低要求了。從這個意義上來說，實驗研究的花費較少。當然，如果牽涉到時間跨度較大的實驗，例如前面提到的對觀看三級片與家庭理念的研究，花費也許就要增加許多。

當然，任何事物都是有兩面性的。實驗研究方法也有幾個不足之處，首當其衝的是它的「人工」痕跡。由於大多數實驗研究發生在實驗室裡，而不是在人們日常生活的環境裡，這樣的研究也就帶上了一定的「人工雕琢」的痕跡。比如前面提到的Libert和Baron（1971）的研究，很多學者就對其結果的可推廣性持懷疑態度，因為其結果是在實驗室的環境

下取得的；並且實驗研究中研究者操縱著自變量的變化，這也更加渲染了
實驗研究的「人工」色彩。其次，實驗法的覆蓋範圍較小。前面提到，
實驗研究方法往往採用二十五至三十人為一組，所以一項實驗結果的得
出，常常建立在幾十人到一百多人的基礎上，而一項調查研究往往涉及幾
百人甚至上千人。所以說，實驗法的研究對象數目有所局限。

 ## 第二節　實驗研究方法步驟

　　Campbell和Stanley兩人於1966年對實驗研究的基本經典步驟概括
如下：(1)招募一批實驗研究對象；(2)事先對所感興趣的實驗因變量
進行測驗；(3)隨機把每個實驗對象分配給實驗組或是控制組（random
assignment）；(4)仔細地把握好實驗控制，保證實驗組和控制組之間實
驗控制的區別（treatment or control independent variables）；(5)在實驗
操控完成之後，對兩組實驗對象進行因變量的測量（measure dependent
variables）。詳細來說，實驗研究的步驟如下：

一、選擇實驗對象群體，決定實驗樣本大小

　　實驗研究的第一步就是確定實驗的對象群。不同的研究針對不同的
人群，所以選擇的實驗對象也就不同。比如，如果研究廣告對兒童的影
響，那麼兒童就是實驗對象群體；有的研究還會在此基礎上進行細分，如
只研究七至十二歲的城市兒童。一旦確定了實驗對象群體，研究者就需要
在這一群體中抽取、招募一定數量的實驗對象來進行研究。一旦確定了實
驗對象群體，下一個任務就是決定實驗樣本的大小。研究者必須選取足夠
數目的樣本，從而能夠探測到實驗組與控制組之間原本就存在的、非隨機
因素引起的因變量上的區別。如果樣本數目太小，那麼就不能夠探測到上

述區別，這就犯了統計學上的型二誤差（Type II Error，見第十三章）。

二、準備實驗材料

選定了實驗的對象群體之後，研究者需要準備好實驗材料；這些材料依研究性質的不同而異。傳播研究涉及的實驗材料主要有：(1)實驗的刺激物，如電視廣告、電視節目的片斷、報紙上的新聞故事等等。比如如果要進行一項廣告效果的研究，那麼蒐集好幾則符合要求的電視廣告就是必需的，當然也可以請專業人員按照實驗需要製作幾則廣告。同樣的，如果使用紙質的傳播刺激物，那麼研究者也需要做好相應的準備工作；(2)問卷。在實驗研究中，問卷中常常包括三大類別的問題：一是對所感興趣的因變量的測量，二是對自變量的操控的檢測，三是對實驗對象的年齡、性別、家庭收入等人口統計學上的變量的測量。

關於對自變量操控的檢測。前面提到，實驗中研究人員控制自變量的變化，比如一項實驗中研究人員為研究廣告中「性」訴求的變化對受眾心理的影響，設計了三種層次的「性訴求」（即沒有使用「性訴求」手段、使用中等強度的「性訴求」，和使用高強度的「性訴求」）。為了進一步檢測這種操控是否成功，研究者可以在問卷中加入相關的問題，來檢查實驗對象對性訴求的程度的評估是否和設計者的初衷取得一致。在問卷中加入此類問題有助於對研究結果的解釋。比如，理論上我們預測，廣告中性訴求的運用能夠提升廣告效果，如果我們發現結果並非如此，那麼我們很有可能會質疑我們所依賴的理論。可是，還有第二種可能，那就是實驗操控並不成功，也就是說，各種層次的「性訴求」之間並沒有明顯區別。如何知道實驗操控到底成功與否呢？很顯然，如果我們事先在問卷中加入了檢測實驗操控的問題，那麼我們就可以輕而易舉地知道問題出在哪裡，是理論不對，還是對自變量的操控不成功。當然，我們也不能夠僅僅依賴此類問題來判斷實驗操控的成功與否，因為有時候實驗研究對象不一

定很好地表達了他們對實驗操控的理解，或是不能夠明確表達他們在實驗中所經歷和感受到的。因此，研究者應當把此類問題的使用當作是一個輔助手段。

問卷中所蒐集的人口統計學的訊息，會在將來的實驗報告中用來描述實驗對象的基本情況。如前所述，衡量一個實驗的結果的標準之一是外在效度；在研究報告中提供此類訊息可為將來研究結果的複製和推廣提供必不可少的資訊。

除了實驗處理物和問卷外，還有一些次要的但也必不可少的材料需要準備。比如，如果一項實驗中有兩個或兩個以上的人員負責進行實驗，那麼實驗者應該準備一份實驗指導，把實驗的每一個步驟和規範要求一一列好。這樣就能夠保證實驗者之間操作上的最大一致，減少不必要的基於實驗者的干擾因素。此外，從研究倫理上考慮，實驗者還應該準備一份關於如何告知實驗對象實驗目的的報告（debriefing）。

三、通過機構審查委員會的審查

實驗設計的主要材料，例如實驗處理物、問卷、實驗指導、實驗目的報告等等，都必須交給負責保護實驗對象利益的委員會審查。美國很多大學裡都設有這樣一個機構，稱為機構審查委員會（Institutional Review Board, IRB）。每項使用人作為研究對象的研究項目，都必須通過此委員會的審查才能夠實施。如果研究者和其所在的研究機構違反了這項規定，後果是極其嚴重的。

四、設置實驗場所

前面談到，實驗研究的一大優勢是對實驗場所和自變量的控制。關於對實驗場所的控制，可以從很多方面著手。例如，保證所有的實驗室燈

光、音響、背景等一致，保證實驗研究人員之間的行為一致等等。這樣做的目的很簡單，就是盡可能保證所有干擾因素在實驗過程中一致。這樣一來，如果實驗前的因變量和實驗後的因變量有所不同的話，或是實驗組與控制組之間的因變量不同的話，就可以很肯定地說，是自變量的變化導致了因變量的變化，而不是什麼別的因素。對於諸多干擾因素的控制，實際上是為了提高實驗的內在效度。Campbell和Stanley（1966）總結了八大影響試驗內在效度的因素：

1. 歷史因素（history）。如果因變量前後不一致（如前測數值和後測數值不一致），很有可能因為兩次測量的中間有些事情發生了，這些事件的出現導致了因變量前後的變化，而並非實驗本身導致。

2. 成熟（maturation）。這種成熟指的是隨著時間的推移（即兩次測量之間），受試者自身產生了變化，如變得疲勞、對實驗喪失了興趣等等，這些因素都可以導致因變量的變化。

3. 重複測試因素（testing）。這指的是受試者因為接受兩次關於因變量的測試，第二次的結果可能因為前面接受過同一測試而受影響。所以，因變量前後的變化也許並不由於受試者接受了實驗處理而引起。

4. 測量誤差（instrumentation）。兩次因變量的測量結果不同，有可能是由於測量方法上的誤差引起的。比如，如果採用觀察法來測量因變量，那麼數據有可能受觀察者的態度所影響。日常生活中常見的一個例子是，比如一個教授給學生的同一篇課程論文打分：如果第一次教授心情比較愉快，那麼作文的分數有可能比較高；後來教授覺得這篇論文值得再讀一讀，恰巧此時一個電話打來讓教授覺得很鬱悶，心情大受影響，於是這篇論文的分數就有下降的可能。

5. 統計迴歸（statistical regression）。如果一項實驗中某些受試者在第一次測試時得分很高，並因此被選入下一次的因變量的測量中，那

麼統計迴歸就會發生（如第二次的測量結果會比第一次低，也更接近於平均值），從而造成因變量發生變化的假象。也就是說，因變量之所以發生變化，很有可能是因為選擇了一些極端的例子，從而導致第二次的測量值更接近於平均值（即迴歸）。

6.對受試者的選擇（selection）。如果由於研究者的選擇傾向而導致了實驗組和控制組的受試者之間存在顯著差別，那麼兩組之間基於因變量的不同，就很難說是由於受試者接受了不同實驗處理的緣故了。

7.受試者的減少（experimental mortality）。在一些實驗中，有些受試者基於各種的原因不能繼續參加實驗，進而導致了原本大體相同的實驗組和控制組之間產生了區別，於是就很難下結論說，兩組之間在因變量上的區別，僅是由於兩組接受了不同的實驗處理所致。

8.對受試者的選擇和歷史因素的交互作用（selection-history interaction）。如果實驗一開始，實驗組和控制組的受試者是基於某些標準才得以參加實驗，那麼，這兩組的受試者在上述所說的歷史因素、成熟方面等因素上會有所不同；於是兩組在因變量上的不同，就很有可能是基於這些因素而有所不同，並非基於所接受的實驗處理而有所不同。

　　總而言之，實驗研究法中強調對自變量的控制、實驗場所的控制、實驗人員的控制等等，都是為了盡可能地保證實驗的內在效度。

五、隨機分配實驗對象

　　隨機分配實驗對象指的是每一個實驗對象進入實驗組或控制組的機會是均等的。具體來說，隨機分配的方法基本上有兩種：一種是當每個實驗對象到達實驗場所時，用隨機的方法如投擲硬幣或使用亂數表，來決定這個實驗對象進入哪一組。比如，如果一個實驗設計是2×2×2的設計，

亦即這個實驗有六個組，分別稱為實驗一組、二組、三組、四組、五組和六組。當一個實驗對象到達實驗場所時，我們就參照亂數表，任意選取一個起點，沿著那一行讀下去，直到1、2、3、4、5、6中的任何一個數字出現為止。比方說，第一個出現的是數字3，那麼這個實驗對象就被分配到實驗組3；第二個出現的是數字5，那麼第二個到達的實驗對象就被分配到實驗組5。上述隨機分配實驗對象的方法是理想化的一種方法，可是這種方法有很明顯的一個缺點，那就是我們很可能碰到很多的1（其他數字如4、5、6出現較少），從而很多實驗對象都被分配到實驗組1去了。這樣，為了保證每個實驗組的人數基本相等，實驗者不得不招募龐大數量的實驗對象。為了避免這一麻煩，實驗者可以採用「塊狀」隨機分配法（block randomization）。這種方法在實驗前先把各個實驗組隨機排序，形成「一塊」，然後重複此順序直到達到所需要的實驗對象人數。比如前面提到的有六個實驗組的試驗，我們可以首先根據亂數表決定六個實驗組的隨機排序（假設為1、3、4、6、2、5的順序），接著重複這一組數字，直到所有的實驗對象都被分配完。也就是說，如果每一個實驗組要求至少三十人參與，那麼我們就重複這組數字三十次。**表9-2**更清晰地表達了這一步驟。

上述兩種隨機分配的方法，保證了每一個實驗對象被分配到實驗組或控制組的機會是均等的。可是，這些方法是以每一個實驗對象為單位，把實驗對象一個一個地分配到試驗組或控制組中。事實上很多實驗研究都分幾次（亦即幾個時間段）完成；被分配到某一個時間段內的實驗對象都會接受同種實驗處理。比如，在早上八至九點這個實驗的時間段，所有來參加實驗的人都接受實驗處理1（如電視廣告1）；而在早上九至十點這個時間段，所有來參加實驗的人都接受實驗處理2（如觀看電視廣告2）。在這個例子中，隨機分配並非在個人的基礎上進行，而是根據實驗的時間段來進行；也就是說，對於每個實驗對象來說，他或她被分配到哪一個實驗組取決於他或她在哪一個時間段參與實驗；所有在同一時間段參

表9-2　「塊狀法」隨機分配實驗對象

實驗對象	實驗組（按事先安排好的順序）
1	1
2	3
3	4
4	6
5	2
6	5
7	1
8	3
9	4
10	6
11	2
12	5

與實驗的人都會接受相同的實驗處理，而實驗處理是在實驗時間段之間隨機分配的。

　　原則上來說，這種根據實驗時間段來隨機分配實驗處理，進而決定受試者接受哪一種實驗處理的做法，違背了隨機分配的原則，但是一般來說，這種做法並非完全不可接受，只是有時候會造成實驗數據的喪失。比如，在某一個實驗時間段有二十五個人參加，其中一個受試者突然感到腹部絞痛，不能繼續實驗，其他受試者受其影響不能繼續專注於實驗。這樣，這個實驗時間段所蒐集的實驗數據受到了特定因素的影響，與其他時間段的數據不具有可比性，實驗者不得不放棄這個時間段的數據。因此，有學者建議每個時間段的受試者不應多於五人；當然，這是比較保守的做法。

　　上面談了如何在實驗中隨機分配受試者，那麼，為什麼隨機分配在實驗中占有舉足輕重的地位呢？主要原因在於，隨機分配能夠保證實驗組與控制組的受試者不在干擾因素方面存在區別。例如，如果要研究廣告中使用「性」訴求的效果，實驗組的受試者將觀看含有高度「性」訴求的廣

告，而控制組的受試者將觀看含有較少或基本不含「性」訴求的廣告。為了保證這兩組的受試者只是在所觀看的廣告上有區別，實驗者除了嚴格控制實驗場所、實驗處理物等手段外，還可以借助隨機分配，把實驗組和控制組之間基於受試者之間的區別給消除掉。比方說，實驗組和控制組各有二十人，這兩組裡的每一個人都有各自的特徵；男的女的、老的少的、喜歡看廣告的、不喜歡看廣告的、對性持開放態度的、對性持保守態度的等等；這些基於性別、年齡、性態度等方面的區別都是實驗的干擾因素，而隨機分配能夠基本上把這些區別於兩組之間相互抵消，從而使兩組的受試者在干擾因素上不存在顯著區別。

六、控制實驗自變量

控制自變量的方法有很多，常用的主要包括以下四種：

第一種是對實驗處理物（stimulus）的控制。實驗處理物指的是實驗過程中研究者給實驗對象展示的視覺上或言語上的材料；研究者操控這些刺激物使得彼此間有所不同。例如廣告研究中往往會選取幾則廣告來作為刺激物，這些廣告往往在某一方面有所不同。如一組廣告相對於另一組廣告來說，更多地使用「性」元素，或是一組廣告使用了情感訴求，另一組則使用訊息訴求手段。也就是說，在這樣的實驗中，研究者透過對實驗處理物的控制完成了對自變量（廣告中使用性訴求的程度）的控制。又如新聞研究中使用不同的新聞故事，比如一組新聞故事報導了非本地的食品危機，而另一組新聞故事報導了發生在本地的食品危機。這樣一來，研究人員就巧妙地控制了自變量（新聞事件的地域接近度）的變化。

第二種是對實驗指導的控制，亦即給不同組的實驗對象不同的實驗指導；這裡的實驗指導本身就是自變量。比如Zanna和Cooper（1974）設計了一項實驗，來測量興奮狀態是如何影響人們所作出的判斷。他們給一組實驗對象如下指導：「這種藥含有使人興奮的成分；這一作用會於吞服

後的半小時內消失」，而對另一組實驗對象則給予以下指導：「這種藥含有使人放鬆的成分；這一作用將於吞服後的半小時消失。」實際上，實驗對象所服下的藥只含有奶粉成分。可見這一實驗透過給不同的實驗對象不同的實驗指導，完成了對實驗自變量的控制。在傳播研究中，這種對於自變量的操控也很常見。

　　第三種是對實驗的社會環境進行操控。也就是說，研究人員透過安排某些人在實驗場所的出現和其對實驗對象的行為，來達到對自變量的操控。比如，某項實驗中研究者把實驗對象帶到一個會議室中，對其進行採訪，然後給予實驗對象評價。有的評價不吝讚揚，有的則用了很嚴厲的措辭加以批評。然後實驗對象被帶到另一間屋子，他們可以觀看不同的電視頻道和電視節目；當然，這些所謂的電視頻道和節目都是事先錄製好了的。在這個實驗中，實驗者對實驗對象的採訪表現給予的評價，目的是為了引發實驗對象不同的情緒，然後觀察不同的情緒是否對電視節目的選擇有影響。事實上，有的實驗對象在聽到了嚴厲的批評後，禁不住哭了起來，可見這種實驗操控是比較成功的。當然，實驗結束後，每個實驗對象都被告知了實驗的真實目的，進而保護了實驗對象的最大利益。

　　又如一項經典的研究探討了責任是如何在群體中分配的（Latané & Darley, 1968）。Latané和Darley假設一個人對緊急情況的反應將取決於是否有其他人在場。為了測試這一假設，他們設計了一個實驗：實驗對象（單人或多人）被告知去圖書館的等候室，並按照等候室裡的指示開始回答問卷。在實驗對象開始回答問卷不久，濃厚的黑色煙霧開始從通風口侵入等候室。此時，研究者開始記錄實驗對象在煙霧出現後待在等候室的時間的長短。結果顯示，如果待在等候室的人越多，實驗對象待在等候室裡的時間越長；也就是說，他們需要更多的時間作出應急反應。從這項試驗可以看出，對實驗社會環境的操控，也就是對實驗自變量（即在場人員的多少）的操控。

　　第四種是對實驗自然環境的操控。比如如果研究錄影機的存在是否影

響實驗對象的表現，那麼在實驗中，一組實驗對象可以看到錄影機，並且被告知他們的表演將被錄製下來，而另一組實驗對象則看不到錄影機，也被告知採訪過程不會被錄下來。那麼在這個實驗中，實驗的自變量（錄影機的存在與否）的變化，是透過對實驗自然環境的改變來達到的。

七、測量因變量

關於因變量的測量，前面在步驟二「實驗材料的準備」中有所涉及。關於如何測量一個變量，可使用問卷法或是觀察記錄法。比如，在一項研究電視廣告的效果中（Zhou, Ye, & Xu, 2007），研究者在受試者觀看了每一則廣告後，要求其在問卷上評估廣告是否吸引人、是否讓人感興趣、是否具有娛樂觀賞性等等；除了測量受試者對廣告本身的評估外，問卷中還測量了受試者對待廣告中的產品的態度，以及是否有意購買此產品等等。

問卷法無疑是比較有效和便利的測量因變量的方法。有的學者還運用行為觀察法來測量自變量。如有一項實驗，研究者在給受試者觀看了幾個含有嵌入式廣告的電影片段後，在受試者離開實驗室之前告知他們，為感謝他們的支持，有一些免費的小零食可供拿取。當然，這些零食當中有些為嵌入式廣告中的產品。研究者試圖透過觀察受試者「不經意」的行為，來測試這些嵌入式廣告的作用。觀察並記錄受試者的行為這一測量方法在暴力研究中常常使用。比如電視暴力的研究中，研究者可以在受試的兒童觀看若干含電視暴力的片段後，把實驗組和控制組的兒童帶到一個足球場，讓其進行足球比賽，然後現場記錄這些兒童是否使用了言語暴力（如辱罵對方）和行為暴力。

除了觀察法外，有的對於因變量的測量還使用測量生理反應的方法（physiological measures）。比如，在測量受試者對實驗處理物的注意力的時候，可跟蹤受試者的眼球的運動（eye gaze）；測量受試者的呼吸、

心跳、皮膚的溫度等等，都可以作為觀察受試者的反映的一種方法。

 ## 第三節　實驗研究方法設計

前面談到了試驗的基本步驟，包括選擇實驗對象、準備實驗材料、準備試驗場所、隨機分配實驗對象、進行試驗操控、測量因變量等等。就實驗設計來說，上述步驟是經典的「後測控制組設計」的基本步驟。下面是對後測控制組設計和其他一些基本實驗設計方法的闡述。

一、基本設計

茲將實驗研究的基本設計分述如下：

(一)前測─後測控制組設計

第一種方法稱為「前測─後測控制組設計」（pretest-posttest control group design），如**圖9-1**所示。

在這種實驗法中，研究人員首先對受試者進行因變量的測量（如測量受試者對一般含有性訴求的廣告的態度），亦即「前測」。然後，將所有的受試者隨機分配到實驗組或控制組中。接著，實驗組的受試者接受實驗處理（如觀看含性訴求的廣告），而控制組則不接受實驗處理（如觀看一些不含性訴求的廣告）。最後，研究人員對兩組的實驗對象進行因變量

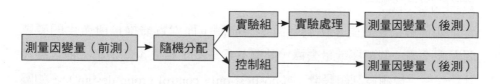

圖9-1　前測─後測控制組設計

的測量（如對他們所觀看的廣告的態度）。

　　「前測—後測控制組設計」有一個優點，就是它能保證實驗組和控制組的受試者在實驗開始之前，不在因變量上存在顯著差別。理論上來說，隨機分配之後，兩個組的實驗對象應該是基本相同的，無論是就「前測」的因變量來說，還是就實驗對象的個人特性（如年齡、家庭年收入等）來說。儘管「前測—後測控制組設計」有很多優點，但是它也有一個缺點，就是實驗前對實驗對象進行因變量的測量，容易引起實驗對象對「後測」的敏感。也就是說，「前測」中由於實驗對象回答了一些關於因變量的問題，從而也許能夠大體猜測到實驗的目的以及所要接受的實驗處理，從而對「實驗操控」（experimental treatment）加倍敏感。在這樣的情況下，實驗的效果有可能被人為的因素所加大——實驗對象想要迎合實驗者的期望；或是大打折扣——因為實驗對象有意識的違背實驗者的期望。這些都是一個實驗者所不希望看到的。讓我們來看一個例子，比如我們採用「前測—後測實驗法」，來研究反對同性婚姻的新聞故事如何改變讀者對待同性婚姻的態度的問題。在實驗之前，我們對所有的實驗對象的對同性婚姻所持的態度進行了測量；然後所有的實驗對象被隨機分配到實驗組或是控制組中。實驗組的人將觀看一組反對同性婚姻的新聞，而控制組的人則看一些與同性婚姻無關的新聞。最後，我們給兩組的人發放調查問卷，測量他們對同性婚姻的看法。由於實驗前受試者已經回答過類似的問題，那麼受試者有可能會對「同性婚姻」這一主題高度敏感，從而扭曲他們觀看新聞故事的真實感受，所提供的回答也就不太真實了。

(二)後測控制組設計

　　如何解決實驗對象由於參與了「前測」而對實驗操控所產生的敏感問題呢？有一個選擇就是去掉「前測」這一步，結果也就是第二種實驗設計法——「後測控制組設計」（posttest-only control group design），如圖9-2所示。

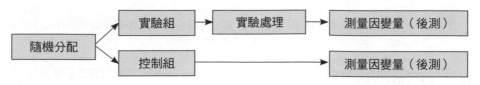

圖9-2　後測控制組設計

在這種實驗方法中，首先，將實驗對象隨機分配到實驗組或是控制組中，然後，給實驗組實驗處理，而控制組不接受實驗處理。最後，對兩組的受試者進行因變量上的測量。很明顯，這種方法省去了「前測—後測控制組設計」的第一個步驟而沒有前測，從而沒有辦法比較兩組在實驗前是否在因變量上存在顯著差異。但是，隨機分配理論上能夠保證兩組的受試者之間大體一致。有一個要注意的問題是，如果只借助隨機分配的力量來保證兩組於實驗前在因變量上基本保持一致的話，那麼就應當保證有較多的實驗對象。一般來說，研究者應該保證每組中至少有二十五至三十人，這樣的樣本大小才能夠基本排除兩組實驗對象之間在因變量和其他干擾因素上的不平衡。

後測實驗法的優點主要是能夠避免「前測」所帶來的實驗數據有可能失真的問題，並且由於避免了前測，能夠減少一些實驗的花費。

(三)所羅門四組設計法

但是，如果研究者想要瞭解前測究竟如何影響實驗處理的效果，那麼後測控制組設計就不能夠提供答案了。如何解決這一問題呢？這就涉及到第三種實驗設計，稱為「所羅門四組設計法」（Solomon four-group design），如**圖9-3**所示。

這是一種綜合了前兩種方法的設計，如**圖9-3**所示。圖中的組1和組2實際上是「前測—後測控制組設計」的兩組；組3和組4實際上是「後測控制組設計」的兩組。也就是說，在把實驗對象隨機分配到四個組後，其中兩組接受「前測—後測控制組設計」，即兩組均接受前測，然後其中的一

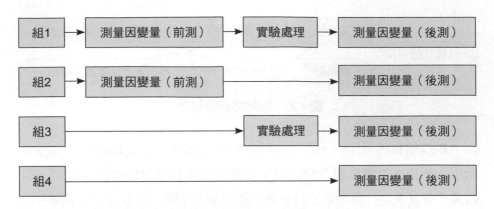

圖9-3　所羅門四組設計法

組接受實驗處理而另一組不接受實驗處理，最後這兩組接受後測。剩下的兩組，研究者採取「後測實驗法」，也就是說，這後兩組均不接受「前測」，其中一組直接接受實驗處理而另一組不接受實驗處理，然後兩組進行後測。

　　「所羅門四組設計法」有幾個優勢：

1. 如果我們比較組1和組2的前測結果並得出大體相同的結論的話，我們就可以知道隨機分配是成功的。

2. 如果我們想知道實驗處理的效果，那麼我們可以把組1和組3（即接受了實驗處理的兩組）的後測結果和組2和組4（即沒有接受實驗處理的兩組）的後測結果比較一下。

3. 如果我們想知道前測是如何影響實驗處理的，那麼我們可以比較一下組1（即接受前測後再接受實驗處理的組）和組3（即沒有接受前測，只接受了實驗處理的組）。

4. 如果想知道前測的單獨效果，那麼我們可以比較一下組2（即在接受前測後直接進行因變量測量的組）和組4（即只進行了因變量測量的組）。

由此可見，所羅門四組設計法能夠提供關於以下問題的訊息：(1)隨機分配是否成功；(2)實驗處理的效果；(3)前測如何影響實驗處理的效果；(4)前測的單獨效果。

二、多因子實驗設計

　　前面所講的三種實驗設計都只涉及到只含一個自變量的實驗設計；並且，自變量的變化只有兩種，實驗處理和沒有實驗處理。這種實驗是最基本的實驗。事實上，研究者可以把一個自變量的變化從上述兩個層次增加到三個、四個甚至更多層次，從而研究自變量的變化是如何引起因變量的變化的。例如，前面講到如果想要研究新聞故事如何影響受眾對待同性婚姻的態度，研究者可以給一組實驗對象幾則強烈反對同性婚姻的新聞故事，給第二組一些不是那麼強烈反對的故事，給第三組幾則贊成同性婚姻的故事。這樣就有了三層次的實驗操控，而非簡單的非此即彼的兩層次的操控。

　　除了圍繞一個自變量進行實驗設計外，研究者還可以增加自變量的個數來設計實驗。這樣做是基於以下的考慮：

　　第一，透過增加自變量的個數，研究者可以研究自變量之間是如何相互作用（interaction effects）進而影響因變量的。比如我們假設廣告中的性訴求可以有利於創造觀眾對此類廣告的喜愛，但是這一假設僅僅在觀眾對性不持反對態度的情況下成立。如果觀眾對性本身持非常保守的態度，那麼他們對待使用性訴求的廣告的態度就不得而知了。相反地，對於那些不使用性訴求的廣告，我們很可能會發現觀眾中對性持保守態度的人會比較喜歡它們，而那些對性持開放態度的人則會比較不喜歡此類廣告。

　　第二，透過增加自變量的個數，我們可以減少未知因素的個數，從而減少了實驗中由未知因素帶來的誤差，進而加強實驗的設計。比如

說，在上面的例子中，如果我們沒有考慮受試者本身在對待性方面的態度的差別，並且恰巧使用了對性持開放態度的受試者，那麼實驗的結果很可能支持我們的假設——使用性訴求的廣告能夠增強觀眾對廣告的喜愛程度。可是如果我們恰巧招募了一些對性持保守態度的受試者，那麼，我們的上述假設就很有可能被推翻。這就造成了型二誤差，亦即我們推翻了本來應該成立的假設。可見，透過增加自變量的個數，我們能夠減少未知因素對實驗結果的影響，從而使得我們的實驗設計更強大，更能夠發現真正成立的理論假設。

我們已經談到了多因子實驗的好處，那麼究竟如何設計一個多因子的實驗呢？所謂因子，指的是實驗中每一個自變量；每一個自變量可有多種變化層次（level）。如果一項實驗包含兩個自變量，第一個自變量含有三個層次（如高度、中等程度和低等程度的性訴求），第二個自變量含有兩個層次（如對性持開放態度和對性持保守態度），那麼這個試驗稱為3×2的設計。也就是說，這個實驗有六個組，見**表9-3**。

表9-3　3 × 2實驗設計

自變量1	自變量2	
	層次1	層次2
層次1	組1-1	組1-2
層次2	組2-1	組2-2
層次3	組3-1	組3-2

類似地，如果實驗設計有三個自變量，假設第一和第二個自變量都有三個層次，第三個自變量有兩個層次，那麼這個研究是3×3×2的設計，意味著這個實驗有十二個組，如**表9-4**所示。

理論上來說，我們可以無限制地增加自變量的個數；可是，每增加一個自變量的個數，所要求的實驗對象的數目也隨之成幾何級數增長。比如，如果一個3×2的設計，假設每個組二十五人，那麼我們需要3×2×

表9-4　3×3×2實驗設計

自變量1	自變量2	自變量3	
		層次1	層次2
層次1	層次1 層次2 層次3	組1-1-1 組1-2-1 組1-3-1	組1-1-2 組1-2-2 組1-3-2
層次2	層次1 層次2 層次3	組2-1-1 組2-2-1 組2-3-1	組2-1-2 組2-2-2 組2-3-2
層次3	層次1 層次2 層次3	組3-1-1 組3-2-1 組3-3-1	組3-1-2 組3-2-2 組3-3-2

25＝150人；如果增加一個含三個層次的自變量，我們要求3×3×2×25＝450人。可見，在一個多因子的實驗設計中出於實際操作的考慮，我們不可能無限制地增加自變量的個數。

　　如果我們比較一下某個自變量各個層次的實驗結果（比如在**表9-3**中的組1-1、組2-1和組3-1 ，或組1-2、組2-2和組3-2），就叮以知道自變量1的效果，因為這三組的實驗對象都接受了自變量2中的層次1或2的實驗處理，而僅在自變量1上有所不同。

三、分組／混合實驗設計（Blocked/Mixed Design）

　　除了多因子實驗設計，另一種實驗設計也值得一提，亦即分組設計（blocked design）。前面提到我們借助隨機分配來取得實驗中各個組之間的大體相等，但是這一做法要求每個組應當達到二十五至三十人。如果達不到這個要求，那麼就很難保證每個組之間的平等性了。不過，在這個情況下，我們可以透過分組設計法盡可能地使得每個組之間不存在顯著差異；也就是說，我們把受試者分成若干組，然後再把每組的受試者隨機地分配到實驗組或控制組中。這種方法也常常被用來更好地控制各種實驗中

的干擾因素。舉例來說，在研究廣告性訴求的使用效果的實驗中，自變量分別為「廣告中使用性訴求的程度」和受試者「對性是否持開放或反對態度」，為一個3×2的設計，共六個組。為了更好地控制干擾因素（如受試者的性別）對因變量的影響，我們可以把受試者按性別來分成男女兩組（假設每組各有六十人）；然後把男組裡的受試者隨機、平均分配到這六個組中。這樣，每個組便有十個男受試者；同樣地，我們再把女受試者隨機、平均地分配到六個組中，使得每組有十個女受試者。

事實上，分組設計也稱混合設計（mixed design）。之所以稱為混合設計，是因為用來分組的變數（blocking variable，如性別）並不受研究者的控制而產生變化，並且不能夠被隨機地分配給受試者，而實驗中有些自變量（experimental treatment factors，如性訴求使用的程度）是受到研究者的控制並能夠被隨機地分配給受試者。這種設計，混合了不同類別的自變量（可控制的和不可控制的），因此稱為混合設計。混合設計能夠增強研究者對實驗的控制，從而使得實驗的組與組之間基本上能夠在除了所接受的實驗處理外大體相等。

四、重複測量設計

在大多數的實驗中，每一個受試者基本上只接受一種實驗處理，如觀看高度使用性訴求的廣告。但是，有些實驗會給每一實驗者不同的刺激，並在每一種實驗處理後都測量其在因變量上的反應；也就是說，每一個實驗的受試者不只在一個實驗組出現，而是在多個實驗組出現，並且其在因變量上的反應都會被測量並記錄下來。這樣的實驗設計稱為重複測量設計（repeated measures design）。比如Zhou、Ye和Xu（2007）在研究廣告中視覺元素的運用效果的實驗中，就採用了這種實驗設計。每一個實驗的受試者觀看八則不同的廣告，並在觀看完每一則廣告之後回答問卷上的問題，這些問題要求受試者評價廣告的可欣賞性和娛樂性，評價廣告中的

產品和品牌,並向研究者報告是否有購買廣告中的產品的意向等等。

事實上前面所提到的「前測—後測控制組設計」也是重複測量法的一種。在這種實驗設計中,受試者在實驗進行前回答了有關因變量的問題,可視為沒有接受實驗處理情況下的第一次測量;接著受試者接受實驗處理,然後又回答有關因變量的問題,可視為第二次的測量。前面我們提到「前測—後測實驗法」有可能使得受試者對所要接受的實驗處理敏感,重複測量設計法也有類似的缺點,就是前一次的測量會對下一次的測量有影響。如何克服這個缺點呢?有一個辦法就是把所給的實驗處理進行不同的組合,然後把每一種組合隨機分配給不同的實驗對象。比如,在一項重複測量的實驗中,我們給實驗對象三種實驗處理:高度使用性訴求的廣告(實驗處理A),中度使用性訴求的廣告(實驗處理B),低度使用性訴求的廣告(實驗處理C),和沒有使用性訴求的廣告(實驗處理D)。那麼我們需要把這四種實驗處理的順序排列組合一下,然後把各個組合隨機分配給每一個實驗對象(如**表9-5**)。

表9-5 平衡順序

	實驗處理順序			
	1	2	3	4
受試群體1	A	B	C	D
受試群體2	B	D	A	C
受試群體3	C	A	D	B
受試群體4	D	C	B	A

需要說明的是,不一定要把所有的排序窮盡(事實上也不可行),只要排序滿足以下條件即可:(1)每個實驗處理在每一個位置上出現一次並僅此一次;(2)每個實驗處理前面緊鄰的實驗處理為其他任何實驗處理的一種,並且這種實驗處理只在前面緊鄰的位置上出現一次;(3)每個受試群體中的人數基本相等。也就是說,每種排序都有基本相同數目的受試

者所接收。

那麼，重複測量設計法有什麼優勢呢？前面我們提到，為了保證實驗各組之間的大體相等，進而使組與組之間的實驗結果有可比較性，我們可以採用隨機分配法或是使用先分組再隨機分配的方法，來保證組與組之間的大體一致，然後再對每組施予不同的實驗處理。即便如此，我們還是不能保證組與組之間的絕對一致。相較而言，重複測量設計法中，我們對「同一個」個體連續施予不同的實驗處理；也就是說，如果我們想要知道實驗處理的效果，就只要比較一下對於同一個受試者，他或她對不同實驗處理的反映之間是否有所不同即可。如果有所不同，那麼就證明實驗處理產生了效果；如果沒有不同，那麼就說明實驗處理沒有顯著效果。

第四節　實驗法的外在效度

前面我們談了什麼是實驗法，如何進行實驗法，如何進行不同的實驗設計等等。在談到實驗法的優點時，我們談到了實驗法的一大優點是有利於建立實驗的內在效度；在闡述實驗法的具體步驟時，我們把對實驗場所和實驗人員的控制的問題和實驗的內在效度聯繫起來，進一步闡明了為什麼實驗法擁有高度的內在效度。

和內在效度相關的一個概念是外在效度。衡量一項研究尤其是實驗法，不僅要看其內在效度，也要看其外在效度。外在效度主要指的是研究結果的可推廣性，通常指研究結果是否可以在一定程度上跨越時空的限制，在不同的人群中得到重複。事實上，上述理解只是著眼於外在效度的「可靠性」層次；外在效度並不是一個單一的概念，其中最重要的三個涵義是：(1)可靠性（robustness），即研究結果是否可以推廣到其他人群和環境中去；(2)生態有效性（ecological validity），即研究結果是否為日常生活的真實反映；(3)重要性（relevance），即研究結果是否和日常生活緊

密聯繫在一起。

一、可靠性

　　首先，研究結果應該具有一定的可推廣性，即研究結果是否也適用於與原實驗不同的人群和環境。狹義上的可推廣性，指的是一項實驗的研究結果是否也可以被另一個研究者在另一個實驗室中複製；廣義上來說，可推廣性指的是研究結果是否可以在不同的受試者群體和受試環境中複製。一般來說，一項實驗中，研究者通常想要得到可以推廣到其他人群和其他環境中去的結論；因為如果一項研究的結果只能適用於特定的地方特定的人群的話，那麼這項研究也就沒有多大意義。畢竟，社會科學研究的最終目的是要取得對人類行為的一般性原則的理解。

　　對於研究結果的可推廣性構成威脅的因素主要有：(1)實驗所運用的受試者的群體性質；(2)實驗研究中自變量與實驗環境的交互作用。一般來說，只要研究對象是從一個較為廣泛的人群中隨機選取的，並且研究是在一個隨機選取的環境下進行的，那麼研究結果的可推廣性就不成問題。具體地說，如果研究者能夠首先確定理論上的人群和環境，並把所有的人群和環境一一不漏的列舉出來，然後從中隨機選取受試者樣本和受試環境（即目標人群中的每一個人有相同的機會被選取，從而能夠代表整個理論人群；目標環境中的每一個環境都有同等的機會被選取，從而能夠代表整個理論環境），那麼，研究結論是可以推廣到理論人群和環境中去的。可是在社會科學中由於研究資源等因素的限制，很難做到真正的隨機選抽樣本和實驗環境。通常的做法是系統地選擇實驗環境和實驗人群，然後在這些不同的環境和人群中重複實驗，看研究結果是否可以得到重複。比如，研究者首先隨機選取北方的某個大學，隨機選取這個大學的一些學生進行實驗；然後隨機選取南方的某個中學，隨機選取這個學校裡的學生重複此項實驗；最後隨機選取中部的某一個城市裡的某一個社區，隨

機選取這個社區的某些人重複此項實驗。這樣，如果最初在北方某所大學裡從大學生群體上取得的研究結論，能夠在後面的南方的某一中學生群體和中部的某一社區群體中得到重複，那麼，此項實驗的研究結論就具有較強的可推廣性。

上面的例子闡明了如何建立起實驗結果的可推廣性和可靠性，但是有一個不可忽視的前提是，這個例子假設實驗本身有一個較為廣泛的理論目標人群或是理論目標環境（如不同年齡不同生活環境的人）。如果一項研究的理論目標人群只是某一特定的群體的話，那麼我們就沒有必要超出目標人群去隨機選取一個樣本來重複實驗。比如，如果我們的理論目標人群是大學生，那麼我們就可以只在這一特定群體裡隨機選抽樣本，如在北方隨機選取一所大學並進而隨機選取其中一些大學生進行實驗，然後在南方隨機選取另一所大學，隨機選取其中的某些大學生重複實驗。總而言之，對於樣本和實驗環境的選取是取決於研究的理論目標人群和環境的；也就是說，一項實驗的研究結論的可推廣性也取決於研究本來的理論目標人群和環境。

上述討論對我們常常遇到的一個關於使用大學生為研究樣本的爭論很有啟發。有的學者主張，使用大學生為實驗對象的研究一般都不適於推廣到其他人群範圍內。他們認為，大學生這一群體相對於其他社會中的人群來說，有著一些特殊的特徵，如年輕、教育程度較高、健康、智力較高等等，因此基於大學生群體所作出的研究結論，不適用於推廣到其他人群中去。但是如果實驗本身的理論目標人群就是大學生的話，那麼此做法也無不可。當然也有人爭論說，使用大學生群體無可厚非，因為大學生群體較容易取得，並且和其他群體沒有什麼本質上的不同，是比較經濟的做法。

上面主要從實驗受試者的特徵的角度論述了實驗結果的可推廣性；事實上，研究結論的可推廣性還涉及到另外一個問題：「研究的結論可以推廣到其他環境中去嗎？」這裡的環境主要指的是實驗的外在環境，如外

在的物理環境和社會環境。關於實驗所進行的環境對研究結論的影響，有
一個著名的研究很好地表明了這一問題。Milgram最初在耶魯大學的一個
實驗室裡進行了一項關於權威與服從的實驗，受試者是從耶魯大學所在
的城市紐黑文（New Haven）的社區中找來。儘管這項實驗的受試者並非
大學生，但是人們不得不懷疑此項研究結果在一般人群中的可推廣性，
因為這項實驗中的受試者有可能因為實驗室的環境——一個常春藤大學的
研究實驗室——而更容易產生服從權威的心理。為了解決這一問題並提高
實驗結果的可靠性，Milgram把實驗場所移到了康州的另一個城市布里奇
波特（Bridgeport），對外稱實驗由一所心理學研究公司所進行。結果證
明，第二次的實驗結果和第一次基本相同，揭示了人們對於權威的服從心
理。也就是說，此項實驗的結果比較可靠，具有較高的推廣性，能夠推廣
到其他不同的實驗環境中。

　　總之，對於一項實驗研究來說，實驗結果是否可以推廣到其他人群
中去，以及是否可以推廣到其他物理和社會環境中去，是值得我們思考
的一個問題。一項實驗研究，由於研究人員對實驗中的自變量和實驗環境
等有較強的實驗控制，這就能夠在很大程度上排除其他可能引起因變量變
化的因素，從而提升實驗研究的內在效度。但是任何事物都是有兩面性
的：正是由於實驗中研究人員操控自變量的變化，操控實驗的環境和場
所，甚至對受試者的反應也有一定的控制（如受試者被帶入實驗室中，其
行為不一定能夠反映平常日常生活中的行為），實驗研究所得出的結論也
許只是此實驗環境下的產物，由此實驗結論的可推廣性就大打折扣。

　　最後關於可推廣性要強調的一點是，實務中有些研究者旨在複製某
項研究，並期望取得與原實驗毫釐不差的實驗結果；事實上，這樣做是
很荒謬的。原因之一是，研究的最終目的是發現能夠解釋人類諸多行為的
普遍性原則，如果我們只著眼於某些不必要的細節，或是一旦發現複製實
驗和原來實驗結果在某些細節上不一致，就得出原實驗結論不可靠的結
論，那是違背研究的本質的。當然，如果某項實驗的研究結論基本上得不

到重複，那麼說明原來的實驗研究結論是值得細細推敲的。如果一項實驗的研究結論經不起不同環境的推敲，那麼這些結論也就沒有多大價值了。

二、生態有效性

生態有效性指的是實驗所觀察到的現象是否為日常生活的反映。也就是說，如果我們從實驗中得出結論說，「自變量的變化引起了因變量的變化」，那麼我們應該考慮這一結果是否能在日常生活的情景下發生。比如說，電視暴力研究的一個常見結論是，觀看一定數量的充滿暴力的電視節目能夠導致孩子暴力語言和（或）暴力行為的發生；如果此結論為一項實驗的結果，那麼很自然的一個問題是，在日常生活中，如果孩子觀看了含有暴力內容的電視節目，他們是不是也會隨之表現出種種暴力行為？

關於實驗的生態有效性，不同的人持不同的看法。有些研究者認為，大多數研究旨在研究某一現象是否在某一特定群體發生；就實驗研究來說，其主要目的是測試自變量和因變量之間的因果關係，只要研究證明了自變量能或不能引起因變量的變化，此項研究的任務也就完成了。更何況，很多實驗研究著眼於某項干涉行為（即現實生活中較少存在的情況）是否能引起因變量的變化，而不是研究在現有的情況下因變量是不是會產生變化。那麼，要求一項實驗研究能夠反映現實生活的情況（即現有的情況）是比較嚴格化了的。這樣的要求更適用於那些觀察描述現實情況的研究。另外，有的學者還指出了「心理上的現實」（psychological realism）和「日常的現實」（mundane realism）的區別。也就是說，心理上的現實指的是，所得出的實驗結論能夠用於解釋日常生活中類似的行為，而日常的現實指的是，實驗所進行的外在環境和日常生活中的相關環境保持外貌上的一致。有的實驗研究儘管在一個與日常生活中的環境大不相同的環境下進行，但是其研究結論卻能夠應用到現實生活中去，也就是

具有「心理上的現實」。

三、重要性

外在效度的第三個涵義是研究的重要性，指的是研究是否能夠應用到現實生活中去，解決現實生活中的某些問題或是提高生活的品質。一般來說，大多數研究都是重要的，只是在重要性的程度上有所不同。比如關於社會學習理論（social learning theory, Bandura, 2002）的研究就具有高度的可應用性：這個理論認為，人們能夠觀察並進而模仿他人的行為，並且他人得到獎賞的行為較那些被懲罰的行為更有可能被模仿。這個理論不斷地得到證實，並被運用到現實生活當中。比如一些公共利益機構常常和媒體合作，製作出一系列的寓教於樂的電視節目以宣導健康的生活方式；又如《老友記》中一個關於保險套的片段，其目的在於教育人們在性行為中應當採取必要的保護措施。

總而言之，一項實驗的外在效度有三個涵義：(1)是否可以推廣到其他人群和環境中去；(2)是否為現實生活的反應；(3)是否能夠解決現實生活中的某些問題。

 結　論

這一章闡述了實驗研究法，包括實驗研究的定義和優缺點，實驗研究的步驟，實驗研究的設計以及實驗研究的外在效度。

第一節先介紹了兩大類別的研究——相關關係和因果關係的研究，然後從因果關係的角度闡明了什麼是實驗研究方法，進而剖析了實驗研究的優缺點，並著重介紹了內在效度的概念。

第二節則具體介紹了實驗研究的每一個步驟，包括確定實驗對象人

群選擇實驗樣本，準備實驗材料，通過研究委員會的審查，設置試驗場所，隨機分配實驗對象，操控實驗自變量，和測量實驗因變量。

第三節在前兩節的基礎上進一步介紹了基本的和常用的幾種實驗設計方法，包括前測—後測控制組設計、後測控制組設計、所羅門四組法、多因子實驗法、分組／混合實驗法和重複測量法。

第四節就實驗的外在效度作了重點闡述。外在效度包含三個涵義：可推廣性、生態有效性和重要性。

問題與討論

1.什麼是實驗研究法？實驗研究法的優缺點有哪些？

2.實驗研究的步驟有哪些？

3.如何對實驗中的自變量進行控制？

4.分別闡述一下各種實驗設計方法並討論其利弊：前測—後測控制組設計、後測控制組設計、所羅門四組法、多因子實驗法、分組／混合實驗法、重複測量法。

5.討論實驗研究的內在效度和外在效度。

Chapter 10

自然研究方法

總 體 目 標

介紹自然研究方法的本質和自然研究方法的
使用技能

個 體 目 標

1. 介紹自然研究方法的本質和主要種類
2. 自然研究方法的資料蒐集和使用，主要介
   紹觀察法和訪談法
3. 解釋自然研究方法的信度和效度

　　這一章介紹研究者該怎樣使用自然研究方法來研究人們在特定場景、狀態下的交流行為。我們將說明自然研究方法的本質，即闡述它的定義、種類、共性、流程及研究者的素質要求；接下來描述自然研究方法的資料蒐集過程，主要介紹觀察法和訪談法；然後提出自然研究方法的信度和效度標準。

第一節　自然研究方法的本質

　　這一節我們將透過對自然研究方法的定義、種類、共性、流程及研究者素質的介紹，使讀者對自然研究方法的本質有一個全面的瞭解。

一、自然研究方法的定義和特徵

　　自然研究方法（naturalistic enquiry）是指研究者研究人們在自然狀態下完全融入真實生活的行為表現，並透過親身參與（如訪談、觀察等）而獲取第一手材料並加以描述、解釋、分析的一種研究方法。其研究報告展示並解釋人們在特定場合下進行互動交流的行為方式。

　　自然研究方法最早是人類學家使用的研究方法，它強調在自然狀態下的研究。自然研究者認為，社會特徵是由各種現象構成的。而社會現象則是由擁有某種文化的人們在經歷某些事情時的表現來展現的。文化是每一種現象產生的內部根源。自然研究者就是透過建構多種真實情景，來展示各種文化的表現形式，從而揭示其深藏的文化特徵。這種研究要求研究者要親身參與整個建構過程。研究者在自然情景下，透過自身的介入，觀察、訪談、案例分析來發現並揭示某個社會群體所共存的一些特點，探詢這些特點是如何影響著人們日常生活的交往與溝通。研究者透過對現象的描述，來界定其社會特徵並挖掘這些特徵對這一群體意識行為的影響，從

而向其他社會群體展示這一群體的獨特性。這種研究描述人們做什麼、不做什麼，並且解釋人們為什麼這樣做而不那樣做。它的研究手段主要是觀察、訪談、蒐集實物、案例分析等等，它的目的是深描某個特殊社會現象，再進行歸納總結。現代自然研究方法學者認為1950、1960年代所強調的實驗方法的研究，不能詳盡所有的、甚至一些重要的因素在人們交流中所起的作用。從事自然研究的學者從不操縱研究過程，相反地，他們去理解人們在日常生活的特定場景下的交流行為。

自然研究者在從事研究時，暫時將自己的知識、理念、價值觀等等擱置一旁，而專注到某一特定環境下人們的表現，就像看戲一樣，自然研究者作為觀眾深入到演員所展示的情節中去，理解劇中角色的意義，以便能解釋某個角色和情節發展的意義。由於「擱置」並不能完全等同於「隔斷」，事實上，自然研究是一種主體間相互理解的研究方式。它的客觀性是透過研究者主觀感受並描述出來的，是一個相對的概念。

從本體論來看，自然研究方法研究的是所謂的life-worlds。life-worlds包括情感、動機、符號、意義等一切構成個人與群體生活經歷的要素及其行為表現。從認識論來看，自然研究方法認為作為主體人的社會行為不能等同於自然世界裡的物理運動。人的意願、情感、信念及其言語和行為的表現都決定研究者和被研究者的關係是相互依存的主體間的關係，因此要達到所謂主體間的相互理解（intersubjective understanding）。從方法論的角度來看，自然研究也是一種歸納的方法。它的研究過程是動態設計研究方案，研究者自然介入。主要依靠蒐集材料、觀察、訪談等方法對被研究者的語境進行分析，對某一群體的行為做深入全面的瞭解，以達到理解和反應社會／文化差異為研究目的。從修辭的角度來看，自然研究的研究報告書寫方式是描述性的、代表個人看法的。

從研究形式來看，自然研究是：

1.在自然狀態下對某個人或某一群體的研究。

2.研究者要熟悉並置身於研究環境。

3.注重觀察。

4.開放式訪談過程。

5.被研究者自然地展現自己的言行舉止。

從研究特徵來看，自然研究是：

1.研究者根據蒐集到的材料、自身的觀察，轉寫、描述被研究群體。

2.採取敘事方式，重細節描述。

3.研究者在描述的基礎上，分析、詮釋現象背後的社會文化因素。

使用自然研究方法的研究者希望發展這樣一種研究方法：在自然狀態下發現、解釋、重構人類行為的社會及文化表徵；透過對各種現象的觀察，發現研究群體所體現的社會性和文化代表性。它的研究範型是強調在自然狀態下對某種現象進行描述並解構其文化社會特徵。研究結果重視展示並解釋帶有文化社會特徵的真實世界。

二、自然研究方法的種類

研究者從事自然研究時，由於研究視角不同，在研究的關注點、選取目標群、研究者自己態度的闡述、研究者自身經歷的融入等方面，都會有不同的重點選擇，因此，在研究形式和內容上形成了幾種具有不同側重點的研究類型，而這些類型有其共性，也有在研究過程和研究報告書寫上的差異，這裡我們介紹自然研究方法的典型模式「民族志」，以及由民族志方法延伸出來的具有不同研究側重點的幾個主要類型。

(一)民族志

民族志（ethnography）是人類學家最早用來描述不同文化差異的研究方法。研究者透過介入到被研究人群的生活中，觀察並瞭解他們的交

流形式、有其象徵意義的文化規則，以及這些規則如何影響到他們的行為方式及生活的意義。Ethno在希臘語中意為：部落、種族；graphos在希臘語中意為：記錄下來。民族志展示各種人類特徵，如戰爭、交流、疾病等，透過這些特徵來表現其文化特點。現在，很多人類學家用這種方法研究一些特殊群體如何在他們族群內交流互動的現象。正如Gephart（1988）指出的：民族志是透過觀察和田野調查（field study），研究者深入研究對象的自然環境，廣泛蒐集材料，對某群人及他們的文化有深入瞭解和真實自然的描述。民族志透過探求某種文化的一些特徵及界定，來揭示並解釋被研究人群的特定世界。因此，民族志可以展示文化的綜合和傳承特徵。民族志的研究同時也是尋求「發現並揭示某個社會群體所共同需求並享有的特徵」（Van Maanen, 1982, p.103），它是想探詢在某一群體中的某些特殊現象，而這些特殊現象影響著人們日常生活的本能交往和溝通。民族志的研究結果以描述詮釋為主，研究者從多視角多層次進行數據蒐集並分析解釋。

有學者認為，中國很早就有民族志研究。在先秦文獻的記載中，我們可以看到「五方之民」的互動關係，即所謂「東夷、南蠻、西戎、北狄、中華夏」這樣一種歷史格局。當時對這幾個方位性分布族群的語言、風俗、嗜欲、服飾、飲食、居室等差異性描述，就是中國最早的具有民族志意義的紀錄（郝時遠，2007）。這類的民族志研究也可以歸為「民俗學」研究。它的研究視角局限於邊緣或弱勢人群，和我們這章所談到的自然研究方法在傳播研究中的應用視角還不太一樣。

民族志法涉及到大量的田野調查。在西方，最早比較系統的採用這種方法是二十世紀初的馬林諾夫斯基（Bronislaw Kaspar Malinowski, 1884-1942），他在第一次世界大戰期間，用了兩年半的時間到新幾內亞的特羅布里恩德島等地做田野調查，學習當地土著的語言，參與觀察他們的生活，他的著作《西太平洋上的航海者》（*Argonauts of the Western Pacific*, 1922）被視為民族志的經典作品。在該書中，他歸納了民族志

的三條原則：(1)研究者必須有科學的目標，瞭解民族志的價值與準則；(2)他應當具備良好的工作條件；(3)他得使用一些特殊的方法來搜索、處理和核實他的證據」。他確立了「參與式觀察」是民族志研究的核心因素。馬林諾夫斯基最大的貢獻在於他提出了新的民族志寫作方法。在他之前，人類學家往往以傳教士或探險家的著作或紀錄作為研究材料，但是這些紀錄的內容卻充滿了文化偏見或不夠周延的描述，因而造成研究時的困難。從馬林諾夫斯基起，幾乎所有的人類學家都必須到自己研究的文化部落住上一年半載，並實地參與聚落的生活，使用當地的語言，甚至和土著建立友誼。

費孝通是中國早期使用民族志方法的研究者之一。1939年，二十九歲的費孝通根據對家鄉吳縣下弦弓村（後來在論文中費孝通為該村取了一個學名叫「江村」）進行了中國江南村落小社區的田野調查。到英國倫敦經濟學院留學後，費孝通在其導師馬林諾夫斯基的指導下，完成了題為《江村經濟》的博士論文。現在，費孝通的《江村經濟》已是研究中國經濟、社會和文化的必讀之書。費孝通透過對鄉土中國的描述，從歷史的變遷進行客觀調查分析，認為小城鎮包含有中國特色的農村發展大問題。

中國最新的民族志研究成果有：家庭社會資本與「留守兒童」養育的親屬網絡──對湖南潭村的民族志調查（姜又春，2007）；歌唱傳播的田野研究──以廣西西部得靖一帶壯族民間的吟詩為個案（陸曉芹，2007）；關於鄉村傳播研究中「民族志」方法的一些思考──以一個土家村落的田野工作經驗為例（譚華，2006），流浪兒童的街頭生活及其「受害」──基於民族志調查的發現（程福財，2006）等等。在此之前的研究有：雲南少數民族受眾的媒介接觸與知識、觀念和行為相關分析（郭建斌，2003）；成名的想像：社會轉型過程中新聞從業者的專業主義話語結構（陸嘩、潘忠黨，2004）等。

近代紀錄片《中國崛起》所採用的敘述方式是「民族志」的範例：透過廣泛的抽取中國社會各階層樣本進行訪談瞭解他們的真實想法，並

通過鏡頭如實反映他們的生活現狀。而《大國崛起》則是另一部「民族志」範例紀錄片。為了最大可能地抵達真實的歷史，本片的七個攝製組分赴歐、亞、美九個國家進行深入採訪和實地拍攝，拍攝了大量具有珍貴史料價值的歷史檔案、文物、遺跡等，獲得了大量難得的第一手資料。在九個國家共採訪了近百位相關領域的知名學者，談話內容既有對歷史細節的追述，也有獨家觀點的闡釋（鄭拓巍，2007）。

　　民族志研究方法撰寫報告的方式是「深描」（thick description）。最早使用深描一詞的是英國哲學家吉伯特·賴爾（Gilbert Ryle）。他藉由一個著名的例子——兩個男孩擠眼睛（twitch）和眨眼睛（wink）描寫的比較——來闡述何為深描。描寫本身並不是目的，而是透過特殊的視角和細緻的分析，展示當事人的語言、行為、信仰等等，甚至是他們的「自我」概念，由此對當事人的文化進行分析，深描的文本要使其描述的動作和行為得到最大程度的還原。柯利弗德·格爾茨（Clifford Geertz）在《文化的解釋》（*The Interpretation of Cultures*, 1973）中提到了解釋（explication）的概念，即解釋各種紛雜的社會現象，具體的操作就是「深描」的方法。並且，這種描寫是在特定語境（context）的影響下，有特定的文化和社會背景，以達到以小見大、管中窺豹的目的。深描最終要達到的目的，是要超越主位／客位（emic/etic）的內部觀念和外部觀念的界限，儘管描述者本身存在一個立場，而深描要做的就是讓他者使用本體的符號，對於已經有的解釋進行再解釋的過程。研究者用這樣的方式來解讀陌生或者熟悉的文化，藉由中介者的角色，使得閱讀者瞭解到這種文化（做夢的貓，2007）。　民族志研究者透過深描的研究報告，向讀者展示一幅有文化特徵的地形地貌。

(二)交流民族志

　　1964年，由Gumperz和Hymes在他們編輯的《美國人類學家》（*American Anthropologist*）特刊中提出了「交流民族志」（ethnography of communication）的概念和研究方向，將民族志的研究方法應用在對人們話語進行分析，瞭解處在某一社會團體的人們的溝通行為和方式，主要是觀察言語傳播方式（verbal communication）。這其中也包括非言語傳播方式（non-verbal communication）的研究。

交流民族志在方法上主要採取「語篇分析」（discourse analysis），從語言和文化兩個方面來解釋分析並構建人們的溝通模式。他們認為，儘管文化溝通的方式很多，但所有的溝通形式都有共用的「語碼」（code）。交流的雙方理解並會使用這些溝通語碼、交流管道、交流場景、訊息發射形式和傳播出來的意義。交流民族志主要是透過研究者獲取的第一手材料，來考察言語在特定語境下的使用對人們交流方式的影響。

Hymes（1974）強調社區就是一個語境，如果我們把在這個語境下的一群人的交流方式當作一個整體來考察，具有某種特點的語言傳播符號或語碼的意義就凸顯出來了。Hymes提出了在特定文化情景下，對系列話語事件和行為的分析需要掌握八大要素，用這八大要素的開頭字母來表示，就是SPEAKING模式。即：

1.場景（setting and scene）：setting指的是故事開場的時間、地點交代；scene指的是心理場景的交代，即文化背景。

2.人物（participants）：指的是講話人和聽眾。聽眾可分為主要針對的聽眾（addresses）和其他聽眾（hearers），如主要針對媽媽講，但爸爸也可以旁聽。

3.目的（ends）：講一件事情是為了什麼。比如說媽媽透過講故事來教育孩子。

4.行動次序（act sequence）：即講述一件事情的順序，先說什麼、再說什麼。在說的過程中又發生了什麼，產生什麼效果，最後如何。

5.基調（key）：即確定講話的性質。是高興的還是悲哀的，語調上

如何處理，講話方式上如何表現，講話的人精神狀態應該如何，是愁眉苦臉還是興高采烈。

6.工具（instrumentality）：指說話的語言形式和方式。是採用非常正規的語言還是非常方言化的語言。

7.規範（norms）：指社會對某一說話行為的規範。參與者是否可以隨便打斷講話人的講話，還是限制在某些人有打斷的話語權。如我們常說：小孩不要隨便插話，就是告誡小孩子是沒有權利打斷大人的講話的。

8.風格（genre）：講話是屬於哪一種，是屬於輕鬆的還是屬於嚴肅的。不同的講話類型對表述有不同的要求。

這個模式非常適合對人群交流行為的話語分析。繼海默思以後，菲力浦森（Gerry Philipsen）（1997）進一步拓展了「語碼」（speech code）這一概念，將民族志方法真正應用到口語交流行為研究中來。

菲力浦森同樣是注重田野調查，他在一個自己取名為Teamsterville的社區做田野調查。菲力浦森在那個社區做了三年的田野調查，和女人們在屋門口聊天，和男人們在街邊酒吧閒扯，並和孩子們在路邊玩耍，從而瞭解這群人的語言符號：即在這個社區形成的特定指喻、涵義、假定、規則，而這些都是透過彼此口頭交流表現出來的。菲力浦森意識到這個社區的語言形式有特殊性，於是，他決定再觀察一個社區。他給另外一個社區取名叫Nacirema。他發現Teamstervill和Nacirema的人們在交流形式上是不一樣的。比如，Teamstervill的人們在瞭解你的社會地位、出生地、國籍、民族等情況之前，不大與你說話，希望能保持語言交流的一致性。而Nacirema的人們就不在乎這些，追求獨特性。由此，菲力浦森認為，每一種文化都有自己的語言表達方式，這種方式影響著人們的認知和行為過程。菲力浦森認為，一個從事交流行為的研究者應該參與某個社區語言的交流行為，同時也讓自己成為一個觀察者，這對於他去掌控和預測這個社

區人們的交流方式、行為和過程都是很重要的。對此菲力浦森從五個方面做了解釋：

1. 只要有不同的文化，就有不同的語碼。這個假設來源於語碼千差萬別。菲力浦森和他的學生Donal Carbaugh透過二百五十例，證實了不同的語碼和相關文化有關。

2. 語碼涉及到文化上的差異，這些差異反應在人們的心理、社會交往和修辭表達上。

3. 說話人和聽者在語言符碼上的相互理解和互動導致交流變得有意義。比如常住在某一區域的人們對某些表達方式和某些辭彙的應用有獨特的理解。

4. 語碼的詞、規則、假設交織在一起，形成一個特定的語言表達形式，這個形式是任何人都可以捕捉到的，只要你用心去觀察。

5. 熟練使用一種社區的語碼是預測、詮釋和掌握語言交流行為中所表現的智慧、謹慎、道德的手段。

由此可見，交流民族志是對某一群體進行實證研究，其目的是來解釋這一群人的日常交流行為、他們的表述和溝通過程的特徵。研究者們試圖通過深入瞭解人們每天日常的交往，來發現從中隱含的文化特徵，從而解釋這一群體是如何在建構他們的生活世界。這種研究結果的描述側重對某些交流現象的觀察和分析，是一種話語分析，通過對語言交流的描述，展示某些社會現象並詮釋其文化內涵意義。交流民族志的著名學者Fitch在與中國學者訪談時也提到：交流民族志公開宣稱的目標，是建立在社會環境中研究語言的系統論方法（常燕榮、蔡騏，2001）。

從交流民族志的性質來看，將它理解為「話語文化學」更清楚一些，它與語言學密切相關，屬於語言交流或傳播的一種研究方法。由於這個概念的英文使用"communication"這個詞，「交流民族志」也被傳播學界翻譯成「傳播民族志」，這讓人們誤解，以為這種研究方法是針對所

有傳媒問題的。其實，交流民族志的研究重點並不是人們通常理解的大眾傳播問題。它的關注點是小範圍的特定人群在交流溝通上的特點。不能因為 "communication" 這個詞，就斷定這種方法是民族志在「傳播學」的分支和應用，傳播學是一個學科的概念，本書的第一章已有闡述：傳播學是一門雜糅不同領域知識的新興學科，同時融合了人文學與社會科學的內涵與方法。它的核心研究，建立在兩造之間的互動（interaction）基礎上。不論是人與人、人與物、人與媒介、團體與團體之間，只要彼此之間產生的互動，都可歸入傳播學的範圍。傳播學可分為：人際傳播學、小團體傳播學、組織傳播學、公共傳播學、大眾傳播學以及文化間／國際間傳播學。交流民族志研究的側重點實在是太具體，無法涵蓋以上所列的這些方面。

(三)批判民族志

一些批判解釋理論及女性論學者，挑戰傳統觀念的「客觀描述或報導」某種文化。這些學者認為，描述和解釋是遠遠不夠的。研究必須代表被研究的群體去建構一種行為，尤其是那些處於邊緣化的人們。他們相信研究本身是一種默許支持或明確的反對壓迫。這種研究類型強調研究者的態度和立場。在研究結果的闡述上有明顯的研究者的聲音：批判或呼籲。批判民族志（Critical Ethnography）不是一種理論，而是一種研究視角。

這些學者們相信研究應該擺脫束縛，為社會公正服務。批判民族志的研究者們認為研究的目的是提倡解放、減少壓迫。他們要對受到不公正待遇的人們給予支持並呼籲社會變革，即站在被研究者的角度看問題，並為被研究者的不公平待遇進行呼籲。〈兩種語言和文化下的學習〉這篇博士論文的其中一個章節的撰寫，是採取批判民族志的方法（An, 1999）。該文詳細描述了英國南部雷丁（Reading）這個城市的一所中文社區學校，從最初的創建到後來慢慢的發展，其中的艱難、反覆、人們堅持不懈

的決心和堅持開辦這所學校的意義。透過蒐集材料（學生的書本、作業以及學校的各種檔案）、訪談（創辦人的回憶）、親身介入（自己作為這個學校的一名教師），到被研究群、課堂觀察等研究手段，既描述了這個中文學校的歷史和發展現狀，又代表這個英國少數民族的學校提出呼籲，政府應該更多地關注並投入支持少數民族社區學校，鼓勵少數民族的子女保持並學習母語，開創一個多元文化的氛圍。批判民族志更側重於研究者站在被研究者的角度，提出自己的觀點，並展示自身的研究價值取向，為被研究者的不公正待遇呼籲吶喊。

(四)個人民族志

個人民族志（Autoethnography）是民族志的一種。研究者通常自身就是參與者，即自己就是研究對象之一，自己就具有被研究者的經歷和感覺。因此研究者可以從自己內心的角度去發掘其他被研究者的感受及特點，或透過講述自身的經歷來顯示自己有與被研究者類似的特點。研究者的主觀性在參與觀察和研究報告的撰寫中是起作用的。由於研究者具有類似的經歷，他們聲音的代表性就很明顯了。這種研究報告通常帶有自傳性的文學特點。研究過程和方式和民族志法是一樣的。注重觀察，深度訪談，詮釋現象。它涉及到在對話、場景裡的具體行為、情感、自我意識和內省。它透過對族群歷史（血緣關係脈絡）的瞭解，參與觀察、深度訪談等手段，發掘某群人的精神信念和文化理念，唯一不同的是，這種研究所反應的一個群體現象，是帶有研究者自身也作為研究對象的行為特徵，是透過對「某一個人」的肖像式描述來展現的。它不是一種批判式研究，而是透過描述個人經歷的反思來解釋一種現象背後的文化特徵。如Jones（2005）的研究——《母親（或他人）的失落：講述收養的故事》（*Othering Loss: Telling Performativity*），講述一種行為」。在研究中，她談到了自身不生育、去領養孩子的經歷。這裡涉及到被領養孩子、生母、養母、家庭等等的態度和過程。由於她的這些個人經歷和人們對於一

般性領養、不生育這些情況的態度與看法相關，她可以透過描述自身的故事來給人們對這一類事物看法的啟示。小說《鴻》（*Wild Swans*）（Jung Chang, 1991）的描述也是一個比較典型的個人民族志寫法。小說透過個人的家世描述，將中國現代歷史的滄桑變化都展示出來了。而且作者在描述中，還帶有強烈的個人感情色彩。個人民族志研究者特別看重「反思」（reflexivity）的意義，這是在從事個人民族志研究中特別需要把握的概念。研究結果的描述上主要採用敘述（narrative）的方式。和傳統民族志關注範圍不同的是，個人民族志集中在對行為研究、媒體的社會現象研究、小說、新聞和傳播研究。

(五)網路民族志

　　網路民族志（Virtual Ethnography）是指在網上從事民族志研究的一種方法。它主要涉及到商務、市場和消費行為方面的研究。網路民族志和傳統民族志不同的是：它拓展了傳統民族志「田野」的概念，從傳統的面對面互動轉向由技術傳導的網上互動，因此它改變了傳統民族志中「田野」的本土空間概念，實現網上或以電腦為媒介的交流互動。儘管空間上改變，但網路民族志必須具有傳統民族志的基本價值觀，即透過研究者的「融入」（immersion）從而能夠「深描」並解釋其現象。梅瓊林（2006）總結網路傳播研究方法的特點為：交互式、傳受合一、從單一到綜合。因為多種傳播形式的組合賦予網路傳播多重「性格」，形成了一種散布型、非線性的網狀傳播模式。網路用戶是研究的重點，而網路用戶的需求相當程度上是被刺激出來的。研究要注意到新媒體所具有的多種媒介功能的融合意義。

　　網上交流的形式有很多，如部落格、聊天室、遊戲室、電子布告欄（BBS）等等。研究者首先得熟悉這些欄目並懂得如何觀察與互動，運用網上搜索引擎的新資源如Yahoo、Google等。在正式開始數據蒐集時，還必須熟悉網上社區特點。柯惠新（2001）的〈互聯網調查研究

方法綜述〉非常詳盡地描述了網上自然研究方法，如：一對一的網上深層訪談（one-to-one in-depth interviews online）、小組座談（online focus groups）、觀察（observations）等等。為了保證準確性，網路研究者還應該保持數據來源管道和參與者的人數。

對於網路民族志研究者來說，關鍵問題是如何能透過技術媒介獲取研究結果。研究者在理解民族志方法的一些基本概念時，試圖確立一些虛擬對象，但研究者透過觀察這些虛擬對象在技術媒介的互動，能否做出傳統民族志那樣的研究是值得探討的。比如，一個研究者僅僅倚賴讀了一些電子郵件或參與到一些聊天室，他的研究算不算民族志呢？參與是研究的關鍵。這種方式介入能否和傳統民族志「浸入」等同呢？有些研究者認為網上訪談比較容易找到參與者，也能節省費用。參與者沒有面對面的心理距離，訪談會進行得更輕鬆，網上小組座談比面對面的小組座談要自然得多。但網上訪談也有弊端，最大的問題是，觀察不到非語言交流，如聲調、面部表情和肢體語言（Hansen & Hansen, 2006; Reid & Reid, 2005）。

對網路民族志有一個研究倫理上的爭議問題，那就是網上場景算是隱私還是公開場景？網路民族志研究的合作協議書和常規的協議書是否相同？事實上，網上蒐集到的數據並非一定是被研究者主動或願意提供給研究者來從事研究的。和調查問卷、實驗方法不同的是，網路民族志只是在某一網上場景下的觀察，與目標人群的調查和個人訪談的方法相比，它節省時間和成本，而且是在一個非常自然的狀態下觀察。但是，網路民族志的觀察面會相對狹窄，只是某一時段在網上的社區人群，因此它很難提供全面細節的某一群體人的真實經歷，它的研究結果能否應用到這個網路社區以外的人群是需要謹慎處理的問題，相似性的評估顯得很重要，多重方法的使用也顯得很有必要。網路民族志畢竟還是一個新的研究方法，它還需要發展和完善。

三、自然研究方法的流程及對研究者素質的要求

我們已經清楚地知道了自然研究方法包括民族志、交流民族志、民族方法論、批判民族志、個人民族志、網路民族志等等。這些研究方法各有側重點，如民族志側重於描述解釋在特定環境下一個群體的文化特性；交流民族志主要是透過考察一群人的語言交流過程來研究其背後的文化特徵；民族方法論更關注日常生活中容易被忽略的細小現象背後的社會意義；而批判民族志是將自己的立場帶到研究中，有強烈的呼籲聲；個人民族志則強調研究者需要有與被研究者相似的經歷，以便挖掘被研究者的真正感受；網路民族志是現代社會網上交流的一種新方式。但這些方法都具有自然研究方法的共性，即強調捕捉自然環境下人們的表徵，研究者從研究靈感啟蒙到發展，都是在自然場景下進行的。

(一)自然研究方法的流程

研究過程通常要經過以下幾個階段：

1. 走進有人群的自然場景，某一社區、鬧市街道、人們的家、人群聚集的場所等等，凡是有人與人交往的地方。
2. 將自己作為觀察的工具，觀察人們在自然環境下的種種表現。得到第一感覺和直覺，結合自己已有的相關知識，發現研究靈感，確定研究主題和目標。
3. 確定研究要點以及切入方式。
4. 設計研究過程並選擇研究方法，將研究設計的信度和效度問題考慮在內。
5. 選擇研究場所和被研究的人員。
6. 在相互自願的基礎上，與被研究人員簽訂好研究合作書。
7. 開始進入自然蒐集數據過程。

8.若有需要，調整研究步驟，增補研究方法，改變研究線路。整個研究過程都是動態的，隨時可以根據被研究者的表現、研究的進展情況對研究設計加以調整。將所蒐集數據回饋給數據提供者，以確信數據無誤。

9.進入數據處理過程：轉寫、編碼、解碼、歸類。

10.描述具體現象和案例，分析、詮釋各種現象背後的文化社會意義，並回饋給被研究者，以確保描述的準確性、詮釋的合理性以及相關的理論依據。

11.撰寫研究報告。

(二)自然研究方法對研究者素質的要求

基於自然研究方法的特徵，它對研究者的素質提出了一定的要求：

■在態度上，具有融入人群的能力，這包括熱情、直覺與敏感能力

因為研究者將自身作為工具來蒐集數據，所以他們除了需要具有一般研究者所具有的知識要求（如語言表達能力），他們還必須具有直覺和感受能力。如前所述，民族志研究者相信被研究的人們只有在自然環境裡才能自然表現，於是他們走進被研究人群的家裡、辦公地點、公眾場所等，一些涉及到人們互動的地方。透過實境來研究某個人或某群人，研究者們在真實環境下，把「自己當作最基本的工具」來蒐集數據，而不是面對「紙和筆」的問卷調查。Goffman（1989）談到個人親身介入到研究場景的意義：「這是蒐集數據的一種方法，對我來說，把你自身放進去，你的軀體、你的性格、你的社會地位，放進這些展示個體差異的特別事件中來……這樣當他們對生活做出反應時，你離他們近了」（p.180）。這是一種「融入」式研究。

Conquergood（1991）認為，「融入」式研究對傳播學研究者特別具有意義，因為它特別看重溝通過程，能展示民族志研究中的系列「動

作」，將聽、說與行為表現聯繫在一起。事實上，自然研究的好壞是由研究者融入過程的品質來衡量的。「研究的準確性、權威性以及學術名聲是由研究者融入的時間、對研究承諾的決心和冒險（身體的、經歷的、情感的）組成」（p.180）。這和實驗研究法是不一樣的，實驗研究方法要求研究者保持絕對的客觀性，研究中不帶有自己的感情色彩，研究者與被研究人群是分離狀態。

有關中國民族志研究，莊孔韶在他的《銀翅》（1996）中提到：「直覺思維及伴隨行為程序構成中國民眾的生活方式。現代哲學家多注意直覺主義高度發達的中國先哲經典分析，而少涉及民眾直覺思維與行為之分析。提出該問題之重要性在於調查者在文獻取材和參與觀察時，若不能感受中國人的直覺主義，便不容易把握和理解一些田野工作場合所包含的重要訊息及其涵義，甚至會發生人類學觀察、解釋、發掘論證根據上的錯誤」（頁493）。而「直覺」在中國人語境中，是指研究者用直覺方法去感知民眾直覺思維的「話外音」。

■在方法上，善於使用各種自然研究方法

通常他們使用質的研究方法，而非定量研究。質的研究方法是一個大範疇，它包括了所有解釋性研究，如描述、解碼、闡釋。它是用在社會環境中的現象來說明其意義，而非用頻率。這種方法更能夠接近各種現實生活，挖掘人與人互動背後所隱含的深層意義。

自然研究者蒐集數據的基本方法是觀察與深度訪談。透過訪談，即被訪談人的語言表達，研究者可以對構建的事實得到第一感覺；透過觀察，研究者可以對被訪談人構建的事實有自己明確的感知。訪談的內容導致研究者去觀察，觀察又提供更深入訪談的線索。這兩種蒐集數據方法的互動，不僅豐富了這兩種方法自身，還提供了數據分析的基礎，而這種基礎是其中任何一種方法都無法單獨完成的。

自然研究者也還有其他蒐集數據的方法，如他們用修辭與內容分析法，有時也用調查法。自然研究者會用各種不同的方法來獲取同一事實的真相，聽取來自不同角度的反應，從而建構真實的社會現實。但與實驗研究方法不同的是，自然研究者蒐集數據的方式不是抽樣調查，而是有很明確的目標群。他們主觀選擇提供數據的人群，讓這批人提供給研究者所要研究的某種獨特文化、人群和溝通行為的真實見解。

■ 在思維上，把握研究過程的靈活性

自然研究者使用「最新的設計」，在研究過程中，他們隨時引進和調整研究步驟，而不是嚴格按照事先設定的計畫來進行。這並不是說研究者可以隨心所欲，他們的信念及價值觀引導著他們的觀察，訪談的基本內容也事先有所設定，但他們的思維是開放的，在觀察與訪談中，他們可以不斷地調整研究的視角，縱深探詢現象表象的機理，尋找最能獲取意義的途徑。然後將收回的文字數據進行歸納解釋，從而展現一種現象背後的深層次理據。自然研究者是通過個案的細節描述、深度觀察來展現某種現象的本質。這和實驗研究方法也是不一樣的。實驗研究方法需要嚴格按照假設採樣，對蒐集的數據進行描述或推斷性統計研究。是將人群以及人群的表現行為共性化、抽象化、數據化，然後再對這些數據加以分析，在這一過程中，個體的人已不復存在。

■ 在寫作上，具有相當高的語言描述能力

自然研究注重在語言上的深描。要求研究者對研究過程的細節、場景、人物表情等，都要有細緻的觀察捕捉與描述。這種描述兼有研究者主客觀的觀察。這有別於實驗研究方法，實驗研究方法要求研究者純客觀地分析數據並嚴格按照統計分析結果加以描述，不能帶有研究者任何的主觀色彩。

■ **在研究倫理上，要有倫理意識並能恰當把握倫理尺度的能力**

　　毫無例外，自然研究方法也會面臨研究倫理的挑戰。Fine（1993）認為，自然研究者會違背常規的、理想狀態下的研究倫理規則，因為這些規則都是根植於實證和後實證主義認識論。自然研究者在整個研究過程中都會遇到研究倫理的困惑，從設計到實施到最後的研究報告撰寫。然而，研究者是否可以在「民族志」的旗幟下進行不符合倫理的研究？這表現在研究中對被研究群體懷有歧視，研究報告的描述充滿主觀色彩，詮釋缺乏客觀依據，選取陰暗面、獵奇等等。這些都是我們做研究不能忽略的問題。Fine提出民族志研究者在品行上應該是「仁慈的，友善的，誠實的」。他們對現狀的描述應該儘量準確、真實，他們的觀察應該全面、仔細。

　　但民族志研究的準確性、全面性、客觀性、真實性、公正性的確都是相對的概念。民族志研究者的研究是從某一角度切入的，參與觀察研究一定會打上主觀情感的烙印，它的真實和公正度都是一個相對的標準，而研究報告的文學性描述，更難保證其準確性。但讀者往往是透過研究者這樣一種特殊的研究管道，能瞭解到某一文化的特點。研究的絕對性和相對性在自然研究中體現得很清楚。

 第二節　自然研究方法的資料處理

　　自然研究者會採用很多不同的方法來全方位進行研究，如觀察、訪談、錄影、錄音、蒐集實物、參考歷史文件和影像材料、田野筆記、研究日記等等。但主要的方法有兩個：一是現場直接觀察所發生的交流現象；二是對文化訊息提供者進行深度訪談。下面我們分別來介紹其中幾種研究方法：

一、觀察法的使用

　　自然研究者走進「自然環境」去觀察人們從事常規性活動時的常規性互動，通常也稱為「田野調查」。「田野調查」涉及到一系列因素，如：調查什麼、如何介入、觀察者角色的確定、觀察時間長短的確定、觀察時應特別關注什麼、怎樣做觀察筆記等等。

(一)觀察目標的確定

　　研究項目的不同階段影響著該如何做觀察。在開始的階段，許多調查者只是概念性的觀察，尋找可以進行研究的線索。這個階段所用的觀察都集中在「這發生什麼了」。當研究者們花了更多時間瞭解這發生了什麼，他們就可以決定下面該觀察什麼。Frey等人（2000）認為，一般從事傳播的研究者會從以下六個方面來進行觀察：

1. 被研究者身分的確定。這個問題是針對在某個小團體，某個成員的主要地位和其他成員從屬的地位，這涉及到主導與被服從的關係。
2. 場景的意義。這是指特定的研究實境對被研究者意味著什麼。
3. 觀察個人如何加入群體互動的行為方式。
4. 觀察群體間如何互動，研究交流行為的產生和交流過程。
5. 觀察主要互動群的時間和地點。
6. 觀察哪些交流活動是有影響力的。
7. 進入觀察現場、接近被觀察的人。

　　研究者必須有機會去觀察他們想觀察的場景或人群。有些研究者利用已有的資源，在他們的工作和社交範圍內從事觀察研究。這是比較容易的。然而，有些研究者想研究的場景和人群都不在他們平時涉獵的範圍內。在這種情況下，當所要研究的場景是對公眾開放時，研究者進入並開始從事研究並不難。然而，當所研究的環境是不公開的，研究者們必須獲

得允許才能進入，這裡涉及到一個協商的問題。一些被研究者或被觀察者會認為研究者的觀察是一種打擾，在這種情況下，研究者介入會有一定的難度。

(二)觀察者自身定位

自然研究者必須決定自己的角色。角色是多種多樣的，從帶感情深層次介入到不帶感情介入的研究。Gold（1958）確立了四種情況：(1)完全參與觀察；(2)參與觀察；(3)觀察為主、少量參與；(4)單純的觀察。這些角色被界定為：研究者們能夠參與多少這種可以進行觀察的活動？觀察者與被觀察者的距離，是很親密的，或是主位的還是客位的？觀察到哪種程度，被觀察者是否知道他們正在被觀察？

■不暴露身分的完全參與觀察

一個完全的觀察者會完全介入到一個社會場景中去，並且不讓被研究者知道。研究人員假扮成和其他被研究者一樣的身分，而非一個研究者的身分。如在研究美國的種族歧視時，Griffin（1961）將自己的皮膚弄黑，遊走於公共場所，感受別人對他皮膚變化的反應。完全觀察者的角色提供研究者所研究的社會環境的第一手資料，這種資料蒐集受研究者主觀影響最小，因為被研究者不知道自己正在被研究。是一個自然過程。清華大學社會學博士生將自己假扮成一個餐館的打工女，來研究餐館打工女問題。事實上，這種研究也有一些潛在的問題：第一個問題是研究者不能完全變成被研究者的角色，如研究者不能真正像天文學家一樣去感受太空飛行的第一手資料；也有可能研究者太投入被研究者的角色而「見樹不見林」。還有一個問題是，完全觀察者不能從事正規的訪談，這會讓他們暴露研究者的身分。更重要的是研究倫理上的困惑。Gold（1958）認為完全觀察者與被研究者關係越親密，從倫理上講，越是在欺騙被研究者。所以，傳播學者很少從事完全介入的自然觀察研究。

■暴露身分的參與並觀察

參與是為了觀察，在這種情況下，被研究者們知道他們在被研究的事實。和完全觀察者一樣，研究者感受被研究者的第一手資料。不同的是，他們通常在研究的一開始或在研究的中期，將研究計畫展示出來。通常情況下，被研究者們從一開始就知道研究者的意圖。如Cherry（1995）在佛羅里達的一個愛滋病公寓從事一項調查。他首先寫信給這個公寓的負責人，希望允許他來做研究，他的信在月會上公布出來，並被接受。這樣每個人都知道他是來做研究的。在有些情況下，研究者開始作為完全觀察者，並不告訴被研究者真相，而在後期再將研究的事實公布於眾。通常是研究者在觀察時並不想讓被觀察者知道，而後，因為要做訪談，才公開研究的行為。研究者通常是作為完全觀察者，經過最基本的訊息蒐集後，再確定自己作為研究者的身分，與被研究者進行訪談。

參與觀察是自然研究方法的一個很普遍的現象。透過參與，研究者獲得第一手資料，然後透過訪談，對觀察進行補充。然而，事實上，沒有長期的、嚴格的訓練，想做一個參與觀察者是很困難的。McComb（1995）談到她為了一個研究，首先要成為一個義工，這需要在三個月內進行十三小時的課堂培訓，並作為被培訓者，從事二十八次到班的工作（相當於一百小時的工作），才能開始她自己真正意義的到班工作。Ericson、Baranek和Chan（1987）為了一項研究，九個月內在一家報社觀察了一百零一天，然後又在一家電視台參與觀察了八十六天。很顯然地，參與觀察並非一件容易的事情。另外一個潛在的問題，和完全觀察者一樣，融入後，見樹不見林，忽略了大方向而只抓到些枝節。

■觀察為主、少量參與

研究者注重社會場景的觀察，並暗地裡做筆記，但不積極參與被研究者的活動。研究者將觀察放在首位，只做少量的參與。與參與觀察者相反。研究者將自己界定在兩個範圍當中，既不介入得太多，也不是完全不

介入。他們不能獲取生動的、深層次的第一手資料，但由於他們介入得少，他們對被研究者的影響較小，能觀察到更自然的過程。

■ 單純觀察

單純觀察者不和被研究者產生互動。研究者真實地展現他們在不影響被觀察者的情況下觀察到的數據。有些研究者甚至根本不告知被觀察者。與參與觀察相比較，單純觀察遠離被研究人群，觀察的結果可能會更客觀一些，但由於他們不能與被研究者進行直接交流，去瞭解他們展示某種現象背後的理念，他們也無法根據當時參與的環境而推論出一些潛在的結果。其實，有些情況下，被研究者若知道研究者在觀察他們，即使研究者沒有參與，被研究者的表現會與平時有所出入。基於這種種原因，傳播學者基本上不採用這種研究方法。

(三)觀察時間長短的確定

自然研究者必須決定在整個研究過程中，觀察的時間定在多少比較合適。

在有些情況下，某一現象是短暫而瞬間的，一次性的、捕捉式的觀察就很重要了。如Turjillo（1993）從事一個批判性人類學研究，有關甘迺迪總統（J. F. Kennedy）遇難二十五週年的紀念，他去了當年甘迺迪被害現場。在那裡，他觀察了那天在那裡舉行的活動，並採訪了那天到場的一些人。他根據那天的觀察與採訪的材料，分析了那天的活動，「紀念逝去的領袖，對社區意義消失的不滿，譴責暗殺行為，交換了個人感受，並指出需要傳播美國團結的這樣一種意識形態」（p.463）。像這樣的研究，一天的觀察是合適的。

有些自然研究者可以透過幾次觀察就得到大量的可研究數據。Bullis（1991）透過觀察三次美國森林服務協會的會議，來瞭解在強調控制行為的過程中，交流與溝通是怎樣產生效果的。當然，很多自然研究者喜歡

持續性觀察，也就是做縱向研究。Novek（1995）用民族志的研究方法，從事市區青少年交流行為的研究。他為此在這個城市、這種文化下生活了六年，作為週末教育項目及社區娛樂中心的教師，還兼做圖書館輔導教師。〈是「筆順錯誤」還是「書寫特徵」？──從多元認知的角度看留學生漢字書寫過程〉（安然，2007）一文中，從多元認知的角度討論如何看待非漢字圈留學生漢字書寫過程的問題。研究者將留學生漢字書寫過程經錄影觀察再轉為文字，歷時三年。錄影記錄包括從短時記憶（看字寫字）到長時記憶（心裡詞彙的提取）的漢字書寫過程。正是這種縱向並浸入式研究使自然研究工作有價值也有難度。

長時間、縱深性研究是應該提倡的，只有這樣，才能保證研究者與被研究者之間關係的可靠性。Goetz和Le Compte（1984）提到，一定時間長度的研究才能確保研究的效度與信度。他們認為蒐集數據的時間越長，就越能提供持續研究和比較的數據，並對從中提煉出概念有益。同時，也確保科學的範疇與社會現實相匹配。事實上，在較長的一段時間蒐集數據，人們對研究者的身分也開始淡漠，表現出來的行為也會越自然，使研究更具有真實性，也增大了研究結果的內部有效性。

(四)記錄觀察

自然研究者們通常是在觀察時做筆記或錄音。觀察筆記顯示被研究者說出的話的意思。觀察筆記並不要求字字都要記下來，而是有實際意義，能發掘其內在社會特徵的事情。觀察筆記可以邊觀察邊記錄，也可以在事情結束後馬上追記。所有的研究者都善於在觀察時首先用腦記。研究者除了做觀察筆記，還寫有關研究日記、活動記錄，記錄下自己做研究時的個人反應、煩惱、對研究過程的看法、一些反思等等。

觀察筆記對描述和推論人們的交流行為起著關鍵的作用。只是筆記該怎樣寫，通常沒有定論，但一般是越詳細越好，這樣研究者自己或別人事後可以透過看筆記，生動的回憶起當時的狀況。當然，研究者不可能觀

察到被研究對象的所有活動，一些情況研究者是不知曉的。創新性的、半自然化的抽樣調查被用來研究人們的活動，並以此推論他們的行為特徵。

二、訪談法的使用

　　自然研究者透過深度訪談來瞭解人們的生活經歷。我們先來看看調查訪談（survey interview）。在調查法中，訪談可以從樣本人群中獲取推論的訊息。調查訪談是一個推論的過程，訪談的問題應該提前準備好，結構性應該很強，與開放性訪談相比，被調查訪談者應該在所規定範圍內回答相似的問題。

　　自然研究者的深度訪談（in-depth interview）通常使用歸納法，採用非結構形式的開放性問題提問。研究者透過訪談瞭解特定的社會現象，他們通常與被訪談者發展一種非常熟悉的關係，使被訪談者很容易並很自然地將細節以及深層次的訊息展示出來。研究者的目的是瞭解被訪談者內心深處的個人見解，他們獨自的情感、動力和需求。

　　深度訪談的探索性很強，研究者需要逐步瞭解被訪談者的個人背景以及被訪談問題的背景，在訪談過程中不斷地修正要提出的訪談問題。Pool（1957）將訪談的過程比作一個有情節的劇本。Holstein和Gubrium（1995）也認為深度訪談就像一個劇本，有主題、不同角色和交流形式，而更重要的是劇本的情節，主題、角色和交流形式都因劇本的情節而發展。

　　Frey等人（2000）認為自然訪談可以理解為互動／對話式訪談，這是指訪談者與被訪談者相互瞭解彼此的經歷和背景，被訪談者積極地參與到對訪者的對話中來，表達他們的看法和見解。互動／對話式訪談必須克服不均衡的對話，不能削弱對被訪談者的經歷和對事物的理解。Kvale（1996）指出 "inter views" 是 "inter-change of views"，即訪談是研究

者與被研究者相互交換彼此對某個事件看法的過程。

為了使訪談能有效地進行，訪談者要面對系列問題，如：找誰來談、什麼時候、什麼地點談、怎樣組織訪談結構、採用什麼樣的方法訪談、怎樣記錄並轉寫等等。

(一)訪談對象的確定

自然研究者一般不依賴均衡抽樣的樣本，而是有目的有意識地選擇要訪談的人群，根據研究背景的需要確定選誰，以及誰有可能給出問題的真實答案。許多研究者依靠「主要訊息來源者」（key informants）來蒐集訊息，主要訊息來源者可以告訴研究者去找誰、怎樣找被訪談者，並提出對蒐集某類問題的建議、方式和策略，並能對所蒐集的訊息給出回饋意見和解釋。

研究者希望按照以往的研究經驗，來挑選具有很鮮明特徵的被訪談者。如根據以往的經驗，得知一個公司不同層次的人對某個問題的看法會不一樣，研究者會按照不同層次分別找不同的人群來訪談，如經理、主管、一般工作人員，這樣可以得到不同特點的回饋。如果訪談題目比較敏感，很難找到訪談對象，可以利用網路或滾雪球的方式來找案例。研究者找到一個被訪談者後，這個被訪談者可根據自身的條件，推薦其他被訪談者，以此類推「滾雪球」。另外，一些自然研究者依賴「可獲取案例」，也就是在特定環境時間下，訪談那些願意接受訪談的人群。這經常發生在公眾場合，研究者主動接近過往人群，但必須根據被訪談者是否願意來進行訪談。**表10-1**顯示目標樣本群的類型。

(二)訪談的地點與時間的確定

當確定了找誰訪談後，研究者就要考慮一些邏輯性的問題了。如確定在哪裡進行訪談。通常訪談是在很方便也很舒適的地方進行，如在被訪談者的家裡或工作的地方。若選擇在被訪談者的辦公室進行，會讓被訪談

表10-1　目標樣本群類型

類型	目標人群
1.典型案例	按照其具有明顯特徵的人群來挑選，如班上優秀的學生。
2.類比範疇案例	按照訊息詳盡特點來挑選但不需特徵鮮明，如好／壞學生、中上／中下等學生。
3.差異明顯的案例，有意挑選差異最大兩極的人群	按照同等條件卻有完全不同反應來挑選訪談人群，主要是探討對同一現象有不同反應的現象。
4.同類案例	挑選同類人群，用來集中、減少或簡化分析，使訪談過程的有效性加強。
5.規範樣本	規範的樣本可以用來進行邏輯推論，並能最大化應用在其他人群。
6.網狀放射或滾雪球案例	根據訊息詳盡特點的人群推薦，挑選另一批訊息詳盡特點的人群。
7.理論依據案例	按照某種理論來挑選特殊人群，用來解釋並檢測這種理論的建構。
8.確認或不確認案例	挑選對研究者問題確認或不確認人群，用來解釋並加深原研究分析並檢測其差異性。
9.跟蹤案例	在研究過程中，跟蹤沒有預測到的新情況進行訪談。
10.隨意性案例	在小範圍內選擇訪談對象，使每個人都有被選上的可能性，以增加樣本的信度。
11.公眾案例	選擇公眾人物，以吸引公眾注意。
12.可獲取案例	按照是否找得到來選擇，可節約時間、人力。
13.綜合案例	用綜合抽樣的方法，利用三角檢測，並滿足多種研究興趣及要求。

資料來源：Micheal Quinn Patton (1990), *Qualitative Evaluation and Research Methods* (2nd ed.), Newbury Park, CA: Sage, pp.182-183.有所刪改。

者的身分有所體現。但並不是所有的訪談都能這樣進行，如果考慮到被訪談者出於隱私要求，必須要找到他本人滿意的地方進行訪談，如公園、餐館或不引人注意的地方。

　　許多訪談是一對一的進行，但有時也會是幾個人同時被訪談。訪談形式依被訪談者情況而定。在對同一熟悉群體進行訪談的時候，一對一

和一對一組都有其利弊，如對一對夫妻的訪談。小組訪談適合對從事同一類事情的人們。他們的不同意見表達不會對他們彼此本身產生不好的影響。訪談通常是選擇被訪談者方便的時間，但也有例外，如果在特點環境才能找到特點的被訪談者，談出研究者特別關注的問題。如做跨文化學習適應研究，考察非漢字文化圈學生漢字書寫的問題時，「書寫結束以後，我們馬上跟他們進行了一對一的單獨訪談，促使他們的即時內省，洞察他們在書寫過程中的思路發展」（安然、單韻鳴，2007，頁57）。

(三)訪談形式的分類

深度訪談的形式有非結構（unstructured interview）、結構（structured interview）、半結構（semi-structured interview）三種。

非結構訪談是研究者事先不知道哪些問題適合提出來，怎樣提才不會影響被訪談者的情緒和感覺，也不清楚被訪談者的反應。Holstein和Gubrium（1995）提到著名記者和作家Studs Terkel做這類訪談時，他乾脆就打開錄音機，讓人們敞開談。

許多自然研究者是用半開放半結構的方式進行訪談。這類訪談是先將問題準備好，現場再即興隨被訪談者的講話內容進行深度提問。在大眾傳播研究中，受眾研究的一個比較典型的方法就是半結構式的焦點小組訪談。1946年，Merton和Kendall在《美國社會學雜誌》發表了「聚焦採訪」（Hansen et al., 1998; Merton & Kendall, 1955）。民族志受眾研究（Ethnographic Audience Research）的一個分析方法也隨之誕生。「聚集採訪」也就是現在研究媒介受眾比較普及的「焦點小組訪談法」（focused interview）。這種方法採用民族志訪談的研究方法，來研究受眾和媒介內容之間的相關程度以及對媒介內容的理解、使用程度。目的在於揭示出受眾是如何透過相互交談、討論來形成他們對媒介內容的更全面深刻的理解，因為焦點小組訪談能夠透過彼此發言，相互激起、刺激對方的思想，從而加深對內容的理解。這是一種群體間的互動，而透過

這種互動可以得出的數據和參考資料，往往是其他數據蒐集方法無法實現的（Morgan, 1998）。與個人訪談不同的是，焦點小組訪談可以透過群體內部刺激、互動，進一步瞭解受眾的理解和認知。當然，焦點訪談必須「焦點」突出，所以半結構式訪談應該是最為適合的。根據Stewart和Shamdasani（1990）所言，焦點小組訪談法實施的步驟是：

1.問題定義

2.確定樣本結構

3.確定協調者（moderator）

4.制定訪談指南和進行前期驗證

5.徵集參與人員

6.進行焦點小組訪談

7.分析並解釋數據

8.撰寫報告

焦點訪談的人數最後在十人以內，訪談指南基本上是關於一個話題。它的基本步驟是：先觀看專門選擇的一段媒介內容（電視電影片段、報紙文章等），然後從非主題的開放式提問轉向一些專門焦點問題上。莫利在《全國新聞》受眾研究中主要使用的研究方法就是「焦點訪談法」。其過程是先設置一個特殊的傳播情境，然後測定受眾的反應，研究的策略以最自然的反應開始，逐步向研究者假設的系統性探索。

有些研究者的問題完全按事先準備好進行，屬於結構性訪談。這樣一些訪談通常有一個問卷做引導。在訪談前，研究者仔細研究參考文獻，發現要訪談的範疇，認真設計問卷。問卷可以確保每個被訪談者被問到同樣的問題。事實上，許多深度訪談，包括那些結構形式的，都是按照「漏斗式」進行，即從大範圍慢慢過渡到專門的問題。訪談從泛泛而談開始，然後進入到特別要追蹤的問題。

(四)訪談切入的方法

　　即使是非結構式訪談也是有訪談方法的，訪談方法能使訪談順利進行。Frey等人（2000）總結了系列方式和角度來進行訪談。他們發現，有些研究者是從生活中的價值取向的某個層面來開始訪談，以避開研究者主觀的想像。如C. S. Becker（1987）用這種方式瞭解女人間的友誼。她分別訪談了兩對女性朋友，歷經四個月，訪談時間長達八至十小時。訪談一開始，要求被訪談者描述她和她的朋友的日常交往過程，要具體地談，不要抽象的字眼。接下來的訪談會根據前一次訪談內容深入往下談。每次都如此，Becker以此方式抓到了所有前一次訪談不清晰的訊息。直到每位婦女認為她已完完全全將她和朋友之間的友誼描述清楚了，訪談才算結束。

　　有些研究者則是透過某種理論的闡述，讓大家來談談對此的看法，以此將話題展開。還有些訪談是透過讓被訪談者敘述一個故事的方式，將他的經歷全部描述出來，既全面也有重點。描述過去的事情也可以理解為回憶歷史和特別事件。Schely-Newman 1995年的研究，就是用「口述歷史」的方法來瞭解以色列女人在1950年初期，受孕期間如何從阿拉伯國家移民到以色列的情況。Schely-Newman的研究還體現出一個「相似性」（similarity）的特點。因為她當時自己也懷有身孕，身體的形態改變使她很容易切入到懷孕這個話題。

　　Orbe（1994）用這種方法從事一研究，他想瞭解非洲美國人經常交流的主題。他找了三十五個非洲美國人來描述他們印象中最好或最壞的事件，在這個過程中，他們是如何和非非洲美國人交流的，從中發現要研究的訊息。

　　還要一個方法就是對事件發生的場景進行分析。研究者要求被訪談者重建一個場景，完成一段對話，這樣，能再現一種人與人的關係。如Mascheter和Harris（1986）從事的一項研究，他們訪談一對已離婚但依然保持很好關係的夫婦。在訪談中，這對夫婦被要求重建一些場景：第

一是離婚前的場景；第二是離婚後的場景；第三是將來如何解決衝突的場景。每場對話，這對夫婦之一會被問道：「你說這句話想達到什麼結果？」另外一個會被問道：「他／她這樣說能達到效果嗎？」

　　研究者自身也經常在思考什麼是特別事件或重要場景，來探索被訪談的人們是如何經歷這些事情的。這個過程稱為「解釋分析」（account analysis）。要求被訪談者對他們的動作行為做出解釋，為什麼要這樣說、這樣做。最後，研究者還可以透過口頭語言分析，瞭解被訪談者在某個事件中做出種種反應的思想活動過程。被訪談者要求說清楚當他們介入一事件中，他們的動機、想法和感覺。為了瞭解這個過程，研究者還使用「刺激回述」的方式，即研究者先將會話場景錄製下來，然後放給被訪談者聽／看，再讓他們談當時說話或某個行為的動機。

　　陳向明（2000）提到訪談過程中「聽」的重要性，她指出：「『聽』是開放型訪談的靈魂，是訪談者的心之所至」（頁195）。陳向明闡述了「聽」的三個層面：行為層面的「聽」；認知層面的「聽」；情感層面的「聽」。行為層面的「聽」有：消極的聽、積極關注的聽；認知層面的「聽」有：強加的聽（文化客位的做法）、接受的聽（文化主位的做法）、建構的聽（互為主體的做法）；情感層面的「聽」有：無感情的聽、有感情的聽、共情的聽（雙方情感上的共鳴）。「訪談中『聽』既是一門技術，也是一門藝術，它需要訪談者不僅有意識地學會一些『聽』的技能，而且要用自己的心去體會對方的心」（頁201-202）。

(五)錄製並轉寫訪談內容

　　許多深度訪談是錄音或錄影的。訪談後要將錄音或錄影內容轉寫出來，這是一個很繁瑣很花時間的事情。通常一小時的兩人對話需要四至五小時轉寫。轉寫中對細節的要求要以研究目的而定。有時，研究的重點不僅僅是在談話的內容上，而是在停頓的長度、語句重疊上。

　　重要的是，研究者要確信轉寫的內容是準確的。Rawlins和Holl

（1987）訪談了十一年級學生有關同學間友誼的問題。他們將轉寫的材料與原錄音對話一一對應，以確保轉寫的準確性，而透過再一次聽錄音訪談，他們對每個人說話時特別強調的部分又有了進一步的認識，這對他們詮釋轉寫材料大有幫助。

三、錄影

　　錄影是指在研究過程中，研究者透過錄影，將整個過程動態記錄下來，然後對每個畫面進行逐個分析。這種數據蒐集方式可以記錄到被研究者微小的變化，發現那一瞬間的自然表現行為，如面部表情、手勢語等一些非語言表達方式，從而全面準確的把握他們想表達的意思。錄影要目標明確，錄影分析要圍繞所設定的問題來進行，千萬不要因錄影內容的紛亂而迷失了分析要點。以下是〈非漢字圈學生漢語詞彙的提取與書寫過程研究〉（安然、鄒艷，2008）這篇文章透過錄影方式蒐集數據的過程描述：

　　　　在實驗過程中用錄像機對學生的書寫過程一一進行錄影監控，以便以後能夠反覆觀察學生在實驗過程中的一舉一動。攝像機攝錄了16名非漢字圈學生的實驗過程，同時，我們對實驗的全過程進行現場觀察記錄，以便細緻觀察分析學生提取與書寫漢語詞彙的過程。

　　　　我們反覆觀察研究錄像，並將學生一筆一畫的錄像書寫過程轉寫成近萬字的錄像觀察筆記。觀察筆記中對於學生的書寫狀態進行了細緻描述，如對學生的書寫速度、用時、所書寫漢字及其結構類型、詞性、筆順錯誤、結構錯誤、錯別字情況等，甚至對學生在何時做了較長時間的停頓、思考或者潤飾等非常細小的地方，也進行了詳細描述與說明。

本次錄像學生共寫漢字483個（包括重複出現的漢字）。這16名學生中只有12號學生由於實在想不出20個字詞而只寫了16個詞語，其他學生都順利完成實驗。雖然沒有時間限制，本次實驗的16名學生，最短用時1分13秒，最長用時8分55秒。

這是莫利的《電視、受眾與文化研究》中對《全國新聞》節目採訪的錄影：

採訪進行了四分鐘，鏡頭始終對著梅漢，他坐在扶手椅上，緊張地抽著菸。採訪者以畫外音的形式出現，場面大部分是梅漢面部的鏡頭，當他回顧自己的經歷時，給出的大部分都是特寫鏡頭。（莫利，2005，頁115）

四、錄音

研究者有時不能親自參與某個研究過程，或因研究者的參與會影響到被研究者的自然表現或表達，研究者可以在徵求被研究者意見後，將被研究者的互動過程錄音，然後進行分析。如從事跨文化溝通研究，要瞭解不同文化背景的家長與主流文化背景的老師是如何溝通的，家長會是一個很好的場景。但研究者在場，可能會影響到家長與老師溝通的不自然，於是研究者用錄音機將其過程錄下來，分析發現，中國家長和英國老師彼此在雙軌道行駛，沒有交叉，因此出現了跨文化溝通誤解（An, 2001）。

五、研究日記

研究日記是指完成了某一時段的觀察、訪談或其他研究方法後，對當時情景的記錄、包括自己的看法和對問題的思考、下一步計畫等等。研究日記能讓研究者思路清晰、前後一致、邏輯性強。寫研究日記本身就是

一個反思的過程。以下是一篇研究漢字圈文化與非漢字圈文化的學生學習差異的研究日記（安然、張仕海，2007）：

> 最初的一些聽力課中，我會時不時地教給他們一些課堂用語，如：上課、下課、教室、黑板、寫、讀、聽、耳塞等等，以便儘量少用英語，多用漢語。這樣重複多遍，他們對課堂用語熟悉多了，我發出一個指令，他們就能去做。如：戴上耳塞、打開書、填表、下課、上課、休息一會兒、到講台來寫等。
>
> 上了一些課後，我發現學多了聲韻母，他們較難區別很多相近的音，比如z-zh、c-ch、s-sh、r-l、j-z、q-c、x-s、in-ing等，當然還有聲調。這大概是人們常說的「化石化現象」吧？
>
> 不過，他們雖不能明辨清楚，也常寫錯，但是能將其與意義正確地聯繫起來，從而完成有效地理解過程。如：他聽到xin，可能寫成xin，也可能寫成xing，也很少寫聲調，但是能將其聯繫到「新」（new）這一學過的意義。
>
> 這裡，就有一個重要的訊息：他們是不是整體感知拼音的？是不是不會區分聲韻調？是不是可以模糊地掌握拼音就可以了？
>
> 11月2日A2班
>
> 學生認為語音中的某些難點很難，如聲調、捲平舌音、前後鼻音。聲調對於沙娜來說，很難。不喜歡寫拼音。喜歡寫漢字，寫漢字比較順暢。印度尼西亞一學生告訴我z c s zh ch sh很難。我的回答是：前三個的舌頭向前伸，後三個的舌頭向後向上捲。我認為：要想使學生區分得很清楚，是不容易的。這對於絕大多數中國人來說都是很難的。只要能聽清大概以及它的意義，那就可以了（現實社會的交際中，也是如此）。

Richardson（2000）提出研究日記應該從以下四個方面來記錄：

1.觀察記錄（observational notes）：準確記錄我看見的、聽到的、感覺到的、聞／嘗到的等等。

2.方法探討（methodological notes）：我個人認為怎樣蒐集數據的一些訊息。

3.理論思考（theoretical notes）：對我正在進行的研究的直覺、假設、批判等等。

4.個人感受（personal notes）：在研究中的感覺、我接觸到的人、我的疑惑、我的興奮等等。（pp.923-49）

總而言之，研究日記會使研究過程更嚴謹、研究者更仔細、更具有反思能力。

 ## 第三節　自然研究方法的效度與信度

自然研究方法強調的是「深入瞭解」，是探討所研究問題的深層次內涵，研究形式主要是依靠個人間的交往。自然研究者將研究時間大部分放在所研究的場景裡。在研究過程中或研究完結後，自然研究者會問自己：「研究結果是正確的嗎？」、「我們有沒有弄錯？」，要回答這些問題，研究者需要再一次審視他們自身、被研究者以及那些關注研究的人們。這種多角度的審視過程給自然研究提供了效度和信度。有關自然研究方法的效度和信度，我們可以從以下幾個層面加以解釋：

1.自然研究方法的效度和信度是指什麼？
2.怎樣確定自然研究方法的效度？
3.信度是如何得以保障的？
4.怎樣來評估自然研究方法的效度和信度？

一、研究方法的效度

Hammersley（1990）這樣解釋效度，「效度，我認為是真實性：在某種程度上準確詮釋了所蘊含的社會現象的材料」（p.57）。Creswell（2007, p. 203）對自然研究方法的效度做了一個概括，見**表10-2**（有刪減）。

效度影響到研究結果的準確性。效度應該是自然研究法所獨有的優勢，因為研究者花了大量的時間在研究現場，研究過程的描述特別精細深入，以及研究者與被研究者關係非常密切等等，這些都給自然研究法的價值和準確性增添了砝碼。

當然，光有效度的這些概念是不夠的，關鍵是如何使用這些概念。Creswell和Miller（2000）提出了八條原則：

表10-2　從不同角度來界定效度的術語名稱

研究者	界定角度	效度的術語名稱
Le Compte & Goetz (1982)	使用雙軌的、實驗和調查研究也使用的術語	內部有效性、外部有效性、信度、客觀性
Lincoln & Guba (1985)	自然研究法常使用的術語	可信度、轉換性、可靠性、確定性
Eisner (1991)	使用確定信度標準的一些術語	結構性確證、一致效度、參考性效度、諷刺效度
Angen (2000)	將效度概念應用在內容的詮釋裡	兩種：倫理的、實際的
Whittemore, Chase, & Mandle (2001)	從綜合的角度來看效度，將效度確定為第一範疇和第二範疇	第一範疇：可信度、忠實性、批判性、整合性 第二範疇：明晰性、生動性、創造性、完整性、一致性、敏感性
Richardson & St. Pierre (2005)	用比喻來界定效度為一種結晶體	這種結晶體為：生長、變化、改變、外部性反應、內部性反應

1.儘量花更多的時間在研究現場，注意觀察，尤其是要與被研究者建立信任關係，瞭解被研究者的文化背景。核實因偏見而產生的錯誤訊息。在研究場景裡，研究者要用判斷能力，決定什麼是真正重要的、與研究相關的訊息。Fetterman（1998）認為，長時間和被研究者在一起，自然而然給研究者提供了研究的效度和活力。

2.透過多重方法，研究者採用多向的不同的訊息來源、研究方法、被調查者以及不同的理論來支撐自己的研究，這個過程涉及到從不同來源來證實研究結果的一致性。

3.讓同行人聽取研究報告，並對此研究做外部審視。Lincoln和Guba（1985）指出同行人能坦率地談出自己的見解，並對研究方法、解釋等提出尖銳的意見。同行聽取意見過程（peer debriefing sessions）是保證效度的方法之一。

4.在分析否定案例時，研究者應該根據得到的否定結果，再次審視原來的條件設定，並修正原有的設定，使所有的案例都符合，以減少例外。

5.在研究的一開始就聲稱清楚自己的局限性，這樣讀者就能把握哪些過程和結果是因研究者的局限所造成。

6.將研究報告送給被研究者審查（member checking）。研究者請被研究者來審視研究報告是一個增強可信度的過程。讓被研究者來判斷準確性和可信度。Stake（1995）認為，被研究者在案例研究中「起著非常重要的指導和執行作用」。他們應該來審查研究報告初稿，以確保研究的效度。

7.詳盡的描述可以使讀者決定此訊息是否能轉換成彼訊息，即將這種訊息轉換到別的情況下成立的可能性，並確定在類似的情況下，其研究結果是否也可以用來做推論。

8.外部審視的重要性。讓一個與此研究完全沒有關係的外部審視員來審查此研究過程和結果。這對研究的效度是很有幫助的。

　　對保證效度最重要的應該是：多管道的數據蒐集，詳盡的過程描述，以及讓被研究者確定其準確性。

　　Silverman（2005）提出了幾種確保自然研究法效度的方法：

1. 多重方法（triangulation）：指的是從不同的角度和使用不同的材料來審視同一問題，以確保其真實性。

2. 回饋效度（respondent validation）：指的是將初步研究結果拿給被研究者看，讓他們給出回饋意見，以確保其真實性。

3. 反駁原則（refutability principle）：為了避免研究材料的「特殊性」（anecdotalism），研究者需要尋找反論，以確保研究的客觀性。真實的世界是客觀的，對它的認識程度如何，取決於我們對它的接受和理解，我們不能輕易地根據某種資料做出某種結論，而是應該從不同角度來檢測這種結論。有些結論若經不起檢驗，客觀世界是不認同的。

4. 持續比較法（constant comparative method）：比較法意味著研究者要用其他案例來檢測他的研究結果。但Glaser和Strauss（1967）認為，持續比較法是指在同一案例中，審視和比較所有已掌握的數據。這種方法可以從小部分數據比較擴展到大面積數據比較。持續比較法涉及到大規模數據的往返比較，也可稱作「綜合數據分析」（comprehensive data treatment）。

5. 異常案例分析（deviant-case analysis）：在「綜合數據分析」中，有時會出現「異常案例」，對異常案例的分析，可以從深層次挖掘數據所顯示的意義，從側面來鞏固研究結論，增強研究的效度。數據表象的差異絕不代表彼此的分離，它們都應有內在的相關性，這個理念應該貫穿在數據分析過程中。

　　回頭再來看中國傳統的做學問之法，其實也是和我們之前所談的自然研究方法相呼應的。如先秦時代的「書法不隱」，即如實記載歷史

事件；漢代司馬遷的「述而不作」，即只闡述史實不評論；宋代鄭樵的「金石佐證」，即用金石等實物來考訂文獻的佐證（林璧屬，2008）。清人姚鼐言：「余嘗謂學問之事，有三端焉。曰：義理也，考證也，文章也。是三者，苟善用之，則足以相濟；苟不善用之，則或至於相害」。這和我們現代研究過程的文獻、數據、結論是完全相符的。在占有數據的基礎上，加以認真辨析，將思辨融入數據中，從橫行、縱向展開全方位的研究，以增強研究的效度，也是國人從事研究的方式。

二、自然研究方法的信度

就中國傳統史學研究的「考據」而言，它講究旁證、反證、母子證（從同一源頭發展來的一連串證據）、兄弟證（來源並列的若干證據）（馮天瑜，2006）。這一過程就是在考量研究的信度。Hammersley（1992）這樣解釋信度，「信度指的是在同一範疇中，不同觀察者或同一觀察者從不同角度觀察結果的一致性程度」（p.67）。

在自然研究方法中，「信度」通常指的是由多種管道獲取數據的一致性和穩定性，這也是Silverman（2005）提到的「內部編碼一致性」（intercoder agreement）。對於「內部編碼一致性」產生過程的檢測需要引起重視。很重要的一點是編碼該怎樣保持一致，是在編碼的名稱上，還是在編碼的過程中，或在同一過程中保證統一的編碼分類。我們還需要確定是根據編碼名稱還是主題來決定一致性，或根據兩者共同決定。

當然，研究過程也不是絕對一成不變的。研究者需要根據研究材料和編碼分類所需時間來轉換研究角度和方式。確定「內部編碼一致性」可以有如下步驟：

1.按照規範的編碼要求，確定編碼的種類，然後依據某個分析軟體來確定編碼。

2.檢查編碼名稱和範疇的對否。對主要的編碼名稱概念和範疇做一界定，編碼可以分為主編碼和次編碼，或次次編碼，以此類推。確定主編碼是最重要的，隨著分析的深入，次編碼可以不斷擴展。

3.對多種轉寫材料進行編碼，發現其一致性與否。注意要檢查的是意思的「一致性」而不是完全一樣的字詞。「內部編碼一致性」對研究者的要求是，不同的研究者對不同的材料要有統一的編碼過程。這種統一性應該體現在不同研究者的編碼有80%的一致性。

4.若打亂現有編碼，換一個形式和主題來編碼，其結果應該是一樣的。

5.此過程完成後，再回頭重新審視當初的編碼種類和範疇確定是否正確。若有必要，再修正，再歸類，以確保「內部編碼一致性」的高效。

　　自然研究法的信度可以從幾個方面來考量，比如，一個高品質的錄音機，清晰的內容轉寫，研究信度就會提升。當然，在轉寫時，雖單調但卻很重要的如停頓、重疊等等，需要明確清楚的標出。然後在分析軟體的幫助下，科學客觀的編碼分類以及拋開主觀臆斷的分析，都是對信度的保證。

 結　論

　　這一章介紹了自然研究方法及其應用原則。第一節介紹自然研究方法的本質屬性，從定義的界定到種類的劃分，從研究共性的歸納到研究者素質的提煉。第二節介紹了自然研究中最常用的觀察法和訪談法。從如何開始觀察、觀察什麼到記錄觀察，本章都有詳細的介紹。對訪談的形式和內容也一一做了介紹。第三節提出了如何保證自然研究法的效度和信度。

問題與討論

1. 分成兩組，第一組做焦點訪談，確定一個訪談焦點，一個主持人，然後開始進行訪談。第二組成員分成錄影、錄音等不同的觀察角色，將第一組的焦點訪談記錄下來並分析。然後角色互換進行。

2. 寫一篇與自身經歷相關的、敘述性的個人民族志文章。

3. 選擇一個觀察點，記錄一週的觀察筆記。要體現四個方面：觀察內容、觀察方法、理論應用歸納、個人感覺反思。

Chapter 11

文本分析方法

總 體 目 標

闡述文本分析的本質與操作過程

個 體 目 標

1. 解說文本分析的本質
2. 說明內容分析的本質
3. 敘述內容分析的操作過程
4. 討論內容分析的效度與信度

　　文本分析方法與實驗法、調查法與自然研究方法的主要差別，在於後三種方法研究的直接對象是人，而文本分析法的對象則是人的行動記錄，包括對書寫的（如書信、日記、報章雜誌等）、電子的（如錄音／影帶、影片、CD等）以及視覺的（如相片、建築物、圖畫等）各種檔案的研究分析。這些不同的文本，其實都是屬於傳播的媒體。本章就分四節來探討文本分析方法的本質，並以其中的內容分析法為主要的說明對象：(1)文本分析的本質；(2)內容分析的本質；(3)內容分析的操作過程；(4)內容分析的效度與信度。

 第一節　文本分析的本質

　　文本分析的內容包含很廣。當我們問到《忍者龜》或《芝麻街》等兒童電視節目的暴力或教育成分的多寡；中國國家領導人的元旦文告內容代表著什麼；法庭辯護律師為那個殺人滅屍的犯人所提出的辯護為何；《人民日報》今天對公務員工作效率的批評背後隱藏著什麼訊息；張藝謀的《大紅燈籠高高掛》這部影片的文化意義；某政治人物或知名影歌星的部落格的內涵；台北101大樓的後現代意義；一艘大船沉沒前的那個驚險畫面或圖片的視覺衝擊等等問題時，都意味著我們在研究或分析一個文本（text）。換句話說，文本分析（textual analysis）就是研究者用來敘述與詮釋文字記載與視覺訊息之特徵的一種研究方法，而且這個敘述與詮釋的過程，常常會延伸到對文本的批評與審核。這一節就先從文本分析的目的與種類兩個角度，來瞭解它的本質。

一、文本分析的目的

　　文本分析的目的主要有三：首先是研究者冀求從文本裡尋找出意義

（meaning）來，這個意義可能是文本自身本具的意義，也可能是研究者經由觀察與搜索的過程，所給予文本的意義。也就是說，文本意義的來源，可能源自對文本製造者當時生產該文本時的用意何在的指陳，或者是從文本的接收者對文本的解釋來瞭解。依據研究的性質，研究者可以採用其中一種或兩種意義並用。不過要瞭解文本的意義並不是一件容易的事，因為一個文本不可能只存在一種意義，它的意義通常是多重多樣的。

其次，除了試圖理出文本的意義之外，文本分析也試著描述文本內容的結構與功能。文本結構乃是以相關元素把意義聯結起來成為一個有意義之文本的過程。文本結構的分析，特別重視對這些訊息元素的組織化過程。這個結構過程通常有兩種：一是文本本身內在個別元素之間關係的結構；另一是這些內在個別元素之結構的互動所形成的一個整體性的架構。文本自身內在元素之結構與集合性文本結構之間的一致或歧異性的分析，也是文本結構分析的要項之一。從文本結構的分析，常常可以分辨出文本生產者的訊息目的、個性類別與所要表達的意見等訊息。

文本的功能分析，目的在描述一個文本要對受眾做什麼的企圖。一個文本的功能，可能是為了說服受眾（persuasive function），用意在改變、強化、甚至製造受眾的感覺、思考或行動。一個文本的功能也可能是為了提供受眾不同的訊息（informational function），也就是散布有關社會、文化、政治、教育等等相關的事實（fact）。當然，這些文本所提供的所謂事實，不見得是中性或毫無爭論的。很多所謂事實的訊息，常常是經由精心設計而成的，或是百般演練之後才加以呈現的，它在散布的同時，也存在著文本生產者企圖說服受眾的目的。最後，文本的娛樂性功能（entertaining function）旨在讓受眾感到輕鬆愉快，暫時遠離日常的壓力。如影視的喜劇節目、漫畫卡通或音樂演奏等，都屬於娛樂性的文本。如同提供資訊的功能，娛樂性的文本也常具有說服受眾的功能在，如一般所言的「寓教於樂」，就是這個道理。

　　文本分析的第三個目的在於瞭解影響文本產生的相關變項，以及文本產生之後對受眾所引發的衝擊，也就是文本產生的前因與後果。這個過程，免不了需要運用一些可以依據的標準來對文本加以批判或評審。一個文本的產生，必然有其歷史動因與社會因素。例如，美國金恩（M. L. King）博士於1963年聞名世界的「我有一個夢想」的演說文本的產生，乃是因為獨立宣言所立論的人類生而平等的理想，在1950年代的美國遠遠落後其他國家的情況下所推波助瀾的。當時的美國社會，因黑人奴隸的歷史前因，造成種族之間相當不平等的關係。盎格魯撒克遜族的白人為美國社會主流，其他少數民族常受到歧視，無法在工作、教育與其他領域享受平等的待遇。人權運動乃適時而起，尤其是非洲裔的美國人，屢屢揭竿而起，爭取平等的人權。

　　作為一個黑人的牧師，金恩博士於1963年在阿拉巴馬州的伯明罕市，以非暴力的方式，帶領著群眾遊行示威。雖然金恩因此入獄，但給白人當政者帶來巨大的壓力，而答應金恩博士一些對反隔離政策之改變的要求。此事件聞名全國，金恩博士出獄後，於當年8月28日，在美國首府華盛頓特區舉行了一個大型的遊行活動，並且發表了「我有一個夢想」的演說。這個演說轟動一時，使金恩博士在次年獲得了諾貝爾和平獎。這個演說對黑人的民權運動影響巨大，也逐漸改變了美國的人權政策，改寫了美國種族關係的歷史。雖然到今天，種族歧視的問題仍然存在，但有了法律的保護之後，重大的衝突事端就很少發生了。這就是這個文本部分前因與後果的例子。這種對文本的前因與後果的分析，對一個事件的瞭解有很大的幫助，而且可以作為一面鏡子，使後人不會再重蹈覆轍。

二、文本分析的種類

　　文本分析只是一個通稱，包含在這個名詞之下的研究方法有很多，其中在傳播學領域比較常見的有修辭批評（rhetorical criticism）、互動分

析（interaction analysis）以及內容分析（content analysis）三種。

(一)修辭批評

　　本書第一章就已提到，傳播學這個領域乃是演辯（speech）與傳播（communication）兩個學術領域所整合而成的學門。演辯學起源於亞里斯多德的修辭學，這方面的學科，在美國很多傳播系所，目前仍然占據著很大的資源與場域。所謂修辭批評，依據 Andrews（2004）的說法，乃是對文本內的訊息所具有的說服力量，有系統的加以描述、分析、詮釋與評價的一種研究方法。修辭批評從希臘羅馬時期的古典修辭學，發展到當今的現代修辭研究，其內涵已從傳統的對演說的研究與技巧訓練，擴展到從哲學、理論與方法的面向，處理不同的文本，在不同的傳播次領域裡，所產生的說服效果。例如，華人傳播學者蕭小穗，就成功地把修辭批評研究，延伸到對西學東漸在中國產生之影響的跨文化傳播領域（Xiao, 1995, 1996, 2004, 2005）。

　　修辭批評因為歷史悠久，研究者眾，實用與學術並重，因此衍生了不少種類型。諸如歷史批評（historical criticism）、新亞里斯多德批評（neo-Aristotelian criticism）、隱喻批評（metaphoric criticism）、幻想主題批評（fantasy theme criticism）、敘述批評（narrative criticism）、戲劇性批評（dramatistic criticism）、類型批評（generic criticism）、女性主義批評（feminist criticism）、神話性批評（mythic criticism）、構架分析（framing analysis）等，都是屬於修辭批評裡常見的方法。這些不同的修辭批評，具有共同的多重功能。

　　Andrews（2004）把修辭批評主要的功能，歸納為五種：

1.對文本效果（effect）的追尋，它把文本視為與受眾之間的溝通，注重訊息對受眾的影響。
2.闡明事件、情境與文本生產者之間錯綜複雜的關係，以瞭解文本訊息受到社會、文化、歷史等情境影響與被影響的過程。

3.作為一種社會批評（social criticism）的工具，揭發或批判社會上諸如種族與性別等弱勢族群所受到媒體或政府政策之不平等的刻板印象或歧視。

4.用以發展與修正有關說服性訊息互動之學術理論。

5.提供教育的功能，培養人們對說服過程的知識與技巧的習得。

(二)互動分析

「互動分析」顧名思義，乃是指分析兩造之間交換訊息的過程。兩人之間的互動，除了面對面的交談之外，還包括了經由電話或電子等訊息傳遞的互動。另外，如正式的面談（interview）、小組討論、辯論、法庭聽證會等，也都屬於訊息互動的一部分。這些訊息互動，都建立在互動雙方對話（conversation）的基礎之上，因此互動分析，也可以稱為對話分析（conversational analysis）。對話分析的目的在於描述、解釋與評判主導著人類對話之規則的結構與功能（Fisher, 1985）。

互動分析側重的對話規則（rule）有制定性／行為性規則（regulative/behavioral rule）與構成性／解釋性規則（constitutive/interpretative rule）兩種。前者指定在某種場合使用何種對話是合適或不合適，是許可或不許可的行為準則；後者則允許對話者，能自主地在不同時空之下，給予訊息不同的解釋，而行使當下合適的對話行為。對話的結構分析，著重在訊息個別之間與整體之間的意義組織的研究。對話的功能分析，則力圖瞭解互動者之間，在對話時彼此影響的過程。結合起來，對話分析的明確目的在於描述溝通的常態（recurring patterns），以制定性與解釋性兩種規則解釋這些可觀察的互動常態，以及評判這些互動常態的一貫性（coherence）如何影響對話目標的達成（Smith, 1988）。

(三)內容分析（content analysis）

根據Krippendorff（2003）的說法，內容分析作為一個科學研究方

法，一群在瑞典的學者與教士，早在十八世紀即開始使用。這群人分析了九十首非正宗集錄的聖詩，來確定這些聖詩是否有褻瀆瑞典國家教會之教義的嫌疑；同時也分析了其中所包含的宗教象徵符號與正統聖詩版本的異同。最後發現該合集具有公信力，可以取代傳統的聖詩版本，這也同時開啟了內容分析方法之端。這個方法在十九世紀引進了美國，早期大量使用在對報紙內容的分析。第二次世界大戰期間，內容分析方法又被應用在分析德國收音機，包括時事報導、音樂、政治人物演說辭之內容的顯性與隱性的意義。之後，內容分析一躍成為當今大眾傳播研究的主要方法之一。由於它運用廣泛，定性與定量並備，學傳播的人對這個方法通常必須具有基本的認識。本章下一節開始，就集中在這個方法的解說。

　　總的說起來，文本分析與其他研究方法相較之下，具有三項不同的明顯特徵（Frey, Botan, Friedman, & Kreps, 1992）：(1)文本分析以訊息（message）為研究的對象，不管是文字或非文字的各種象徵產品；(2)文本的取得通常來自自然情況下產生的傳播行為，而非由研究者所構建或引發而成；(3)由於是研究文本而非文本的製造者，所以文本作為資料本身，不至於受到方法自身的影響。另外，當我們研讀文本分析報告的時候，也有幾個需要遵守的共同法則：首先是要知道，受分析的文本是不是最適當的一種；其次是瞭解生產該文本的方法，如錄音的器具，是否影響到文本資料的效度（validity）；再次是要確定研究者所分析的文本的完整與正確性；最後是要知道分析的文本是否是一個樣本而已，如果是，這個樣本的代表性為何。從研究者的角度，這也就是意味著必須慎選分析文本，以及該文本是否貼切地聯繫著特殊之研究問題的重要性。

 ## 第二節　內容分析法的本質

　　為了整體性地瞭解內容分析法，本節分三個部分來說明：內容分析

的定義、內容分析法的目的和功能、內容分析的種類。

一、內容分析的定義

　　一個研究問題當然可以使用不同的研究方法來蒐集資料以便加以解答，但是依研究問題的性質，不同的方法有不同的優劣處。換句話說，有些問題以某個特殊的研究方法來解答，會比使用另外一個方法來得適當。例如，要解答觀賞暴力電視節目是否會使兒童的行為變得更具侵略性，以實驗方法來處理，可說是最適當的一個。但如果研究問題是有關兒童電視卡通節目到底具有多少暴力的成分，那麼以文本分析裡的內容分析法來處理，就具有最大的優勢，因為內容分析法，最善於對訊息的內容加以描述與得出結論。更具體的說，內容分析就是從一個互動文本裡，對其中特殊的訊息與訊息的特徵，加以認定、描述、解說與分析。或者說，內容分析就是以客觀與有系統的方法，確認出訊息之特徵，並進一步推論出結果的過程（Krippendorff, 2003; Weber, 1990）。

二、內容分析的目的與功能

　　從以上的定義，可以看出內容分析的兩個主要目的（Smith, 1988）：

　　首先，內容分析旨在經由詢問說什麼，怎麼說，與對誰說的過程，描述溝通互動的特性。這個目的所要達到的功能，包括了確認訊息的重複主題（recurring themes）與結構形態（structural patterns），以及進一步比較同一個訊息由不同人來表達，或不同訊息由同一個人來表達所可能產生的差異性。這個描述的功能，也意味著內容分析方法，可以有系統地挖掘出文本的表層易見與內在隱含的內容。

　　內容分析的第二個目的，在經由辨認出某種訊息生成的原因，以及它可能的衝擊為何的過程，來推論溝通互動的結果會是怎樣。這個思辨性

的目的所要達到的功能，包括從文本訊息的來源、受眾和情境的特色，提煉出某種結論，顯示該訊息可能的影響，或推論出該訊息所反映的文化規範與社交行為。這種建立在內容分析法之科學性的推論結果，通常具有高的效度，並且可以經由重複測試（replication），來確認它的準確性。

三、內容分析的種類

內容分析有定性與定量兩種。定性的內容分析對文本訊息相關意義的研究較為注重，定量的文本分析則側重計算文本訊息裡特殊變項出現的頻率與結構。例如，Chen和Holt（2002）分析老子在《道德經》裡如何使用水作為一個隱喻，來說服讀者以達到傳播他的社會與政治理念，就是用定性的文本分析方法來處理的。該文認為，在《道德經》裡，老子以水為喻，把「道」的意義從形上的層次，轉換到社會與行為的層次。也就是把「道」歸納在三個與水屬性相關的概念，包括了至虛、用柔、處下／不爭，每一個概念又涵蓋一組相關的次級概念，而有效的把籠統複雜的「道」的意義簡明清晰地表達出來，使讀者很容易瞭解與接受老子社會改革的理念。除了這個敘述性的內容分析之外，作者更進一步引申推論，認為分析的結果，可以印證老子這種以水喻道的修辭說服方法，在亞洲國家，早已有之，而非一些西方學者咬定東方沒有修辭學傳統的謬論。

不過，一般所謂的內容分析研究，雖然有些同時使用了定性與定量兩種方法，但大部分的內容分析研究，是屬於定量的。定量的內容分析，通常會有系統地使用數字來代表訊息的意義，並引用統計來分析經過測量過程所蒐集到的文本訊息資料。然後以分析所得，來描述與推論人類溝通的行為。使用定量的內容分析法至少具有五項優勢（Frey, Botan, Friedman, & Kreps, 1992; Krippendorff, 2003）：

首先，如同其他不同的文本分析法，內容分析法是以非干擾性的方式（unobtrusive technique）取得資料的，因為文本是已經存在的紀錄，不

像實驗、調查或民族志學等方法，研究者必須經歷過測試或觀察以蒐集資料的過程。

其次，內容分析並不排斥非結構性（unstructured）的檔案或資料，而由研究者自己來加以整理歸納，這不像事先已預定好問題的問卷與訪談調查，只能使用受到題目所限的答案。

第三，問卷或訪談的方法所蒐集的資料的場景，通常是與互動發生的情境（context）相互遠離；但是內容分析的資料對象往往是與情境聯結在一起的，這就是為什麼說內容分析是一種複製與有效推論從資料到資料發生情境之技術的原因。也因為如此，內容分析除了研究文本的內容之外，同時可以推知文本生產者的隱藏動機與文本對受眾所產生的影響。

第四，由於電腦在儲存上的強大功能，使得內容分析方法可以同時處理龐大的資料。例如，張玉佩（2005）以觀展／表演典範理論框架與網際網路的實證經驗資料分析為基礎，研究閱聽人透過媒介影像投射而進行自我主體建構的過程。她以文學網站「村上春樹的網路森林」作為主要的研究場域，連續觀察與分析該網站四年所蒐集的一千八百一十五篇文章。足見所分析之文本資料的龐大。至於Kunkel和Gantz（1992）內容分析一萬個電視廣告，以便瞭解在商業台、獨立台與有線電視台在上演兒童節目時播放的廣告的形態，其量之大，就更不用說了。

最後，內容分析也是一種很適合研究文本訊息因時而異的變遷過程。比起實驗與調查研究方法，長期性（longitudinal）的內容分析的操作簡易多了。例如，如果要瞭解中國春節電視聯歡節目二十年來的變遷，那就把這二十年來中央電視台每年的春節聯歡節目錄影帶，拿出來做內容分析，很容易就可得知結果。定量內容分析法的好處是不少，下一節就集中來討論這個方法的操作過程。

第三節　內容分析法的操作

內容分析的操作，大略可以分為八個步驟：(1)確定研究問題；(2)決定適當的資料母體；(3)選出具有代表性的樣本（representative sample）；(4)決定分析單位（unit of analysis）；(5)制定測量表（scheme of measurement）；(6)訓練譯碼人（coders）；(7)分析資料（Smith, 1988; Stewart, 2002）。

一、確定研究問題

如同其他研究方法，首先都必須確定研究的題目為何，以及從這個題目做了文獻的回顧之後，所引發出什麼樣的研究問題。適合定量內容分析的研究問題，通常必須鎖定對文本訊息的分析與量化的操作。例如以下幾個研究問題，都很適合以內容分析的方法來研究：

· 中央台新聞聯播節目有關農業問題報導使用的字眼有哪些？
· 常在婦女雜誌裡出現的男女人物的職業是什麼？
· 電視台黃金時段節目裡與暴力事件有關的新聞報導有哪些？
· 《羊城晚報》與《蘋果日報》在國際、國家、區域與地方性的新聞報導上有何差異？
· 十年來中央台對少數民族的報導有何改變嗎？
· 美國今年總統候選人的競選演說對國家教育政策的態度為何？
· 兩年來國家領導人重要的演說裡提到「和諧」這個詞的頻率為何？
· 新聞傳播學院使用的《傳播學概論》這本教材可讀性的層次為何？

　　這些研究問題雖然各有不同，但是對訊息內容的量化處理與分析則是一致的。

二、決定適當的資料母體

　　有了研究的問題，下一個步驟是決定所有文本資料的所在地，也就是弄清楚什麼是文本訊息的資料庫。通常所提出的研究問題清晰明瞭的話，基本上就可得知文本訊息的資料庫在哪裡。例如，從前面的第一個研究問題「中央台新聞聯播節目有關農業問題報導使用的字眼有哪些？」一看就可知道，中央台一定保存著所有新聞聯播節目的資料。要獲取這些相關資料，只要得到中央台的許可就可進行。又如「兩年來國家領導人重要的演說裡提到『和諧』這個詞的頻率為何？」這個研究問題的母體資料，當然是選定國家領導人這兩年來的重要演說紀錄了。至於何處可以找到這些演說紀錄，公家相關單位是找到這些文本最好的地方，其他如報社、報章雜誌與網路，或許都可找到那些演說文本。

三、選出具有代表性的樣本

　　知道了全體的文本對象與所在，接著要做的就是決定分析的對象是所有的文本訊息，還是只需要其中一部分。由於全部的文本資料通常都是極為龐大，如「電視台黃金時段節目裡與暴力事件有關的新聞報導有哪些？」這個研究問題，電視黃金時段天天都有，電視台的數目也有好幾個，每個電視台也都有好多年的歷史，要分析所有電視台的黃金時段節目集合起來之文本資料，可說是不符實際，也沒有哪個必要。所該做的是從這一大批文本資料的母體，經過抽樣的過程，選出部分代表性的文本資料加以分析即可。例如，研究者需要先確定要研究哪個或幾個電視台，鳳凰台就可以了嗎？還是還要加上中央電視台或其他地方台呢？另外，也需要

界定「黃金時段」到底是什麼意思，是指晚上六點到九點，還是七點到八點的節目呢？電視台與節目時間選定了，那麼要取用哪幾年的節目呢？要取用整個星期的黃金時段的節目，還是只需要其中幾天的節目就可以了？這些問題有了答案之後，就可以利用抽樣的方法，來取得要加以分析的那些代表性的文本資料。

內容分析法較常使用的抽樣方法有兩種：一種是把所有的文本資料做成一個抽樣架構，然後每項文本資料按順序編號，再用簡單隨機抽樣法（simple random sampling）、系統抽樣法（systematic sampling）或分層抽樣法（stratified probability sampling）取出所需要的樣本。不過，由於這些方法常常過於費時，如全體文本資料的數量過大，連要各自編個號碼，都是費時費力之事，因此一般都使用第二種方式，也就是多階段集群抽樣法（multistage cluster sampling）來處理。使用這個方法，可以把所有的文本資料分成不同的組別，然後從中隨機取出需要的一組，再加以分析該組所有的內容；或者再從該組經由隨機過程，取出代表性的文本資料作為分析的樣本。這些抽樣的方法，本書第六章有詳細的說明。

四、決定分析單位

取得了代表性的文本資料之後，下一步必須決定分析的單位是什麼。所謂分析單位就是指被分析的文本訊息元素（message elements）。Krippendorff（2003）把分析單位歸類為物理單位（physical units）、句法單位（syntactical units）、指示單位（referential units）、命題單位（propositional units）以及主題單位（thematic units）五種。

(一)物理單位

物理單位指文本的種類，書籍、電視影集、演說詞、財務報告、信件、詩、海報等都是屬於物理單位。這些單位都是有形體的文本，它們

幾乎可以說是媒體本身，因為它們的存在是顯而易見的，所以常受到忽視。物理單位與媒體的區分，在於它們以時間、長度、尺寸、數量、集別等作為識別標誌，媒體則以承載的資訊（information）為主。

(二)句法單位

句法單位指與互動媒介之文法相關的項目，諸如文本裡的單字（word）、隱喻（metaphor）、圖表（diagram）、新聞條目（news item）等個別性的符號都是屬於句法單位。這些單位並不需要在意義上做任何辨識。單字到目前，可說是內容分析法裡的書寫文本中最小而且也是最可靠的分析單位。

(三)指示單位

指示單位指文本關於什麼的部分，它們是一個陳述所指涉到的物件（object）、事件（event）、人物（person）、舉動（act）、想法（idea）等項目。例如，通用公司總裁對某個社會事件的正面或負面的看法即是指示單位。又如美國第三十七任總統尼克森（R. M. Nixon）可以被指為「第一個訪問中國的美國總統」與「水門案件的主導者」。引號內的稱法，就是指示單位的表徵。對同一個人或一個事件可以有不同的指示法，而這些指示也可以是單單一個字、一個句子或一組用法。另外，指示的方法既可以是直接的，也可以是間接的。

(四)命題單位

比起只注重文本訊息所指涉的事物與它們可能屬性的指示單位，命題單位更進一步解析文本更複雜的結構。若以分析「掛著深度眼鏡的陳國明正與強大的學校機構打著一場不可能勝利的仗」這個文本訊息為例，可以歸納出以下幾組命題單位：

· 掛著深度眼鏡的陳老教授／正與一個機構／打著一場仗。

· 這個學校機構／是／強大有力的。

· 這位陳老教授／是／無法成功的。

這種把複雜句子分隔成不同的命題單位,可以比使用單獨的字或事物作為分析單位,更容易發覺文本背後所隱藏的立場或意識形態。

(五)主題單位

主題單位的產生,首先是對文本訊息的內容與意義的徹底瞭解,然後在這個基礎之上,以主題為單位,把類似的訊息歸入同一個主題。閱讀一個文本的時候,要看出訊息的主題並不難,不過要真正的把整個文本,歸納到既完整又可靠的不同主題,卻不是件容易的事。以主題單位作為分析基礎有兩種做法,一是以事先擬定的主題來分析文本,例如以種族、犯罪、暴力行為等主題,來分析電視黃金時段所播映的警匪片;另外一種做法是不事先擬定類目,而是從文本內容分析的過程,讓主題一一呈現,然後再陸續把相近的主題歸納成類目。

五、制定測量表

分析單位決定之後,接著下一個重要的步驟是制定測量或處理資料的依據,這個依據叫做資料測量表(scheme of data measurement)。這個測量表就是分析文本資料所依據的不同類目(category),文本的資料可一一歸納到相關的類目裡。文本分析的類目通常是屬於類別群(nominal or discrete group),不同類目之間具有不同的屬性,只要是屬於類目A,就不會在類目B出現。例如,分析電視節目對女性的描繪,可以用五個類目作為分析的依據:(1)裝飾用的性對象;(2)全職的家庭主婦與母親;(3)在外頭有著無關緊要之工作的家庭主婦與母親;(4)職業婦女;(5)沒有清楚性別角色之區分的婦女(Pingree, Hawkins, Butler, & Paisley, 1976)。這

是事先擬定類目的做法。事先與不事先擬定類目兩個方法之間的區別，在於研究者是採用「資料到理論」（data-to-theory）或「理論到資料」（theory-to-data）的研究取向。

　　不事先擬定類目的分析方法，有時由於文本資料太多，分析過程不容易有組織性的掌握出現的類目。例如，有二百封信件等待內容分析，若邊讀邊抓出類目，二百封信所得出的類目可能過於龐雜繁瑣，難以有效的梳理。應付這種困難的一個可行方法是，可以先隨機從這二百封信抽出十封，然後仔細分析出這具有代表性的十封信的主題。之後，再以這些主題作為分析其他九十封信的標準，若有新的主題一再出現，則可以列入結果以便使用；若其中的主題出現頻率變得很少，在報告結果時，可以把這些頻率低的主題刪除。然後再依這些主題性質，歸納為不同的類目。這種方法通常協助研究者比較有效地控制分析過程。

六、訓練譯碼人

　　為了提高分析結果的可信度，同一個文本資料，通常都有兩個以上經過訓練的人來操作。大學裡的研究生助理，就是從事這種工作的很好人選。這些從事內容分析的研究員或助理，稱為「譯碼人」。對譯碼人的訓練，主要的目的在於建立起共同的參照架構，所以對分析類目的認知不會產生過大的歧異。訓練譯碼人是個相當費時的過程，通常的做法是做幾個資料測量表的先導測試（pilot test）。每個先導測試結束後，大家就集合起來共同討論譯碼的一致性（consistency）與不一致性，以及定義是否清楚的問題。仔細安排這個先導測試的過程，對研究者釐清譯碼可能的問題與增加譯碼的信度都有很大的幫助。

　　不同譯碼人分析相同文本資料所得結果之間的一致性，稱之為譯碼者之間信度（intercoder reliability）。譯碼者之間的信度不管是在訓練過程，或在實際分析過程都是很重要的。譯碼者之間的信度係數若沒有達到

滿意的程度，結果是無用的。計算譯碼者之間信度係數的方法有多種，其中最簡單的是由Holsti（1969）所提出，其公式如下：

$$信度係數 = 2M/ (N_1 + N_2)$$

其中M代表譯碼者彼此之間看法一致的次數，N_1代表第一個譯碼者譯碼的次數，N_2代表第二個譯碼者譯碼的次數。

例如，操作了五十個分析單位的文本資料，甲乙兩個譯碼人一致歸入類目的數量有四十個，那麼

$$信度係數 = 2(40)/(50+50) = 80 \div 100 = .80$$

信度係數.80算是可以接受的程度。譯碼者之間的信度之所以會偏低，通常是因為譯碼者的能力不佳，類目的定義不夠清晰，或者是受到隨機誤差（random error）的影響。隨機誤差是指一些無法由譯碼者操控的因素，如過度疲倦、粗心大意與突然覺得身體不舒服等，都是屬於隨機誤差。

七、分析資料

內容分析操作的最後一個步驟是開始從事譯碼的工作，以及分析譯碼的結果。受過訓練的譯碼者，依據資料測量表，把文本資料裡的分析單位一一歸入適當的類目裡。這個步驟通常可以使用簡單的譯碼表，或以電腦來協助歸類。分析單位很清楚，類目的定義也簡單明瞭的時候，使用電腦來歸類是很可行的方法。但是對內容比較複雜的文本資料，有受過訓練的譯碼者來分析與歸類，是比較妥當些。

分析單位歸入到類別類目（nominal category）的屬於定性的資料；分析單位需要使用數字計算的屬於定量資料。定性的資料可以讓人瞭解溝

表11-1　內容分析記錄表

報紙代號	分析的社論數目	親美國社論數目	親中國社論數目	反美國社論數目	反中國社論數目
1	45	8	0	0	5
2	39	4	5	3	2
3	56	0	13	15	0
4	28	2	1	7	9
5	41	6	6	4	5

通的內涵是什麼，定量的資料可以讓人瞭解不同訊息在互動中出現的頻率。不管是哪一種資料，都能對溝通的過程從不同角度來加以瞭解。內容分析的過程，通常會製造不同的表格，來記錄分析的結果。**表11-1**就以物理分析單位舉一個簡單表格的例子。

　　表格裡的報紙為這個研究的物理分析單位，以五個報紙為例子，第一欄的數字為每一個報紙的代號；親美國或反美國與親中國或反中國的四欄為分析的類目，從每個類目裡的數字，可以得知該類目所出現的次數。第二欄列出了各報紙所分析的社論數量，這些數量可以讓我們得知各類目出現的比率，例如，報紙裡的社論有近18%是親美國的。這個比率數字對分析結果的解釋會很有幫助。

　　定性的資料，較常使用描述性的統計方法（descriptive statistics）來處理；如果研究是要測試假設，推論統計（inferential statistics）中的卡方檢驗法（Chi-square test）是最常使用的。定量的資料屬於等距（interval）或等比（ratio）測量，較常使用的是簡單的t 檢定（t-test）與相關係（correlation）測試，或者較複雜的變異數分析（analysis of variance, ANOVA）與辨別分析（discriminate analysis）等推論統計方法。使用推論統計方法分析資料，可以從差異的比較與相關係的檢定，給研究提供更深入與有趣的分析效果。所有分析結束之後，就可根據第三章的提示，把結果報告出來。

第四節　內容分析的效度與信度

　　學者基本上同意內容分析方法的成敗，乃是建立在分析單位所寄居的類目之上。清楚地界定與緊貼研究的問題與內涵，是類目所能給內容分析帶來滿意結果的關鍵。因此，如何建構有效的分析類目，是使用內容分析法所不能忽略的重要環節。由於本書有專章討論研究效度與信度的問題，在此就只做個簡單的討論。

一、效度的測試方法

　　效度的測試方法有多種，其中可以應用在分析類目的有四種值得說明：表面效度（face validity）、語義效度（semantic validity）、效標效度（criterion validity）與建構效度（construct validity）。

(一)表面效度

　　表面效度又稱內容效度（content validity），屬於比較薄弱的一種效度。只要研究者能夠確定使用的分析類目代表了研究概念的內容屬性，這個類目就具有表面效度。不過，表面效度也可以經由較嚴謹的過程來獲取。程序是：(1)首先必須舉出研究概念的全部內容；(2)接著製造對這些內容具有代表性的分析類目；(3)然後邀請幾個這個研究領域的專家學者，幫忙認定這些分析類目是否具有代表性；(4)最後是比較這些專家學者認定的結果，如果他們之間的認定彼此很接近，就表示這些分析類目具有表面或內容效度。

(二)語義效度

　　根據Weber（1990）的說法，語義效度是針對同一個分析類目裡面使用之字詞的意義。如同表面效度的做法，可以請幾個專家學者，對同一個

類目裡面的重要用詞遣字的定義提出看法。如果他們之間對同一個字詞意義的看法是一致的，那麼語義效度自然就產生了。

(三)效標效度

效標效度又稱為預測效度（predictive validity），意指使用的分析類目所得到的結果，可以有效地作為未來行動的指標。就好像要到國外的研究所讀書，必須先考托福和GRE。這兩種測驗的用途在於，一個外國學生如果這兩種測驗都達到了學校要求的標準，就意味著這個學生就讀研究所時，在語言、數理與邏輯推論方面的能力，可以應付研究所的基本要求。如果結果真的是這個樣子，那麼就可以說托福與GRE兩種測量，具有效標效度。當然，托福與GRE測驗已經行之有年，它們的效標效度是可以信任的。在內容分析方面，如果使用的分析類目，可以預測出有效的結果，那就是具有效標效度。例如，二次大戰時，盟軍所設計的分析類目，用來分析日本收音機廣播的消息，結果對日本軍隊的移動都能確實的掌握到，這意味著這些分析類目具有效標效度。

(四)建構效度

建構效度的成立，必須與既存的測量工具（measure）在理論上有著邏輯性的關係。換句話說，如果有可靠的理論提供了概念A與概念B之間存在著正面關係（positive relationship），但是與概念C存在著負面關係（negative relationship）的預測，結果用以測量概念A的量表，真的是與概念B有著正面，而且與概念C有著負面的關係，那麼就可以說概念A的量表，具有建構效度。對於內容分析法而言，如果所使用的分析類目，是源自可靠之理論的假設或預測，這些分析類目就具有建構效度。例如，Chen、Chou、Pan和Chang（2008）在分析慈濟醫學院對死後遺體捐贈的公共傳播宣傳活動（public communication campaign）時，使用了 McGuire（1989, 2001）所建立的公共傳播宣傳活動的說服傳播模式的五個要素，

包括了來源（source）、訊息（message）、管道（channel）、接收者
（receiver）與目標（destination），作為分析的依據。由於這五個要素具
有很好的理論基礎，因此分析時以它們作為分析的類目，建構效度可說是
令人滿意的。

二、信度的測試方法

至於信度的測試方法也是有幾個種類。在內容分析方面，最常使用
的是前面所提到的譯碼者之間的信度。除了前面所舉的Holsti的計算公式
之外，讓我們在此另舉一例來說明。例如，兩個譯碼者被要求分析五個報
紙的社論，並確定這些社論的內容是親美還是反美的。結果如下：

	社論一	社論二	社論三	社論四	社論五
譯碼人 A	親美	親美	親美	親美	親美
譯碼人 B	親美	親美	反美	親美	親美

結果顯示，五個答案中有一個不同，雙方一致性的比率為80%（信度係數
為.80）。因為內容分析的信度係數通常以.70作為可以接受的底線，因此
這個結果是可以接受的。其他不同的信度測試法，讀者可參閱第七章。

結　論

本章分四節闡述文本分析的本質與操作過程，然後以文本分析方法
之中比較普遍的內容分析作為仔細討論的對象，說明了內容分析的本質
與操作過程，以及效度與信度。第一節從文本分析的目的與種類兩個角
度，來瞭解它的本質。文本分析乃是研究者用來敘述與詮釋文字記載與視
覺訊息之特徵的一種研究方法，而且這個敘述與詮釋的過程，常常會延伸

到對文本的批評與審核。

　　文本分析的目的主要有三：首先是研究者冀求從文本裡，尋找出意義，這個意義可能是文本自身本具的意義，也可能是研究者經由觀察與搜索的過程，所給予文本的意義；其次是試著描述文本內容的結構與功能；第三是在於瞭解影響文本產生的相關變項，以及文本產生之後對受眾所產生的衝擊，也就是文本產生的前因與後果。

　　文本分析只是一個通稱，其中在傳播學領域比較常見的有修辭批評、互動分析以及內容分析三種。修辭批評乃是對文本內的訊息所具有的說服力量，有系統的加以描述、分析、詮釋與評價的一種研究方法。諸如歷史批評、新亞里斯多德批評、隱喻批評、幻想主題分析、敘述批評、戲劇性批評、樣型批評、女性主義批評、神話性批評、構架分析等，都是屬於修辭批評裡常見的方法。互動分析指分析兩造之間交換訊息的過程。兩人之間的互動，除了面對面的交談之外，還包括了經由電話或電子等訊息傳遞的互動。另外，如正式的面談、小組討論、辯論、法庭聽證會等，也都屬於訊息互動的一部分。

　　第二節從內容分析的定義、內容分析的目的和功能、內容分析的種類三個方面，說明了內容分析的本質。內容分析就是從一個互動文本裡，對其中特殊的訊息與訊息的特徵，加以認定、描述、解說與分析的過程。也就是說，內容分析乃是以客觀與有系統的方法，確認出訊息之特徵以推論出結果的過程。內容分析有兩個主要目的：(1)內容分析旨在經由詢問說什麼，怎麼說，與對誰說的過程，描述溝通互動的特性：(2)在經由辨認出為什麼某種訊息生成的原因，以及它可能的衝擊為何的過程，來推論溝通互動的結果會是怎樣。內容分析的種類，則有定性與定量兩種。定性的內容分析對文本訊息相關意義的研究比較注重，定量的文本分析則側重計算文本訊息裡特殊變項出現的頻率與結構。

　　第三節敘述內容分析的操作過程，其步驟約略可分為八個：(1)確定研究問題；(2)決定適當的資料母體；(3)選出具有代表性的樣本；(4)決定

分析單位；(5)制定測量表；(6)訓練譯碼人；(7)內容資料譯碼；(8)分析資料。其中，分析單位指分析的文本訊息元素，可歸類成物理單位、句法單位、指示單位、命題單位以及主題單位五種。

　　最後一節討論了內容分析的效度與信度。效度的測試方法有多種，其中可以應用在分析類目的有表面效度、語義效度、效標效度與建構效度四種。最常在內容分析法使用的信度方法是譯碼者之間的信度，指不同譯碼人分析相同文本資料所得結果之間的一致性。

問題與討論

1. 學生三至五人一組，每人各自分析下列的日常用品。分析前，必須先擬定好分析的類目，然後把這些日常用品歸入不同的類目裡。完成後組員集合在一起，比較彼此所得的結果。

蘋果	毛巾	麻油
橘子	豬油	羊肉
牙膏	土豆	葡萄
牙刷	起司	蠶豆酥
漢英辭典	油條	雞肉
牛奶	刮鬍刀	洗髮液
訂書機	芹菜	火腿
可口可樂	雞翅膀	菜刀
芝麻醬	豆漿	枇杷膏
香蕉	湯匙	鴨腳
醬油	洋蔥	麵包
毛巾	南瓜	枸杞子
黃豆	芒果	筷子
面紙	辣椒醬	糖果
鉛筆	指甲刀	巧克力

牙線	雞腿	當歸
人參	黃蓮	大白菜
青椒	鍋鏟	包心菜

2.二或三人合作，以A的要點完成B的問題，然後相互比較所得的結果：

A.內容分析所該注意的部分要點：

(1)此研究的分析單位是什麼（物理單位、句法單位、指示單位、命題單位或主題單位）？這個分析單位反映了內容的本質還是形態／結構？此分析單位適合用來解答研究問題嗎？可以加入其他分析單位嗎？

(2)這些分析單位可歸入哪種類目？

(3)這些類目的效度如何？研究者是如何來決定這些類目的效度呢？測試的效度屬於哪一類（表面效度、語義效度、效標效度或建構效度）？

(4)譯碼工作由誰來做呢？只有一個譯碼者還是兩個以上呢？譯碼人是獨立還是一起工作呢？

(5)譯碼工作包括了所有的文本，還是只有部分文本呢？如果只用部分文本，那麼這些樣本是如何取得的？它們具有代表性嗎？

(6)文章有報告譯碼者之間的信度嗎？若有，信度係數高於.70嗎？

B.利用上面六項從事內容分析所該注意的要點，分析以下四篇研究論文：

夏倩芳、張明新，〈社會衝突性議題之黨政形象建構分析——以《人民日報》之「三農」常規報導為例〉，載《新聞學研究》2007年第91期，頁85-124。

黃懿慧，〈危機情境、溝通策略與媒體報導——再探溝通回應模式之多個個案比較研究〉，載《傳播與社會學刊》2006年第1期，頁147-177。

Ariyanto, A., Hornsey, M. J., Morton, T. A., & Gallois, C. (2008). Media bias during extreme intergroup conflict: The naming bias in reports of religious violence in Indonesia. *Asian Journal of Communication, 18* (1), 16-31.

Lowery, D. T., & Towles, D. E. (1989). Soap opera portrayals of sex, contraception, and sexually transmitted diseases. *Journal of Communication, 39* (2), 76-83.

Part 4

統計篇

Chapter 12

描述性統計學

當我們借助各種研究方法如調查法、實驗法和文本分析法完成了數據的蒐集，隨之而來的問題是，如何處理這些原始的數據呢？無疑地，統計分析是我們處理和分析數據的主要手段。所謂統計（statistics），指的是對所採集的樣本數據的描述。在這裡值得強調的是，統計學分析只是一個研究工具，它的運用並不能彌補研究方法上的先天不足（如缺乏理論根基、不明確的研究問題或假設、變數測量上的錯誤、數據蒐集中出現的問題等等）。所以，一項出色的研究從一開始就應該對研究的每一個步驟精心設計，這樣數據分析才能為整個研究錦上添花，否則的話也是枉然。還有一個問題要注意的是，對一個變量所採用的測量層次決定了採用何種統計分析方法。如前所述，所蒐集的數據可以是類別的（nominal）、等級的（ordinal）、等距的（interval）或等比的（ratio）；進行統計分析之前，應該對所蒐集的數據有一個全面的瞭解，尤其是對每個變量所屬的測量層次的理解。

統計分析法主要分為描述性統計學和推論性統計學兩種。這一章主要闡述描述性統計學及其各個概念，第十三章則闡述推論性統計學，第十四章則詳細討論如何進行差異分析和變量之間的關係的分析。

描述性統計學是透過數學運算來簡化、總結和綜合原始數據，並以一種方便的形式（例如頻數、最大值、最小值等等）表述出來。比如，一項大型研究調查了二百七十四名大學生每天使用網路的情況，很明顯地，如果僅僅是對著這些龐大的數字看半天而不進行必要的數學計算和簡化的話，我們很難在較短的時間內得出任何結論。描述性統計學透過對原始數據的系統簡化和分析，給研究者提供了有用的、簡單明瞭的訊息，它主要包括對數列的集中趨勢分析和離散趨勢分析。常用的集中趨勢指數包括眾數（mode）、中位數（median）和算術平均值（mean）；常用的離散趨勢指數包括全距、變異數和標準差。在分析數列的集中趨勢指數和離散趨勢指數之前，我們應該把原始數值有序地排列起來；下面討論了如何對原始資料進行有序的排列，並介紹了與數列相關的統計學概念，如常態

分配（normal distribution）、標準常態分配（standard normal distribution）
等等。

 ## 第一節　數列及資料分布的基本概念

一、數列

　　數列指的是一系列數值的集合。比如**表12-1**中列出了十名大學生每
日使用網路的小時數。

表12-1　十名大學生每日使用網路的小時數

大學生	小時
1	2.0
2	2.0
3	2.0
4	5.5
5	1.0
6	1.0
7	4.0
8	0.75
9	1.5
10	2.0

　　如果我們把上面十個數值按從小到大的順序排列，並把每個數值出
現的次數記錄下來，就成了**表12-2**所示。

　　表12-2比**表12-1**更清晰地表達了數值的分布。我們把**表12-2**這樣的數
據歸類分析稱為頻數分布分析（frequency distribution）。具體來說，一個
頻數分布表主要有兩欄，左邊的一欄列舉了所出現的所有不同的數值，右

表12-2 頻數分布表

小時	頻數	百分比	累積頻數	累積百分比
0.75	1	10.0	1	10.0
1.00	2	20.0	3	30.0
1.50	1	10.0	4	40.0
2.00	4	40.0	8	80.0
4.00	1	10.0	9	90.0
5.50	1	10.0	10	100.0

邊一欄則列舉了每一個數值出現的頻率。當然，還可以把每一個數值的頻數所占的百分比、累積的頻數和百分比也計算出來，如**表12-2**最右三欄所示。

　　頻數分布表的另一種表示方法是把所出現的數值分成幾組，然後計算每一組的頻數、百分比、累積頻數和累積百分比（如**表12-3**）。

表12-3 頻數分布表

小時範圍	頻數	百分比	累積頻數	累積百分比
0-1	3	30.0	3	30.0
1.1-2	5	50.0	8	80.0
2.1-4	1	10.0	9	90.0
4.1-6	1	10.0	10	100.0

　　如果想要更加明瞭地表達數值的頻數分布，可以考慮用統計圖來表示。統計圖能夠生動簡明地表示數據的特徵，給人以清晰深刻的印象。根據圖的形狀分，有線形圖、直方圖、圓餅圖等等。**圖12-1**和**圖12-2**分別用直方圖和圓餅圖表示了上面數列的數值分布情況。這兩個圖比起上面的表格來更加直觀，很容易看出所調查的這十名大學生中，每天使用網路兩小時左右的人數最多。

　　對於數列中各個數值的頻數分布，還可以用另外一種圖來表示，即

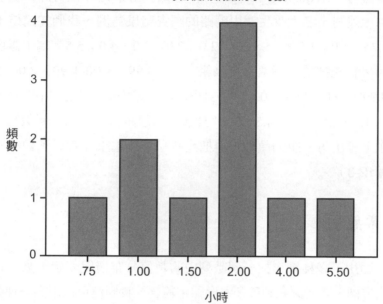

圖12-1　直方圖

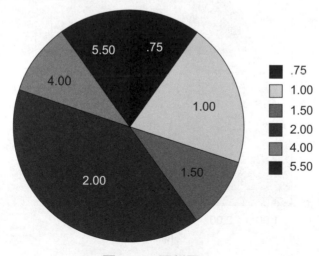

圖12-2　圓餅圖

頻數多邊形（frequency polygon）。頻數多邊形是一種特殊的線形圖。依然以上述對十名大學生使用網路的調查結果為例，我們知道這十個值為：0.75、1.0、1.0、1.5、2.0、2.0、2.0、2.0、4.0、5.5。為了畫出頻數多邊圖，首先把這十個值分為幾組，如0-0.99、1.00-1.99、2.00-2.99、3.00-3.99、4.00-4.99和5.00-5.99六個組；然後取每一個組的中間點，分別為0.5、1.5、2.5、3.5、4.5和5.5；然後在以組距為橫座標、頻數為縱座標的數軸上標出每一組的頻數，再把這些點連接起來，就成了頻數多邊圖（如圖12-3）。

二、常態分配

上面用了多種圖形把一個數列中的數值分布情況表示出來，包括常用的直方圖、圓餅圖和頻數多邊形圖。其實，我們還可以用另一種圖來表

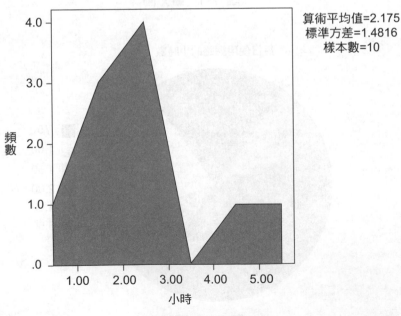

圖12-3　頻數多邊形

示，如**圖12-4**。這個圖不僅展示了十個數值的分布，還表明了這些數值的分布有多接近於常態分配。

那麼什麼是常態分配呢？一般來說，常態分配有以下幾個特徵：

1.常態分配曲線以算術平均值所在的點為軸成對稱分布。

2.常態分配的算術平均值（記為 μ）、中位數和眾數相同。

3.常態分配位於x軸上方和曲線下的區域定為一個平方單位。因為常態分配曲線以算術平均值為中軸成對稱分布，所以50%的常態分配的區域在算術平均值的右邊，50%的區域在算術平均值的左邊。

4.如果在橫座標上以算術平均值為起點（即點 μ，0）向左右兩邊各延伸一個標準差（用σ表示）的距離，然後再從這兩點（即點 $\mu-1\sigma$，0和點 $\mu+1\sigma$，0）向上畫兩根直線直到與常態分配的曲線相交，所得的介於兩直線和弧線內的區域為整個常態分配區域的

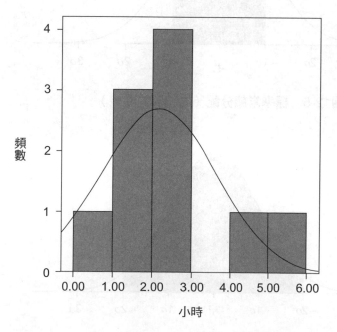

算術平均值=2.18
標準方差=1.482
樣本數=10

圖12-4　直方圖和常態分配曲線

68.3%（如**圖12-5**）；類似地，如果我們在橫座標上以算術平均值為起點向左右兩邊各延伸兩個標準差的距離，然後從所得的兩點（點 $\mu-2\sigma$，0和點 $\mu+2\sigma$，0）向上畫直線直到與常態分配的曲線相交，所得的介於這兩直線和弧線的區域為常態分配整個區域的95.4%（如**圖12-6**）。類似地，從點 $\mu-3\sigma$，0和點 $\mu+3\sigma$，0向上各引一根直線直至與常態分配的曲線相交，所得的介於兩直線和弧線間的區域為整個常態分配區域的99.7%（如**圖12-7**）。

5.常態分配在座標上的位置和形狀由總體的算術平均值（μ）和總體

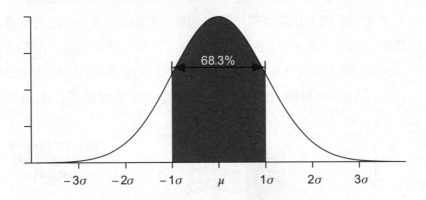

圖12-5　標準常態分配（68.3%的區域）

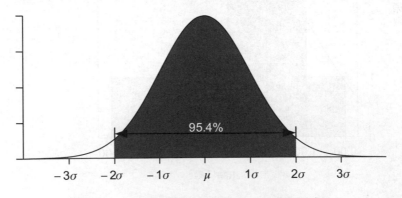

圖12-6　標準常態分配（95.4%的區域）

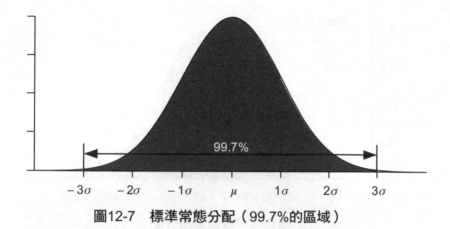

99.7%

-3σ　-2σ　-1σ　μ　1σ　2σ　3σ

圖12-7　標準常態分配（99.7%的區域）

的標準差（σ）決定。總體的算術平均值決定常態分配曲線在橫座標軸上的位置：總體算術平均值越大，其常態分配的曲線就越往右，反之越往左；總體的標準差決定常態分配曲線的平緩度，標準差越大，那麼其常態分配曲線越平，反之越陡。

　　與常態分配緊密相關的一個概念是標準常態分配。標準常態分配是常態分配中的一個特例，其算術平均值為0，標準差為1，如**圖12-8**所示。標準常態分配所描述的是變數z＝（$x-\mu$）/σ的分布。z常被稱為標準值，也就是把數列中的某個值減去算術平均值然後除以標準差，由此表示數列中的某個數值比算術平均值大多少個標準差還是小多少個標準差。比如，如果某數列中某數值的z值（標準值）為2，那麼就說明這個數值比其所在數列的算術平均值大2個標準差。使用標準值能夠方便不同數列的比較。比如，某項研究於2005年調查了甲乙兩個城市的居民對生活的滿意程度。假設對甲城市一千人的調查表明，這些人對生活的滿意程度的平均值為3.7（1表示對生活很不滿意，5表示對生活很滿意），標準差為0.4；並且，抽查的對象當中四十歲以上的群體的生活滿意度平均值為3.5。對乙城市隨機抽查的一千人中，生活滿意程度的平均值為4.0，標準差為0.5；並且，抽查的對象當中四十歲以上的群體的生活滿意度平均值為3.5。那

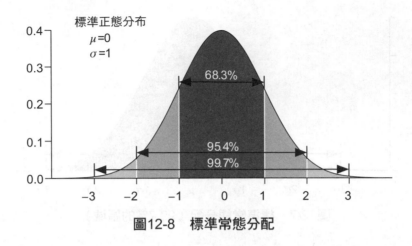

圖12-8　標準常態分配

麼，那個城市的四十歲以上的人群相對來說對生活更加滿意呢？顯然是生活在甲城市的那批人，因為他們對生活滿意的程度比整個城市的平均水準低0.5個標準差（$z = \dfrac{3.5 - 3.7}{0.2}$），而乙城市的那批人對生活滿意程度比整體平均水準低1個標準差（$z = \dfrac{3.5 - 4.0}{0.5}$）。

三、偏態和峰度

上面我們談及了常態分配及其基本特徵，那麼我們來看一下上面的例子中對十名大學生使用網路的調查結果及其分布圖（如圖12-4）。不難發現，所抽取的十名大學生的樣本並不成常態分配。其中一個原因是樣本數目太小，不到三十。如果我們增大樣本大小（n＝100），其分布圖如圖12-9。

可以看出，透過增加樣本大小，分布曲線向常態分配曲線接近。一般來說，我們所抽取的樣本數據並非完全以算術平均值為軸左右對稱，即數據分布有一定的歪曲度（skewness）。簡單來說，歪曲度指的是一個數列中的數值是如何以橫座標上某個點為中心集中分布的。如果數值集中

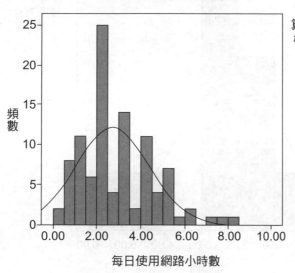

算術平均值=2.71
標準方差=1.653
樣本數=100

圖12-9　一百名大學生每日使用網路的時間

分布在橫座標偏左的一個點，也就是數列中大部分數值偏低而居於分布曲線的左側，由此曲線的右尾偏長，這種非對稱分布叫做正偏態（positively skewed）分布，其算術平均值會比中位數和眾數大。如圖12-10顯示，大部分數值集中分布在橫座標的左端，分布曲線的右尾偏長。相反地，如果一個數列中數值集中在橫座標偏右的一個點，即大部分數值偏高而居於曲線的右端，使得分布曲線的左尾偏長，這種非對稱分布稱為負偏態（negatively skewed）分布，其算術平均值要比中位數和眾數值小（如圖12-11）。

　　峰度（kurtosis）指的是一個數列的分布曲線的峰的高聳程度。如果一個數列分布的峰度指數為正，那麼此數列中接近於算術平均值的值比一般常態分配要多，從而導致分布曲線的峰端偏尖，並且出現極端值的機會也較大，從而曲線的兩尾偏長。如果一個數列分布的峰度值為負，那麼數列中接近算術平均值的值比一般常態分配要少，從而曲線的峰端較平，

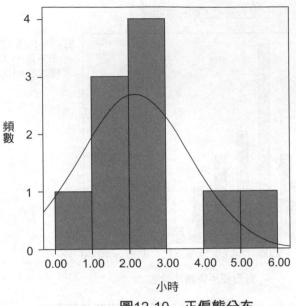

算術平均值=2.18
標準方差=1.482
樣本數=10

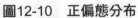

圖12-10　正偏態分布

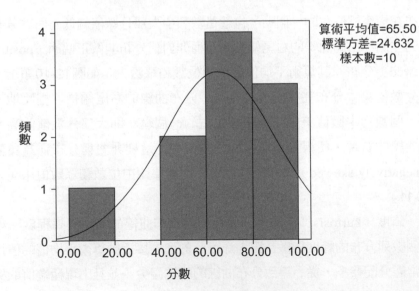

算術平均值=65.50
標準方差=24.632
樣本數=10

圖12-11　負偏態分布

並且數列中出現極端數值的情況比一般常態分配要少，從而曲線兩尾偏短。也就是說，峰度值越大，分布曲線的峰端越尖，兩端越長；峰度值越小，分布曲線峰端越平，兩尾越短。

如果一個數列分布的曲線嚴重偏離了常態分配曲線的形狀，那麼，我們就需要把原始的數據進行轉換，使之更接近常態分配。這是因為大多數統計學分析方法都把常態分配作為數據分析的基本前提。如果使用嚴重偏離常態分配形狀的數據而進行統計學上的分析，那麼這樣的分析是值得推敲的。大多數非常態分配的數列一般是由於極端值（outliers）的出現而引起的；當出現這種情況時，我們應該試著把原始數據轉換成常態分配的數據。一般來說，我們可以進行某些數學的運算（如把原始數值乘以或除以某個數值，取原始數值的平方根，取原始數值的對數值等等）來調整每一個原始數值，見**表12-4**。

表12-4　轉換原始數值

	原始數值	平方根	取10的自然對數
	98	9.90	1.99
	88	9.38	1.94
	80	8.94	1.90
	77	8.77	1.89
	76	8.72	1.88
	70	8.37	1.85
	68	8.25	1.83
	60	7.75	1.78
	53	7.28	1.72
	43	6.56	1.63
	18	4.24	1.26
算術平均值	66	8.01	1.79
標準差	2.23	1.57	0.20
最大值	98	9.90	1.99
最小值	18	4.24	1.26

 ## 第二節　集中趨勢指數

　　上一節闡明了如何對某個數列進行初步的整理，包括把數值按大小排列，頻數分布分析、累計頻數分析、用統計圖來表達數據分布等等。這些手段的運用，能夠提供關於數列的最小值、最大值和每個數值出現的頻率等訊息，但是，這是遠遠不夠的，也沒有充分挖掘原始數據所包含的訊息。這樣，我們就需要對數列進行進一步的分析，包括集中趨勢指數和分散趨勢指數分析。先讓我們來看一看集中趨勢指數分析。

　　集中趨勢指數主要回答了這樣一個問題：在某一數列中，哪一個數值為最典型的數值？對於每一個數列，一般以眾數、中位數和算術平均值三個值來表示某數列的典型數值。

一、眾數

　　眾數為測量結果中出現次數最多的數值。這是集中趨勢指數中唯一的一個適用於各測量層次的指數。例如，在上面的關於大學生使用網路的調查中，「2小時」這個值出現了四次，是所有數值中出現次數最多的數值，因此2為這一數列的眾數。又比如在一項研究中，研究對象包括五十一名男生和四十九名女生；也就是說，「男生」這一數值在所有的數值（即「男性」和「女性」兩個數值）中出現的次數最多，為五十一次。因此，對於「性別」這一變量，「男生」這一數值為眾數。

　　如果在對一個變量的測量中，有兩個數值出現的次數同為最多，那麼我們就稱這一分布為雙峰分布；如果有三個或三個以上的數值的出現次數同為最多，那麼此數列成為多峰分布。例如在15、15、20、25、25、68這一數列中，15和25都分別出現兩次，因此15和25為此雙峰分布的眾數。

很明顯地，眾數並不反映數值的多樣性，而僅僅反映出一個數字出現次數的多少。它適用於描述採用類別、等級、等距和等比的測量。

二、中位數

中位數是位於一系列按序排列的數值的中間點上的數值。也就是說，以此數值為分割點，剩下的數值中有一半比中位數高，有一半比中位數低。如何找到中位數呢？先把所有的數值按從小到大的順序排列，然後找位於中間點上的數值。如果某數列含有奇數個數，那麼中間的那個數則為此數列的中位數；對於偶數個數的數列，先把排序後的中間兩個數相加，然後除以2，所得的數值就是此數列的中位數。

比如在上面的關於大學生使用網路的數列，我們先把十個數值從小到大排列：0.75、1.0、1.0、1.5、2.0、2.0、2.0、2.0、4.0、5.5。因為此數列含有偶數個數字，我們先把中間的兩個數字（第五位和第六位）相加：2.0 + 2.0＝4，除以2後得2。因此，此數列的中位數為2。假設我們把上述數列中的最後一個數去掉，使之成為九個數（奇數個）的數列，那麼中位數為中間那個數，即第五位數2。

相對於眾數來說，中位數對數值的集中分布趨勢更加敏感。具體來說，中位數有以下幾個特徵：

1.獨特性。每一個數列有且僅有一個中位數。
2.簡單性。中位數很容易計算。
3.不受數列中的極端值影響。這是因為中位數總是數列中位於中間的那位數，它不受極端數值的大小影響。

中位數適用於描述採用等級、等距或等比的測量層次的變量，而不適用於描述屬於類別測量的數值的分布。這是由中位數本身的性質決定的：中位數是把一個數列的所有數值按大小排列後取其中間位置的數而得

到的；採用類別測量的變量的各個可能的數值並無大小之分，因此也就談不上中位數。而等級、等距和成比例的變量，我們可以把其可能的數值按大小排列，因而也就可以取得其中位數。

三、算術平均值

一個數列的算術平均值是把所有的數值相加後除以數值的個數所得到的。用數學公式來表達就是：

$$\mu = \frac{\sum_{i=1}^{N} x_i}{N}$$

其中，μ表示總體平均值，N表示總體數目大小，x_i表示數列中的某一個數值，其下標表示此數值在數列中的位置，如x_1表示數列中的第一個數，x_2表示數列中的第二個數，依此類推。

比如在上述的研究大學生使用網路的情況的調查中，所得的十個數值為0.75、1.0、1.0、1.5、2.0、2.0、2.0、2.0、4.0、5.5。那麼其算術平均值為（0.75＋1.0＋1.0＋1.5＋2.0＋2.0＋2.0＋2.0＋4.0＋5.5）/10＝2.18。

又比如在研究廣告的效果時，我們常常會測量受試者的購買意向，常用的問題如下：

請在合適的數字上面畫圈來表示您對下面陳述的同意程度：「我有意購買此產品。」（1.很不同意；2.不同意；3.持中立態度；4.同意；5.很同意）這一問題使用的測量為等距測量。假設調查了五人，其回答分別為1、2、3、4、5，那麼其算術平均值為這五個數字相加後除以5，得3。

與眾數和中位數比較，算術平均值是集中趨勢指數中唯一考慮數列中所有的數值的指數。算術平均值有以下幾個特徵：

1.獨特性。對於一個數列，有且僅只有一個算術平均值。
2.簡單性。算術平均值便於理解和計算。

3.算術平均值的大小受數列中每一個數值的影響。這是因為在計算算
　術平均值的時候，數列中的每一個數值都被納入計算過程；所以，
　如果某一數列中含有極端值時，此數列的平均值就會被這些極端數
　值所歪曲，從而不能很好地反映整個數列的集中趨勢。

　　關於第三點，我們可以看下面這個例子。假設我們調查了十名大學
生，其每日使用網路的小時數為0.75、1.0、1.0、1.5、2.0、2.0、2.0、
2.0、4.0、10。這一數列的算術平均值為2.63；如果我們把最後一個10去
掉，那麼新的數列為0.75、1.0、1.0、1.5、2.0、2.0、2.0、2.0、4.0，其算
術平均值為1.63。也就是說，如果把十個數值都考慮進去，就會得出如下
結論：所調查的十名學生每日使用網路的時間約為2.63小時；如果去除數
列中最極端的一個數值（即數字10），所取得的數據表明這九名大學生每
日使用網路約為1.63小時，與前一個結論相差近一個小時。由此可見，一
個數列的算術平均值受到數列中每一個數值的影響；在有極端數值出現的
情況下，其算術平均值並不能真實地反映數列中大多數數值的分布。

第三節　離散趨勢指數

　　集中趨勢指數描述了一個數列中最典型的數值，如出現次數最多
的數值（眾數），位於中間位置的數值（中位數）以及數列的算術平均
值。可是這些指數並沒有很好地反映一個數列中的數值是如何變化的，彼
此之間的差異如何等等。讓我們來看一下下面這個例子。

數列一：20、20、20、20、20
數列二：0、10、20、30、40

　　就集中趨勢指數來說，這兩列數字的中位數均為20，算術平均數也
都是20。可見，如果我們只用集中趨勢指數來描述這兩個數列，它們之

間可以說沒有多大區別。可是事實上，第二個數列比第一個數列要多樣化一些。比如，第二數列的中位數和算術平均值（20）與數列中其他各個數值存在明顯的差異，而第一數列的中位數和算術平均值（20）與其他各個數值不存在差異。由此可見，集中趨勢指數不足以描述一個數列中各個數值之間的差別和變化。而離散趨勢指數則描述了數列中各個數值的延伸性和變化性，彌補了集中趨勢指數的不足。為什麼這麼說呢？要回答這個問題，就得先瞭解幾個最常用的離散趨勢指數：全距、變異數和標準差。

一、全距

全距描述了數列中數值變化的程度，是最簡單的離散趨勢指數。其計算方法為用數列中的最大值減去最小值。如果我們用R來表示全距，x_L表示最大值，x_s表示最小值，那麼全距的數學計算公式為$R=x_L-x_s$。

用上面所舉的兩個數列來舉例，第一列數字的全距為$20-20=0$。也就是說，這一數列的數值沒有變化性和離散度，全為20。相反地，第二列數值的全距為$40-0=40$，說明第二列數值之間的變化較第一列要大，變化性、延伸性和離散程度高。

二、變異數

全距的一個缺點是它僅僅依賴於一組數值中的兩個極端數值來決定一系列數值的變化性。為了彌補這一不足，統計學中引入了變異數這一概念來描述數列中的數值與算術平均值的離散程度。變異數是這樣定義和計算的：把數列中的每一數值與算術平均數相減，然後取差的平方，把所有的差的平方相加後除以$n-1$（n為樣本數），其數學公式如下：

$$s^2=\frac{\sum_{i=1}^{n}(x_i-\overline{x})^2}{n-1}$$

上述公式中適用於計算樣本的變異數，其中$n-1$稱為自由度（degrees of freedom, df）。如果要計算總體的變異數，應把所得平方和除以總體數N，公式為：

$$\sigma^2 = \frac{\sum_{i=1}^{n}(x_i-\mu)^2}{N}$$

　　比如，在上述研究大學生使用網路的例子中，我們隨機抽取了十個大學生作為樣本，所得樣本數值為0.75、1.0、1.0、1.5、2.0、2.0、2.0、2.0、4.0、5.5。這個樣本的算術平均數為2.18，所以變異數計算如下：

$$s^2 = \frac{(0.75-2.18)^2+(1.0-2.18)^2+......+(5.5-2.18)^2}{10-1} = 2.70$$

　　如果我們調查了總體（假設為某一大學所有的四萬名註冊學生），那麼我們就先把這四萬個數值的算術平均值計算出來，然後把每一個數值與這個算術平均值相減，取每一個差的平方，再把平方值相加，再除以40,000，而不是除以40,000－1。

　　雖然變異數不再像全距只把兩個極端的數值納入計算範圍，但是由於變異數本質上計算了單個數值與算術平均值的差的「平方」，這就使得計算結果的單位為原始數值單位的平方，造成了理解上的困難，所以，標準差就誕生了。

三、標準差

　　標準差為變異數的算術平方根，其數學公式為：

$$s = \sqrt{\frac{\sum_{i=1}^{n}(x_i-\bar{x})^2}{n-1}}$$

標準差的運算過程使得標準差的單位與原始數值的單位相同，不再是原始數值單位的平方了，從而更為直觀地解釋了原始數據的離散程度。

 第四節　抽樣分配

前面我們談及了如何對一個數列的基本特徵進行概括，包括頻數分布表、累積頻數分布表、頻數百分比和累積頻數百分比表等；並且，我們還討論了如何用圖來表示一個數列中數據的分布，包括直方圖、圓餅圖、線形圖以及線形圖中的一個特例——頻數多邊形圖。對於一個數列，我們還可以分析其集中趨勢指數（包括眾數、中位數和算術平均值）和分散趨勢指數（包括全距、變異數和標準差）等等。

上述這些分析手段都屬於對數據的描述，屬於描述性統計學的範疇。一般來說，這些數值來源於我們從某個總體中抽取某一樣本所獲得的，如果抽取的樣本不同，那麼樣本數據也就不同；也就是說，對於同一個總體進行多次抽樣並且對每一樣本進行描述性統計分析，我們就有多個樣本算術平均值、變異數和標準差等等。那麼，這些描述性指數是如何分布的呢？這就涉及到抽樣分配（sampling distribution）。抽樣分配是對描述性統計學的擴展，也是瞭解推論性統計學的基礎。

一、樣本平均值的抽樣分配

抽樣分配，簡單地說，指的是某樣本統計指數的所有可能值的分布；詳細地說，如果我們從某個總體中隨機抽抽樣本大小一定的各種樣本，並計算出每一個樣本的某統計指數，那麼由這些樣本統計指數所組成的數列就是該樣本統計值的抽樣分配。

比如說，我們從某個總體隨機抽抽樣本大小為30的所有樣本（假設有一百個樣本），並計算出每個樣本的算術平均值，那麼由這一百個算術平均值所組成的數列，就是樣本算術平均值的抽樣分配（the sampling distribution of the sample mean）。舉一個更簡單的例子，假設某一大學宿舍有四個人（設為研究總體，N＝4），其年齡分別為17、18、19、20，我們想從中抽取兩人參加某項體育競賽。那麼所有的樣本大小為2的樣本及其平均年齡如**表12-5**所示。

表12-5　樣本數為2的所有可能的樣本

可能組合	平均年齡
17，18	17.5
17，19	18
17，20	18.5
18，19	18.5
18，20	19
19，20	19.5

　　在上述例子中，樣本算術平均值的抽樣分配為17.5、18、18.5、18.5、19、19.5。如果用頻數分布表來表示這一抽樣分配，即得**表12-6**。

表12-6　樣本算術平均值的抽樣分配的頻數分布表

平均年齡	頻數	百分比	累積頻數	累積百分比
17.5	1	16.7%	1	16.7%
18	1	16.7%	2	50%
18.5	2	33.3%	4	66.7%
19	1	16.7%	5	83.3%
19.5	1	16.7%	6	100.0%

　　總結：如果我們想要瞭解某統計指數的抽樣分配，那麼我們可以按照以下三個步驟進行：

1. 從某含有有限個個體（N）的總體中抽取所有的樣本大小為n的樣本。

2. 計算出每一個樣本的某統計指數。

3. 列出該統計指數的每一個可能值，並列出每一個值的出現次數。

從上述三個步驟可以看出，如果總體含有極其多的或是無限個的個體時，我們很難列舉完樣本大小為n的所有可能樣本；所以，我們只能儘量使所得的抽樣分配接近樣本統計指數的真正抽樣分配。關於如何透過某些數學方法得到某統計指數的抽樣分配，有興趣的讀者可以透過搜索網際網路相關關鍵字而進一步瞭解此問題；有關的統計書籍如Larsen和Marx或是Rice的相關著作（見參考書目）也可供參考。

對於某統計指數的抽樣分配，我們一般想要瞭解其算術平均值、變異數和分布形態。仍以前面的關於樣本平均值的抽樣分配為例，讓我們先來看一看其分布形態（如圖12-12，基本上成常態分配）。

抽樣分配的算術平均值為（17.5＋18＋18.5＋18.5＋19＋19.5）/6＝18.5。可見，樣本算術平均值的抽樣分配的平均值等於總體的平均值（17＋18＋19＋20）/4＝18.5。

當總體為常態分配時，樣本平均值 $\bar{x}$ 的抽樣分配有以下幾個特徵：(1)分布呈常態分配；(2)算術平均值 $\mu_{\bar{x}}$ 等於總體的算術平均值 μ；(3)變異數 $\sigma_{\bar{x}}^2$ 等於總體變異數 σ^2 除以樣本大小n，即 $\sigma_{\bar{x}}^2 = \sigma^2/n$。

如果總體並非常態分配，那麼我們就依賴中央極限定理（central limit theorem）。這個定理指出，對於任何一個非常態分配的、算術平均值為 μ，變異數為 σ^2 的總體，如果從中抽抽樣本大小為n的所有樣本並且n足夠大時，那麼抽樣分配的算術平均值 $\mu_{\bar{x}}$ 等於 μ，變異數等於 σ^2/n，並且其分布接近於常態分配。對於n，一般來說大於30即可考慮為足夠大。當抽樣為從含有有限個個體的總體中進行非替換抽樣時，抽樣分配的算術平均值 $\mu_{\bar{x}}$ 為總體平均值 μ，而變異數為 $\sigma_{\bar{x}}^2 = (\dfrac{\sigma^2}{n})(\dfrac{N-n}{N-1})$。

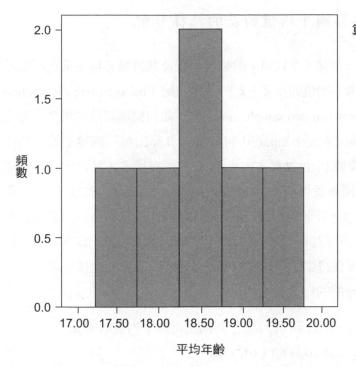

圖12-12　抽樣分配

其中$N-n/N-1$稱為有限總體糾正（finite population correction）。

對於樣本算術平均值的抽樣分配，我們總結如下：

如果我們從一個呈常態分配的、且總體變異數（σ^2）已知的總體中進行抽樣時，算術平均值$\bar{x}$的抽樣分配的特徵是：(1) $\mu_{\bar{x}}=\mu$；(2) $\sigma_{\bar{x}}=\sigma/\sqrt{n}$；(3)$\bar{x}$的抽樣分配為常態分配。

如果我們從一個非常態分配並且總體變異數已知進行樣本數較大的抽樣時：(1) $\mu_{\bar{x}}=\mu$；(2) $\sigma_{\bar{x}}=\sigma/\sqrt{n}$；當$n/N\leqq0.05$，$\sigma_{\bar{x}}=(\sigma/\sqrt{n})\sqrt{N-n/N-1}$；(3)$\bar{x}$的抽樣分配接近常態分配。

二、兩個樣本算術平均值的差的抽樣分配

前面敘述了一個樣本平均值 $\bar{x}$ 的抽樣分配及其特徵，現在讓我們來看一下兩個樣本算術平均值的差 $\bar{x}_1 - \bar{x}_2$ 的抽樣分配（the sampling distribution of the difference between two sample means）。如何構建其分布呢？首先我們從總體1中抽抽樣本大小為 n_1 的所有樣本，計算出每一個樣本的平均值 $\bar{x}_1$；然後我們從總體2中抽抽樣本大小為 n_2 的所有樣本，計算出每一個樣本的平均值 $\bar{x}_2$；接著我們把第一組的每一個平均值 $\bar{x}_1$ 和第二組的每一個平均值 $\bar{x}_2$ 進行組合，並計算出每一個組合的差 $\bar{x}_1 - \bar{x}_2$；最後，對於所得的差我們進行頻數分布統計，即把每一個不同值出現的次數記錄下來並進行有序的排列。這樣就得到了兩個樣本平均值的差 $\bar{x}_1 - \bar{x}_2$ 的抽樣分配。

這樣的抽樣分配的特徵是：

1.抽樣分配 $\bar{x}_1 - \bar{x}_2$ 的平均值 $\mu_{\bar{x}_1 - \bar{x}_2}$ 為兩個總體平均值的差 $\mu_1 - \mu_2$。
2.變異數 $\sigma^2_{\bar{x}_1 - \bar{x}_2}$ 為 $(\sigma_1^2 / n_1) + (\sigma_2^2 / n_2)$。
3.標準誤 $\sigma_{\bar{x}_1 - \bar{x}_2}$ 為 $\sqrt{(\sigma_1^2 / n_1) + (\sigma_2^2 / n_2)}$。

如果兩個總體不呈常態分配，平均值為 μ_1 和 μ_2，變異數為 σ_1^2 和 σ_2^2，並且從中各自抽取互相獨立的樣本數較大的為 n_1 和 n_2 的所有樣本（從而兩個樣本算術平均值的差的分布接近常態分配），所得的樣本平均值的差 $\bar{x}_1 - \bar{x}_2$ 的抽樣分配的特徵為：

1.平均值 $\mu_{\bar{x}_1 - \bar{x}_2}$ 為 $\mu_1 - \mu_2$。
2.變異數 $\sigma^2_{\bar{x}_1 - \bar{x}_2}$ 為 $(\sigma_1^2 / n_1) + (\sigma_2^2 / n_2)$。
3.標準誤 $\sigma_{\bar{x}_1 - \bar{x}_2}$ 為 $\sqrt{(\sigma_1^2 / n_1) + (\sigma_2^2 / n_2)}$。

為了回答兩個樣本平均值的差的概率問題，我們進一步將兩個樣本平均值的差 $\bar{x}_1 - \bar{x}_2$ 的抽樣分配轉換成標準常態分配，所用公式如下：

$$z = \frac{(\bar{x}_1 - \bar{x}_2) - (\mu_1 - \mu_2)}{\sqrt{\dfrac{\sigma_1^{\,2}}{n_1} + \dfrac{\sigma_2^{\,2}}{n_2}}}$$

三、樣本比例值的抽樣分配

對於樣本平均比例值的抽樣分配（the sampling distribution of the sample proportion），首先需要瞭解的是如何構建樣本比例值的分布呢？步驟和樣本平均值的抽樣分配是類似的：首先我們從總體中抽取一定樣本大小的所有樣本，然後計算出每一個樣本的比例值（記為$\hat{p}$），然後把這些比例值的頻數分布整理出來，就構建了樣本比例值的抽樣分配。假設總體比例值為p，所得的樣本比例值$\hat{p}$的抽樣分配的基本特徵有：

1. 平均值$\mu_{\hat{p}}$（即所有樣本比例值的平均值）等於總體的比例值p。
2. 變異數$\sigma_{\hat{p}}^2$等於$p(1-p)/n$。
3. 標準差$\sigma_{\hat{p}}$等於$\sqrt{p(1-p)/n}$。

我們把每一個樣本比例值$\hat{p}$轉換成標準值z，其公式如下：

$$z = \frac{\hat{p} - p}{\sqrt{\dfrac{p(1-p)}{n}}}$$

如果總體並非常態分配，那麼所要求的樣本大小要滿足以下條件：np和$n(1-p)$都大於5，這樣就可以利用總體為常態分配時樣本比例值$\hat{p}$的抽樣分配的特徵。

四、兩個樣本比例值的差的抽樣分配

首先，要構建兩個樣本比例值的差的抽樣分配（the sampling distribution of the difference between two sample proportions），我們從第一

個總體中（總體比例值為 p_1）抽抽樣本大小為 n_1 的所有樣本，並計算出每一個樣本的比例值 $\hat{p}_1$；然後我們從第二個總體中（總體比例值為p_2）抽抽樣本大小為 n_2 的所有樣本，並計算出每一個樣本的比例值 $\hat{p}_2$；接著我們把第一組的比例值和第二組的比例值進行組合，算出每一個組合的差 $\hat{p}_1 - \hat{p}_2$。對於這些差，我們進行頻數分布統計，即把每一個不同值的出現次數記錄下來並按順序排列好。這樣所得的分布表就為兩個樣本比例值的差 $\hat{p}_1 - \hat{p}_2$ 的抽樣分配。這樣的抽樣分配的特徵如下（假設 n_1 和 n_2 都足夠大）：

1.平均值 $\mu_{\hat{p}_1 - \hat{p}_2} = p_1 - p_2$

2.標準差 $\sigma_{\hat{p}_1 - \hat{p}_2} = \sqrt{\dfrac{p_1(1-p_1)}{n_1} + \dfrac{p_2(1-p_2)}{n_2}}$

3.標準值 $z = \dfrac{(\hat{p}_1 - \hat{p}_2) - (p_1 - p_2)}{\sqrt{\dfrac{p_1(1-p_1)}{n_1} + \dfrac{p_2(1-p_2)}{n_2}}}$

 結　論

這一章介紹了描述性統計分析，包括對原始數據的簡單排列及頻數分析，集中趨勢指數分析和離散趨勢指數分析。

第一節介紹了數列、頻數分析、如何用圖來表示一個數列的分布；並且在此基礎上討論了幾種重要的分布概念，包括常態分配和標準常態分配。

第二節則介紹了集中趨勢指數，包括眾數、中位數和算術平均值。

第三節介紹了離散趨勢指數，包括全距、變異數和標準差。

第四節介紹了樣本指數的抽樣分配及其基本特徵（如算術平均值、變異數、標準差，以及所對應的標準值），主要包括樣本平均值的抽樣分

配、兩個樣本平均值的差的抽樣分配，樣本比例值的抽樣分配，和兩個樣本比例值的差的抽樣分配。

問題與討論

1. 請根據下面的數列進行描述性統計分析：(1)列出頻數分布表並畫出直方圖；(2)分析其集中趨勢指數（包括眾數、中位數和算術平均值）和離散趨勢指數（包括全距、變異數和標準差）。

   數列一：4.0、4.0、4.0、2.0、4.0、4.0、2.0、1.0、4.0、3.0

   數列二：0.25、6.5、0.0、1.25、4.75、3.0、5.25、8.75、5.75、1.0

2. 敘述常態分配和標準常態分配的特徵。

3. 什麼是偏態？什麼是峰度？

4. 敘述樣本平均值的抽樣分配的特徵，包括平均值、變異數和標準差。

5. 敘述兩個樣本平均值的差的抽樣分配的特徵。

6. 敘述樣本比例值的抽樣分配的特徵。

7. 敘述兩個樣本平均值的差抽樣分配的特徵。

Chapter 13

推論性統計學

　　描述性統計學以某一數列（即某一變量的可能數值的集合）為研究
單位，總結出各個值出現的頻率，所占的百分比，並且進一步歸納出這一
數列的典型數值和數值的變化性，所用的指數包括眾數、中位數、算術平
均值、全距、變異數和標準差。

　　可是，一項研究的最終目的往往不是單單描述某一變量的典型數值
和數值的多樣性，研究者更希望能夠基於所蒐集的樣本數據對總體的相
關特徵作出推斷。比如，一項對某校一百名大學生使用網路的情況的調查
發現，這一百名大學生每日使用網路約為2.5小時，那麼如果情況允許，
我們會基於這個樣本的結果推斷該學校的大學生每日使用網路約為2.5小
時。這種在樣本數據的基礎上對總體的相關特徵作出結論的方法，我們稱
為「推論性統計學」（inferential statistics）。

　　推論性統計學在研究中占有極其重要的地位。一般來說，無論哪種
研究方法，都不可能對總體中的每一個個體進行研究，因為總體的數目
往往是巨大的，不可能有足夠的資源去調查總體中的每個個體的情況。這
樣，研究者們常常從總體中抽取一定大小的樣本，透過對樣本的研究來推
斷總體的情況。這樣，推論性統計學就應運而生了。

　　回顧一下推論統計學的歷史，我們可以發現，早在1908年，William
S. Gossett在一篇題為〈平均值的可能誤差〉（The Possible Error of a
Mean）的文章中，發表了對某一樣本所作的調查，並把所得出的結論進
一步推廣到總體中去。Gossett在這篇文章中還提到了後來為推論統計學者
所廣泛應用的t分配（t distribution）這一概念。可是t分配並未立即得到其
他研究者的廣泛注意；直到大約十五年後，才開始受到學者們的青睞。
在推論性統計學的發展歷史中，另一個重要的里程碑是Ronald Fisher所提
出的「可能性」（likelihood），亦即「某一事件發生的可能性」這一概
念。Fisher在前人研究的基礎上，進一步介紹了如何對某一事件發生的可
能性進行測試的方法，如0.01和0.05這兩個顯著水準的概念的引入。

　　一般來說，推論性統計學主要包括參數估計和假設檢定兩個部分。

下面就對這兩類推論性統計學做一個較為詳細的介紹。

 第一節　參數估計

　　前面我們談到基於樣本的數據來推斷總體的情況。讓我們來看一下一個例子。假設某個雜誌社想瞭解一下讀者的平均年齡。很明顯地，如果對雜誌的所有讀者作一個全面的調查是很費時間、精力和資金的，而且雜誌社的人力和物力資源也不允許。於是，一個較為簡單而可靠的辦法就是從讀者群中抽取一定數目的樣本，算出樣本的讀者的平均年齡，從而估計整個讀者群的平均年齡。

　　又如，某個電視台想調查一下觀眾中有多少比例的人經常觀看其晚上七點的新聞節目。很顯然地，研究可以從觀眾中抽取一定數目的人來發現樣本中有多少比例的人觀看此新聞節目，然後在此基礎上推斷觀眾中觀看此時段的新聞的比例。

　　上面兩個例子實際上隱含了如何基於樣本數據推斷一個總體的平均值或比例值。此外，我們還可以估計兩個總體的平均值是否相等、兩個總體的比例值是否相等……。關於這些變量的抽樣分配，我們在前一章有詳細提及；瞭解這些變量的抽樣分配是對這些變量的總體統計指數估計的基礎。

　　我們把總體的某一統計指數稱為參數（parameter），如總體的算術平均值、總體的比例值等等。與參數相對應的，是樣本的數值，稱作統計值，如樣本的算術平均值、樣本的比例值等等。

　　對於每一個參數，我們可以有兩種估計──點估計（point estimate）和區間估計（interval estimate）。在討論點估計和區間估計之前，我們先看看有關推論統計的概念和原則。

一、有關推論統計的幾個原則

　　使用推論統計方法時，應該注意以下兩種總體的區別——抽樣母體和目標母體。抽樣母體指的是我們從中取得樣本的總體，而目標母體指的是研究者希望對其進行估計和推斷的總體。比如，我們從某市某一大學隨機抽取了一百名大學生，這個學校的全部學生就是抽樣母體；如果我們想要在此基礎上對全國的大學生這一群體作出推斷，那麼全國的大學生群體就為目標母體。這種情況下抽樣母體和目標母體並不相同。當然，在有些情況下這兩個總體可以相同。如我們在全國範圍內隨機抽取了兩千名大學生，那麼，我們的抽樣母體是全國的大學生；如果我們在此樣本的基礎上就全國的大學生做出相關的推斷，那麼我們的抽樣母體和目標母體是相同的。

　　一般來說，推論性統計方法允許我們對抽樣的總體進行估計和推斷（在抽樣方法正確的前提下）；只有當抽樣母體和目標母體相同時，我們才可以運用推論性統計方法對目標母體進行推斷。如果抽樣母體和目標母體不一致，那麼我們從樣本數據出發對目標母體所作的推斷就不具有統計學意義。比如，在一項研究廣告效果的實驗中，我們使用了某市某一大學的大學生樣本，那麼我們所得出的有關廣告效果的結論，也許可以被推廣到此市的大學生當中。如果我們想進一步把結論推廣到全國所有的大學生或是全國的年輕人（如二十至三十歲的人群）中的話，我們就應當瞭解全國的大學生或是全國的年輕人是否與樣本基本相似，如年齡上的、教育程度上的相似。

　　在許多研究中，抽樣母體和目標母體基本上是一致的；在這種情況下，我們就可以在樣本數據的基礎上直接對目標母體作出推論。但是，研究者應當意識到抽樣母體和目標母體並不總是一致的；如果不一致，就應當儘量避免從樣本數據出發對目標母體做出估計和推斷。

　　另外一個有關推論統計的問題是關於隨機樣本和非隨機樣本。在推

論性統計學中，我們一般假設所取得的數據來自隨機樣本。可是在社會科學研究中，真正隨機的樣本是很難或者不太可能取得的。通常，我們都是從周圍容易接近的人群中隨機選抽樣本。這樣的樣本並非嚴格意義上的隨機樣本（當然，有的研究者認為這樣的樣本為簡單隨機樣本，因為沒有理由認為所取得的樣本不代表總體的情況）。有時，研究者不但就近選擇樣本，甚至這些樣本是基於自願的基礎上的。比如大學裡的研究者通常從所在大學的大學生中選抽樣本，而這些學生一般來說都是自願參加的。總之，如果樣本為非隨機樣本，那麼從樣本出發對總體所作的推論，並非嚴格意義上的推論統計。這些推論雖然有時是有用的，但也不排除誤導的可能性。值得注意的是，有些實驗中，雖然所選取的樣本非真正的隨機樣本，但由於研究者在實驗的過程中，把受試者隨機分配到實驗組和控制組中，這樣所取得的數據在進行推廣時是較為有效的。

二、點估計

前面提到，鑑於多種因素，我們往往從總體中抽取某一樣本來對總體的相關情況進行估計。第一種是進行點估計，下面講述了點估計的多種情況。

(一)總體平均值的點估計

點估計指的是用單一數值來估計某個總體參數，比如我們從某一樣本計算出算術平均值 $\bar{x}$，那麼我們就把該樣本平均值作為總體平均值 μ 的估計。假設我們抽取了三十名大學生，得知他們每天使用網路的平均時間為2.17小時，那麼我們估計總體中每日使用網路的小時數約為2.17小時。

(二)兩個總體算術平均值的差的點估計

如果我們要比較兩個總體的算術平均值的差，那麼我們可以從兩個

總體中各自選取一個樣本，並計算出兩個樣本的算術平均值 $\bar{x}_1$ 和 $\bar{x}_2$，並把兩個值相減得 $\bar{x}_1 - \bar{x}_2$，所得的值就用來對總體的對應情況 $\mu_1 - \mu_2$ 進行估計。比如，我們就兩所大學中，大學生使用網路的情況進行了調查，甲大學中我們隨機抽取了三十人，得到每日使用網路的平均值為2.57，而對乙大學三十名大學生的調查中得知其平均值為2.10，那麼我們把兩個平均值相減所得的差0.47，就是我們對甲乙兩所大學學生每日使用網路小時數的平均值的差的估計值。

(三)總體比例值的點估計

　　和總體平均值的點估計類似，如果我們得知某一樣本的比例值為 $\hat{p}$，那麼我們就在此基礎上估計總體的比例值p為樣本比例值 $\hat{p}$。比如，我們在對七十名大學生的調查中得知，每日使用網路三小時以上的人數為25%，那麼我們可以估計在總體中每天使用網路超過三小時的大學生約為25%。

(四)兩個總體比例值的差的點估計

　　對於兩個總體中比例值的差的估計，我們從第一個總體中隨機抽取一定數目的樣本計算出其比例值 $\hat{p}_1$，再從第二個總體中隨機抽取一定數目的樣本，算出其比例值 $\hat{p}_2$，然後把兩個值相減，所得的差 $\hat{p}_1 - \hat{p}_2$ 就用來估計總體比例值的差 $p_1 - p_2$。如我們從甲大學中隨機選取了三十名大學生，其中每日使用網路三小時以上的人25%；乙大學的三十名學生中，其比例值為30%，那麼我們把兩個比例值相減得5%，這就是我們對總體比例值的差的估計。

(五)如何確定平均值估計所需的樣本大小？

　　前面提到了對總體參數進行估計時，我們常常選取一定樣本大小的樣本。那麼，如何決定樣本的大小呢？決定樣本大小是研究中一個很重要的問題：如果一個樣本太大，有可能浪費資源；如果樣本太小，那麼所取

得的結果又不可靠。關於如何決定樣本的大小，統計學為我們提供了有用的訊息。

　　一般來說，對總體平均值進行區間估計的目標，在於能夠取得一個變化範圍不太大的區間，同時又保證這一估計的可信度水準較高。如果變化範圍太大，那麼這樣的估計也沒有什麼實際意義；如果估計的範圍比較小，但是可信程度不高，那麼這樣的估計也沒有實際意義。

　　對於區間估計，我們有如下通用公式：

點估計（point estimate）±〔可信度係數（reliability coefficient）
×標準誤（standard error）〕

　　可見，區間範圍的大小受可信度係數和標準誤的乘積（稱為估計精確度或誤差範圍）的大小所影響，因為區間範圍是這個乘積的兩倍。對於一個給定的標準誤，如果增大估計的可信度（如從95%到99%），那麼可信度係數也增大，意味著所得到的區間範圍也越大。另一方面，如果我們把可信度水準保持不變，那麼我們只有把標準誤減少，才能夠使得估計區間的範圍變小。既然標準誤等於 $\sigma/\sqrt{n}$，既然 σ 為一個常數（constant），那麼我們只有增大樣本數才能夠減少標準誤。那麼應該多大呢？這要取決於 σ 的大小（即總體標準差的大小）、所期望的區間估計可信度水準和所期望的區間範圍的大小。

　　假設我們希望取得一個區間大小等於點估計值左右d個單位的範圍，即

d＝可信度係數×標準誤

　　如果抽樣是從一個有無限個個體的總體中進行的替換抽樣（sampling with replacement），或是從一個足夠大的總體中的抽樣，我們就不需要擔心有限總體修正，那麼上述的等式就為：

$$d = z\frac{\sigma}{\sqrt{n}}$$

也就是說，

$$n = (z^2 \sigma^2) / d^2$$

如果抽樣屬於從一個不大的總體中進行無替換抽樣，那麼透過有限總體糾正，

$$d = z \frac{\sigma}{\sqrt{n}} \sqrt{\frac{N-n}{N-1}}$$

也就是說，

$$n = \frac{Nz^2 \sigma^2}{d^2(N-1) + z^2 \sigma^2}$$

上述計算樣本數目的公式中，要求我們知道總體變異數σ^2，但是，正如前面所說，通常總體變異數並非已知數。所以，我們就必須對總體變異數進行估計。常用的方法是：(1)我們可以從總體中抽取一個最初樣本（樣本數為n_1），然後用樣本中的變異數作為對總體變異數的估計。這個最初樣本的數據可以作為最終樣本的一部分，所以我們還需的樣本數n_2就可以從計算出的樣本數n減去最初樣本的數目n_1；(2)使用前人的資料；(3)如果總體呈常態分配的話，並且已知總體的最大值和最小值的話，我們可以估計總體的全距為總體標準差的6倍，從而得出總體標準差$\sigma = R/6$。

(六)如何確定比例值估計所需的樣本大小？

對總體比例值進行估計時，有關樣本大小的計算過程和前面提到的過程是類似的。假設d為可信度係數和標準誤的乘積，即

$$d = z \sqrt{p(1-p)/n}$$

那麼，$n = (z^2 pq) / d^2$，其中$q = 1 - p$

如果總體中個體數目為有限個，那麼 $n = \dfrac{Nz^2 pq}{d^2(N-1) + z^2 pq}$

如果總體中個體數目為有限個但是總體數目N比樣本數目n大很多，亦即$n/N \leq 0.05$時，有限總體糾正係數就可以忽略，從而使用第一個公式：

$$n = (z^2 pq) / d^2$$

上述兩個公式都要求我們知道總體中的比例值，而我們常常不知道此數值。那麼我們可以抽取一個樣本並計算出比例值，把這個值作為對總體比例值的估計，從而代替公式中的 p。有時，研究者可以從文獻中獲取這個 p 值，或是借助其他手段知道總體比例值的上限為 p，那麼就可以把這個 p 代入到公式中去從而求得 n。如果不知道此上限值，那麼可以把 p 值視為0.5，從而求得 n。當然，這樣求得的樣本數為所需樣本的最大值。

例1：假設我們要調查大學生中每日使用網路超過三小時的人數
的比例，又假設其最大值不超過30%，所期盼的95%可信
度水準上的區間估計不超過0.05，求所需的樣本數。

解：由於95%可信度所對應的z值為 ± 1.96，$p = 0.30$，
$1 - p = 1 - 0.30 = 0.70$，所以所需的樣本數為

$$n = \frac{1.96^2 (0.30)(1 - 0.30)}{(0.05)^2} = 323$$

三、區間估計

前面提到如果要對總體參數作出估計，我們可以從總體中隨機選取某一樣本，計算出其樣本值後，把其作為對總體參數的點估計。我們又知道，這樣的估計是有誤差的，並不能說明總體參數一定等於樣本值，因為我們在選抽樣本時存在誤差。因此，為了減少對於總體參數估計的誤差，我們可以對其大小範圍作出估計，而不是對其進行單一值的估計。

(一)總體平均值的區間估計

要得到對總體平均值的區間估計，我們需要回顧一下樣本平均值 $\bar{x}$ 的抽樣分配情況。如果所取得的樣本來自一個呈常態分配的總體，那麼樣本數為 n 的所有可能樣本的分布為一個常態分配，其平均值 $\mu_{\bar{x}}$ 等於總體平均值 μ，其標準差 $\sigma_{\bar{x}}$ 等於 $\sigma/\sqrt{n}$。並且，借助常態分配的知識，我們知道在這一樣本平均值 $\bar{x}$ 的分布中，95%的樣本平均值位於 $\mu_{\bar{x}}$ 左右兩個標準差的範圍內，也就是說，區間 $\mu_{\bar{x}} \pm 2\sigma_{\bar{x}}$ 包含了95%的樣本平均值，即區間 $\mu \pm 2\sigma/\sqrt{n}$ 包含了95%的樣本平均值。

通常情況下總體平均值 μ 是一個未知數，而我們常用樣本平均值 $\bar{x}$ 來估計總體平均值，因此，上述區間 $\mu \pm 2\sigma/\sqrt{n}$ 也就可以表達為 $\bar{x} \pm 2\sigma/\sqrt{n}$。也就是說，95%的樣本平均值會在區間 $\bar{x} \pm 2\sigma/\sqrt{n}$ 範圍內。這一公式也是我們對總體平均值進行區間估計的公式（其可靠程度為95%）。讓我們來看下面這個例子：

例2：假設某項對10名大學生的調查發現，這10名大學生平均每天使用網路2.2小時。假設每日使用網路的小時數這一變量在總體中呈常態分配，並且總體變異數為2.71。那麼在95%的可信度水準上，總體平均值的區間估計為多少？

解：已知 $\bar{x} = 2.2$，$\sigma^2 = 2.71$，所以總體平均值的區間估計為

$$2.2 \pm 2\sqrt{2.71/10} = (1.16, 3.24)$$

也就是說，全體大學生每日使用網路的小時數為1.16～3.24範圍內，這個區間估計為95%可信。

如果要提高區間估計的可靠程度，比如提高到99%的可信度，那麼公式就變為 $\bar{x} \pm 3\sigma/\sqrt{n}$，這是因為對於某個呈常態分配的變量，其99%的可能取值位於平均值左右三個標準差之間。對於不同可信度水準上的總體平均值的區間估計，我們有以下一般公式：

$$\bar{x} \pm z_{1-\frac{\alpha}{2}}(\sigma/\sqrt{n})$$

其中，$\bar{x}$ 為樣本平均值；z為1－(α/2)所對應的z值（95%可信度水準所對應的α值為1－95%＝5%，即0.05），可參照z分布表求得z（見附錄一）；$\sigma/\sqrt{n}$ 為樣本平均值$\bar{x}$的抽樣分配的標準差，也稱標準誤。

對於以上公式，我們可以有兩種解釋。最常用的解釋是，如果我們從一個呈常態分配的、標準差已知的總體中抽取一個樣本，那麼我們可以(1－α)%的相信基於這一樣本所算出的總體平均值的區間估計包含了總體平均值。另一種解釋是，對某一呈常態分配的、標準差已知的總體，如果重複取一定大小的樣本並根據每一樣本進行總體平均值的區間估計，那麼所有的區間估計 $\bar{x} \pm z_{1-\frac{\alpha}{2}}(\sigma/\sqrt{n})$ 中(1－α)%會包含總體平均值。

以上面對大學生使用網路的調查為例，假設我們要對總體平均值 μ 進行95%可信度的區間估計。又假設全體有一千名大學生，其每日使用網路的小時數為一常態分配的變量，且已知這一常態分配的標準差為3。(1)如果我們隨機抽取一個樣本，並在此樣本的基礎上推算出總體平均值的區間範圍，那麼我們可以95%地相信所計算出的區間值包含了總體平均值；(2)如果我們重複抽樣本數一樣（如n＝30）的樣本多次（如一百次），並且對於每一次所取得的樣本都計算出總體平均值的區間範圍（即我們計算出一百個總體平均值的區間估計），那麼，我們可以說，這一百個區間估計中95%包含了總體平均值。

以上對總體平均值進行區間估計的公式中，我們總是假設某一變量在總體中呈常態分配，可是如果某一變量在總體並不呈常態分配呢？在這種情況下，中央極限定理就能夠為我們解決問題。回顧一下，這個定理認為，如果從一個非常態分配的、平均值為 μ、變異數為 σ^2 的總體中抽抽樣本數一定且較大的樣本多次，那麼這些樣本平均值 $\bar{x}$ 的分布是一個平均值為 μ 且接近常態分配的分布。那麼究竟多大的樣本才大到可以忽略總體的非常態分配呢？對於這個問題沒有一個確定的答案；樣本數的大小受

總體的非常態分配的程度影響。在大多數情況下，如果樣本數大於30，就可以假設所抽取的樣本成常態分配；當然，樣本數越大，樣本的平均值的分布也就越趨向於常態分配。總而言之，如果我們從一個非常態分配的總體中抽樣，從而對總體的平均值進行區間估計的話，一個通常的做法是保證樣本數目大於30；在一定情況下，可適當增加樣本數目以求變量在樣本中的分布接近於常態分配。

(二)t分配

前面提到如何對總體的平均值進行區間估計，這一過程要求變量在總體中的變異數（σ^2）為已知數。這看起來有些不可理解——已知總體變異數卻不知道總體的平均值。事實上我們常常對總體的變異數和平均值一無所知；這樣的情況下，前面所提到的根據總體變異數來估計總體平均值的區間值就成了問題，公式 $\bar{x} \pm z_{1-\frac{\alpha}{2}} (\sigma/\sqrt{n})$ 也就無用武之地了。

為了解決上述問題，我們通常用樣本的標準差 s 來代替總體的標準差 σ。前面提到，對於某個樣本的標準差的計算方法如下：

$$s = \sqrt{\frac{\sum_{i=1}^{n}(x_i - \bar{x})^2}{n-1}}$$

在樣本數夠大的情況下（如 $n \geq 30$），我們可以較為肯定樣本的標準差s近似於總體的標準差σ；這樣，我們就可以對總體平均值的區間值進行估計了。

如果樣本數不夠大，那麼如何對總體平均值進行區間估計呢？Gossett 提出了Student's t distribution，簡稱 t 分配（見附錄二）來解決這一問題。

$$t = \frac{\bar{x} - \mu}{s/\sqrt{n}}$$

這一分布的特徵有以下幾點：

1.平均值為0。

2.以平均值所在的點為軸成對稱分布。

3.通常，其變異數大於1；但是當樣本數夠大時，其變異數接近1。當自由度 $df>2$ 即 $n-1>2$ 時，變異數為 $df/df-2$。把其中的 df 用 $n-1$ 代替，那麼變異數為 $n-1/n-3$。

4.變量 t 的值的範圍 $-\infty$ 到 $+\infty$。

5.t 分配並非只有一個分布曲線，它為一系列 t 分配的集合，因為每一個不同樣本數的樣本都有相對應的分布曲線。

6.相對於常態分配來說，t 分配的曲線形狀更平緩。也就是說，曲線的最高點比常態分配的最高點低一些，而曲線的兩尾則離橫座標遠一些。

7.當樣本數接近於無窮大時，t 分配接近於常態分配。

綜上所述，當我們從某個呈常態分配的、變異數為未知數的總體抽樣時，我們可以運用 t 分配來對總體平均值進行區間估計，其公式如下：

$$\bar{x} \pm t_{1-\frac{\alpha}{2}}(s/\sqrt{n})$$

其中，$\bar{x}$ 為樣本平均值，s為樣本標準差，n為樣本數目。值得注意的一點是，運用 t 分配的前提是總體呈常態分配；實務證明如果總體分布離常態分配有中等程度的偏差，也是許可的。下面我們就舉一個例子來看看如何運用 t 分配來對總體進行平均值的區間估計。

例3：假設我們從某個總體中抽取了20名學生，調查其每天觀看電視的小時數，其平均值為2.5，標準差為1.5。那麼在95%的可信度水準上，總體平均值為多少？

解：假設總體的分布呈常態分配，已知 $\bar{x}=2.5$，s＝1.5

由於要求可信度水準為95%，那麼 $\alpha=.05$，$1-(\alpha/2)=0.975$；又df＝n－1＝20－1＝19；查 t分配表，可得 $t_{0.975}$ 在

自由度為19時其值為2.093，所以總體平均值的區間估計為

$$2.5 \pm 2.093(1.5/\sqrt{20}) = (1.8, 3.2)$$

也就是說，我們95%地相信總體平均值在1.8～3.2範圍之內。

上面我們介紹了兩種對總體平均值進行區間估計的方法，那麼什麼時候用z分布？什麼時候用t分配呢？這就要考慮總體是否呈常態分配、總體變異數是否已知以及樣本大小三個因素。一般來說，總體呈常態分配的情況下：(1)總體變異數已知並且樣本數夠大時，可用z分布，即公式 $\bar{x} \pm z_{1-\frac{\alpha}{2}}(\sigma/\sqrt{n})$；(2)如果總體變異數未知或是樣本數小時（如 $n < 30$）用t分配，即公式 $\bar{x} \pm t_{1-\frac{\alpha}{2}}(s/\sqrt{n})$。在總體並不呈常態分配的情況下，儘量取得樣本數大於三十的樣本，然後借助中央極限定理按照總體呈常態分配處理。

(三)對兩個總體平均值的差的區間估計

上面談到了如何對一個總體的算術平均值進行區間估計。有時，我們想比較兩個總體的平均值並暸解其差的區間範圍，那麼我們就需要對兩個總體的平均值的差的範圍進行區間估計（confidence interval for the difference between two population means）。比如，我們調查了兩個城市居民對生活的滿意程度，已知甲城市的樣本平均滿意度為3.5，而乙城市的樣本平均滿意度為3.8（假設1為非常不滿意，5為非常滿意），一個通常的問題就是，總體來說，這兩個城市居民的生活滿意度的差的範圍是多少？

回顧一下前面對兩個總體的平均值的差 $\bar{x}_1 - \bar{x}_2$ 的抽樣分配的討論，我們知道這一抽樣分配的平均值為 $\mu_1 - \mu_2$，變異數為 $(\sigma_1^2/n_1) + (\sigma_2^2/n_1)$，標準差 $\sqrt{(\sigma_1^2/n_1) + (\sigma_2^2/n_2)}$，所以，對兩個總體的平均值的差的區間估計

公式如下：

$$(\bar{x}_1 - \bar{x}_2) \pm z_{1-\frac{\alpha}{2}} \sqrt{\frac{\sigma_1^{\,2}}{n_1} + \frac{\sigma_2^{\,2}}{n_2}}$$

　　如果這一區間估計包含了0，那麼就意味著兩個總體的算術平均值可能相等；反之，如果此區間估計不包含0，那麼兩個總體的算術平均值可能不相等。

　　讓我們來看一個實例：

例4：假設某項研究調查了甲乙兩地大學生使用網路的情況，發現甲地的20名大學生每日使用網路2.5小時，總體變異數為2.3；而乙地的20名大學生每日使用網路2小時，總體變異數為2.5，且兩個總體均呈常態分配。求95%可信度水準上的兩個總體平均值的差的區間估計。

解：已知 $\bar{x}_1 = 2.5$，$\bar{x}_2 = 2$，$\sigma_1^{\,2} = 2.3$，$\sigma_2^{\,2} = 2.5$

95%的可信度水準所對應的 $z = \pm 1.96$，而標準誤為 $\sqrt{(2.3/20)+(2.5/20)}$，所以區間估計為：

$$(2.5-2) \pm 1.96\sqrt{(2.3/20)+(2.5/20)} = (-0.46, 1.46)$$

也就是說，我們95%地相信兩地大學生每日使用網路平均小時數的差的區間範圍為-0.46～1.16小時。

　　上面對兩個總體的平均值的差的估計，是建立在兩個總體呈常態分配且總體變異數為已知數的情況下。如果兩個總體呈非常態分配，那麼我們就應該抽抽樣本數目較大的樣本，從而我們可以利用中央極限定理；如果總體變異數為未知數，那麼我們就把樣本變異數作為對總體變異數的估計，從而替代公式中的總體變異數。

　　例5：假設某項研究調查了甲乙兩地大學生使用網路的情況，

發現甲地的70名大學生每日使用網路2.77小時，標準差為1.71，而乙地的70名大學生每日使用網路2.45小時，標準差為1.51。求95%可信度水準上的兩個總體平均值的差的區間估計。

解：因為我們並不知道兩個總體是否為常態分配，但是因為我們所抽取的兩個樣本的數目均大於30，從而我們可以假設兩個平均值的差的抽樣分配接近常態分配，所以可以利用z分布表來獲得可信度係數；又因為兩個總體變異數均為未知數，且樣本數較大，所以我們可以利用樣本標準差來估計總體的標準差，那麼抽樣分配的標準誤為：

$$s_{\bar{x}_1 - \bar{x}_2} = \sqrt{(1.71^2 / 70) + (1.51^2 / 70)} = 0.27$$

所以，我們對兩個總體的平均值的差的區間估計為：

$$(2.77 - 2.45) \pm 1.96(0.27) = (-0.21, 0.85)$$

前面提到過，如果總體變異數為未知數，且樣本數不夠大時，我們可以利用t分配表來得出區間估計公式中的估計信度的係數。在這種情況下，我們應該考慮兩個總體的變異數是否相等。首先，如果兩個總體的變異數相等，那麼我們可以用以下公式計算出共同變異數（pooled variance）的估計值。

$$s_p^2 = \frac{(n_1 - 1)s_1^2 + (n_2 - 1)s_2^2}{n_1 + n_2 - 2}$$

那麼，$\bar{x}_1 - \bar{x}_2$ 的抽樣分配的標準誤為

$$s_{\bar{x}_1 - \bar{x}_2} = \sqrt{\frac{s_p^2}{n_1} + \frac{s_p^2}{n_2}}$$

所以，區間估計為

$$(\bar{x}_1 - \bar{x}_2) \pm t_{1-\frac{\alpha}{2}} \sqrt{\frac{s_p^{\,2}}{n_1} + \frac{s_p^{\,2}}{n_2}}$$

注意上述公式中用t的自由度為 $n_1 + n_2 - 2$。

例6：假設某項研究調查了甲乙兩地大學生使用網路的情況，發現甲地的17名大學生每日使用網路2.77小時，標準差為1.71，而乙地的15名大學生每日使用網路2.45小時，標準差為1.51。假設兩個總體均呈常態分配，且總體變異數相等。求95%可信度水準上的兩個總體平均值的差的區間估計。

解：已知 $n_1 = 17$，$\bar{x}_1 = 2.77$，$s_1 = 1.71$；

$n_2 = 15$，$\bar{x}_2 = 2.45$，$s_2 = 1.51$

$$s_p^{\,2} = \frac{(17-1)(1.71)^2 + (15-1)(1.51)^2}{17 + 15 - 2} = 2.62$$

$\alpha = 0.05$，自由度 $df = 17 + 15 - 2 = 30$ 時的 t 值為2.04，所以區間估計為

$$(2.77 - 2.45) \pm 2.04 \sqrt{\frac{2.62^2}{17} + \frac{2.62^2}{15}} = (-1.57,\ 2.21)$$

如果兩個總體變異數不相等，那麼兩個總體平均值的差的抽樣分配並非t分配，由此我們不能用t分配表來決定可信度係數。我們用以下檢測統計值 t'：

$$t' = \frac{(\bar{x}_1 - \bar{x}_2) - (\mu_1 - \mu_2)}{\sqrt{\dfrac{s_1^{\,2}}{n_1} + \dfrac{s_2^{\,2}}{n_2}}}$$

也就是說，區間估計為

$$(\bar{x}_1 - \bar{x}_2) \pm t'_{1-\frac{\alpha}{2}} \left(\sqrt{\frac{s_1^2}{n_1} + \frac{s_2^2}{n_2}} \right)$$

其中 ，$t'_{1-\alpha/2} = \dfrac{w_1 t_1 + w_2 t_2}{w_1 + w_2}$

其中，$w_1 = s_1^2/n_1$，$w_2 = s_2^2/n_2$，t_1 為自由度是 $n_1 - 1$時的 $t_{1-\frac{\alpha}{2}}$；t_2 為自由度是 $n_2 - 1$時的 $t_{1-\frac{\alpha}{2}}$。讓我們來看下面這個例子。

例7： 假設某項研究調查了甲乙兩地大學生使用網路的情況，發現甲地的17名大學生每日使用網路2.77小時，標準差為1.71，而乙地的15名大學生每日使用網路2.45小時，標準差為1.51。假設兩個總體均呈常態分配，但總體變異數不一定相等。求95%可信度水準上的兩個總體平均值的差的區間估計。

解： 已知，$n_1 = 17$，$\bar{x}_1 = 2.77$，$s_1 = 1.71$；
$n_2 = 15$，$\bar{x}_2 = 2.45$，$s_2 = 1.51$
抽樣分配的點估計為$2.77 - 2.45 = 0.32$

抽樣分配的標準誤為$\sqrt{\dfrac{1.71^2}{17} + \dfrac{1.51^2}{15}} = \sqrt{0.17 + 0.15} = 0.57$

為求得抽樣分配的可信度係數，現計算t_1 為自由度是 $n_1 - 1$時的 $t_{1-\frac{\alpha}{2}}$，即 $t_1 = 2.12$；t_2 為自由度是 $n_2 - 1$時的 $t_{1-\frac{\alpha}{2}}$，即 $t_2 = 2.15$。

所以
$$t'_{1-\alpha/2} = \frac{(s_1^2/n_1)t_1 + (s_2^2/n_2)t_2}{s_1^2/n_1 + s_2^2/n_2} = \frac{0.17(2.12) + 0.15(2.15)}{0.17 + 0.15} = 2.13$$

所以區間估計為
$$0.32 \pm 2.13(0.57) = (-0.9, 1.54)$$

(四)總體比例的區間估計

　　研究中我們常常對總體中具有某項特徵的人群的比例感興趣。比如說，總體中每天看電視三小時以上的人占多大比例？為了對總體中具有某項特徵的人群的比例進行區間估計，我們採用與總體平均值區間估計相類似的方法：從總體中選擇一個樣本，然後算出樣本中具有某種特徵的人群比例，把這個值作為對總體比例的點估計；然後在此基礎上算出總體中比例的區間值（confidence interval for the population proportion）。

　　讓我們回顧一下樣本比例值 $\hat{p}$ 的抽樣分配的特徵：平均值 $\mu_{\hat{p}}=p$（p 為總體的比例值），變異數 $\sigma_{\hat{p}}^2=p(1-p)/n$。如果要把每一個樣本比例值轉換成z值（標準值），就依照如下公式：

$$z = \frac{\hat{p} - p}{\sqrt{\dfrac{p(1-p)}{n}}}$$

對於樣本數目大小的要求，一般來說 np 和 $n(1-p)$ 都大於5。

所以，對總體比例進行區間估計的公式如下：

$$p \pm z_{1-\frac{\alpha}{2}}\sqrt{p(1-p)/n}$$

讓我們來看一個例子：

例8：假設我們對274名大學生的調查中發現，這些大學生對生活較為滿意或滿意的比例值為70%。求在95%的可信度水準上，對總體大學生對生活持較為滿意或滿意態度的比例估計範圍？

解：已知p＝0.70，n＝274；又pn和（1－p）n都大於5，所以滿足使用常態分配來進行區間估計的要求。因為95%的可信度水準所對應的z值為±1.96，所以總體比例的區間估計為：
$0.70 \pm 1.96\sqrt{(0.70)(0.30)/274} = (0.646,\ 0.754)$。所以，我們

95%地相信總體比例值在0.646～0.754範圍內。

(五)對兩個總體的比例值的差的區間估計（interval estimate for the difference between two proportions）

通常我們也對兩個總體的比例值的差感興趣，比如比較某個城市中男性居民對生活滿意的比例和女性居民對生活滿意的比例。如果從男性居民中抽取一個樣本（樣本數為 n_1）並計算出樣本的比例值 $\hat{p}_1$，再從女性居民中抽取一個樣本（樣本數為 n_2）並計算出樣本比例值 $\hat{p}_2$，然後把兩個比例值相減，所得的差 $\hat{p}_1 - \hat{p}_2$ 就是我們對於兩個總體中比例值的差 $p_1 - p_2$的點估計。當兩個樣本數都較大且總體比例值都不接近於0或1時，我們就可以利用中央極限定理來處理兩個樣本比例值的差的抽樣分配，從而根據Z表來確定可信度係數，並建構相應的區間估計。因為標準誤為

$$\sigma_{\hat{p}_1 - \hat{p}_2} = \sqrt{\frac{\hat{p}_1(1-\hat{p}_1)}{n_1} + \frac{\hat{p}_2(1-\hat{p}_2)}{n_2}}$$

那麼，區間估計為

$$(\hat{p}_1 - \hat{p}_2) \pm z_{1-\frac{\alpha}{2}} \sqrt{\frac{\hat{p}_1(1-\hat{p}_1)}{n_1} + \frac{\hat{p}_2(1-\hat{p}_2)}{n_2}}$$

例9：假設在對某個城市居民的調查中，研究者隨機選取了70名男性和70名女性，發現25名男性對生活持滿意態度，而35名女性對生活持滿意態度。求在95%可信度水準上，這個城市中男性和女性各自對生活滿意的比例的差的區間估計。

解：已知男性樣本比例值為25/70＝0.357；女性樣本比例值為35/70＝0.50；而標準誤為

$$\sigma_{\hat{p}_1 - \hat{p}_2} = \sqrt{\frac{0.357(1-0.357)}{70} + \frac{0.50(1-0.50)}{70}} = 0.08$$

95%可信度水準所對應的z值為±1.96，所以區間估計為

$(0.357-0.50)\pm1.96(0.08)=(-0.31, 0.02)$

也就是說，我們95%地相信總體中男性對生活滿意的比例和女性對生活滿意的比例的差的範圍在-31%～2%之間；因為這一區間估計包括0，所以總體中兩個比例值也許相等。

 第二節　假設檢定

前面我們討論了推論性統計學的第一種，即點估計和區間估計。這兩種估計都是從樣本的某一統計值出發，對相應的總體參數做出估計，如基於某一樣本的算術平均值對總體中的算術平均值進行點估計或是區間估計，或是基於某一樣本的比例值對總體中的比例值進行點估計和區間估計。或者抽取兩個樣本，並計算出兩個樣本的算術平均值或比例值的差，從而對兩個總體的算術平均值或比例值的差進行點估計或區間估計。

這一節闡述了第二種推論性統計學，即假設檢定。假設檢定也與點估計或區間估計一樣，目標都是在樣本數據的基礎上對總體的相關情況作出推斷。儘管我們對這兩種推論性統計學分開討論，實際上兩者並非完全不同。比如我們可以用區間估計的方法來對某一假設進行檢驗；也就是說，區間估計同樣可以履行假設檢定的功能，這一點會在後面提到。

一、假設檢定的概念

假設指的是對一個或多個總體的陳述。通常，在假設中我們常常對總體參數作出陳述。比如，假設1：大學生群體中每日平均使用網路三小時（這個假設對全體大學生的某一平均值做出了估計）；假設2：大學生過多地使用網路會導致學習成績的下降（這個假設對總體中兩個變量的關

係做出了估計）。假設檢定指的是檢驗關於總體的某一陳述是否和樣本數據一致；也就是說，樣本數據是否支持研究者對總體的某一陳述。

假設在研究中的地位是很重要的，一項研究的開展往往始於研究問題或假設的提出。比如，在一項新媒體與政治參與的研究中（Xenos & Moy, 2007），研究者在回顧了相關文獻後，緊接著就提出了如下兩個假設：

H_1：接觸網路上的政治訊息的程度和參與民眾與政治事務的程
　　度成正比
H_2：網路上的政治訊息對民眾和政治事務參與的影響受個體對
　　政治的興趣程度的調節

上述兩個假設中，研究者就總體中「接觸網路政治訊息」和「民眾事務和政治事務參與」兩個概念之間的關係作出了假設。下面我們來看一下假設檢定所涉及到的一些概念。

二、假設檢定的步驟及其相關概念

假設檢定一般依照以下步驟進行：

第一，瞭解樣本數據的特性，如測量變量所使用的測量層次。

第二，瞭解總體分布的特性，如是否呈常態分配、兩個總體的變異數是否相等，兩個樣本是否互相獨立等等。這些特性決定了哪種統計分析方法更為合適。

第三，提出假設。統計學上把假設分為虛無假設（null hypothesis）和對立假設（alternative hypothesis）。虛無假設是需要檢測的假設，有時也稱為「無區別假設」（a hypothesis of no difference），比如我們假設兩組對象就某一變量的平均值上不存在差異。通常情況下，我們旨在推翻虛無假設。在假設檢定中，如果虛無假設被推翻，那麼我們就說樣本數據不

支持虛無假設，而支持另一種假設。這「另一種假設」我們稱為對立假設。對立假設常常是研究者想要支持的假設，所以也常常稱為「研究假設」，記為H_A。在實際研究中，我們通常只作出研究假設，而沒有必要作出相對應的虛無假設，因為虛無假設是研究假設的互補假設。

這裡要強調的是，假設檢定並非證明某一個假設是真是假，而只是表明該假設被樣本數據所支持或不支持。所以，由樣本數據所支持的假設，只能說這一假設「有可能為真」，並非「為真」。

第四，計算出檢測統計值。我們從樣本數據中計算出檢測統計值，如標準值z。

第五，檢查檢測統計值的抽樣分配。比如z的分布為標準常態分配。

第六，設定推翻虛無假設的標準。檢測統計值的所有可能值被分為兩組，一組為拒絕區域（rejection region），另一組為接受區域（nonrejection region）。如果檢測統計值落入拒絕區域，那麼我們就推翻虛無假設，反之則接受虛無假設。

那麼如何決定拒絕區域和接受區域呢？這就涉及到顯著水準（level of significance，通常標記為 α）的概念，指的是檢測統計值的分布曲線圖中拒絕區域的面積範圍。如果一個檢測統計值落入了這個拒絕區域，那麼這個值就是顯著到可以推翻虛無假設。

既然推翻虛無假設是個概率事件而存在一定誤差，那麼我們應當儘量地減小這個誤差。通常，我們採用0.01、0.05或0.10的誤差概率。也就是說，我們在推翻虛無假設的時候誤差（或顯著水準）為1%、5%或10%。而最通常使用的顯著水準為5%；換句話說，顯著水準為5%表示我們推翻虛無假設的錯誤概率為5%。一言以蔽之，我們設定顯著水準 α，從而確定推翻虛無假設的標準。

現在讓我們來看一看假設檢定有可能犯的錯誤（types of errors）。錯誤分為兩種，一種為型一誤差（type I error），另一種為型二誤差（type II error）。型一誤差指的是推翻了一個為真的虛無假設，即錯誤地推翻了

虛無假設（從而接受對立假設／研究假設）。我們把這種推翻虛無假設時所犯的錯誤概率記為α。所以，如果假設檢定時推翻了虛無假設，由於我們通常把α設置在較小的水準（如0.05），所以我們對所得出的結論還比較放心。

型二誤差指的是沒有推翻一個假的虛無假設；換句話說是錯誤地接受了虛無假設（從而推翻對立假設／研究假設）；我們把這種接受虛無假設的錯誤概率記為β。如果假設檢定時接受了虛無假設，我們並不知道所犯的錯誤的概率β。一般而言，β的值要比α大。

第七，計算檢測統計值。在決定了推翻虛無假設的錯誤概率即顯著水準之後，我們可以計算出檢測統計值，並看其落入拒絕區域還是接受區域。

第八，統計決定。接上述步驟，我們可以決定是接受虛無假設還是推翻虛無假設。如果檢測統計值落入拒絕區域，那麼我們就推翻虛無假設；如果檢測統計值落入接受區域，我們就接受虛無假設。

第九，結論。如果推翻了虛無假設，那麼我們就下結論說，樣本數據支持研究假設；如果接受了虛無假設，那麼說明樣本數據支持研究假設。

第十，決定p值。p值指的是假設檢定中在虛無假設為真的情況下，所取得的檢測統計值趨向於推翻虛無假設、支持研究假設的程度，也就是犯型一誤差的概率。所以，如果p值在所允許的範圍內，即小於所規定的顯著性水準α，那麼我們就推翻虛無假設；反之，則接受虛無假設。

三、關於總體平均值的假設檢定

在這一個部分中，我們將考慮對總體平均值的假設檢定，其分為三種情況：(1)總體為常態分配且總體變異數已知；(2)總體為常態分配但變異數為未知數；(3)總體呈非常態分配。

(一)總體呈常態分配，總體變異數已知

為檢測虛無假設 $H_0：\mu = \mu_0$，使用的檢測統計值為：$z = \dfrac{\bar{x} - \mu_0}{\sigma / \sqrt{n}}$

例10：一項研究旨在調查大學生中每日使用網路的小時數，假設總體為常態分配，其變異數為2.27。又已知對70名大學生的抽樣調查中，其每日平均使用網路2.45小時。求：在顯著水準為0.05時，能否得出總體的平均值不等於3的結論？

解：設 $H_0：\mu = 3$；$H_A：\mu \neq 3$

已知 $\bar{x} = 2.45$，$\sigma^2 = 2.27$；顯著水準為0.05時，所對應的z值為 ± 1.96

檢測統計值 $z = \dfrac{2.45 - 3}{\sqrt{2.27 / 70}} = -3.05$

由於檢測統計值−3.05小於−1.96，屬於拒絕區域，所以我們推翻虛無假設而支持研究假設。也就是說，總體中大學生每日使用網路的平均小時數不等於三小時。

另外，我們還可以借助前面所講到的對總體平均值的區間估計來進行假設檢定。在顯著水準為0.05，即可信度水準為95%時，對總體的平均值的區間估計為：

$$2.45 \pm 1.96(\sqrt{2.27 / 70}) = (2.10,\ 2.80)$$

由於上述區間估計不包括3，所以我們支持研究假設，亦即總體中大學生每日使用網路的平均小時數不等於三小時。

上面我們檢測的假設為雙尾假設（two-tailed hypothesis），這是因為其拒絕區域位於檢測統計值z的分布曲線的兩端，亦即大於1.96或小於-1.96的z值都會落入拒絕區域，而導致推翻虛無假設。相對應的是單尾

假設（one-tailed hypothesis），在這種情況下，所有的拒絕區域都在分布曲線的一端。使用雙尾假設還是單尾假設，這取決於研究者。比如，如果我們假設總體中大學生每日使用網路不等於三小時，那麼我們用的是雙尾假設；如果我們假設總體中大學生每日使用網路小於三小時，或是假設總體中大學生每日使用網路大於三小時，那麼我們用的是單尾假設。讓我們來看另一個例子。

> **例11**：一項研究旨在調查大學生中每日使用網路的小時數，假設總體為常態分配，其變異數為2.27。又已知對70名大學生的抽樣調查中，其每日平均使用網路2.45小時。求：在顯著水準為0.05時，是否能得出總體的平均值小於3的結論？

> **解**：設 $H_0：\mu \geq 3$；$H_A：\mu < 3$
>
> 已知 $\bar{x} = 2.45$，$\sigma^2 = 2.27$
>
> 對於一尾假設檢定，顯著水準 $\alpha = 0.05$ 時，所對應的z值為 1.645 或 -1.645；又因為 $H_0：\mu \geq 3$，所以如果z值小於 -1.645，那麼我們就可以推翻虛無假設。
>
> 檢測統計值 $Z = \dfrac{2.45 - 3}{\sqrt{2.27/70}} = -3.05$

因為所得的值 -3.05 小於 -1.645，屬於拒絕區域，所以我們推翻虛無假設，支持研究假設 $H_A：\mu < 3$，也就是說，總體中大學生每日使用網路小於三小時。

另外，我們還可以借助前面所講到的對總體平均值的區間估計來進行假設檢定。在顯著水準為0.05，即可信度水準為95%時，對總體的平均值的區間估計為：

$$2.45 \pm 1.96(\sqrt{2.27/70}) = (2.10, 2.80)$$

由於上述區間估計的值都小於3，所以我們支持研究假設，亦即總體中大學生每日使用網路小於三小時。

(二)總體呈常態分配，總體變異數未知

上面我們提到了如何檢測一個呈常態分配，總體變異數已知的總體平均值，我們使用的檢測統計值為z。通常情況下，我們並不知道總體的變異數，那麼，在這種情況下，我們就可以使用檢測統計值t，其公式如下：

$$t = \frac{\bar{x} - \mu_0}{s/\sqrt{n}}$$

例12：一項研究旨在調查大學生每日使用網路的小時數，假設總體為常態分配。又已知對17名大學生的抽樣調查中，其每日平均使用網路2.45小時，標準差為1.51。求：在顯著水準為0.05時，是否能得出總體的平均值不等於3的結論？

解：設 $H_0 : \mu = 3$；$H_A : \mu \neq 3$

已知 $\bar{x} = 2.45$，$s = 1.51$；顯著水準$\alpha = 0.05$時，自由度$df = 17 - 1 = 16$，所對應的t值為± 2.12

檢測統計值 $t = \dfrac{2.45 - 3}{1.51/\sqrt{17}} = -0.08$

由於檢測統計值-0.08大於-2.12且小於2.12，屬於接受區域，所以我們接受虛無假設，也就是說，總體中大學生每日使用網路的平均小時數約等於三小時。

(三)總體呈非常態分配

上面我們提到的例子都假設總體呈常態分配，如果總體呈非常態分配，那麼我們一般都從總體中抽取較大的樣本，從而我們可以假設抽樣分

配接近常態分配，檢測統計值z也就可以用來進行假設檢定了：

$$z = \frac{\bar{x} - \mu_0}{\sigma/\sqrt{n}}$$

如果我們不知道總體變異數σ^2，那麼因為樣本數目較大，我們可以用樣本的標準差來代替公式中的總體標準差，從而上述公式變為：

$$= \frac{\bar{x} - \mu_0}{s/\sqrt{n}}$$

例13：一項研究旨在調查大學生每日使用網路的小時數，假設總體並非常態分配。又已知對70名大學生的抽樣調查中，其每日平均使用網路2.45小時，標準差為1.51。求：在顯著水準為0.05時，是否能得出總體的平均值不等於3的結論？

解：設 $H_0 : \mu = 3$；$H_A : \mu \neq 3$

已知$\bar{x} = 2.45$，$s = 1.51$；顯著水準$\alpha = 0.05$時，所對應的z值為± 1.96

檢測統計值 $z = \dfrac{2.45 - 3}{1.51/\sqrt{70}} = -3.04$

由於檢測統計值-3.04小於-1.96，屬於拒絕區域，所以我們推翻虛無假設而支持研究假設。也就是說，總體中大學生每日使用網路的平均小時數不等於三小時。

四、關於兩個總體平均值差的假設檢定

通常研究中，我們常常想知道兩個總體的平均值的差是否互不相等。比如實驗研究法中我們操控自變量，然後檢查實驗組和控制組在因變量上是否互不相同；在這樣的研究中假設常常類似於下面的例子：

$$H_0 : \mu_1 - \mu_2 = 0 ; H_A : \mu_1 - \mu_2 \neq 0$$

$$H_0 : \mu_1 - \mu_2 \leq 0 \;;\; H_A : \mu_1 - \mu_2 > 0$$
$$H_0 : \mu_1 - \mu_2 \geq 0 \;;\; H_A : \mu_1 - \mu_2 < 0$$

(一)總體呈常態分配，總體變異數已知

這種情況下，我們使用如下檢測統計值：

$$z = \frac{(\bar{x}_1 - \bar{x}_2) - (\mu_1 - \mu_2)_0}{\sqrt{\dfrac{\sigma_1^{\,2}}{n_1} + \dfrac{\sigma_2^{\,2}}{n_2}}}$$

其中，$(\mu_1 - \mu_2)_0$ 指的是所假設的兩個總體平均值的差。

例14：一項研究旨在調查大學生每日使用網路的小時數，假設甲地大學生的總體呈常態分配，且總體變異數為2.27；乙地大學生的總體呈常態分配，且總體變異數為2.20。又已知對甲地70名大學生的抽樣調查中，其每日平均使用網路2.45小時；對乙地70名大學生的抽樣調查中，其平均值為2.65小時。求：在顯著水準為0.05時，是否能得出兩個總體的平均值互不相等的結論？

解：設 $H_0 : \mu_1 - \mu_2 = 0 \;;\; H_A : \mu_1 - \mu_2 \neq 0$

已知 $\bar{x}_1 = 2.45$，$\bar{x}_2 = 2.65$；顯著水準 $\alpha = 0.05$ 時，所對應的z值為 ± 1.96

檢測統計值 $z = \dfrac{(2.45 - 2.65) - 0}{\sqrt{\dfrac{2.27}{70} + \dfrac{2.20}{70}}} = -0.79$

由於檢測統計值 -0.79 大於 -1.96 且小於 1.96，屬於接受區域，所以我們接受虛無假設而推翻研究假設。也就是說，兩地大學生每日使用網路的平均小時數不存在顯著差別。

對於上述假設，我們也可以先對兩個總體平均值的差進行區間估

計,如果所得到的區間包含0,那麼就說明兩個總體平均值無顯著差別;反之則存在顯著差別。

$$(2.45 - 2.65) \pm 1.96(\sqrt{\frac{2.27}{70} + \frac{2.20}{70}}) = (-0.695, 0.295)$$

由於上述區間包含了0,所以兩個總體的平均值無顯著區別。

(二)總體呈常態分配,總體變異數未知

當兩個總體變異數為未知數時,兩個總體變異數也許相等,也許不等。如果總體變異數相等的話,那麼我們使用以下公式求得公共變異數:

$$s_p^{\ 2} = \frac{(n_1 - 1)s_1^{\ 2} + (n_2 - 1)s_2^{\ 2}}{n_1 + n_2 - 2}$$

那麼,所使用的檢測統計值為:

$$t = \frac{(\bar{x}_1 - \bar{x}_2) - (\mu_1 - \mu_2)_0}{\sqrt{\frac{s_p^{\ 2}}{n_1} + \frac{s_p^{\ 2}}{n_2}}}$$

上述 t 值的自由度為 $n_1 + n_2 - 2$。

例15:一項研究旨在調查大學生每日使用網路的小時數,假設甲地大學生的總體呈常態分配,乙地大學生的總體也呈常態分配。又已知對甲地70名大學生的抽樣調查中,其每日平均使用網路2.45小時,標準差為1.51;對乙地70名大學生的抽樣調查中,其平均值為2.65小時,標準差為1.64。求:在顯著水準為0.05時,是否能得出兩個總體的平均值互不相等的結論?

解:設 $H_0 : \mu_1 - \mu_2 = 0$;$H_A : \mu_1 - \mu_2 \neq 0$

已知 $\bar{x}_1 = 2.45$,$s_1 = 1.51$;$\bar{x}_2 = 2.65$,$s_1 = 1.64$;

$$s_p{}^2 = \frac{(70-1)1.51^2 + (70-1)1.64^2}{70+70-2} = 2.48$$

顯著水準$\alpha = 0.05$且自由度$df = 70+70-2 = 138$時，所對應的t值

為± 1.98

檢測統計值 $t = \dfrac{(2.45-2.65)-0}{\sqrt{\dfrac{2.48}{70} + \dfrac{2.48}{70}}} = -0.75$

由於檢測統計值-0.75大於-1.98且小於1.98，屬於接受區域，所以我們接受虛無假設而推翻研究假設。也就是說，兩地大學生每日使用網路的平均小時數不存在顯著差別。

對於上述假設，我們也可以先對兩個總體平均值的差進行區間估計，如果所得到的區間包含0，那麼就說明兩個總體平均值無顯著差別；反之則存在顯著差別。

$$(2.45-2.65) \pm 1.96\left(\sqrt{\frac{2.48}{70} + \frac{2.48}{70}}\right) = (-0.72,\ 0.32)$$

由於上述區間估計包含了0，所以總體中兩地大學生每日使用網路的小時數無顯著區別。

如果總體變異數未知且兩個總體變異數並不相等時，那麼我們所使用的檢測統計值為：

$$t' = \frac{(\overline{x}_1 - \overline{x}_2) - (\mu_1 - \mu_2)_0}{\sqrt{\dfrac{s_1{}^2}{n_1} + \dfrac{s_2{}^2}{n_2}}}$$

且對於顯著水準為α的雙尾假設檢定，t'的臨界值為：

$$t'_{1-\alpha/2} = \frac{w_1 t_1 + w_2 t_2}{w_1 + w_2}$$

其中，$w_1 = s_1{}^2/n_1$，$w_2 = s_2{}^2/n_2$，t_1為自由度 $n_1 - 1$所對應的 $t_{1-\alpha/2}$值，t_2為自由度 $n_2 - 1$所對應的 $t_{1-\alpha/2}$值。

對於顯著水準為α的單尾檢驗，t'的臨界值為：

$$t'_{1-\alpha} = \frac{w_1 t_1 + w_2 t_2}{w_1 + w_2}$$

其中，$w_1 = s_1^2/n_1$，$w_2 = s_2^2/n_2$，t_1為自由度n_1-1所對應的$t_{1-\alpha}$值，t_2為自由度n_2-1所對應的$t_{1-\alpha}$值。

讓我們來看一個例子。

例16：一項研究旨在調查大學生每日使用網路的小時數，假設甲地大學生的總體和乙地大學生的總體均呈常態分配，但兩個總體變異數不相等。又已知對甲地70名大學生的抽樣調查中，其每日平均使用網路2.45小時，標準差為1.51；對乙地70名大學生的抽樣調查中，其平均值為2.65小時，標準差為1.64。求：在顯著水準為0.05時，是否能得出兩個總體的平均值互不相等的結論？

解：設$H_0 : \mu_1 - \mu_2 = 0$；$H_A : \mu_1 - \mu_2 \neq 0$

已知$\bar{x}_1 = 2.45$，$s_1 = 1.51$；$\bar{x}_2 = 2.65$，$s_2 = 1.64$；

$w_1 = 1.51^2/70 = 0.033$，$w_2 = 1.64^2/70 = 0.038$，t_1為自由度$n_1-1 = 69$所對應的$t_{1-\alpha/2}$值，為1.99，t_2為自由度$n_2-1 = 69$所對應的$t_{1-\alpha/2}$值，為1.99。所以，顯著水準$\alpha = 0.05$的兩尾假設所對應的t'臨界值為：

$$t'_{1-\alpha/2} = \frac{(0.033)(1.99) + (0.038)(1.99)}{0.033 + 0.038} = 1.99$$

檢測統計值$t' = \dfrac{(2.45 - 2.65) - 0}{\sqrt{\dfrac{1.51^2}{70} + \dfrac{1.64^2}{70}}} = -0.75$

由於檢測統計值-0.75大於-1.99且小於1.99，屬於接受區域，所以我們接受虛無假設而推翻研究假設。也就是說，兩地大學生每日使用網路

的平均小時數不存在顯著差別。

(三)總體呈非常態分配

對於這種情況，我們可以從總體中抽取較大的樣本，從而抽樣分配接近常態分配，我們就可以使用z值作為檢測統計值：

$$z = \frac{(\bar{x}_1 - \bar{x}_2) - (\mu_1 - \mu_2)_0}{\sqrt{\dfrac{\sigma_1^2}{n_1} + \dfrac{\sigma_2^2}{n_2}}}$$

如果我們不知道總體的變異數，那麼由於我們所抽取的樣本較大，我們可以利用樣本的變異數來代替公式中的總體變異數，從而上述公式變為：

$$z = \frac{(\bar{x}_1 - \bar{x}_2) - (\mu_1 - \mu_2)_0}{\sqrt{\dfrac{s_1^2}{n_1} + \dfrac{s_2^2}{n_2}}}$$

這時，由於使用了z作為檢測值，總體變異數是否相等就不在考慮範圍內。

五、關於總體比例值的假設檢定

研究中我們也常常對總體的某個比例值作出假設，如：

$H_0 : p = 50\%$

$H_A : p \neq 50\%$

要檢測上述假設，我們使用如下檢測統計值：

$$z = \frac{\hat{p} - p_0}{\sqrt{\dfrac{p\,(1 - p_0)}{n}}}$$

例17：一項研究旨在調查大學生每日使用網路的小時數，對甲地70名大學生的抽樣調查中，發現每天使用網路三小時以上的人數占25%。求：在顯著水準為0.05時，是否能得出總體中每天使用網路三小時以上的人數小於30%？

解：設 $H_0：p \geq 30\%$；$H_A：p < 30\%$

對於顯著水準為 $\alpha = 0.05$ 的一尾假設檢定，所對應的z臨界點為 -1.645；亦即如果所得的檢測值小於 -1.645，那麼我們就推翻虛無假設。

檢測統計值 $z = \dfrac{0.25 - 0.30}{\sqrt{\dfrac{0.30(0.70)}{70}}} = -0.91$

由於所得的檢測值 -0.91 大於 -1.645，所以我們接受虛無假設，得出全體大學生每天使用網路三小時以上的人數大於30%。

六、關於兩個總體比例值的差的假設檢定

研究中我們也常常比較兩個總體的比例值是否相等，比如：

$H_0：p_1 - p_2 = 0$

$H_A：p_1 - p_2 \neq 0$

假設總體1的相關比例值為 $\hat{p}_1 = \dfrac{x_1}{n_1}$，總體2中 $\hat{p}_2 = \dfrac{x_2}{n_2}$，那麼共有的比例值 $\bar{p}$ 為

$$\bar{p} = \frac{x_1 + x_2}{n_1 + n_2}$$

那麼樣本比例值的差的抽樣分配 $\hat{p}_1 - \hat{p}_2$ 的標準誤為

$$\hat{\sigma}_{\hat{p}_1 - \hat{p}_2} = \sqrt{\frac{\bar{p}(1-\bar{p})}{n_1} + \frac{\bar{p}(1-\bar{p})}{n_2}}$$

所以，所使用的檢測統計值為

$$z = \frac{(\hat{p}_1 - \hat{p}_2) - (p_1 - p_2)_0}{\hat{\sigma}_{\hat{p}_1 - \hat{p}_2}}$$

例18：一項研究旨在調查大學生每日使用網路的小時數，對甲地70名大學生的抽樣調查中，發現每天使用網路三小時以上的人數18。對乙地70名大學生的抽樣調查中，發現每天使用網路三小時以上的人數為21。求：在顯著水準為0.05時，是否能得出甲地大學生每天使用網路三小時以上的人數的比例小於乙地的比例？

解：設 $H_0：p_1 \geq p_2$；$H_A：p_1 < p_2$

已知 $x_1 = 18$；$n_1 = 70$；$x_2 = 21, n_2 = 70$

所以 $\hat{p}_1 = \dfrac{18}{70} = 0.26$ ， $\hat{p}_2 = \dfrac{21}{70} = 0.30$

對於顯著水準為 $\alpha = 0.05$ 的單尾假設檢定，所對應的z臨界點為 -1.645；亦即如果所得的檢測值小於 -1.645，那麼我們就推翻虛無假設。

又 $\overline{p} = \dfrac{18 + 21}{70 + 70} = 0.56$

$$\hat{\sigma}_{\hat{p}_1 - \hat{p}_2} = \sqrt{\frac{0.56(1 - 0.56)}{70} + \frac{0.56(1 - 0.56)}{70}} = 0.08$$

檢測統計值 $z = \dfrac{(0.26 - 0.30) - 0}{0.08} = -0.5$

由於所得的檢測值 -0.5 大於 -1.645，所以我們接受虛無假設，得出甲地大學生每天使用網路三小時以上的人數的比例大於乙地的比例。

 結　論

　　這一章介紹了推論性統計分析，即在樣本數據的基礎上對總體的相關特徵進行推斷。推論性統計分析包括對總體參數進行估計和對總體參數進行假設檢定。

　　第一節主要介紹了如何對總體參數進行估計，包括點估計和區間估計：如對某個總體平均值、兩個總體平均值的差、某個總體的比例值、兩個總體的比例值的差的點估計和區間估計。此外，第一節還介紹了有關推論統計學需要注意的幾個問題（如樣本總體和目標母體；隨機樣本和非隨機樣本），以及在對總體參數進行估計之前如何確定合適的樣本大小。

　　第二節介紹了如何從樣本出發對總體參數進行假設檢定。首先，我們討論了假設檢定的基本概念和基本步驟；所涉及的概念有假設、假設檢定、虛無假設和對立假設（即研究假設）、型一誤差和型二誤差、單尾假設和雙尾假設等等。此外，本節具體介紹了如何對某個總體平均值、兩個總體平均值的差、某個總體比例值、兩個總體比例值的差進行假設檢定。

問題與討論

1.什麼是推論性統計學？進行推論性統計分析前需要注意什麼？

2.什麼是點估計法？什麼是區間估計法？區間估計法的優點是什麼？

3.假設我們想要估計某雜誌讀者群對雜誌的平均基本看法（0為很一般，10為很好）。在對50名讀者的抽樣調查中，得知其平均值為6。已知總體平均變異數為3。那麼請問在95%的可信度水準上，總體中讀者對該雜誌的平均看法的值的區間估計為多少？

4.假設在對20名大學生的抽樣調查中，其每天讀報紙的時間為30分鐘，標準差為6，那麼請問，95%的可信度水準上，抽樣總體中大學

生每天讀報紙的時間的區間估計為多少？

5. 假設在對兩地20名大學生的抽樣調查中，甲地大學生平均每天上網2小時，標準差為1.51；乙地大學生平均每天上網2.5小時，標準差為1.70。假設兩個總體均為常態分配且總體變異數相等。問在95%的可信度水準上，甲乙兩地大學生每日上網小時數的差的區間估計為多少？

6. 假設對某市120名居民的調查中發現，78名居民每天看電視不超過三小時，那麼請問在95%可信度水準上，該鎮居民中每天看電視不超過三小時的居民的比例值範圍。

7. 假設對兩個鎮的居民調查結果如下：甲市120名居民中有40名訂閱了某雜誌，乙市130名居民中32名訂閱了該雜誌。問在95%可信度水準上，兩市居民中訂閱該雜誌的人數的比例的差的範圍？

8. 某研究機構為了測試某則廣告效果，在某市隨機抽樣調查150名居民，發現這些人對該廣告的評價的平均值為3.9（1為根本不喜歡，5為非常喜歡），標準差為0.6。問能否推論說該市居民對廣告的喜歡程度的平均值小於4？設$\alpha = 0.05$。

9. 某研究機構為了測試某則廣告效果，在甲市隨機抽樣調查150名居民，發現這些人對該廣告的評價的平均值為3.9（1為根本不喜歡，5為非常喜歡），標準差為0.6。在乙市隨機抽樣調查150名居民，發現這些人對該廣告的評價的平均值為3.5，標準差為0.9。問能否推論說兩地居民對廣告的喜歡程度的平均值的差大於0.5？設$\alpha = 0.05$。

10. 某研究機構為了測試某則廣告效果，在某市隨機抽樣調查150名居民，發現有70名喜歡或非常喜歡這則廣告。問能否推論說該市居民中喜歡或非常喜歡該廣告的人小於50%？設$\alpha = 0.05$。

11. 假設對兩個鎮的居民調查結果如下：甲市120名居民中有40名訂閱了某雜誌，乙市130名居民中32名訂閱了該雜誌。問在95%可信度水準上，兩市居民中訂閱該雜誌的人數的比例是否不相等？設$\alpha = 0.05$。

Chapter 14

差異與相關分析

總 體 目 標

闡述描述性統計學

個 體 目 標

1. 掌握差異分析的各種方法，包括z、Chi-square、t和ANOVA檢驗法

2. 掌握線性迴歸分析方法

3. 掌握相關分析法，包括皮爾森相關分析法和斯皮爾曼等級檢驗法

 第一節　差異分析

　　差異分析指的是對兩組或多組資料之間的差別進行顯著性分析。常用的檢驗法有以下四種：z檢驗法、Chi-square檢驗法、t檢驗法和ANOVA。這些檢驗法的基本原理是把樣本的數據與數據的理論分布，即常態分配相比較，從而得出所比較的兩組或多組數據是否來源於同一個研究對象總體。如果發現不同組數據來自同一總體分布，那麼這些不同組數據之間並沒有顯著差別，從而支持虛無假設推翻研究假設。相反地，如果發現不同組數據來自不同總體，那麼就有可能推翻虛無假設而支持研究假設。

　　讓我們回顧一下常態分配的概念，也就是數據的理論分布。常態分配是對稱的、成鐘形的分布，其中算術平均值為出現最多的數值。也就是說，在常態分配中，算術平均值和眾數是重疊的。更重要的是，研究常態分配發現，從研究對象總體中取得的樣本中，取得一個以「不超過總體平均值正負一個標準差的」為平均值的樣本的可能性是68%，取得一個以「不超過總體平均值正負兩個標準差的」為平均值的樣本的可能性是95%，取得一個以「不超過總體平均值正負三個標準差的」為平均值的樣本的可能性是99.7%。也就是說，選取一個以「超過總體平均值正負的三個標準差」為平均值的樣本的機會小於0.3%，亦即100次中會有0.3次選取那樣一個樣本。

　　從常態分配特徵上可以看出，一個樣本的平均值越是遠離總體的平均值，這個樣本就越有可能來自另一個總體。比如，如果樣本數據的平均值遠離總體平均值兩個標準差以上，則這一樣本有95%的可能性來自於另一個總體，也就是說，虛無假設（如「兩個總體的平均值的差為0」或「兩個總體的平均值相等」）有95%的可能被推翻，臨界點為5%；如果樣本數據的平均值遠離總體平均值三個標準差以上，則這一樣本有99.7%

的可能性來自於另一個總體，即虛無假設有99.7%的可能被推翻，臨界點為0.3%。傳統上，我們採用5%作為臨界點。

　　下面讓我們來看一下各種關於總體差異的假設檢定法。

一、z檢驗法

　　關於z檢驗法，第十三章在論述如何對兩個總體的平均值的差和兩個總體比例值的差進行假設檢定的時候提到z檢驗。這裡對如何運用檢測統計值z進行差異檢驗，做一個簡要的回顧和總結（具體請參見第十三章〈推論性統計學〉）。

　　如果是檢驗兩個總體平均值的差，在已知總體變異數的情況下，z為：

$$z = \frac{(\overline{x}_1 - \overline{x}_2) - (\mu_1 - \mu_2)_0}{\sqrt{\dfrac{\sigma_1^{\,2}}{n_1} + \dfrac{\sigma_2^{\,2}}{n_2}}}$$

如果要檢驗兩個總體比例值的差，那麼

$$z = \frac{(\hat{p}_1 - \hat{p}_2) - (p_1 - p_2)_0}{\hat{\sigma}_{\hat{p}_1 - \hat{p}_2}}$$

其中　$\hat{p}_1 = \dfrac{x_1}{n_1}$ 　$\hat{p}_2 = \dfrac{x_2}{n_2}$ 　$\overline{p} = \dfrac{x_1 + x_2}{n_1 + n_2}$ 　$\hat{\sigma}_{\hat{p}_1 - \hat{p}_2} = \sqrt{\dfrac{\overline{p}(1 - \overline{p})}{n_1} + \dfrac{\overline{p}(1 - \overline{p})}{n_2}}$

二、x^2檢驗法

　　Chi-square檢驗法常常用於分析有關於頻率（frequency）的數據。比如，我們從某個雜誌的讀者群中抽取一定數目的樣本，其中男性讀者若干名和女性讀者若干名；同時，我們還知道這一樣本中擁有大學文憑者的人數和沒有大學文憑者的人數。那麼，通常的一個問題是，擁有大學文憑這

一變量是否和性別有關。類似這樣的問題，我們可以用Chi-square檢驗法。

首先，讓我們來看一看Chi-square檢驗法中檢測統計值 X^2 的演算法：

$$X^2 = \sum \left[\frac{(O_i - E_i)^2}{E_i} \right]$$

其中，O_i 為樣本中所觀測到的某個變量的第i個類別（如性別變量中的男性）的出現頻率，而 E_i 是理論上的預測值，X^2 的自由度 df = (r−1)(c−1)（其中r為變量1的類別個數，c為變量2的類別個數）。這個公式測量了每一對O_i 和 E_i 之間的吻合程度：當所觀測到的頻率和理論上的頻率值很不一致的時候，那麼 X^2 的值就越大；反之，如果所觀測的頻率值和理論上的頻率值接近的時候，那麼 X^2 的值就越小。在假設檢定中，我們把根據這一公式所計算出的 X^2 值跟臨界值 x^2（由自由度 df 和顯著水準 α 兩個值所決定）比較，如果所得的 X^2 大於 x^2，那麼我們就推翻虛無假設，支持研究假設。臨界值可參照 x^2 分布表（見附錄三）求得。

x^2 檢驗法一般分為三類：第一類稱為吻合程度檢測（tests of goodness-of-fit），即檢測所觀測到的頻率值和所預測的理論值的吻合程度；第二類稱為獨立檢測（tests of independence），即檢測兩個變量（均屬於類別測量層次）是否相關；第三類稱為一致性測量（tests of homogeneity），即檢驗所抽取的樣本是否來自同一個總體。本章著重講述前兩種在傳播學研究中較為廣泛的用法。

讓我們來看一個例子以瞭解如何運用 x^2 檢驗法來檢驗觀測到的頻率值是否與期望值相吻合。

例1：假設某雜誌在2007年度在四個地區的發行量所占的市場比例如下：地區A 22%，地區B 36%，地區C 22%，地區D 16%。假設2008年度所做的市場調查中，發現地區A 500名用戶中訂購了本雜誌的用戶數為80戶，地區B有120戶，地區C有80戶為本雜誌讀者，地區D有130戶為本雜誌訂閱

者。問2008年各地的用戶數與2007年相比是否有顯著區別？

解：設H_0：2008年各地的用戶數與2007年相比沒有顯著區別

H_A：2008年各地的用戶數與2007年相比有顯著區別

根據2007年的市場數據，那麼在2008年的調查中，各地的用戶數應為**表14-1**所示：

表14-1　期望值

地區	期望比例	期望用戶數
A	22%	500×22%＝110
B	36%	500×36%＝180
C	22%	500×21%＝105
D	16%	500×16%＝90

根據以上數據，那麼X^2為

$$\frac{(80-110)^2}{110}+\frac{(120-180)^2}{180}+\frac{(80-105)^2}{105}+\frac{(130-90)^2}{90}=51.91$$

又已知x^2在$\alpha＝0.05$，$df＝4-1＝3$時的值為7.82。因為所得的X^2值大於7.82，所以虛無假設不成立，亦即2008年度的銷售量較2007年有所不同。

我們還可以利用x^2檢驗法來檢測兩個變量之間是否相互獨立。如果其中一個變量不受另一個變量的變化的影響，那麼我們就說這兩個變量是相互獨立的。比如，如果我們發現擁有大學學位這一變量並不受性別的影響，那麼我們就說這兩個變量是相互獨立的。讓我們來看一下和x^2檢驗法緊密聯繫的列聯表（contingency table）。在列聯表中，每一行代表其中一個變量的每一個不同的值，而每一豎行則代表另一個變量的每一個不同的值，見**表14-2**。

利用x^2檢驗法來檢測兩個變量之間是否相互獨立時，通常的虛無假

表14-2　列聯表

變量2的各個層次	變量1的各個層次					
	1	2	3	…	c	總計
1	n_{11}	n_{12}	n_{13}	…	n_{1c}	$n_{1.}$
2	n_{21}	n_{22}	n_{23}	…	n_{2c}	$n_{2.}$
3	n_{31}	n_{32}	n_{32}	…	n_{3c}	$n_{3.}$
…	…	…	…	…	…	…
r	n_{r1}	n_{r2}	n_{r3}	…	n_{rc}	$n_{r.}$
總計	$n_{.1}$	$n_{.2}$	$n_{.3}$	…	$n_{.c}$	n

設是「兩個定類的變量是相互獨立的」。為了檢測這一假設，我們需要知道變量1和變量2的各個層次之間的組合所對應的觀測值和理論期望值。觀測值可以從樣本數據中取得，而理論期望值則需要計算。如果虛無假設成立，也就是說兩個變量的發生互相獨立，那麼兩個變量同時發生的可能性，就是每個變量發生的可能性的乘積。舉例來說，上述列聯表中的第一列和第一行所交叉的第一格中的事件發生概率如下：

$$(\frac{n_{1.}}{n})(\frac{n_{.1}}{n})$$

那麼，所對應的理論期望值如下：

$$(\frac{n_{1.}}{n})(\frac{n_{.1}}{n})(n)$$

上述公式可簡化成：

$$\frac{(n_{1.})(n_{.1})}{n}$$

也就是說，如果我們要計算列聯表中的某一格的事件發生概率的期望值，我們可以把其所在行的頻率總數乘以所在列的頻率總數，然後把乘積除以整個表格的頻率總數n。

讓我們來看一下下面這個例子：

例2：一項關於中西方電視廣告的研究分析了中國和美國的各

100則電視廣告的視覺元素的運用。研究發現，中國的廣告中有30則廣告較早地揭示品牌，70則較晚地揭示品牌；而美國的廣告中有60則較早地揭示產品的品牌，40則較晚地揭示產品品牌。問品牌揭示的早晚是否和地域有關？

解：首先把列聯表畫出，如**表14-3**所示。

表14-3

	中國	美國	總計
品牌揭示早	30	60	90
品牌揭示晚	70	40	110
總計	100	100	200

設 H_0：品牌揭示的早晚和地域無關

　　H_A：品牌揭示的早晚和地域有關

所用的檢測統計值為：

$$X^2 = \sum \left[\frac{(30-\frac{100\times90}{200})^2}{\frac{100\times90}{200}} + \frac{(60-\frac{100\times90}{200})^2}{\frac{100\times90}{200}} + \frac{(70-\frac{110\times100}{200})^2}{\frac{110\times100}{200}} + \frac{(40-\frac{110\times100}{200})^2}{\frac{110\times100}{200}} \right] = 18.18$$

當虛無假設為真時，X^2 為自由度為 $(2-1)(2-1)=1$ 的 x^2 分布。查 x^2 分布表，得知 $\alpha=0.05$，$df=1$ 所對應的 x^2 的臨界值為3.84。

所計算的檢測統計值 X^2 為18.18大於臨界值3.84，所以虛無假設不成立，亦即廣告中品牌揭示的早晚與地域有關係。

三、t檢驗法

前面在講述兩個總體平均值的差的抽樣分配時，我們提到了 t 分配；在討論如何對兩個總體平均值的差進行區間估計時，我們也運用了 t 分配的知識；後來在提到如何對兩個總體平均值的差進行假設檢定時，我們也

提及了 t 這個檢測統計值。不難看出，t 這一檢測統計值常常被用來檢測兩個總體平均值的差異，是一種差異檢驗法。為了計算出的算術平均值有意義，t 檢驗法要求對變量的測量採用等距或成比測量。

t 檢驗法常常被用來分析實驗研究的數據，因為實驗研究中，研究者往往比較兩組實驗對象在因變量上的差異，尤其是在一組接受實驗處理，另一組不接受實驗處理之後。也就是說，研究者們常常要探究實驗處理是否對因變量產生了效果；要處理這一問題，t 檢驗法就是一個很好的選擇。

讓我們回顧一下 t 的基本演算法：

$$t = \frac{(\bar{x}_1 - \bar{x}_2) - (\mu_1 - \mu_2)}{\sqrt{\frac{s_p^{\,2}}{n_1} + \frac{s_p^{\,2}}{n_2}}}$$

上述公式中，$s_p^{\,2} = \frac{(n_1 - 1)s_1^{\,2} + (n_2 - 1)s_2^{\,2}}{n_1 + n_2 - 2}$，$t$ 值的自由度為 $n_1 + n_2 - 2$。

也就是說，

$$t = \frac{(\bar{x}_1 - \bar{x}_2) - (\mu_1 - \mu_2)}{\sqrt{\frac{s_p^{\,2}}{n_1} + \frac{s_p^{\,2}}{n_2}}} = \frac{(\bar{x}_1 - \bar{x}_2) - (\mu_1 - \mu_2)}{\sqrt{(\frac{1}{n_1} + \frac{1}{n_2})s_p^{\,2}}} = \frac{(\bar{x}_1 - \bar{x}_2) - (\mu_1 - \mu_2)}{\sqrt{(\frac{1}{n_1} + \frac{1}{n_2})[\frac{(n_1 - 1)s_1^{\,2} + (n_2 - 1)s_2^{\,2}}{n_1 + n_2 - 2}]}}$$

如果兩個總體變異數不相等，那麼我們使用如下公式：

$$t' = \frac{(\bar{x}_1 - \bar{x}_2) - (\mu_1 - \mu_2)}{\sqrt{\frac{s_1^{\,2}}{n_1} + \frac{s_2^{\,2}}{n_2}}}$$

且對於顯著水準為 α 的兩端假設檢定，t' 的臨界值為：

$$t'_{1-\alpha/2} = \frac{w_1 t_1 + w_2 t_2}{w_1 + w_2}$$

其中，$w_1 = s_1^2/n_1$，$w_2 = s_2^2/n_2$，t_1 為自由度 $n_1 - 1$ 所對應的 $t_{1-\alpha/2}$ 值，t_2 為自由度 $n_2 - 1$ 所對應的 $t_{1-\alpha/2}$ 值。

對於顯著水準為 α 的一端檢驗，那麼 t 的臨界值為：

$$t'_{1-\alpha} = \frac{w_1 t_1 + w_2 t_2}{w_1 + w_2}$$

其中，$w_1 = s_1^2/n_1$，$w_2 = s_2^2/n_2$，t_1 為自由度 $n_1 - 1$ 所對應的 $t_{1-\alpha}$ 值，t_2 為自由度 $n_2 - 1$ 所對應的 $t_{1-\alpha}$ 值。

讓我們來看一個例子：

例3：假設某項實驗研究了廣告中性訴求的使用是如何影響人們對廣告的評價的。實驗處理分為兩種：幾乎沒有使用性訴求的廣告和使用了較高程度的性訴求的廣告。實驗測量了每個組中受試者對廣告的評價。假設每個實驗組的人數為20人，所取得的數據如**表14-4**所示。問總體中兩個組對廣告的評價是否不同？

解：設 $H_0 : \mu_1 = \mu_2$（即：兩種性訴求都產生同種效果）

　　　$H_A : \mu_1 \neq \mu_2$（即：兩種性訴求產生了不同效果）

已知 $\bar{x}_1 = 3.84$；$\bar{x}_2 = 5.78$，$n_1 = 20$，$n_2 = 20$

$$s_1^2 = \frac{(3.27 - 3.84)^2 + ... + (2.70 - 3.84)^2}{20} = 1.52$$

$$s_2^2 = \frac{(7.13 - 5.78)^2 + ... + (7.20 - 5.78)^2}{20} = 2.18$$

所以，$s_p^2 = \dfrac{(20-1)(1.52) + (20-1)(2.18)}{20 + 20 - 2} = 1.85$

按照 t 公式，算出 t 為：

$$t = \frac{(3.84 - 5.78) - 0}{\sqrt{\dfrac{1.85}{20} + \dfrac{1.85}{20}}} = -4.51$$

表14-4　廣告中性訴求的使用與對廣告的評價

實驗處理（Experimental Treatment）		
	低等程度的性訴求	高等程度的性訴求
1	3.27	7.13
2	2.33	5.40
3	3.27	3.23
4	2.23	4.70
5	4.43	6.20
6	5.00	6.80
7	5.69	5.50
8	4.50	3.93
9	3.37	4.97
10	3.97	7.20
11	3.40	7.60
12	4.03	3.93
13	2.53	7.27
14	3.93	6.53
15	4.83	7.13
16	3.03	5.40
17	6.90	3.23
18	5.03	4.70
19	2.50	7.60
20	2.70	7.20
總和	76.80	115.60
平均值	3.84	5.78

又已知 t 在 $\alpha=0.05$，$df=20+20-2=38$ 時所對應的值為 ± 2.02，所以所得出的 t 小於臨界值 -2.02，虛無假設不成立。也就是說，兩個總體中的平均值不相等。結論：廣告中使用不同程度的性訴求所產生的效果不同，使用高等程度的性訴求能夠提升觀眾對廣告的評價。

四、ANOVA檢驗法

　　t 檢驗法適用於研究兩個獨立樣本之間在某一變量上的差異。如研究一則廣告是否影響觀眾對待廣告中的產品的看法，實驗者給一組實驗對象播放這則廣告，而給另一組實驗對象不相關的廣告；之後來比較看過廣告與否是否影響觀眾對待產品的態度。在這樣的研究中，所涉及的只是兩組獨立的實驗對象和唯一的自變量（看過廣告與否）。但是在許多研究中，人們往往想要瞭解三個甚至更多個樣本之間的差異（比如三組甚至更多組實驗對象），或是多個自變量對因變量的影響（如收入水準和是否看過廣告對產品態度的影響）。這樣，t 檢驗法就不能夠滿足有多組實驗對象和多個自變量的研究的數據分析的需要了。這時，ANOVA（Analysis of Variance）檢驗法也就應運而生。

　　ANOVA檢驗法指的是把數據中關於某個變量的變化（變異數）分成兩個部分或是多個部分；而每個部分的變化都是由於某個因素引起的或者說與某因素相關聯，進而能夠決定每個因素對因變量變化所起的作用的大小。ANOVA檢驗法在分析實驗研究的數據時廣為運用，其主要目的是分析兩個或多個總體間的算術平均值是否相等。讓我們來看一個實驗研究數據的例子，見**表14-5**。

表14-5　實驗數據

	實驗處理				
	1	2	…	k	
	x_{11}	x_{12}	…	x_{1k}	
	x_{21}	x_{22}	…	x_{2k}	
	x_{31}	x_{32}	…	x_{3k}	
	…	…	…	…	
	$x_{n_1 1}$	$x_{n_2 2}$	…	$x_{n_k k}$	
總計	$T_{.1}$	$T_{.2}$	…	$T_{.k}$	$T_{..}$
平均值	$\bar{x}_{.1}$	$\bar{x}_{.2}$	…	$\bar{x}_{.k}$	$\bar{x}_{..}$

其中，x_{ij} 指的是實驗處理組 j 中的第 i 個觀測值，亦即在接受實驗處理 j 的組中第 i 個實驗對象所對應的因變量上的數值；

$$T_j = \sum_{i=1}^{n_j} x_{ij} \text{為實驗組 j 的所有觀測值的總和；}$$

$$\bar{x}_{.j} = T_{.j}/n_j \text{ 為實驗組 j 的所有觀測值的平均值；}$$

$$T_{..} = \sum_{j=1}^{k} T_{.j} = \sum_{j=1}^{k}\sum_{i=1}^{n_j} x_{ij} \text{（即把各組觀測值的和相加）}$$

$$\bar{x}_{..} = \frac{T_{..}}{N} \text{ , } N = \sum_{j=1}^{k} n_j \text{（即各組觀測值總和除以總樣本數）}$$

前面提到ANOVA檢驗法是把因變量的變異數分成幾個部分；所以讓我們先看一下如何計算總的變異數：

$$SS_T = \sum_{j=1}^{k}\sum_{i=1}^{n_j} (x_{ij} - \bar{x}_{..})^2$$

也就是說，我們先計算出某個實驗組裡各觀測值與總平均值的變異數〔即把這一實驗組的每個觀測值 x_{ij} 減去總的平均值 $\bar{x}_{..}$ 後取平方值，再把平方值相加，得 $\sum_{i=1}^{n_j}(x_{ij}-\bar{x}_{..})^2$〕，然後把每個組的變異數相加即得$SS_T$。

那麼如何把總的變異數 SS_T 分解呢？一般來說，我們把它分解成兩個部分，一個部分叫做組內總變異數（the within groups sum of squares, SS_W），另一個叫做組間總變異數（the between groups sum of squares, SS_B）。計算組內總變異數的公式如下：

$$SS_W = \sum_{j=1}^{k}\sum_{i=1}^{n_j} (x_{ij} - \bar{x}_{.j})^2$$

把 SS_W 和 SS_T 比較可以看出，其不同之處在於我們把每個組的觀測值 x_{ij} 減去該組的平均值 $\bar{x}_{.j}$ 而非總平均值 $\bar{x}_{..}$。這也就是其名稱的由來。那麼如何計算組間總變異數呢？

$$SS_B = \sum_{j=1}^{k} n_j (\overline{x}_{.j} - \overline{x}_{..})^2$$

也就是說，對於每一個組，我們把組平均值減去總平均值然後取其平方，然後乘以該組的樣本數 n_j，再把所有的乘積相加，就得到了組間總變異數。

綜上所述，我們把總變異數 SS_T 分成了 SS_W 和 SS_B 兩個部分：$SS_T = SS_W + SS_B$。在此，我們進一步算出組內總變異數的平均值（MS_W）和組間總變異數的平均值（MS_B），也就是把其除以其自由度：

$$MS_W = \frac{SS_W}{N-k} = \frac{\sum_{j=1}^{k} \sum_{i=1}^{n_j} (x_{ij} - \overline{x}_{.j})^2}{N-k}$$

$$MS_B = \frac{SS_B}{k-1} = \frac{\sum_{j=1}^{k} n_j (\overline{x}_{.j} - \overline{x}_{..})^2}{k-1}$$

如果我們把組間總變異數的平均值除以組內總變異數的平均值，我們就得到檢測統計值F（關於F分布表，參見附錄四）：

$$F = \frac{MS_B}{MS_W}$$

我們可以把以上對總變異數 SS_T，組內總變異數 SS_W，組間總變異數 SS_B，組內總變異數的平均值 MS_W，組間總變異數的平均值 MS_B，以及F等演算法用一個表來總結，這個表常被稱為ANOVA表，見**表14-6**。

例4：假設某項實驗研究了廣告中性訴求的使用是如何影響人們對廣告的評價的。實驗處理分為三種：幾乎沒有使用性訴求的廣告、使用了中等程度性訴求的廣告、使用了較高程度的性訴求的廣告。實驗測量了每個組中受試者對廣告的評價。假設每個實驗組的人數為20人，所取得的數據如**表14-7**所示。問總體中三個組對廣告的評價是否不同。

表14-6　單因子變異數分析表

變化因素	總變異數	自由度	總變異數的平均值	F
組間	$SS_B = \sum_{j=1}^{k} n_j (\bar{x}_{.j} - \bar{x}_{..})^2$	$k-1$	$MS_B = \dfrac{SS_B}{k-1}$	$F = \dfrac{MS_B}{MS_W}$
組內	$SS_W = \sum_{j=1}^{k} \sum_{i=1}^{n_j} (x_{ij} - \bar{x}_{.j})^2$	$N-k$	$MS_W = \dfrac{SS_W}{N-k}$	
總和	$SS_T = \sum_{j=1}^{k} \sum_{i=1}^{n_j} (x_{ij} - \bar{x}_{..})^2$	$N-1$		

解：設 $H_0 : \mu_1 = \mu_2 = \mu_3$（即：每種性訴求都產生同種效果）

　　H_A：並非所有的 μ 都相同（即：至少有一種性訴求產生了和其他種性訴求不同的效果）

已知 $\bar{x}_{.1} = 3.84$，$\bar{x}_{.2} = 5.35$，$\bar{x}_{.3} = 5.78$，$\bar{x}_{..} = 4.99$，

$n - k = 60 - 3 = 57$，$k - 1 = 3 - 1 = 2$

求得

$$SS_B = \sum_{j=1}^{k} n_j (\bar{x}_{.j} - \bar{x}_{..})^2 = 20(3.84 - 4.99)^2 + 20(5.35 - 4.99)^2 + 20(5.78 - 4.99)^2$$

$$= 41.52$$

$$MS_B = \frac{SS_B}{k-1} = \frac{41.52}{2} = 20.76$$

$$SS_W = \sum_{j=1}^{k} \sum_{i=1}^{n_j} (x_{ij} - \bar{x}_{.j})^2 = (3.27 - 3.84)^2 + ... + (7.20 - 5.78)^2 = 104.75$$

$$MS_W = \frac{SS_W}{n-k} = \frac{104.75}{60-3} = 1.84$$

所以檢測統計值 $F = \dfrac{MS_B}{MS_W} = \dfrac{20.76}{1.84} = 11.28$

表14-7 廣告中性訴求的使用與對廣告的評價

	實驗處理			
	低等程度的性訴求	中等程度的性訴求	高等程度的性訴求	
1	3.27	6.93	7.13	
2	2.33	4.43	5.40	
3	3.27	5.83	3.23	
4	2.23	3.87	4.70	
5	4.43	6.70	6.20	
6	5.00	4.97	6.80	
7	5.69	5.03	5.50	
8	4.50	4.03	3.93	
9	3.37	4.40	4.97	
10	3.97	5.73	7.20	
11	3.40	6.93	7.60	
12	4.03	6.47	3.93	
13	2.53	5.80	7.27	
14	3.93	7.07	6.53	
15	4.83	6.60	7.13	
16	3.03	6.47	5.40	
17	6.90	2.27	3.23	
18	5.03	3.30	4.70	
19	2.50	5.37	7.60	
20	2.70	4.70	7.20	
總和	76.80	107.00	115.60	299.40
平均值	3.84	5.35	5.78	4.99

由於 F 在 $\alpha = 0.05$，$df = 2.57$的值為3.15，所計算出的 F 值大於臨界值，所以虛無假設不成立，研究假設成立。也就是說，不同程度的性訴求引起了不同的廣告評價；從各組的平均值來看，使用性訴求能夠提升觀眾對廣告的喜歡程度。

　　上面我們討論了只有一個自變量的情況，那麼如果有兩個自變量呢？事實上，只有一個自變量的ANOVA稱為單因子變異數分析（one-way ANOVA），含兩個自變量的ANOVA稱為二因子變異數分析（two-way ANOVA）。比如，如果我們在上述關於廣告中性訴求的研究中再加上另外一個自變量，如受試者本身對「性」的開放程度，那麼我們所作的分析就需要運用二因子變異數分析了。下面讓我們來看一下含有兩個自變量和一個因變量的實驗的數據（如**表14-8**）。

表14-8　含有兩個自變量和一個因變量的實驗數據

自變量A	自變量B					
	1	2	…	b	總計	平均值
1	x_{111} x_{11n}	x_{121} x_{12n}		x_{1b1} x_{2bn}	$T_{1..}$	$\bar{x}_{1..}$
2	x_{211} x_{21n}	x_{221} x_{22n}		x_{2b1} x_{2bn}	$T_{2..}$	$\bar{x}_{2..}$
a	x_{a11} x_{a1n}	x_{a21} x_{a2n}		x_{ab1} x_{abn}	$T_{a..}$	$\bar{x}_{a..}$
總計	$T_{.1.}$	$T_{.2.}$		$T_{.b.}$	$T...$	
平均值	$\bar{x}_{.1.}$	$\bar{x}_{.2.}$		$\bar{x}_{.b.}$		$\bar{x}_{...}$

　　上表中，自變量A的值從1到a，自變量B的值從1到b；每一格的值記為 x_{ijk}，其中 i 從1到a，j 從1到b，k 從1到該組的最大樣本數。假設每組的樣本數 n 相同，那麼總樣本數$N=nab$。

　　類似於單因子變異數分析，我們也把因變量的變異數（變化）分解成兩個部分，一部分是由於自變量A和B所引起的（記為SS_{TR}），另一部分為自變量A和B以外的因素引起的，稱為誤差部分SS_E：

$$SS_T = SS_{TR} + SS_E$$

　　其中，SS_{TR} 進一步分解為三部分：由自變量A所引起的 SS_A，由自變量B所引起的 SS_B，以及由自變量A和自變量B交互作用引起的SS_{AB}：

表14-9　二因子變異數分析表

變化因素	總變異數	自由度	總變異數的平均值	F
A	SS_A	$a-1$	$MS_A = \dfrac{SS_A}{a-1}$	MS_A / MS_E
B	SS_B	$b-1$	$MS_B = \dfrac{SS_B}{b-1}$	MS_B / MS_E
AB	SS_{AB}	$(a-1)(b-1)$	$MS_{AB} = \dfrac{SS_{AB}}{(a-1)(b-1)}$	MS_{AB} / MS_E
誤差	SS_E	$ab(n-1)$	$MS_E = \dfrac{SS_E}{ab(n-1)}$	
總計	SS_T	$abn-1$		

$$SS_{TR} = SS_A + SS_B + SS_{AB}$$

表14-9為二因子變異數分析表。

讓我們來看一個含有兩個自變量的例子：

例5：假設某項實驗研究了廣告中性訴求的使用是如何影響人們對廣告的評價的。實驗處理分為兩種：幾乎沒有使用性訴求的廣告、使用了較高程度的性訴求的廣告。此外，研究人員還認為性別也會影響人們對使用性訴求的廣告的評價，所以實驗中每個受試者的性別也被記錄下來。假設每個實驗組的人數為10人，所取得的數據如**表14-10**所示。問總體中，(1)性訴求的使用對廣告的評價有沒有效果；(2)性別是否影響人們對廣告的評價；(3)性訴求的使用和觀眾的性別是如何相互作用而影響人們對廣告的評價的。

解：(1) $H_0：\alpha_1 = \alpha_2$（即：不同性訴求產生不同的效果）

$H_A：\alpha_1 \neq \alpha_2$（即：兩種性訴求的效果沒有區別）

(2) $H_0：\beta_1 = \beta_2$（即：男女兩組對話廣告的評價相同）

表14-10　廣告中性訴求的使用與對廣告的評價

性訴求	性別	
	男	女
低	4.43	4.83
	5.00	3.03
	5.70	6.90
	4.50	5.03
	5.00	2.50
	3.37	2.70
	3.97	6.50
	3.40	6.53
	4.03	5.70
	2.53	5.70
高	4.97	2.27
	5.03	3.30
	4.03	5.37
	4.40	4.70
	5.73	6.97
	6.93	2.63
	6.47	6.80
	5.80	6.13
	7.07	6.80
	6.60	6.13

$H_A : \beta_1 \neq \beta_2$（即：男女兩組對話廣告的評價相同）

(3) H_0：所有的$(\alpha\beta)_{ij} = 0$（即：性訴求和性別相互作用影響對廣告的評價）

H_A：並非所有的$(\alpha\beta)_{ij} = 0$（即：性訴求和性別沒有相互作用）

我們用SPSS軟體來計算，得到**表14-11**的結果。

表14-11　二因子變異數分析

因變量：對廣告的評價

Source	Type III Sum of Squares	df	Mean Square	F	Sig.	Partial Eta Squared
Corrected Model	11.601a	3	3.867	1.942	.140	.139
Intercept	995.006	1	995.006	499.626	.000	.933
性訴求	7.028	1	7.028	3.529	.068	.089
性別	.061	1	.061	.031	.862	.001
性訴求×性別	4.511	1	4.511	2.265	.141	.059
誤差	71.694	36	1.992			
Total	1078.301	40				
Corrected Total	83.295	39				

a. R Squared＝.139（Adjusted R Squared＝.068）

從以上表格可以看出，關於性訴求的效果，$F = MS_A / MS_E = 3.53$，$p > 0.05$；關於性別的效果，$F = MS_B / MS_E = 0.03$，$p > 0.05$；關於性訴求和性別交互作用的效果，$F = MS_{AB} / MS_E = 2.27$，$p > 0.05$。由於所有的 p 值都大於 $\alpha = 0.05$，所以所有的虛無假設都成立，也就是說：(1)不同程度的性訴求所產生的效果沒有顯著區別；(2)雖然性別不同，但是對廣告的評價無顯著區別；(3)廣告中使用性訴求的程度和性別這兩個變量相互作用所產生的效果沒有顯著區別。這些結果表明，兩個自變量分別對因變量沒有影響，它們之間也沒有相互作用。當然，上述結論是基於樣本數較小的情況。

 ## 第二節　相關分析

　　上一節講述了如何對總體中兩個或多個數值的差異進行分析，如比較某一變量的觀測頻率是否和所期望的頻率值相同、兩個或多個總體之間的算術平均值是否相等……；所運用的方法有z檢驗法、t 檢驗法、單因子變異數分析和二因子變異數分析檢驗法等等。這一節主要講述如何對兩個或多個變量進行相關分析。

　　相關分析在傳播學中占有極其重要的地位，很多研究都著重於探索兩個變量或是多個變量之間是否相關。比如，Ferris、Smith、Greenberg和Smith（2007）研究了觀看現實約會秀節目是否與觀眾對待約會的態度相關；他們發現對於那些相信節目的真實性並且經常觀看此類節目的男性觀眾來講，他們更易於接受節目裡所倡導的關於約會的態度，如男性在約會中以尋求性關係為主，不太真誠，約會只是一項遊戲等等。又比如議程設置理論，其描述了新聞傳播與觀眾對新聞事件重要性的看法之間的關聯是緊密的（McCombs & Shaw, 1972）。這些例子都說明了傳播學研究中常常探討兩個或多個變量之間是否相關、怎樣相關，以及是否為強相關還是弱相關等等。這些問題，統計學上有兩種分析方法可以回答，一種是迴歸分析（regression analysis），另一種是相關分析（correlation analysis）。這兩種分析方法雖然都可以用來分析變量之間是否相關，但是它們之間也還是有區別的：迴歸分析可以分析變量之間的相互關係，但最終目標是根據已知變量的值來預測另一個變量的值。迴歸分析最早由英國科學家Sir Francis Galton在對遺傳的研究中提出來的，他描述了個子高或者矮的父母的子女在成人以後，其身高趨向於大眾身高的平均值。他把這一現象稱為迴歸（regression）。與迴歸分析相比較，相關分析主要回答變量之間的相關的強度（strength）的問題，這一概念也是由Galton提出。本節主要講述變量之間線性相關（linear relationship）的模式。

一、迴歸分析

對於迴歸分析，研究者首先應當意識到，迴歸分析所建立的模型應當是對總體情況的一個較合適的描述，模型不可能是對真實情況的完美反映；另一方面，如果從樣本數據所建立起來的模型和總體中的情況不相吻合，那麼這樣的模型是毫無用處的。讓我們先來看一下簡單線性迴歸分析。在這一分析中只有兩個變量X和Y，以下是簡單線性迴歸分析的前提假設：

第一，對自變量X的測量沒有誤差。當然，由於沒有一個測量是完美的，這裡「沒有測量誤差」的涵義指的是X的測量誤差小到可以忽略不計。

第二，對於每一個X值，都有一個或多個Y值相對應，並且每一組的Y值為常態分配。

第三，每一組Y的變異數都相等。

第四，每一組Y的平均值都處於同一條直線上。也就是說，

$\mu y/x = \alpha + \beta x$

其中，$\mu_{y/x}$為某個X值所對應的一系列Y值的平均值，α和β是總體的迴歸係數。

第五，每一組Y互相獨立；也就是說，某個X值所對應的Y值和另一個X值所對應的Y值互不影響。

上述前提可以用一個公式來總結，也就是所謂的線性迴歸模型：

$y = \alpha + \beta x + e$

其中，y為x所對應的一系列Y值中的一個，α和β為前面等式$\mu_{y/x} = \alpha + \beta x$中提到的總體的迴歸係數，$e$為誤差，亦即

$e = y - (\alpha + \beta x) = y - \mu_{y/x}$

在迴歸分析中，研究者感興趣的是總體中變量X和Y的關係。為了回答這個問題，研究者從總體中抽取一個樣本，在樣本數據的基礎上算出一

個迴歸模型，並以此模型來推斷總體中的相關情況。具體來說，迴歸分析的基本步驟如下：(1)評估數據是否符合線性迴歸的幾個前提假設；(2)從樣本數據中獲得符合數據的線性迴歸等式；(3)評估所獲得的迴歸模型，如變量之間的關係以及模型是否可以用來進行預測和估計；(4)如果數據和模型吻合，那麼我們可以用此模型來進行預測和估計。

(一)建立線性迴歸模型

我們來看一個例子：

例6：在一項研究廣告中的性訴求的效果的實驗中，研究者蒐集了以下數據，其中自變量為對廣告中性訴求的程度的評價（即對問題「你認為這個廣告中的性訴求的程度為……」的回答0表示沒有性訴求，10表示高度的性訴求），因變量為對廣告的整體評價。**表14-12**為相關數據。

表14-12

對象	性訴求	廣告評價	對象	性訴求	廣告評價	對象	性訴求	廣告評價
1	1.67	2.33	36	4.33	4.70	71	1.00	2.33
2	3.33	4.43	37	3.00	2.63	72	3.33	3.37
3	0.00	3.40	38	5.33	6.80	73	1.33	3.97
4	3.67	2.53	39	6.00	4.40	74	3.00	4.03
5	0.67	3.93	40	5.67	2.40	75	4.00	4.43
6	8.67	6.93	41	5.00	4.97	76	5.33	3.87
7	7.00	5.83	42	9.67	6.07	77	2.67	6.70
8	9.33	4.97	43	5.33	5.20	78	6.67	5.03
9	4.00	4.40	44	8.00	6.17	79	7.33	4.03
10	5.67	5.73	45	9.00	7.63	80	7.00	6.93
11	8.00	7.07	46	2.67	5.07	81	8.00	6.47
12	10.00	1.63	47	4.00	3.87	82	6.33	5.80
13	6.00	5.13	48	1.33	3.87	83	7.67	6.60
14	6.00	5.13	49	4.00	3.37	84	8.67	6.47

（續）表14-12

對象	性訴求	廣告評價	對象	性訴求	廣告評價	對象	性訴求	廣告評價
15	9.33	5.40	50	9.33	7.97	85	5.00	2.57
16	3.33	3.23	51	7.67	6.93	86	7.00	4.70
17	6.67	6.20	52	5.67	5.27	87	6.33	7.13
18	5.33	5.50	53	7.67	7.73	88	5.33	4.70
19	4.33	3.93	54	4.33	5.30	89	7.33	6.80
20	5.00	4.97	55	6.67	4.93	90	1.00	2.33
21	10.00	7.60	56	9.67	6.47	91	1.33	3.27
22	5.33	3.93	57	1.33	2.67	92	3.33	3.27
23	6.67	6.53	58	5.33	9.00	93	5.33	2.23
24	4.00	4.83	59	2.33	5.33	94	0.67	5.00
25	7.33	6.90	60	5.00	4.00	95	5.33	5.70
26	2.00	5.03	61	2.00	4.33	96	0.67	4.27
27	2.33	6.50	62	3.33	8.67	97	1.67	2.83
28	0.33	3.03	63	4.67	7.67	98	3.00	2.77
29	3.00	3.53	64	6.67	9.00	99	5.67	2.27
30	4.00	5.90	65	3.33	7.33	100	6.67	3.30
31	0.67	6.67	66	2.33	4.67	101		
32	5.33	5.63	67	2.33	5.67	102		
33	3.00	5.60	68	0.00	6.67	103		
34	7.33	6.10	69	6.33	7.67	104		
35	1.00	4.03	70	1.00	2.33	105		

在對數據進行迴歸分析之前，最好先把數據的散點圖（scatter diagram）描繪出來，由此我們可以對兩個變量之間的關係有一個直觀的認識。對於上表中的數據，我們借助SPSS軟體取得其散點圖，如圖14-1所示。

圖中顯示這些散點基本上是圍繞一條直線而分布。如何畫出一條能夠最好地描述兩個變量之間的關係的直線呢？這就涉及到最小變異數直線（least-squares line）的概念。這條直線具備以下特徵：所有的點與該直線在縱座標上的距離（$y_i - \hat{y}$）的平方值的總和（即變異數），要比這些點到任何其他直線的在縱座標上的距離的平方值的總和（即變異數）都要小。這也就是我們

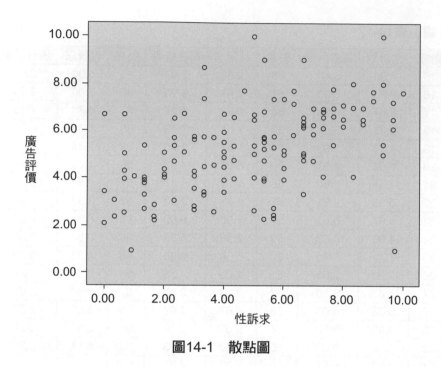

圖14-1　散點圖

把該直線稱為「最小變異數」直線的原因。

我們知道一條直線通常可以表達為$y = a + bx$，要確定這條直線，我們就需要解出a和b的值。我們先借助SPSS算出上表中的a和b，所得模型如下：

$$\hat{y} = 3.71 + 0.43x$$

以上等式所表達的直線就是「最小變異數」直線。

(二)對線性迴歸模型進行評估

　　在取得簡單線性迴歸模型後，首要的一個任務就是看該模型是否較好地描述了樣本中變量之間的關係，以及該模型是否能夠用於預測和估計。也就是說，在對樣本數據進行散點圖分析並取得簡單線性迴歸模型 $y = \alpha + \beta x + e$後，我們應當對該模型進行假設檢定，評估虛無假設$\beta = 0$是

否成立。如果虛無假設（H_0）$\beta=0$成立，那麼有以下兩種情況（假設我們沒有犯型二誤差）：(1)儘管變量X和Y之間可能成線性關係，但是X並不是一個能夠對Y產生顯著作用的自變量；(2)變量X和Y之間呈非線性關係，非線性模型更能夠更好地描述兩個變量之間的關係。如果虛無假設$\beta=0$不成立，那麼有以下兩種可能：(1)變量X和Y之間成線性關係並且變量X是一個很好的可以用來預測Y值的變量；(2)所取得的線性模型和樣本數據之間較為吻合，但是也許非線性模型比線性模型能夠更好地描述變量X和Y之間的關係。

究竟如何檢測虛無假設呢？我們可以用F檢驗法或 t 檢驗法。

對於F檢驗法：(1)任何一個所觀測到的樣本 y 值（記為 y_i）與樣本平均值 $\bar{y}$ 的差，$y_i-\bar{y}$，稱為總偏離值（total deviation）；(2)由線性迴歸模型 $y=\alpha+\beta x+e$ 所預測的 $\hat{y}$ 值與樣本平均值 $\bar{y}$ 的差，$\hat{y}-\bar{y}$，稱為被解釋的偏離值（explained deviation）；(3)由所觀測到的樣本值 y_i 到由迴歸模型所預測的 $\hat{y}$ 的距離，$y_i-\hat{y}$，就是線性迴歸模型所沒有解釋的總偏離值的部分，稱為未被解釋的偏離值。一言以蔽之，對於某個樣本值 y_i 與樣本平均值 $\bar{y}$ 的差的平方的和（即 y_i 的變異數）可以分解成兩個部分，如下公式所示：

$$\sum(y_i-\bar{y})^2 = \sum(\hat{y}-\bar{y})^2 + \sum(y_i-\hat{y})^2$$

其中，$\sum(y_i-\bar{y})^2$ 稱為總變異數（記為 SS_T），$\sum(\hat{y}-\bar{y})^2$稱為由線性迴歸模型所解釋的變異數（記為 SS_R），而$\sum(y_i-\hat{y})^2$稱為誤差變異數或剩餘變異數（記為 SS_E）。也就是說：$SS_T=SS_R+SS_E$；**表14-3**為迴歸分析的ANOVA表。

很顯然地，如果要評價一個線性模型是否很好地解釋了兩個自變量之間的關係，那麼我們可以把線性迴歸模型所解釋的變異數 SS_R 與總體變異數 SS_T比較，看看是否所解釋的變異數占了總體變異數的大部分：

$$r^2 = \frac{SS_R}{SS_T} = \frac{\sum(\hat{y}-\bar{y})^2}{\sum(y_i-\bar{y})^2}$$

表14-13　迴歸分析的ANOVA表

變化因素	總變異數	自由度	總變異數的平均值	F
線性迴歸	SS_R	1	$MS_R = \dfrac{SS_R}{1}$	$F = \dfrac{MS_R}{MS_E}$
誤差	SS_E	$n-2$	$MS_E = \dfrac{SS_E}{n-2}$	
總和	SS_T	$n-1$		

　　上面公式中的 r^2 稱為樣本決定係數（coefficient of determination），它描述了從樣本數據中所得到的線性迴歸直線和所觀測到的樣本y值的接近程度。r^2 (SS_R/SS_T) 越大，那麼線性迴歸模式所解釋的變異數就越大，亦即所得到的迴歸直線就越接近所觀測到的樣本y值，所建立的迴歸模型就越有價值。相反，r^2 (SS_R/SS_T) 越小，那麼線性迴歸模型所解釋的變異數就越小，所得到的迴歸直線與所觀測到的樣本y值就離得越遠，所建立的迴歸模型就越沒有價值。

　　讓我們以**表14-12**中的數據來看一下如何用F檢驗法檢驗兩個變量之間的迴歸關係。假設：$H_0：\beta＝0$，$H_A：\beta\neq0$，$\alpha＝0.05$，使用SPSS軟體得出

$$F = \frac{MS_R}{MS_E} = \frac{53.31}{2.37} = 22.49$$

對於$\alpha＝0.05$，自由度為1.98的F臨界值為3.92。

　　由於所得出的F值22.49大於臨界值3.92，所以虛無假設不成立，研究假設成立，亦即所得到的線性模型和樣本數據較為吻合，廣告中性訴求的程度和觀眾對廣告的評價之間存在相關關係。

　　對於總體決定係數ϱ^2，我們可以利用以下公式算出其估計值：

$$\widetilde{r}^{\,2} = 1 - \frac{\sum(y_i - \hat{y})^2\big/(n-2)}{\sum(y_i - \overline{y})^2\big/(n-1)}$$

所以，我們對總體的決定係數 ϱ^2 的點估計為 $\tilde{r}^2 = 1 - \dfrac{232.30/(100-2)}{285.61/(100-1)} = 0.17$

我們也可以使用 t 檢測法來檢測虛無假設 $H_0 : \beta = 0$：

$$t = \dfrac{b - \beta_0}{\sigma_b}$$

其中，β_0 為所假設的總體斜率 β（通常我們假設 $\beta=0$），σ_b 為斜率 b 的總體變異數。由於通常情況下我們不知道 σ_b 而用樣本變異數 s_b 來代替 σ_b，所以上述公式變為：

$$t = \dfrac{b - \beta_0}{s_b}$$

上述公式中 t 的自由度為n-2。

仍以上述數據為例。

例7：數據見**表14-12**。假設：$H_0 : \beta = 0$，$H_A : \beta \neq 0$，$\alpha = 0.05$

解：使用SPSS軟體我們得出樣本斜率 b 為0.43，其標準差為 0.059，所以，

$$t = \dfrac{b - \beta_0}{s_b} = \dfrac{0.43 - 0}{0.059} = 7.29$$

又已知 $\alpha = 0.05$，$df = 100 - 2 = 98$所對應的 t 臨界值為1.98，所以所得的檢測統計值大於臨界值1.98，虛無假設不成立，亦即廣告中性訴求的程度和觀眾對廣告的評價之間存在相關關係。

我們可以對總體斜率β進行區間估計：

$$\beta = b \pm t_{1-\alpha/2}(s_b)$$

所以，$\beta = b \pm t_{1-\alpha/2}(s_b) = 0.43 \pm 1.98(0.059) = (0.31,\ 0.55)$

由於所估計的區間不包括0，這表明虛無假設不成立，亦即廣告中性訴求的程度和觀眾對廣告的評價之間存在相關關係。

(三)使用線性迴歸模型對Y進行預測

前面我們談到了基於一個樣本數據建立線性迴歸模型，然後對迴歸模型進行評估（即利用F或t檢驗法對虛無假設 $H_0 : \beta = 0$ 進行檢驗）。如果虛無假設被推翻，我們一般得出如下結論：所建立的模型和樣本數據吻合良好，並且變量X能夠很好地解釋變量Y的變化。由於迴歸模型的最終目的是用來預測和估計Y，那麼我們可以來看一看如何利用所建立的線性模型對Y進行預測。對某個指定的x，其所對應的y的區間估計為：

$$\hat{y} \pm t_{1-\frac{\alpha}{2}} s_{y/x} (\sqrt{1 + \frac{1}{n} + \frac{(x_p - \overline{x})^2}{\sum (x_i - \overline{x})^2}})$$

其中，x_p是我們所指定的x並且t的自由度為$n-2$。

二、相關分析

前面論述了如何對自變量X和因變量Y進行迴歸分析，其主要目的是為了對Y進行預測和估計。如果我們不區分哪個是自變量，哪個是因變量，那麼我們可以進行相關分析。下面介紹兩種常用的相關分析：皮爾森相關分析（Pearson-r analysis）和斯皮爾曼等級分析（Spearman Rank analysis）。前一種適用於使用等距或成比例測量的變量，後一種適用於使用等級測量的變量。

(一)皮爾森相關分析

皮爾森相關分析中所假設的前提如下：(1)對於每一個X有一系列呈常態分配的Y相對應；且每個系列的Y的變異數都相等；(2)對於每一個Y有一系列呈常態分配的X相對應；且每一系列的X的變異數都相等；(3)X和Y組合的分布呈常態分配。

對於X和Y組合的分布，有五個參數：X的總體平均值 μ_x，總體標準

差 σ_x，Y的總體平均值 μ_y，總體標準差 σ_y，以及X和Y的總體相關係數 ϱ，也就是總體決定係數 ϱ^2 的或正或負的平方根。既然 ϱ^2 的範圍為[1, 1]，那麼 ϱ 的範圍為[-1, 1]。如果 ϱ 為1，那麼變量X和Y完全正相關；如果ϱ 為-1，那麼兩個變量之間為完全負相關；如果 ϱ 為0，那麼兩個變量並非線性相關。為了檢測總體中兩個變量之間的關係，我們常常從總體中抽取一個樣本，算出相關係數r，再根據r來估計總體相關係數 ϱ，並檢測 ϱ 是否為0，即檢測虛無假設 $H_0 : \varrho = 0$。其中，計算r的公式為：

$$r = \sqrt{\frac{b^2[\sum x_i^2 - (\sum x_i)^2 / n]}{\sum y_i^2 - (\sum y_i)^2 / n}}$$

或

$$r = \frac{n \sum x_i y_i - (\sum x_i)(\sum y_i)}{\sqrt{n \sum x_i^2 - (\sum x_i)^2} \sqrt{n \sum y_i^2 - (\sum y_i)^2}}$$

假設檢定中所用的檢測統計值t為：

$$t = r \sqrt{\frac{n-2}{1-r^2}}$$

仍以**表14-12**中的數據為例。這次我們不考慮哪個為自變量，哪個為因變量，兩個變量處於同等位置，對其是否相關進行檢驗。

例8：數據見**表14-12**。

解：借助SPSS軟體我們知道$SS_R = 53.31$，$SS_T = 285.61$，所以

$$r^2 = \frac{SS_R}{SS_T} = \frac{53.31}{285.61} = 0.19$$

所以

$$t = 0.43 \sqrt{\frac{100-2}{1-0.19}} = 4.73$$

又已知$\alpha = 0.05$，$df = 100 - 2 = 98$，所對應的t臨界值為

1.98，所以所得的檢測統計值大於臨界值1.98，虛無假設不成立，亦即廣告中性訴求的程度和觀眾對廣告的評價之間存在相關關係。

上面我們提到如何對兩個變量之間的相關關係進行檢測，其中的虛無假設為$H_0：\varrho=0$。如果虛無假設為 $H_0：\varrho=\varrho_0$，其中 ϱ_0 並非為0，那麼我們使用另外一種方法。首先，我們把 r 轉換成z_r，轉換公式如下：

$$z_r = \frac{1}{2}\ln\frac{1+r}{1-r}$$

所得的 z_r 接近常態分配，其平均值為 $z_\varrho = \frac{1}{2}\ln\{(1+p)/(1-p)\}$，標準差為$1/\sqrt{n-3}$。

假設檢定中所用的檢測統計值為：

$$z = \frac{z_r - z_\varrho}{1/\sqrt{n-3}}$$

附錄五提供了如何進行r與z的轉換，從而省去了計算的麻煩。讓我們來看一個例子。

例9：假設已知某樣本中變量x和y的相關係數$r=0.65$，$n=30$。
　　　請問總體中X和Y的相關係數ϱ是否不等於0.70？

解：已知$r=0.65$，$\varrho_0=0.70$

　　參照r和z的轉換表，已知$r=0.65$所對應的 $z_r=0.77530$；ϱ_0 $=0.70$所對應的$z_\varrho=0.86730$，所以檢測統計值

$$z = \frac{0.77530 - 0.86730}{1/\sqrt{30-3}} = -0.48$$

由於z在$\alpha=0.05$時所對應的值為±1.96，所得出的檢測統計值大於-1.96且小於1.96，所以虛無假設成立，即總體中X和Y的相關係數可能等於0.70。

(二)斯皮爾曼等級檢驗

　　斯皮爾曼等級檢驗屬於非參數統計學（non-parameteric statistics）。與非參數統計學相對應的是參數統計學（parameteric statistics）。參數統計學對總體中某個參數進行估計或假設檢定，並且這些方法都是基於對總體參數的分布特徵有一定瞭解或假設前提的基礎上的。一個例子是前面提到的t檢驗法，其常常被用來檢驗總體的平均值或是兩個總體平均值的差；而檢驗的一個前提假設是總體參數呈常態分配或者接近常態分配。與參數統計學相比較，非參數統計學不對總體參數進行檢驗或者不依賴於對總體參數分布形態的瞭解。嚴格意義上來講，那些不對總體參數進行檢驗的統計分析稱為「非參數統計學」，而那些不依賴於總體分布形態的稱為「分布自由」（distribution-free）統計分析法。儘管這樣，我們通常把兩種統計分析方法統稱為「非參數統計法」。

　　總的來說，非參數統計法的優勢如下：(1)允許對與總體參數無關的假設進行檢驗；(2)當總體的分布形態未知時，可以運用非參數檢驗；(3)非參數檢驗的算法相對來說較為簡單；(4)非參數檢驗可用於類別或等級測量的數據。這是因為，這些數據不適合參數檢驗中所需的複雜的數學運算。當然，非參數檢驗也有幾個不足之處，比如適合進行參數檢驗的數據如果使用了非參數檢驗，那麼很多訊息就丟失了；在樣本數目很大的情況下，非參數檢驗較為複雜。

　　讓我們來看一看斯皮爾曼等級相關檢驗法。如前所述，這一檢驗法適合屬於等級測量的變量X和Y，所檢驗的幾類假設一般如下：

1. H_0：變數X和Y相互獨立（即不相關）

　　H_A：變數X和Y存在相關關係

2. H_0：變數X和Y相互獨立（即不相關）

　　H_A：變數X和Y存在正相關關係（即X越大，Y越大）

3. H_0：變數X和Y相互獨立（即不相關）

H_A：變數X和Y存在負相關關係（即X越大，Y越小）

也就是說，第一個假設檢定為雙尾檢驗，第二個和第三個假設檢定為單尾檢驗。檢測的步驟如下：

第一，對於每一個X，根據其值的大小找出它在所有X值中的位置n（1表示最小值的位置，n表示最大值的位置）；同樣的，對於每一個Y，找出它在所有Y值中的位置n（n的取值從1到n）。

第二，對於每一對X和Y算出順序的差d_i，即用X的順序值減去Y的順序值。

第三，把每個順序的差平方，把平方值相加得 $\sum d_i^2$。

第四，計算出檢測統計值：

$$r_s = 1 - \frac{6\sum d_i^2}{n(n-1)}$$

其中，r_s稱為斯皮爾曼相關係數，其自由度為n。

第五，如果樣本數大於4而小於30，那麼把所計算的 r_i 與臨界值相比較（參照附錄六）。臨界值由α和自由度n所決定。如果樣本數大於30，那麼把所得的 r_s 按如下公式轉換成z：

$$z = r_s \sqrt{n-1}$$

然後參照z分布表來決定臨界值。

第六，如果某一順序值重複出現了兩次或多次（把重複出現的次數記為t），那麼需要對此進行糾正，所用的公式為 $T = \dfrac{t^3 - t}{12}$

而相關係數的算法為：

$$r_s = \frac{\sum x^2 + \sum y^2 - \sum d_i^2}{2\sqrt{\sum x^2 \sum y^2}}$$

其中，$\sum x^2 = \dfrac{n^3 - n}{12} - \sum T_x$，$\sum T_x$ 為所有對X的順序值的糾正值的總

和，$\sum y^2 = \dfrac{n^3 - n}{12} - \sum T_y$，$\sum T_y$ 為所有對Y的順序值的糾正值的總和。

讓我們來看一個例子：

例10：假設某研究調查了「是否充分相信自我保持健康的能力」和對生活的滿意程度之間的關係。其數據如**表14-13**所示。問兩個變量是否相關？

表14-13　自我保持健康的能力與生活滿意程度

調查對象	自我保持健康的能力（X）	生活滿意程度（Y）
1	2.0	2.8
2	2.5	2.8
3	3.5	4.9
4	3.75	3.1
5	3.75	3.3
6	3.75	5.0
7	4.0	3.2
8	4.0	3.4
9	4.0	3.5
10	4.0	3.6
11	4.0	4.1
12	4.0	4.98
13	4.0	4.95
14	4.25	3.8
15	4.25	4.0
16	4.5	2.6
17	4.5	4.4
18	4.5	4.6
19	4.75	4.7
20	4.75	4.8

解：我們把上述數據轉換成等級數據，如**表14-14**所示。

表14-14

調查對象	自我保持健康的能力（X）	等級（X）	生活滿意程度（Y）	等級（Y）	等級差（d_i）	等級差的平方（d_i^2）
1	2.0	1.0	2.8	2.5	-1.5	2.25
2	2.5	2.0	2.8	2.5	-0.5	0.25
3	3.5	3.0	4.9	17.0	-14.0	196.0
4	3.75	5.0	3.1	4.0	1.0	1.0
5	3.75	5.0	3.3	6.0	-1.0	1.0
6	3.75	5.0	5.0	20.0	-15.0	225.0
7	4.0	10.0	3.2	5.0	5.0	25.0
8	4.0	10.0	3.4	7.0	3.0	9.0
9	4.0	10.0	3.5	8.0	2.0	4.0
10	4.0	10.0	3.6	9.0	1.0	1.0
11	4.0	10.0	4.1	12.0	-2.0	4.0
12	4.0	10.0	4.98	19.0	-9.0	81.0
13	4.0	10.0	4.95	18.0	-8.0	64.0
14	4.25	14.5	3.8	10.0	4.5	20.25
15	4.25	14.5	4.0	11.0	3.5	12.25
16	4.5	17.0	2.6	1.0	16.0	256.0
17	4.5	17.0	4.4	13.0	4.0	16.0
18	4.5	17.0	4.6	14.0	3.0	9.0
19	4.75	19.5	4.7	15.0	4.5	20.25
20	4.75	19.5	4.8	16.0	3.5	12.25

$$\sum d_i^2 = 959.50$$

在對x值進行排序時，可以看出順序值重複出現的情況如下：

排序為5的有3個，那麼糾正值 $T_5 = \dfrac{t^3 - t}{12} = \dfrac{3^3 - 3}{12} = 2$

排序為10的有7個，$T_{10} = \dfrac{t^3 - t}{12} = \dfrac{7^3 - 7}{12} = 28$

排序為14.5的有2個，$T_{14.5} = \dfrac{t^3 - t}{12} = \dfrac{2^3 - 2}{12} = 0.5$

排序為17的有3個，$T_{17} = \dfrac{t^3 - t}{12} = \dfrac{3^3 - 3}{12} = 2$

排序為19.5的有2個，$T_{19.5} = \dfrac{t^3 - t}{12} = \dfrac{2^3 - 2}{12} = 0.5$

所以，$\sum T_x = 2 + 28 + 0.5 + 2 + 0.5 = 33$

$$\sum x^2 = \frac{n^3 - n}{12} - \sum T_x = \frac{20^3 - 20}{12} - 33 = 632$$

對於Y的順序值，只有順序2.5出現了2次，所以

$$T_{2.5} = \frac{t^3 - t}{12} = \frac{2^3 - 2}{12} = 0.5 \text{，}$$

$$\sum T_y = 0.5 \text{，}$$

$$\sum y^2 = \frac{n^3 - n}{12} - \sum T_y = \frac{20^3 - 20}{12} - 0.5 = 664.5$$

所以，相關係數為：

$$r_s = \frac{\sum x^2 + \sum y^2 - \sum d_i^2}{2\sqrt{\sum x^2 \sum y^2}} = \frac{632 + 664.5 - 959.5}{2\sqrt{(632)(664.5)}} = 0.26$$

也就是說，「是否充分相信自我保持健康的能力」和對生活的滿意程度之間存在正相關關係。

 結　論

這一章初步介紹了如何進行差異分析和相關分析。

第一節介紹了差異分析的檢驗方法包括z檢驗法、Chi-square檢驗法、t檢驗法和ANOVA檢驗法。其中，Chi-square檢驗法適用於屬於等類測量

的變量之間的差異，t檢驗法適合於兩組之間的差異，而ANOVA檢驗法中的單因子變異數分析適用於比較多組之間的差異，二因子變異數分析適用於自變量為兩個的情況下多組之間的差異比較。

第二節介紹了初步的相關分析的檢驗方法，包括迴歸分析和相關分析法。這裡主要討論了線性回歸和相關的情況。迴歸分析法中討論了如何從樣本數據中取得迴歸模型，如何利用F檢驗法或 t 檢驗法評估模型，如何利用模型對因變量Y進行預測和估計等。相關分析法介紹了如何對兩個變量進行分析，如皮爾森相關分析法和斯皮爾曼等級檢驗法。前者適用於屬於等距或成比例的變數之間的相關關係，後者適用於屬於等級變量的相關關係。值得一提的是，對於兩個都屬於等類測量的變量，我們可以利用差異分析法裡提到的Chi-square檢驗法，對其相關關係進行檢驗。

問題與討論

1. 什麼是差異分析方法？差異分析方法有哪些？
2. 以下為一組研究中美廣告各100則使用訊息訴求和情感訴求的結果。問地域是否和使用訊息或情感訴求相關？設 $\alpha = 0.05$。

	中國	美國
訊息訴求	30	60
情感訴求	70	40

3. 下面為關於廣告性訴求效果的部分數據，其中因變量為對廣告的總體評價（0為不喜歡，10為喜歡）。問兩組是否存在顯著差別？設兩組總體均為常態分配且總體變異數相同，且 $\alpha = 0.05$。

實驗處理		
	低等程度的性訴求	高等程度的性訴求
1	3.27	7.13
2	2.33	5.40
3	3.27	3.23

4	2.23	4.70
5	4.43	6.20
6	5.00	6.80
7	5.69	5.50
8	4.50	3.93
9	3.37	4.97
10	3.97	7.20

4.下面為關於廣告性訴求效果的部分數據,其中一個自變量為性訴求的程度,分為低程度和高程度兩種,另一個自變量為受試者的性別。問性訴求和性別是否存在相互作用?設 $\alpha = 0.05$。

性訴求	性別	
	男	女
低	4.83	4.83
	5.01	3.03
	5.55	6.90
	4.50	5.03
	5.31	2.50
	3.37	2.60
	3.97	6.40
	3.03	6.53
	4.03	5.70
	2.53	5.70
高	4.96	2.37
	5.03	3.12
	4.13	5.27
	4.40	4.70
	5.55	6.87
	6.93	2.63
	6.47	6.80
	5.80	6.13
	7.03	6.80
	6.50	6.23

5.下面為一組每天觀看電視的小時數與對生活滿意程度的調查。問：
(1)如果把每天看電視的小時數作為自變量，對生活滿意的程度作為因變量，求其線性迴歸模型；(2)求兩者是否相關，並指出皮爾森係數；(3)如果把數據轉換成等級數據，求斯皮爾曼相關係數。

調查對象	每天看電視的小時數（X）	生活滿意程度（Y）
1	1.0	3.6
2	5.0	3.6
3	4.5	3.8
4	3.0	3.0
5	2.5	3.6
6	0.0	2.8
7	2.5	2.4
8	3.0	1.8
9	7.0	4.2
10	3.5	3.0
11	3.0	3.8
12	1.0	3.8
13	5.0	3.2
14	3.0	3.6
15	5.0	4.4
16	3.0	3.2
17	2.0	3.8
18	2.0	3.8
19	2.0	2.8
20	3.5	2.4

關鍵詞彙

ANOVA檢驗法（Analysis of Variance） 統計學中分析引起變量變化的原因的一種
方法，即把因變量的變化（變異數）分成兩個部分或是多個部分，由於每個部分
的變化是由某個因素引起的，從而決定每個因素對因變量變化所起作用的大小。

對立假設（Alternative Hypothesis） 研究者想要支持的假設，也稱為研究假設，記
為H_A。

學術風氣（Appearance of Academic Research） 是一種表面化了的學術政治，
也是學術政治的生動表現。

個人民族志（Autoethnography） 個人民族志強調研究者自身的參與，即自己就
是研究對象之一，自己就具有被研究者的經歷和感覺。研究者可以從自己內心的
角度去發掘其他被研究者的感受及特點，或透過講述自身的經歷來顯示自己有與
被研究者類似的特點。研究過程和方式與民族志法是一樣的。注重觀察，深度訪
談，詮釋現象。它涉及到在對話、場景裡的具體行為、情感、自我意識和內省。
它透過對族群歷史（血緣關係脈絡）的瞭解，發掘某群人的精神信念和文化理
念，唯一不同的是，這種研究所反應的一個群體現象，是帶有研究者自身也作為
研究對象的行為特徵，是透過對「某一個人」的肖像式描述來展現的。這種研究
報告通常帶有自傳性的文學特點。

自動抽樣（Automatic Sampling） 研究者開放一個投票的平台，讓想要表達意見或
投票的人可以前往投票，這樣的樣本取得方法，稱為自動抽樣。

塊狀隨機分配法（Block Randomization） 隨機分配實驗對象中常用的一種方法：
在實驗前先把各個實驗組隨機排序，形成「一塊」，然後重複此順序多次；然後
把實驗對象一個個地分配到按序排好的實驗組中（如第一名受試者被分配到排好
序的第一個實驗組）。

分組／混合實驗設計（Blocked/Mixed Design） 把受試者依照某些變數（如性
別）分成若干組（blocks），然後再把每組的受試者隨機地分配到實驗組或控制
組中。這種實驗設計因為綜合了兩種類型的自變量──不由實驗者控制的（如性
別）和可由實驗者控制的（如所觀看的電視節目）──而被稱為混合實驗設計。

因果關係（Causal Relationship） 指的是一個變量的變化導致了另一個變量的變
化。因果關係的發生需要滿足以下三個條件：(1)「因」發生在前，「果」發生在
後；(2)如果「因」有變化，那麼「果」也隨之產生變化，反之亦然；(3)能夠排除
有其他因素導致「果」的發生。

中央極限定理（Central Limit Theorem） 對於任何一個非常態分配的、算術平均

值為 μ，變異數為 σ^2 的總體，如果從中抽抽樣本大小為 n 的所有樣本並且 n 足夠大時，那麼抽樣分配的算術平均值 $\mu_{\bar{x}}$ 等於 μ，變異數等於 σ^2 / n，並且其分布接近於常態分配。對於 n，一般來說大於30即認為是足夠大。

集群抽樣（Cluster Sampling）　常用於母體內元素分布廣闊且無法清楚掌握抽樣架構時，它先將樣本中的元素依屬性分成不同的集群，然後先抽取集群，再從集群中抽取元素。

決定係數（Coefficient of Determination）　描述了從樣本數據所得到的線性迴歸直線和所觀測到的樣本 y 值的接近程度，記為 r^2。r^2 越大，線性迴歸模式所解釋的因變量的變異數就越大，亦即迴歸直線越接近所觀測到的 y 值，所建立的迴歸模型的價值越大。相反，r^2 越小，線性迴歸模型所解釋的因變量的變異數就越小，所得到的迴歸直線與所觀測到的 y 值就離得越遠，所建立的迴歸模型的價值越小。

世代研究（Cohort Studies）　趨勢研究的樣本來自於多個時間點上的「一般」母體（如選民、一般民眾等）；世代研究則是特別著眼於比較「特定」母體在不同時間點上的變化。

傳播樹（Communication Tree）　探討傳播學內涵的歸類方法有很多。一個較簡單清晰的方法是以樹作為象徵，把傳播學當作一棵樹來看待。這棵傳播樹有六個主要的枝幹：人際傳播學（interpersonal communication）、小團體傳播學（small group communication）、組織傳播學（organizational communication）、公共傳播學（public communication）、大眾傳播學（mass communication）以及文化間／國際間傳播學（intercultural/international communication）。傳播樹則是以傳播（communication）這個概念為根基，以傳播理論（communication theories）與傳播研究方法（communication research methods）兩個科目為它的主幹。

單純的觀察（Complete Observer）　單純觀察者不和被研究者產生互動。研究者真實地展現他們在不影響被觀察者的情況下觀察到的數據。有些研究者甚至根本不告知被觀察者。和參與觀察相比較，單純觀察遠離被研究人群，觀察的結果可能會更客觀一些，但由於他們不能與被研究者進行直接交流去瞭解他們展示某種現象背後的理念，他們也無法根據當時參與的環境而推論出一些潛在的結果。

完全參與觀察（Complete Participant）　是指觀察者會完全介入到一個社會場景中去，並且不讓被研究者知道。研究人員假扮成和其他被研究者一樣的身分，而非一個研究者的身分來觀察並參與整個研究過程。

電腦輔助電話調查系統（Computer-assisted Telephone Interviewing, CATI） 將電腦快速運算、大量儲存及互動性的優點應用在電話調查系統上，可以完成其他調查方法無法達成的功能，電訪員在電腦面前，頭戴耳機，一邊進行訪問，一邊輸入資料，將調查、編碼甚至資料分析均畢其功於一役。

概念化（Conceptualization） 界定概念定義的過程。為科學研究的第一個步驟，它包括了從擬定研究題目到陳述研究問題的過程。

信賴區間（Confidence Interval） 研究者認為有把握的誤差範圍，即是信賴區間。

信心水準（Confidence Level） 指研究者有多少把握或信心，可以推定抽樣得到的樣本統計量，會在一定的誤差範圍之內，這種統計機率上的把握或信心，稱為信心水準。

混淆變項（Confounding Variable） 沒有被提出，但是會影響到依變項價值的自變項。

持續比較法（Constant Comparative Method） 比較法意味著研究者要用其他案例來檢測他的研究結果。持續比較法是指在同一案例中，審視和比較所有已掌握的數據。這種方法可以從小部分數據比較擴展到大面積數據比較。持續比較法涉及到大規模數據的往返比較，也可稱作「綜合數據分析」（comprehensive data treatment）。

建構效度（Construct Validity） 建構效度可以區分為收斂效度（convergent validity）及鑑別效度（discriminant validity）兩種。收斂效度是指用不同的方法去測量同一個概念，均會收斂成相似的結果；鑑別效度則是指研究者所設計針對某一個概念的測量應有別於對其他概念之測量。

內容分析（Content Analysis） 從一個互動文本裡，對其中特殊的訊息與訊息的特徵，加以認定、描述、解說與分析。換句話說，內容分析就是以客觀與有系統的方法，確認出訊息之特徵以推論出結果的過程。內容分析有定性與定量兩種。定性的內容分析對文本訊息相關意義的研究比較注重，定量的文本分析則側重計算文本訊息裡特殊變項出現的頻率與結構。

內容效度（Content Validity） 內容效度注重的是哪些題項該有而沒有，旨在檢驗題項是否涵蓋所欲測量之概念的意義範圍。

列聯表（Contingency Table） 用來分析兩個類別變量的關係的表格。列聯表中，每一行代表變量x的每一個不同的值，每一豎行代表變量y的每一個不同的值；每一格的數字則表示在變量x取值為a和變量y取值為b的情況下所對應的頻率值。

連續性／順序性變項（Continuous/Ordered Variable） 具有連續性價值的變項
（如年齡、身高、薪水收入、看電視時間、說服力等變項）。

便利抽樣（Convenience Sampling） 調查者依自身的方便性，就身邊可及的對象
進行抽樣，這樣的樣本簡單易得，但不具有代表性，無法進行統計推論。

對話式訪談（Conversational Interview） 是指訪談者與被訪談者相互瞭解彼此的
經歷和背景，被訪談者積極地參與到對訪者的對話中來，表達他們的看法和見
解。對話式訪談必須克服不均衡的對話，不能削弱對被訪談者的經歷和對事物的
理解。

相關分析（Correlation Analysis） 一種分析兩個變量之間是否相互關聯的統計學分
析方法，主要回答變量之間相關的強度和方向的問題。主要方法有χ^2獨立分析法、
皮爾森係數相關分析法和斯皮爾曼等級檢驗法。

效標效度（Criterion Validity） 效標效度依照測量時間的不同，可分為一致效度
（concurrent validity）和預測效度（predictive validity）。一致效度是將欲測量的
概念之題項和既有的同一概念目前所具備的條件相比較，如果具有一致性，則該
測量具有一致效度。預測效度和一致效度頗為相似，只是它所比較的是未來的情
況。

批判民族志（Critical Ethnography） 批判民族志不是一種理論，而是一種研究視
角。批判民族志研究者認為，研究必須代表被研究的群體去建構一種行為，尤其
是那些處於邊緣化的人們。他們相信研究本身是一種默許支持或明確的反對壓
迫。這種研究類型強調研究者的態度和立場。在研究結果的闡述上有明顯的研究
者的聲音：批判或呼籲。

批判範型（Critical Paradigm） 批判範型與解釋範示一樣，主張多重實體的形成來
自社交建構的過程。其研究的目的主要在於挖掘或凸顯尤其是被壓迫群體的歷史
與文化背景下的隱藏結構，並進一步經由行動來改變社會的不平等現象。

橫斷式調查（Cross-sectional Survey） 研究者在一個時間點上，針對母體中抽取
的不特定樣本進行調查，旨在描述該母體之特徵或推論變項間在該特定時間點上
的關係。

數列（Data Set） 一系列數值的集合。

彙報並聽取回饋意見（Debriefing） 研究人員將研究結果回饋給被研究人員，向被
研究人員彙報其研究目的和過程，澄清個中被欺騙的環節，並從中瞭解被研究人
員的感受以及他們的回饋。允許他們提出任何疑問。

依變項（Dependent Variable） 價值受到自變項影響的變項，為因果關係的果。

描述性統計學（Descriptive Statistics） 指透過數學運算來簡化、總結和綜合原始樣本數據，並以一定形式表述出來的一種統計學方法。常用的描述性統計指數有頻率、眾數、中位數、算術平均值、全距、變異數和標準差。

異常案例分析（Deviant-case Analysis） 在「綜合數據分析」中，有時會出現「異常案例」，對異常案例的分析，可以從深層次挖掘數據所顯示的意義，從側面來鞏固研究結論，增強研究的效度。數據表象的差異絕不代表彼此的分離，他們都應有內在的相關性，這個理念應該貫穿在數據分析過程中。

發現範型（Discovery Paradigm） 是定量實證（empirical）研究或功能主義（functionalism）的基型，認為實體是可知可發現的。以理性思考與邏輯推理為手段，經由科學方法的研究，尋找普世性的規則。

不連續性／類別性變項（Discrete/Nominal Variable） 彼此價值不交叉的變項（如性別、國籍、電視節目的種類等變項）。

效率市場假說（Efficient Market Hypothesis） 投資大眾在買賣股票時會迅速有效地利用所有可能的訊息，作出最有利於自己的判斷，而這些足以影響股票價格的因素，都會即時反應在股票的價格中。

電子市場交易法（Electronic Market） 美國愛荷華大學經濟學教授以效率市場假說為理論基礎，將股票市場自由買賣股票的機制應用在對總統大選的得票率預測賭注上，開創了一種另類的民調途徑。

元素（Element） 指研究觀察的基本單位，通常也是分析的基本單位。

實證分析（Empirical Analysis） 係指將研究假設操作化（operationalization），使其得以被檢驗（hypothesis testing）的過程。它包括了將指標具體化成為調查法中的問卷內容或實驗法中的實驗設計變項，然後蒐集資料或數據，逐一檢驗每一指標面向或概念間的關係。實證分析包含了操作變數、信度效度檢驗及假設檢定三個步驟。

認識論（Epistemology） 從傳播學的角度，認識論指傳播探究的本質為何。換句話說，傳播學研究的適當方法是什麼。

同等度（Equivalence） 不同的調查測量人員用同樣的測量工具和方法測量同一群受測的人或物，是否會得到相同的結果？若結果愈相近，即表示該測量相等度愈高，信度亦愈高。

倫理規則（Ethical Guidelines） 把原則落實到行為層次所應該遵守的條目。

倫理原則（Ethical Principles） 是指行內人的行為規範。

交流民族志（Ethnography of Communication） 是將民族志的研究方法應用在對人們話語進行分析，瞭解處在某一社會團體的人們溝通交流行為和方式，主要是觀察言語交流方式（verbal communication）。這其中也包括非言語交流方式（non-verbal communication）的研究。交流民族志在方法上主要採取「語篇分析」（discourse analysis），從語言和文化兩個方面來解釋分析並構建人們的交流模式。他們認為，儘管文化交流的方式很多，但所有的交流形式都有共享的「語碼」（code）。交流的雙方理解並會使用這些交流語碼、交流管道、交流場景、訊息發射形式和傳播出來的意義。他們強調社區就是一個語境（context），如果我們把在這個語境下的一群人的傳播方式當作一個整體來考察，具有某種特點的語言傳播符號或語碼的意義就凸顯出來了。交流民族志主要是透過研究者獲取的第一手材料，來考察言語在特定語境下的使用對人們交流方式的影響。

民族志（Ethnography） 是一種自然研究方法。研究者深入到研究對象的自然環境，透過觀察和田野調查（field study），廣泛蒐集材料，對某群人及他們的文化有深入瞭解和真實自然的描述。民族志的研究是尋求發現並揭示某個社會群體所共同需求並享有的特徵。

實驗法（Experiment） 指的是在控制其他干擾因素的同時，研究自變量的變化如何引起因變量的變化的一種研究方法。

實驗處理（Experimental Treatment） 指對不同組的實驗對象施予不同的實驗處理，從而保證實驗組和控制組之間在自變量上的區別。

外在信度（External Reliability） 諸多測量工具和方法在不同外在條件之間，如人、事、時、地、物，反覆測試呈現的穩定度與同等度，稱為外在信度。

實驗研究的外在效度（External Validity of An Experiment） 包含如下三種涵義：(1)可靠性（robustness），即研究結果是否可以推廣到其他人群和環境中去；(2)生態有效性（ecological validity），即研究結果是否為日常生活的真實反映；(3)重要性（relevance），即研究結果是否和日常生活緊密聯繫在一起。

表面效度（Face Validity） 表面效度是一種光看表面即決定測量是否有效度的方法。通常，研究者必須由指標或問卷題項的文字中，判斷其是否是測量某個概念或其面向的有效方法。

面訪（Face-to-face Interview） 面訪的方式通常是由一位受過訓練的訪員對受訪者進行面對面的訪問。依據受訪者人數多寡，又可分為一對一面訪以及一對多面

訪。

多因子實驗設計（Factorial Design） 自變量不只一個的實驗研究設計。增加自變量的個數不僅有利於研究自變量之間是如何相互作用進而影響因變量的，而且還可以減少未知因素的個數，從而減少了實驗中由未知因素帶來的誤差，進而加強實驗的設計。

田野調查（Field Study） 自然研究者走進「自然環境」去觀察人們從事常規性活動時的常規性互動，通常稱為「田野調查」。

有限總體糾正（Finite Population Correction） 當抽樣為從含有有限個個體的總體中進行非替換抽樣時，抽樣分配的算術平均值 $\mu_{\bar{x}}$ 為總體平均值 μ，而變異數為 $\sigma_{\bar{x}}^2 = (\frac{\sigma^2}{n})(\frac{N-n}{N-1})$，其中 $N-n/N-1$ 稱為有限總體糾正。

焦點小組訪談（Focused Interview） 是指一小組（通常八至十人）在一個協調者的引導下進行的一種半結構式的訪談。這是一種群體間的互動，而透過這種互動可以得出的數據和參考資料，往往是其他數據蒐集方法無法實現的。焦點訪談必須「焦點」突出，所以半結構式訪談應該是最為適合的。

學術自由（Freedom in Academic Research） 指教師和學生不受法律、學校各種規定的限制或公眾壓力的不合理的干擾而進行講課、學習、探求知識及研究的自由。從研究的大環境來說，它是讓研究者解除一切顧慮，在學術的天空自由翱翔，窮理尋道。它是提高研究者境界的管道，也是研究者不斷創新的保障。對於研究者來說，學術自由是一種精神境界。

頻數分布分析（Frequency Distribution） 分析數列中每一個不同的值的出現次數。一個頻數分布表主要有兩欄，左邊的一欄列舉了所出現的所有不同的數值，右邊一欄則列舉了每一個數值出現的頻率。

頻數多邊形（Frequency Polygon） 一種用來表示數據分布的線性圖：在以組距為橫座標、頻數為縱座標的數軸上標出每一組的頻數，再把這些點連接起來，就成了頻數多邊圖。

同質度（Homogeneity） 指運用同一個概念下的不同操作型定義，輔以相同的資料蒐集方法，在同一群受測的人或物上，是否會得到相同的結果？同質度又稱為內部一致度（internal consistency）。

誠實不欺（Honesty） 誠實不欺是指這樣一個過程：研究人員在要求被研究人員配合時，一開始就要開宗明義說明此研究的目的意義及研究過程，詳細解釋哪些

方面需要被研究人員的配合，嚴格界定並說明所收取材料的使用範圍，並徵得被研究人員的同意。其研究結果要展示給被研究人員，並聽取被研究人員的回饋意見，在此基礎上，再做修正。

假設檢定（Hypothesis Testing） 檢驗對總體做出的某一陳述是否和樣本數據一致；也就是說，檢測樣本資料是否支持研究者對總體的某一陳述。

假設（Hypothesis） 科學研究裡問題陳述的一種（另一種為研究問題）。指自變項與依變項之間關係之暫時性解答的陳述，有雙尾與單尾假設兩種。

融入（Immersion） 完全浸入是指研究者把自己當作最基本的工具來蒐集數據，研究者個人親身介入到研究場景中去，把自身放進去，自己的軀體、自己的性格、自己的社會地位，放進這些展示個體差異的特別事件中來。

自變項（Independent Variable） 影響依變項之價值的變項，為因果關係的因。

深度訪談（In-depth Interview） 是研究者透過訪談瞭解被訪談者的內心深處的個人見解，他們獨自的情感、動力和需求。深度訪談的探索性很強，研究者需要逐步瞭解被訪談者的個人背景以及被訪談問題的背景，在訪談過程中不斷的修正要提出的訪談問題。深度訪談就像一個劇本，有主題、不同角色和交流形式，而更重要的是劇本的情節，主題、角色和交流形式都因劇本的情節而發展。

推論統計學（Inferential Statistics） 在樣本數據的基礎上對總體的相關特徵作出推論的統計學方法。如對總體參數進行點估計、區間估計及假設檢定。

機構審查委員會（Institutional Review Board, IRB） 指負責審查研究材料（如實驗所用的刺激物、問卷等）、研究數據的蒐集、研究結果的公開發表等過程，從而保證研究對象的各方面的權益的機構。

互動分析（Interaction Analysis） 指研究分析兩造之間交換訊息的過程。兩人之間的互動，除了面對面的交談之外，還包括了經由電話或電子等訊息傳遞的互動。另外，如正式的面談（interview）、小組討論、辯論、法庭聽證會等，也都屬於訊息互動的一部分。這些訊息互動，都建立在互動雙方對話（conversation）的基礎上，因此互動分析，也可以稱為對話分析（convertional analysis）。對話分析的目的在於描述、解釋與評判主導著人類對話之規則的結構與功能。

相互性（interactive） 在選擇一些人作為被研究對象時，研究人員應該明確告知被研究人員，此項研究的性質、目的、過程，以及研究人員與被研究人員雙方的責任和義務。經過雙方同意後，研究才能開始進行。這一過程就展現為研究倫理的相互性原則。

譯碼者之間信度（Intercoder Reliability） 不同譯碼人分析相同文本資料所得結果之間的一致性。

文化間／國際間傳播（Intercultural/International Communication） 傳播學門裡發展最晚的領域，主要是在1950年代間，由幾個主要的人類學家（如Edward Hall）的研究，以及當時國際政治的交鋒與美國國內對待多元文化之間溝通的研究所形成。這個領域的形成，其實就是把文化這個概念凸顯出來，應用到其他五個傳播學的枝幹。因此只要從文化的角度來研究任何一個枝幹，都可稱之為文化間傳播學。當然，它的出發點在於理解一個文化的價值觀、信仰、態度、認知等概念，以及它們如何影響溝通的過程。

內在信度（Internal Reliability） 以測量工具和方法為界，旨在評估測量本身的一致性。

實驗研究的內在效度（Internal Validity of An Experiment） 實驗研究是否能夠表明研究結果，是由於研究中所進行的操控所引起的，而不是由於其他原因引起的。

國際傳播學會（International Communication Association, ICA） 為目前跨國的主要傳播學組織，約有三千名會員。另外還有一些較小規模的國際性傳播學會，如European Communication Association（ECA），以及華人學者比較熟悉的Association for Education in Journalism and Mass Communication（AEJMC）與International Association for Mass Communication Research（IAMCR）等。

網路問卷調查系統（Internet Survey System） 結合隨機抽樣原理產生的樣本和網路的互動機制，它將傳統電話調查方法應用於網路上，利用名單管理、抽樣、問卷製作、問卷發送、互動填答及記錄分析等六大模組（module），達成快速、無國界及互動的特殊功能。

影像視訊訪問法（Internet Video/Audio Interviewing, IVI） 這種新的訪問調查法，係結合網路、伺服器及網路攝影機的功能，進行同步或／和非同步的訪問調查，具有跨越國界和時區的優勢。

人際傳播（Interpersonal communication） 發生在兩個人之間的互動。人際間的傳播可能是有意或無意間發生的，不過一般研究還是側重在人與人接觸後如何從陌生人（stranger）、相識（acquaintance）、朋友（friend），發展到親密關係（intimate）這個階段的過程。人際關係（interpersonal relationship）演進的過程中，產生了好多與溝通相關的概念，諸如衝突（conflict）、吸引力（attraction）、

自我表露（self-disclosure）、溝通能力（communication competence）、口語／非口語（verbal/nonverbal language）的運用等，都是研究的重點。

解釋範型（Interpretive Paradigm） 偏向於定性（qualitative）的研究。解釋範型應用在研究上，目的在於瞭解意義製造的過程。這個範型認為多重實體乃是在社交建構（socially constructed）的過程形成的，因此在解釋的時候，特別注重原創性與價值觀，而且試圖從互動者的角度來描述。

相互主觀性（Intersubjectivity） 對一個現象的存在或一個事件的發生，經由不同學者之間共同的認定，而採用的一致性看法。這個一致性，因為是眾多學者的相同意見所組成，所以從個人的角度來看，雖是各自具有主觀性，但多數共同主觀性相較之後所得到的結果，其實可說是接近，甚至是具有客觀性了。

區間估計（Interval Estimate） 對總體參數的值的變化範圍作出估計。

中介變項（Intervening Variable） 中介自變項與依變項之間關係的變項，也就是自變項與依變項之間關係發生的情境。

倒U字型關係（Inverted U-shaped Relationship） 兩個變項之間的關係，由正面變成負面（即先同時往一個方向發展，之後變成一個往高一個往低）。

峰度（Kurtosis） 一個數列分布曲線的峰的高聳程度。如果一個數列分布的峰度指數為正，那麼此數列中接近於算術平均值的值比一般常態分配要多，從而導致分布曲線的峰端偏尖；並且，這樣的數列中極端值的出現機會也較大，從而曲線的兩尾偏長。如果一個數列分布的峰度值為負，那麼數列中接近算術平均值的值比一般常態分配要少，從而曲線的峰端較平，並且數列中出現極端數值的情況比一般常態分配要少，從而曲線兩尾偏短。也就是說，峰度值越大，分布曲線的峰端越尖，兩端越長；峰度值越小，分布曲線峰端越平，兩尾越短。

最小變異數直線（Least-squares Line） 迴歸分析中所得出的直線模型，其特徵如下：每一個樣本觀測值所對應的點與該直線在縱座標上的距離（$y_i - \hat{y}$）的平方的總和（即變異數），要比這些點到任何其他直線的、在縱座標上的距離的平方的總和（即變異數）都要小。

顯著水準（Level of Significance） 檢測統計值的分布曲線圖中拒絕區域的面積比例，亦即推翻虛無假設時可能犯的最大錯誤概率。通常採用0.05的顯著水準，表示推翻虛無假設時所犯的最大錯誤概率為5%。

縱貫式調查（Longitudinal Survey） 指研究者將時間因素列入考量，在不同的時間點蒐集資料，旨在瞭解資料變動性的調查方法。常見的縱貫式調查包括了固定樣

本連續訪談研究（panel studies）、趨勢研究（trend studies）及世代研究（cohort studies）。

大眾傳播學（Mass Communication）　以媒介（media）為核心，所開展出來的與之相關的龐大研究範疇。由早期新聞學所側重的印刷媒介（如報章雜誌），發展到目前如電腦、網際網路、衛星等各種不同的電子媒介（electronic media）。媒介科技、新媒介、媒介政策、電視節目製作、電影、廣告、公共關係、品牌等，都是大眾傳播學研究的熱門主題。

算術平均值（Mean）　所有的數值相加後除以數值的個數，數學公式是：

$$\mu = \sum_{i=1}^{N} x_i \Big/ N$$

意義分析（Meaning Analysis）　科學研究是一個往返於理論和實證之間，不斷互相檢驗的循環過程。一個理論必須被解構，將之逐步具體化成可以測量的指標，這個過程就是意義分析。意義分析是將一個抽象的理論一步一步具體化成為研究假設，以方便測量的過程。

中位數（Median）　位於一系列按序排列的數值的中間點上的數值。也就是說，以此數值為分割點，剩下的數值中有一半比中位數高，有一半比中位數低。如果某數列含有奇數個數，那麼中間的那個數則為此數列的中位數；如果含有偶數個數，排序後的中間兩個數的平均值為此數列的中位數。

形上理論（Metatheory）　從傳播學的角度，形上理論意指對理論本質的信仰。換句話說，什麼樣的理論解析（theoretical explanations）可適用於傳播行為。

方法論（Methodology）　從傳播學的角度，方法論意指對研究傳播現象的方法為何。換句話說，什麼樣的方法可適用於研究傳播行為。

眾數（Mode）　某一變數中的測量結果中出現次數最多的數值。

國家傳播學會（National Communication Association, NCA）　為世界目前最大的一個傳播學會，有近九千個會員，以美國為主要的據點，組織龐大，涵蓋整個傳播學的各個領域。

負面關係（Negative Relationship）　兩個變項之間的關係同時往不同的方向進行（如一高一低）。

負偏態（Negatively Skewed）　一種非常態分配：數列中數值集中在橫座標偏右的一個點，即大部分數值偏高而居於曲線的右端，使得分布曲線的左尾偏長；算術平均值要比中位數和眾數值小。

非參數統計學（Non-parametric Statistics） 不對總體參數進行估計或假設檢定，或者不依賴於對總體參數分布形態的瞭解的統計分析法。嚴格意義上來講，不對總體參數進行估計或假設檢定的統計分析稱為非參數統計學，而不依賴於總體分布形態的統計方法稱為分布自由（distribution-free）統計分析法。儘管這樣，我們通常把兩種統計分析方法統稱為非參數統計法。

非隨機抽樣（Nonprobability Sampling） 非隨機抽樣所憑藉的規則是樣本的方便取得性，而非統計上的機率原理。這種不符合隨機抽樣理論的抽樣方式所選取出來的樣本，因為不具有充分的代表性，所以無法依統計推論原理推估母體。

接受區域（Nonrejection Region） 檢測統計值的抽樣分配中除拒絕區域外的部分。如果檢測統計值落入接受區域，那麼接受虛無假設，反之則拒絕虛無假設。

常態分配（Normal Distribution） 一組數據呈鐘形的分布，其特徵有：(1)常態分配曲線以算術平均值為中心成對稱分布；(2)算術平均值、中位數和眾數相同；(3)位於x軸上方和曲線下的區域定為一個平方單位；(4)介於點 $\mu-1\sigma$，0和點 $\mu+1\sigma$，0的區域為整個常態分配區域的68.3%；介於點 $\mu-2\sigma$，0和點 $\mu+2\sigma$，0的區域為95.4%；介於點 $\mu-3\sigma$，0和點 $\mu+3\sigma$，0的區域為99.7%；(5)常態分配在座標上的位置和形狀由算術平均值（μ）和標準差（σ）決定。

虛無假設（Null Hypothesis） 研究中旨在檢測並推翻的假設，記為H_0。通常假定虛無假設為真，然後利用樣本數據來檢測其是否為真。有時也稱「無區別假設」（a hypothesis of no difference）。

觀察為主、少量參與（Observer-participant） 研究者注重社會場景的觀察，並暗地裡做筆記，但不積極參與被研究者的活動。研究者將觀察放在首位，只做少量的參與。和參與觀察者相反。研究者將自己界定在兩個範圍當中，既不介入得太多，也不是完全不介入。他們不能獲取生動的、深層次的第一手材料。但由於他們介入得少，他們對被研究者的影響會小。能觀察到更自然的過程。

單尾假設（One-tailed Hypothesis） 有方向性關係的假設。也就是有明言變項之間關係是正面或負面的假設。

單因子變異數分析（One-way ANOVA） 只有一個自變量的ANOVA檢驗法。

本體論（Ontology） 從傳播學的角度，本體論指傳播者或傳播本身的本質為何。換句話說，傳播行為是一種出自自我意志或完全受制於社會、環境或文化的活動。

操作化（Operationalization） 界定觀察與測量概念或變項的過程。為科學研究緊接著概念化過程所做的事。這個過程包括了從決定使用的方法、樣本選擇、測量工

具、資料蒐集，到如何分析等步驟的說明。

組織傳播（Organizational Communication）　指十五個人以上集合在一起，為達到共同目標而奮鬥的互動過程。營利或非營利的公司行號、學校或慈善機構內部成員或團體彼此之間的互動，是組織傳播的例子。除了人際間與小團體傳播所具有的基本概念之外，組織傳播學的研究，增添了如領導統御（leadership）、經營管理（management）、組織架構（organizational structure）、組織發展（organizational development）、生產力（productivity）等概念。

固定樣本連續訪談研究（Panel Studies）　研究者首先以隨機抽樣方法在某一個時間點上抽取足夠的樣本數，進行第一次的調查；事隔一段時間之後，再針對同一群受訪者，進行第二次的調查，兩次針對同一群人調查得到的資料，可以比較分析差異性，觀察受訪者的變化。

範型（Paradigm）　指引學術研究的一套哲學思想或世界觀（worldview），也就是一群擁護者共同賴以思考與行事的假設與信仰。學術的範型通常由四個要素組成：本體論（ontology）、認識論（epistemology）、形上理論（metatheory）與方法論（methodology）。

母數（Parameter）　又稱為參數，是用以描述母體某些屬性或特徵（attribute）的數值。

參數統計學（Parametric Statistics）　對總體參數進行估計或假設檢定的統計學；強調分析前要對總體參數的分布特徵有一定的瞭解，且總體分布特徵要符合一定要求。

參與觀察（Participant-observer）　參與是為了觀察。在這種情況下，被研究者們知道他們在被研究的事實。和完全觀察者一樣，研究者感受被研究者的第一手資料。不同的是，他們通常在研究的一開始或在研究的中期，將研究計畫展示出來。通常情況下，被研究者們從一開始就知道研究者的意圖。

皮爾森係數相關分析法（Pearson r Correlation Analysis）　適用於分析屬於等距或成比例的變量之間的相關關係，其公式為

$$r = \frac{n\sum x_i y_i - (\sum x_i)(\sum y_i)}{\sqrt{n\sum x_i^2 - (\sum x_i)^2}\sqrt{n\sum y_i^2 - (\sum y_i)^2}}$$

人員測量儀（People Meter）　為了測量電視收視率而裝置在樣本戶中的一種儀器。

藉由測量儀記錄下收視者的收視情形，訊息透過電話線或網路線，回傳至伺服器主機中進行統計運算，得以分析閱聽眾收視行為。

抄襲（Plagiarism） 在沒有明確說明的情況下，在自己的論文中使用別人的研究成果、論文、發明創造或思想。這是一種書面文字的偷襲行為。

點估計（Point Estimate） 用單一的數值對總體參數進行估計。

學術政治（Politics of Academic Research） 學術政治是指學術研究領域個人和集體的權利、制度、秩序、法則、關係，以及如何根據這些規定使研究處於一種安定有序的狀態。

母體（Population） 母體是研究者所要研究調查的對象，它是一群具有某種共同特性的基本單位所組成的群體。調查母體（survey population）則是指實際上在調查中可以找得到的對象之集合。

正面關係（Positive Relationship） 兩個變項之間的關係同時往一個方向進行（如同時變高）。

正偏態（Positively Skewed） 一種非常態分配：數列中數值集中分布在橫座標偏左的一個點，也就是數列中大部分數值偏低而居於分布曲線的左側，由此曲線的右尾偏長；其算術平均值會比中位數和眾數大。

後測控制組設計（Posttest-only Control Group Design） 在這種實驗方法中，研究人員首先將實驗對象隨機分配到實驗組或控制組；然後，給實驗組實驗處理，而控制組不接受實驗處理。最後，對兩組的受試者進行因變量上的測量。

前測─後測控制組設計（Pretest-posttest Control Group Design） 在這種實驗中，研究人員首先對受試者進行因變量的測量，亦即「前測」（pretest）；然後將所有的受試者隨機分配到實驗組或控制組中；接著，實驗組的受試者接受實驗處理，而控制組則不接受實驗處理；最後，研究人員對兩組的實驗對象進行因變量的測量。

專利性研究（Proprietary Research） 又稱應用性研究（Applied Research）。這類型的研究通常是為了推展某種產品或是為了解決某個特殊性的問題而做的，因此閱讀的對象往往是針對少數的一群人，研究的結果通常也不對外公開。

隱私的保護（Protect the Right to Privacy） 研究人員用匿名或保密的方式保護被研究人員，不公開被研究人員的真實姓名，也不向公眾或媒體隨意透露被研究人員提供的訊息數據。

公共傳播（Public Communication） 又稱修辭傳播（Rhetorical Communication），

它是亞理斯多德修辭或演説與辯論研究的延續。由於修辭演辯是西方文化的核心傳統，在美國大學的傳播學院裡，這方面的課程，比率上一直占著重要的角色。像公共演説（public speaking）、辯論（debate）、説服（persuasion）、修辭學（rhetoric）、社會運動（social movement）、政治傳播（political communication）、文學闡釋（literary interpretation）等，都是屬於這個領域的研究科目。

立意抽樣（Purposive Sampling）　研究者常常會依據自己的判斷或主觀，設定或篩選一群特定的調查對象，這種抽樣方式稱為立意抽樣，又稱為判斷抽樣（judgmental sampling）。

定性研究（Qualitative Research）　認為：(1)實境的存在是多重的、構建的與具有整體性的；(2)知者與被知者之間的關係是互動不可分割的；(3)研究的結果是具有時空的限制性；(4)萬物彼此因緣相關，但這種關係不是因果性的；(5)研究是受到研究者與被研究者的影響的非價值中立的過程。

定量研究（Quantitative Research）　認為：(1)實境的存在是單一而且是有形可以觸知的；(2)知者與被知者之間的關係是雙元獨立的；(3)研究的結果是具有普世性的；(4)肯定因果的存在；(5)研究是價值中立的過程。

配額抽樣（Quota Sampling）　配額抽樣是基於樣本和母體間的比例關係為理論基礎，按母體中某些特質的分布特徵，挑選出樣本的一種非隨機抽樣方法。

隨機分配（Random Assignment）　實驗研究中，隨機地把每個實驗對象分配給實驗組或是控制組；亦即每個實驗對象被分到實驗組或是控制組的機會是相等的。

隨機誤差（Random Error）　肇因於非系統性的偶發因素，在樣本數夠大的情況下，隨機誤差可能會互相抵消；縱使不互相抵消，影響也不至於太大。

隨機抽樣（Random Sampling）　隨機抽樣的特性在於抽樣的過程是依據足以代表母體的抽樣原則進行者，因此，依照隨機抽樣所選出的樣本，可以在預設的誤差範圍內精準地代表母體。

全距（Range）　描述了數列中數值變化的程度，計算方法為用數列中的最大值減去最小值，公式為 $R = x_L - x_S$（x_L 表示最大值，x_S 表示最小值）。

反駁原則（Refutability Principle）　是指為了避免研究材料的「特殊性」（anecdotalism），研究者需要尋找反論，以確保研究的客觀性。

迴歸分析（Regression Analysis）　一種分析某個變量是如何隨著另一個變量的變化而變化的統計學方法，其主要目的是根據已知變量的值來預測另一個變量的值；

同時也可用來檢測兩個或多個變量是否相關。

拒絕區域（Rejection Region） 檢測統計值的抽樣分配中位於兩尾或一尾的區域；這個區域由檢測統計值的臨界值決定。如果檢測統計值落入拒絕區域，那麼虛無假設不成立（即拒絕虛無假設）；反之則接受虛無假設。

關係分析（Relational Analysis） 分析兩個或多個變數是否相互依賴的統計學方法，常用方法包括迴歸分析法和相關分析法。

信度（Reliability） 測量工具（如問卷）的一致或可靠性。例如：針對某一個相同的受測物體，以同一種方法重複進行測試，均得到一樣的結果。

重複測量設計（Repeated Measures Design） 指實驗研究中給每一受試者所有的實驗處理，並在每一種實驗處理後都測量其在因變量上的反應。也就是說，每一個受試者不只在一個實驗組出現，而是在多個實驗組出現，並且其在因變量上的反應都會被測量並記錄下來。

傳播研究倫理（Research Ethics in Communication） 是指研究人員在從事傳播學研究過程中所必須遵循的、被傳播學界認可的道德準則。

研究問題（Research Question） 科學研究裡問題陳述的一種（另一種為假設）。它詢問自變項與依變項之間的關係。

研究報告（Research Report） 學術研究有了結果之後，通常需要撰寫報告（如論文），以使在學術社群裡與其他學者分享。不同學術領域通常要求不同的報告格式，西方學術界目前通用的有APA、MLA、AMA、Turbian、Chicago五種格式。傳播學領域則較常使用APA與MLA兩種。

回饋效度（Respondent Validation） 是指將初步研究結果拿給被研究者看，讓他們給出回饋意見，以確保其真實性。

修辭批評（Rhetorical Criticism） 對文本內的訊息所具有的說服力量，有系統的加以描述、分析、詮釋與評價的一種有系統的研究方法。常見的修辭批評方法有歷史批評（historical criticism）、新亞里斯多德批評（neo-Aristotelian criticism）、隱喻批評（metaphoric criticism）、幻想主題批評（fantasy theme criticism）、敘述批評（narrative criticism）、戲劇性批評（dramatistic criticism）、類型批評（generic criticism）、女性主義批評（feminist criticism）、神話性批評（mythic criticism）以及構架分析（framing analysis）。

樣本（Sample） 指研究者從調查母體抽取出來實際訪問調查的對象之集合。

抽樣分配（Sampling Distribution） 某樣本統計指數的所有可能值的分布。具體來

説，如果從某個總體中隨機抽抽樣本大小一定的所有樣本，並計算出每一個樣本的某統計指數，那麼由這些樣本統計指數所組成的數列就是該樣本統計值的抽樣分配。

抽樣誤差（Sampling Error） 樣本不等於母體，無論如何精準，其間仍然存在差異，這種由於抽樣所產生存在於統計量和母數之間的誤差，稱為抽樣誤差。

抽樣架構（Sampling frame） 將調查母體中每一個元素集合成一個可以供抽樣的集合體。

抽樣母體（Sampling Population） 從中取得樣本的總體。

抽樣單位（Sampling Unit） 在抽樣的過程中，每一個階段所選取的元素或者元素的集合。單一階段抽樣的抽樣單位通常就是元素；多階段抽樣的抽樣單位在每一階段都會有些不同。

資料測量表（Scheme of Data Measurement） 內容分析過程所依據的不同類目（category）。

學術性研究（Scholarly Research） 又稱基礎性研究（Basic Research）。這類型的研究很少去顧慮到研究結果的商業性用途，而且研究的結果是完全公開的。

科學研究（Scientific Research） 有系統的求知過程。科學研究有四個特徵：系統性、自我規正性、創意性以及可觀察性。科學研究包含三個主要階段：觀察、解釋與證明。科學研究在實際操作上，包含了四個步驟：概念化、操作化、分析以及再概念化。

半結構式訪談（Semi-structured Interview） 這類訪談是先將問題準備好，現場再即興隨被訪談者的講話內容進行深度提問。

簡單隨機抽樣（Simple Random Sampling） 簡單隨機抽樣是一種可以由抽出的樣本推估母體的隨機抽樣方式，而且也是最簡單的一種隨機抽樣。這種抽樣方法中，抽樣架構裡的每一個元素被抽中的機率均相同。

偏態（Skewness） 衡量一組數據的分布曲線與常態分配曲線相偏離的程度的一個指標；具體指的是一個數列中的數值是如何以橫座標上某個點為中心集中分布的。

小團體傳播（Small Group Communication） 指三到十五個人之間集合在一起，為達到共同目標而奮鬥的互動過程。例如，政黨的小組與各種不同的工作委員會都是屬於小團體傳播。除了人際傳播所具有的基本概念之外，小團體傳播學的研究，增添了如決策（decision making）、小組結構（group structure）、團體規範

（group norm）、團體凝聚力（group cohesion）等概念。

滾雪球抽樣（Snowball Sampling） 這種非隨機抽樣方法是先找出一些符合調查的目標對象，再透過這些人引薦，一路像滾雪球一樣，找出被推薦的人進行訪問。

所羅門四組設計法（Solomon Four-group Design） 這是一種綜合了「前測－後測控制組設計」和「後測控制組設計」的設計。實驗一共有四個組，其中兩組是「前測－後測控制組設計」的兩組；另外兩組是「後測控制組設計」的兩組。也就是說，在把實驗對象隨機分配到四個組後，其中兩組接受「前測－後測控制組設計」，即兩組均接受前測，然後其中的一組接受實驗處理而另一組不接受實驗處理，最後這兩組接受後測。剩下的兩組，研究者採取「後測實驗法」，也就是說，這後兩組均不接受「前測」，其中一組直接接受實驗處理而另一組不接受實驗處理，然後兩組進行後測。

斯皮爾曼等級檢驗法（Spearman Rank Analysis） 適用於分析等級變數的相關關係，其一般公式為 $r_s = 1 - \dfrac{6 \sum d_i^{\,2}}{n(n-1)}$。

穩定度（Stability） 用同樣的測量工具和方法在同一群受測的人或物上重複測量，是否會得到相同的結果？若結果愈相近，即表示該測量穩定度愈高，信度亦愈高。

標準誤（Standard Error） 某個統計值的抽樣分配的標準差。

標準常態分配（Standard Normal Distribution） 常態分配中的一個特例，其算術平均值為0，標準差為1。

標準差（Standard Deviation） 變異數的算術平方根，其數學公式為：

$$s = \sqrt{\sum_{i=1}^{n}(x_i - \bar{x})^2 \Big/ n-1}$$

統計值（Statistic） 用來描述樣本的統計指數，如樣本的算術平均值，樣本的比例值等等。

統計量（Statistics） 又稱為估計量（estimate），係指樣本中所取得用以描述樣本某些屬性或特徵的數值，這個數值的目的在於推估母體的母數。

分層抽樣（Stratified Sampling） 分層抽樣的基本概念，是先將調查母體的所有元素分成若干互斥的層（stratum），然後再分別從各層中隨機抽取需要的元素，再將各層隨機樣本抽出之元素合併成一組分層隨機樣本。

結構式訪談（Structured Interview） 結構式訪談問題完全按事先準備好進行，屬於結構性訪談。這樣一些訪談通常有一個問卷做引導。在訪談前，研究者仔細研究參考文獻，發現要訪的範疇，認真設計問卷。問卷可以確保每個被訪談者被問到同樣的問題。

系統誤差（Systematic Error） 指誤差的發生並非偶發性，而是具有系統性。相較於隨機誤差，系統誤差是研究人員較值得憂慮的。

系統抽樣（Systematic Sampling） 系統抽樣法是以等距離的方法一一抽取出所需的樣本，因此又稱為等距抽樣法。

目標母體（Target Population） 研究者希望對其進行估計和推斷的總體。

χ^2檢驗法吻合程度檢測（Tests of Goodness-of-fit） 檢測所觀測到的頻率值和所預測的理論值的吻合程度。

χ^2檢驗法一致性測量（Tests of Homogeneity） 檢驗所抽取的樣本是否來自同一個總體。

χ^2檢驗法獨立檢測（Tests of Independence） 檢測兩個變量（均屬於類別測量層次）是否相關。

文本分析（Textual Analysis） 研究者用來敘述與詮釋文字記載以及視覺訊息之特徵的一種研究方法，這個敘述與詮釋的過程，常常會延伸到對文本的批評與審核。

理論（Theory） 對一個人為或自然現象的一組概括性的解說，也就是對一件事情的發生提出為什麼的原因。學術理論的提出必須建立在一個嚴謹的觀察過程。更具體的說，理論就是經過對事件的觀察，所提出來的兩個或多個概念之間的相關性。理論具有解釋（explanation）、預測（prediction）與控制（control）三大功能。

深描（Thick Description） 即詳盡細節的描寫，是指民族志研究中，研究報告的撰寫方式。

趨勢研究（Trend Studies） 研究者在不同的時間點上，於同一個母體中，多次隨機抽抽樣本；由於隨機樣本足以推估母體，因此研究者得以透過趨勢研究的多次抽樣，比較不同時間點上母體的若干特性，進行趨勢的分析。

多重方法（Triangulation） 是指從不同的角度和使用不同的材料來審視同一問題以確保其真實性。

雙尾假設（Two-tailed Hypothesis） 沒有方向性關係的假設。也就是沒有明言變項之間關係是正面或負面的假設。

二因子變異數分析（Two-way ANOVA） 含兩個自變量的ANOVA檢驗法。

型一誤差（Type I Error） 推翻了一個為真的虛無假設，即錯誤地推翻了虛無假設。通常把推翻虛無假設時所犯的錯誤概率記為α（亦即顯著水準，通常設$\alpha=0.05$）。

型二誤差（Type II Error） 沒有推翻一個假的虛無假設；換句話說是錯誤地接受了虛無假設。通常把接受虛無假設的錯誤概率記為β。

分析單位（Unit of Analysis） 指內容分析過程被分析的文本訊息元素（message elements）。分析單位可歸類為物理單位（physical units）、句法單位（syntactical units）、指示單位（referential units）、命題單位（propositional units）以及主題單位（thematic units）五種。

非結構式訪談（Unstructured Interview） 非結構式訪談是研究者事先不知道哪些問題適合提出來，怎樣提才不會影響被訪談者的情緒和感覺，也不清楚被訪談者的反應，一種隨意性的「聊天」。

U字型關係（U-shaped Relationship） 兩個變項之間的關係，由負面變成正面（即開始的時候一個往高一個往低，之後變成同時往同一個方向發展）。

效度（Validity） 測量工具（如問卷）的正確性。

變項（Variable） 具有兩個以上價值的概念。變項的種類有連續性／順序性變項／不連續性／類別性的變項、自變項、依變項、中介變項、混淆變項等。

變異數（Variance） 描述了數列中各個數值與平均值的差異程度，計算方法為把數列中的每一數值與算術平均值相減，把每一個差平方，然後把每個平方值相加，除以$n-1$（n為樣本數），公式如下：$s^2 = \sum_{i=1}^{n}(x_i - \bar{x})^2 \Big/ n-1$。如果要計算總體的變異數，應把所得平方和除以總體數N，公式為：$\sigma^2 = \sum_{i=1}^{n}(x_i - \mu)^2 \Big/ N$

網路民族志（Virtual Ethnography） 是指在網上從事民族志研究的一種方法。它主要涉及到商務、市場和消費行為方面的研究。網路民族志和傳統民族志不同的是：它拓展了傳統民族志「田野」的概念，從傳統的面對面互動轉向由技術傳導的網上互動，因此它改變了傳統民族志中「田野」的本土空間概念，實現網上或以電腦為媒介的交流互動。儘管空間上的改變，但網路民族志還是傳統民族志的基本價值觀，即透過研究者的「融入」從而能夠「深描」並解釋其現象。網路民族志研究方法的特點為：互動式、傳受合一、從單一到綜合。

自願參與保證書（Voluntary Informed Consent）　被研究人員在瞭解了其研究目的和性質後，自願參與研究過程的文字承諾書。

知識的來源（Ways of Knowing）　人類知識一般來自權威、個人經驗與風俗習慣三個管道。但是由科學方法得到的知識，是最為正確與可靠的。

p 值　假設檢定中在虛無假設為真的情況下，所取得的檢測統計值趨向於推翻虛無假設、支持研究假設的程度，也就是犯型一誤差的概率。所以，如果p值在所允許的範圍內，即小於所規定的顯著性水準α，那麼推翻虛無假設；反之接受虛無假設。

參考書目

安然、單韻鳴，〈非漢字圈學生的筆順問題〉，載《語言文字應用》，2007年第3期，頁54-61。

安然、張仕海，〈留學生漢語音節感知差異探析〉，載《漢語學習》，2007年第4期，頁64-71。

安然，〈是「筆順錯誤」還是「書寫特徵」？——從多元認知的角度看留學生漢字書寫過程〉，2007年第二屆國際漢語教學與習得研討會參會論文。

安然、鄒豔，〈非漢字圈學生漢語詞彙的提取與書寫過程研究〉，載《語言教學與研究》，2008年。

常燕榮、蔡騏，〈民族志傳播學的發展和貢獻——克里斯汀·菲奇博士訪談〉，載《國際新聞屆》，2002年第6期，頁60-64。

陳世敏，〈華夏傳播學方法論初探〉，載陳國明編《中華傳播理論與原則》，台灣五南圖書出版社2004年版，頁131-147。

陳國明，〈傳播研究的過去和現在：為文化間傳播學定位〉，論文發表於中文傳播研究暨教學研討會，1993年6月。台北，台灣。

陳國明，〈傳播學研究概觀〉，載《新聞學研究》，1999年第58期，頁257-268。

陳國明，〈傳播學研究的過去和現在〉，載《中國傳媒報告》，2002年第2期，頁4-12。

陳國明，《簡明英漢傳播學辭典》，中國人民大學出版社，2003a年版。

陳國明，《文化間傳播學》，台灣五南圖書出版社，2003b年版。

陳國明，〈中華傳播學往何處去〉，載《傳播與社會學刊》，2007年第3期，頁157-174。

陳國明、陳雪華，《傳播學概論》，台灣巨流圖書公司出版社，2005年版。

陳向明，《質的研究方法與社會科學研究》，教育科學出版社，2000年版。

成都晚報，〈清華女博士臥底成都酒樓一年　寫有關農民工論文〉，2007年10月18日。來源：http://edu.ce.cn/young/campus/200710/18/t20071018_13287018.shtml。

程福財，〈流浪兒童的街頭生活及其「受害」——基於民族志調查的發現〉，載《青年研究》，2006年第9期，頁1-9。

辭海編輯委員會，《辭海》，上海辭書出版社，1999年版。

戴維‧莫利，《電視、受眾與文化研究》，新華出版社，2005年版。

東方早報，〈復旦自曝學術造假事件　教授著書抄襲國外書籍〉，2007年12月25
　　日。來源：http://www.eol.cn/xue_shu_1874/20071225/t20071225_272843.html。

馮天瑜，《文化守望》，武漢大學出版社，2006年版。

廣電人市場研究股份有限公司，《Win Win System3.1 TT－Rating User Guide收視
　　率檢索系統使用手冊》，2003年版。

桂詩春，《桂詩春英語教育自選集》，外語教學與研究出版社，2007年版。

邱浩政（2007）。《量化研究與統計分析》。台北：五南。

郭建斌，〈民族志：一種值得提倡的研究方法〉，載《新聞大學》，2003年春季
　　刊。

郝時遠，〈發展中的中國民族學與人類學〉，載《人民政協報》，2007年8月28
　　日。

姜又春，〈家庭社會資本與「留守兒童」養育的親屬網絡──對湖南潭村的民族志
　　調查〉，載《南方人口》，2007年第3期，頁31-37。

柯惠新，〈網際網路調查研究方法綜述(下)〉，載《現代傳播》，2001年第5期，
　　頁107-116。

林璧屬，〈中國傳統史學求真方法的科學性〉，載《光明日報》，2008年4月20日
　　第7版。

劉大椿，《科學哲學》，北京人民出版社，2000年版。

陸曉芹，〈歌唱傳統的田野研究──以廣西西部德靖一帶壯族民間的「吟詩」為個
　　案〉，載《藝術探索》，2007年第2期，頁49-57。

陸曄、潘忠黨，〈成名的想像：社會轉型過程中新聞從業者的專業主義話語建
　　構〉，載《人民網》，2004年3月3日。來源：http://www.people.com.cn/GB/14
　　677/22100/32459/32467/2371180.html。

羅文輝，《精確新聞報導》，台灣正中書局，1997年第5版。

美國不列顛百科全書公司編著，《不列顛百科全書》（國際中文版）第一冊，中
　　國大不列顛百科全書出版社，2005年版。

梅瓊林，〈新媒介催生新的傳播學研究方法〉，載《河南社會科學》，2006年5月
　　第14卷第3期，頁54-57。來源：http://www.cass.net.cn/file/200603156658.html。

評論網論壇，〈學術造假案例：北工大學四教師抄襲論文受到處分〉，2007年1月

23日。來源：http://bbs.pinglun.org/archiver/tid-11297.html。

彭文正、蕭憲文，〈犯罪新聞報導對於司法官「認知」、「追訴」及「判決」的影響〉，載《台大法學論叢》，2006年5月第35卷第3期，頁107-193。

彭文正、尹相志，〈網際網路資訊蒐集裝置〉，中國專利號ZL00129536.5。《網際網路資訊蒐集裝置與方法》，台灣專利第207448號，2000年。

譚華，〈關於鄉村傳播研究中「民族志」方法的一些思考——以一個土家村落的田野工作經驗為例〉，載《湖北民族學院學報（哲學社會科學版）》，2006年第5期，頁101-105。

新華網，〈溫家寶就全面提高中非合作水平提出五點建議〉。2006年11月4日。來源：http://news.xinhuanet.com/world/2006-11/04/content_5289578.html。

新華網，〈上海交大證實漢芯造假　解除陳進院長職務〉，2006年5月12日。來源：http://www.sina.com.cn。

楊和炳，《市場調查》，台灣五南圖書出版公司，1990年第2版。

殷海光，《怎樣判別是非》，台灣傳記文學出版社，1972年版。

張榮顯，〈廣告修辭研究初探〉，論文發表於中華傳播學會年會，1998年6月。台北，台灣。

張玉佩，〈觀展／表演典範之初探〉，載《新聞學研究》2005年第82期，頁41-85。

鄭拓巍，〈「民族志」之於紀錄片的創作話語——以《大國崛起》和《中國崛起》為樣本〉，2007年6月18日。來源：http://www.douban.com/group/topic/1694812/。

中國大百科全書出版社編輯部，《中國大百科全書》（簡明版），中國大百科全書出版社，2004年版。

中非合作論壇網，〈中非合作論壇北京行動計畫2007-2009〉。來源：http://tech.sina.com.cn/it/2006-05-12/1617935294.shtml。

莊孔韶，《銀翅——金翅的本土研究續篇：1920年至1990年中國的地方社會與文化變遷》，台灣桂冠書局，1996年版。

做夢的貓，《「深描」文本的史學價值》，2007年12月20日。來源：http://www.douban.com/review/1263573/。

Adelman, M. B., & Frey, L. R. (1997). *The fragile community: Living together with AIDS*. Mahwah, NJ: Lawrence Erlbaum.

An, R. (1999). Learning in two languages and cultures–The experience of mainland Chinese families in Britain. Unpublished Ph. D. thesis, The University of Reading.

An, R. (2001). Travelling on parallel tracks: Chinese parents and English teachers. *Educational Research, 43*(3), 311-328.

Andrews, J. R. (2004). *The practice of rhetorical criticism*. Long Grove, IL: Waveland.

Babbie, E. (1990). *Survey research methods*. (2nd ed.). Belmont, CA: Wadsworth.

Babbie, E. (2004). *The practice of social research*. (10th ed.). Belmont, CA: Wadsworth.

Bailey, K. D. (1987). *Methods of social research*. New York, London: Free Press; Collier Macmillan.

Bandura, A. (2002). Social cognitive theory of mass communication. In J. Bryant & D. Zillmann (Eds.), *Media effects: Advances in theory and research*. (pp.121-154). Mahwah, NJ: Lawrence Erlbaum Associates.

Beach, W.A. (1982). Everyday interaction and its practical accomplishment: Progressive developments in ethnomethodological research. *Quarterly Journal of Speech, 68*, 314-327.

Becker, C. S. (1987). Friendship between women: A phenomenological study of best friends. *Journal of Phenomenological Psychology, 18,* 59-72.

Berg, B. L. (1998). *Qualitative research methods for the social sciences*. Boston: Allyn & Bacon.

Berger, C. R., & Calabrese, R. J. (1975). Some explanations in initial interaction and beyond: Toward a developmental theory of interpersonal communication. *Human Communication Research, 1,* 99-112.

Berlo, D. (1960). *The process of communication: An introduction to theory and practice*. New York: Holt, Rinehart and Winston.

Beveridge, W. I. B. (1957). *The art of scientific investigation*. New York: Vintage.

Borgatta, E. F. (1955). An error ratio for scalogram analysis, *Public Opinion Quarterly, 19*, 96-100.

Bormann, E. G. (1980). The paradox and promise of small group research revisited. *Central States Communication Journal, 58*, 396-407.

Brandt, A. M. (1978, December). Racism and research: The case of the Tuskegee syphilis study. *Hasting Center Report*, 21-29.

Bryman, A. & Cramer, D. (1997). *Quantitative Date Analysis with SPSS for Window*. London: Routledge.

Bullis, C. (1991). Communication practices as unobtrusive control: An observational study. *Communication Studies, 42*, 254-271.

Bulmer, M. (1982). Ethical problems in social research: The case of covert participation. In M. Bulmer (Ed.), *Social research ethics: An examination of the merits of covert participant observation*. (pp.3-12). New York: Holmes & Meier.

Burke, K. (1946). *A grammar of motives*. Englewood Cliffs, NJ: Prentice-Hall.

Burke, K. (1950). *A rhetoric of motives*. Englewood Cliffs, NJ: Prentice-Hall.

Campbell, D. T., & Stanley, J. C. (1966). *Experimental and quasi-experimental designs for research*. Chicago: Rand-McNally.

Chaffee, S. H. (1991). *Communication concepts*.1: Explication. Newbury Park, CA: Sage.

Chang, J. (1991). *Wild Swans*. London: Flamingo Press.

Chen, G. M. (1999). An overview of communication theory and research. *Mass Communication Research, 58*, 257-268.

Chen, G. M. (2001). Toward transcultural understanding: A harmony theory of Chinese communication. In V. H. Milhouse, M. K. Asante, & P. O. Nwosu (Eds.), *Transcultural realities: Interdisciplinary perspectives on cross-cultural relations*. (pp.55-70). Thousand Oaks, CA: Sage.

Chen, G. M., & Holt, R. (2002). Persuasion through the water metaphor in *Dao De Jing*. *Intercultural Communication Studies, 11*(1), 153-171.

Chen, G. M., & Starosta, W. J. (1998). *Foundations of intercultural communication*. Boston, MA: Allyn & Bacon.

Chen, G. M., Chou, D., Pan, B., & Chang, C. (2008). An analysis of Tzu Chi's public communication campaign on body donation. *China Media Research, 4*(1), 56-61.

Cherry, K. (1995). The best years of their lives: A portrait of a residential home for people with AIDS. *Symbolic Interaction, 18*, 463-486.

Chomsky, N. (1966). *Cartesian linguistics: A chapter in the history of rationalist thought*. New York: Harper & Row.

Cohen, J. A. (1992). A power primer. *Psychological Bulletin, 112*, 155-159.

Conquergood, D. (1991). Rethinking ethnography: Towards a critical cultural politics. *Communication Monographs, 58*, 179-194.

Creswell, J. W., & Miller, D. L. (2000). Determining validity in qualitative inquiry. *Theory Into Practice 39*, 124-130.

Creswell, J. W., & Plano Chark, V. L. (2007). *Designing and conducting mixed methods research*. Thousand Oaks, CA: Sage.

Cushman, D. P., & Craig, R. T. (1976). Communication systems: Interpersonal implications. In. G. R. Miller (Ed.), *Explorations in interpersonal communication* (pp.37-58). Beverly Hills, CA: Sage.

Cushman, D. P., & Pearce, W. B. (1977). Generality and necessity in three types of human communication theory–Special attention to rules theory. In B. D. Ruben (Ed.), *Communication Yearbook 1* (pp.173-182). New Brunswick, NJ: Transaction Books.

Cushman, D. P., & Whiting, G. C. (1972). An approach to communication theory: Toward consensus on rules. *Journal of Communication, 22*, 219-220.

Cushman, D. P., Valentinsen, B., & Dietrich, D. (1982). A rules theory of interpersonal relationships. In F. E. X. Dance (Ed.), *Human communicaton theory*. (pp.90-119). New York: Harper & Row.

Dance, F. E. X. (1982). *Human communication theory*. New York: Harper & Row.

Daniel, W. W. (1998). *Biostatistics: A foundation for analysis in the health sciences*. (7th ed.) New York: John Wiley & Sons, Inc.

Davis, J. (2005). Unpublished dissertation, The University of Alabama, Tuscaloosa.

Davison, W. P. (1983). The third-person effect in communication. *Public Opinion Quarterly, 47*(1), 1-12.

Delia, J. (1977). Contructivism and the study of human communication. *Quarterly Journal of Speech, 63*, 66-83.

Delia, J. G. (1987). Communication research: A history. In C. R. Berger & S. H. Chaffee (Eds.), *Handbook of communication science*. (pp.20-98). Beverly Hills, CA: Sage.

Edwards, V., An, R., & Li, D. (2007) Uneven playing field or falling standards: Chinese students' competence in English. *Race, Ethnicity and Education, 10*(4), 387-400.

Eichler, M. (1988). *Nonsexist research methods: A practical guide*. Boston: Allen & Unwin.

Ericson, R. V., Baranek, P. M., & Chan, J. B. L. (1987). *Visualizing deviance: A study of news organisation*. Milton Keynes: Open University Press.

Fei, H. T. (1939). *Peasant life in China*. London: Kegan Paul, Trench & Trubner.

Feldstein, S. (1972). Temporal patterns of dialogue: Basic research and reconsiderations. In A. W. Siegman & B. Pope (Eds.), *Studies in dyadic communication*. (pp.91-114). New York: Pergamon.

Ferris, A. L., Smith, S. W., Greenberg, B. S., & Smith, S. L. (2007). The content of reality dating shows and viewer perceptions of dating. *Journal of Communication, 57*, 490-510.

Fetterman, D. M. (1998). *Ethnography: Step by step*. Thousand Oaks, CA: Sage.

Fine, G. A. (1993). Ten lies of ethnography. *Journal of Contemporary Ethnography, 22*, 267-294.

Fisher, R. (1925). *Statistical methods for research workers*. Edinburgh: Oliver and Boyd.

Fisher, B. A. (1978). *Perspectives on human communication*. New York: Macmillan.

Fisher, W. R. (1985). The narrative paradigm: An elaboration. *Communication Monographs, 52*, 347-367.

Fisher, R. (1925). *Statistical methods for research workers*. Edinburgh: Oliver and Boyd.

Foss, K. (1989). *Rhetorical criticism: Exploration and practice*. Prospect Heights, IL: Waveland.

Frey, L. R., Botan, C. H., & Kreps, G. L. (2000). *Investigating communication: An introduction to research methods*. Englewood Cliffs, NJ: Prentice-Hall.

Frey, L. R., Botan, C. H., Friedman, P. G., & Kreps, G. L. (1992). *Interpreting communication research: A case study approach*. Englewood Cliffs, NJ: Prentice-Hall.

Galton, F. (1886). Regression towards mediocrity in hereditary stature. *Nature (The Journal of the Anthropological Institute of Great Britain and Ireland), 15*, 246-263. Student (1908). The possible error of a mean. *Biometrika, 6*, 1-25.

Gans, H. J. (1962). *The urban villagers: Group and class in the life of Italian-Americans*. New York: Free Press of Glencoe.

Garfinkel, H. (1967). *Studies in ethnomethodology*. Englewood Chliffs, NJ: Prentice-Hall.

Galton, F. (1886). Regression towards mediocrity in hereditary stature. *Nature (The Journal of the Anthropological Institute of Great Britain and Ireland)*, 15, 246–263.

Geertz, C. (1973). *The interpretation of cultures: Selected essays*. New York: Basic Books.

Gephart, R. P. (1988). *Ethnostatistics: Qualitative foundations for quantitative research*. Newbury Park, CA: Sage.

Gerbner, G., & Gross, L. (1976b). The scary world of TV's heavy viewer. *Psychology Today,* Apr., pp.41-45, 89.

Gerbner, G., Gross, L., Morgan, M., Signorielli, N., & Shanahan, J. (2002). Growing up with television: Cultivation process. In J. Bryant & D. Zillmann (Eds.), *Media effects: Advances in theory and research*. (pp.43-68). Mahwah, NJ: Lawrence Erlbaum Associates.

Glaser, B., & Strauss, A. (1967). *The discovery of grounded theory*. Chicago: Aldine.

Glesne, C., & Peshkin, A. (1992). *Becoming qualitative researchers: An introduction*. White Plains, NY: Longman.

Goetz, J. P., & Le Compte, M. D. (1984). *Ethnography and qualitative design in educational research*. Orlando, FL: Academic Press.

Goffman, E. (1959). *The presentation of self in everyday life*. Garden City, NY: Anchor.

Goffman, E. (1989). On field work. *Journal of Contemporary Ethnography, 18,* 123-132.

Gold, R. L. (1958). Roles in sociological field observations. *Social Forces, 36,* 317-323.

Gregory, E. (1993). Sweet and sour: Learning to read in a British and Chinese school. *English in Education, 27*(3), 53-59.

Grice, H. P. (1975). Logic and conversation. In P. Cole & J. L. Morgan (Eds.), *Speech acts*. (pp.41-58). New York: Academic.

Griffin, J. H. (1961). *Black like me*. Boston: Houghton Mifflin.

Guieford, J. P. (1965). *Fundamental Statistics in Psychology and Education* (4th ed.), New York: McGraw-Hill.

Guttman, L. (1944) A Basis for Scaling Qualitative Data. *American Sociological Review, 9,* 139-150.

Hage, J. (1972). *Techniques and problems of theory construction in sociology*. New York: Wiley.

Hammersley, M. (1990). *Reading ethnographic research: A critical guide*. London: Longman.

Hammersley, M., & Atkinson, P. (1995). *Ethnography: Principles in practice*. New York: Routledge.

Hammersley, M. (1992). *What's wrong with ethnography? Methodological exploration*. London: Routledge.

Hansen, A., Cottle, S., Negrine, R., & Newbold, C. (1998). *Mass communication research methods*. London: Macmillan.

Hempel, C. G. (1952). *Fundamentals of concept formation in empirical science*. Chicago: University of Chicago Press.

Henson, A., Cottle, S., Negrine, R., & Newbold, C. (1998). *Mass Communication Research Methods*. London: Macmillan.

Hanson, K., & Hanson, R. (2006). Using an asynchronous discussion board for online focus groups: A protocol and lessons learned. 2006 College Teaching & Learning Conference. Retrieved from: http://www.quintcareers.com/KH_Teaching/ABR_2006.pdf

Holstein, J. A., & Gubrium, J. F. (1995). *The active interview*. Thousand Oaks, CA: Sage.

Holsti, P. R. (1969). *Content analysis for the social sciences and humanities*. Reading, MA: Addison-Wesley.

Homans, G. C. (1958). Social behavior as exchange. *American Journal of Sociology, 63*, 597-606.

Huesmann, L. R., & Eron, L. D. (Eds.) (1986). *Television and the aggressive child: A cross-national comparison*. Hillsdale, NJ: Lawrence Erlbaum Associates.

Hymes, Dell. (1974). *Foundations of sociolinguistics: An ethnographic approach*. Philadelphia: University of Pennsylvania Press.

Infante, D. A., Rancer, A. S., & Womack, D. F. (2003). *Building communication theory*. Prospect Heights, IL: Waveland.

Introna, L., Hayes, N., Blair, L., & Wood, E. (2003). Cultural attitudes towards plagiarism: Developing a better understanding of the needs of students from diverse cultural backgrounds relating to issues of plagiarism, unpublished report. University of Lancaster. Retrieved from: www.jiscpas.ac.uk/images/bin/lancsplagiarismreport.pdf

Jones, S. H. (2005). (M) othering loss: Telling performativity. *Text and Performance Quarterly, 25*(2), 113-135.

Kamhawi, R., & Weaver, D. (2003). Mass communication research trends from 1980 to 1999. *Journalism and Mass Communication Quarterly, 80*(1), 7-27.

Kaplan, A. (1964). *The conduct of inquiry.* San Francisco, CA: Chandler.

Katz, E., Blumler, J. G., & Gurevitch, M. (1974). Utilization of mass communication by the individual. In J. G, Blumler & E. Katz (Eds.), *The uses of communications.* (pp. 19-32). Beverly Hills, CA: Sage.

Kelman, H. C. (1967). Humane use of human subjects: The problem of deception in social psychological experiments. *Psychological Bulletin, 67*, 1-11.

Kincaid, D. L. (1987). The convergence theory of communication, self-organization, and cultural evolution. In D. L. Kincaid (Ed.), *Communication Theory: Eastern and Western Perspectives* (pp. 209-222). San Diego, CA: Academic.

Kreps, G. L., & Lederman, L. C. (1985). Using the case study method in organizational communication education: Developing students' insight, knowledge, and creativity through experience-based learning and systematic debriefing. *Communication Education, 34*, 358-364.

Krippendorff, K. (2003). *Content analysis: An introduction to its methodology.* Beverly Hills, CA: Sage.

Kuhn, T. (1970). *The structure of scientific revolution.* Chicago, IL: University of Chicago Press.

Kunkel, D., & Gantz, W. (1992). Children's television advertising in the multichannel environment. *Journal of Communication, 42*(3), 134-152.

Kvale, S. (1996). *Inter views: An introduction to qualitative research interviewing.* Thousand Oaks, CA: Sage.

Larsen, R. J., & Marx, M. (1986). *An introduction to mathematical statistics and its applications.* (2nd ed.). Englewood Cliffs, NJ: Prentice-Hall.

Latané, B., & Darley, J. M. (1968). Group inhibition of bystander intervention. *Journal of Personality and Social Psychology, 10,* 215-221.

Lavrakas, P. J. (1987). *Telephone Survey Methods: Sampling, Selection, and Supervision.* Newbury Park, CA: Sage.

Lewin, K. (1951). *Field theory in social science: Selected theoretical papers*. New York, NY: Harper & Row.

Lewin, M. (1979). *Understanding psychological research: The student researcher's handbook*. New York: Wiley.

Libert, R. M., & Baron, R. A. (1971). Short-term effects of televised aggression on children's aggressive behavior. In J. P. Murray, E.A. Rubinstein, & G.A. Comstock (Eds.), *Television and social behavior: Vol.II. Television and social learning* (pp. 181-201). Washington, DC: U.S. Government Printing Office.

Likert, R. (1932). A Technique for the Measurement of Attitudes. *Archives of Psychology 21*, no.140.

Lincoln, Y. S., & Guba, E. G. (1985). *Naturalistic inquiry*. Beverly Hills, CA: Sage.

Littlejohn, S. W., & Foss, K. A. (2007). *Theories of human communication*. Belmont, CA: Wadsworth.

Malinowski, B. K. (1922). *Argonauts of the Western Pacific: An account of native enterprise and adventure in the archipelagoes of Melanesian New Guinea*. New York: E. P. Dutton.

Mann, C., & Stewart, F. (2000). *Internet communication and qualitative research–A handbook for research online,* London: Sage.

Marcus, G. E., & Fischer, M. M. J. (1986). *Anthropology as cultural critique: An experimental moment in the human sciences*. Chicago: University of Chicago Press.

Mascheter, C., & Harris, L. M. (1986). From divorce to friendship: A study of dialectic relationship development. *Journal of Social and Personal Relationships, 3*, 177-189.

McComb, M. (1995). Becoming a travelers aid volunteer. Communication in socialization and training. *Communication Studies, 46*, 297-316.

McCombs, M., & Shaw, D. (1972). The agenda-setting function of mass media. *The Public Opinion Quarterly, 36*, 176-187.

McGuire, W. J. (1989). Theoretical foundations of campaigns. In R. E. Rice & C. K. Atkin (Eds.), *Public communication campaigns*. (pp.43-65). Newburry Park, CA: Sage.

McGuire, W. J. (2001). Input and output variables currently promising for constructing persuasive communications. In R. E. Rice & C. K. Atkin (Eds.), *Public communication campaigns*. (pp.22-48). Thousand Oaks, CA: Sage.

McPhee (Eds.), *Message-attitude-behavior relationship: Theory, methodology, and application*. (pp.195-244). New York: Academic.

McLeod, J. M., & Pan, Z. (2005). Concept explication and theory construction. In Sharon Dunwoody, Lee Becker, Douglas McLeod & Gerald Kosicki (Eds.), *The evolution of key mass communication concepts*, (pp.16-18, 38-59). Hampton Press, Inc.

Merrigan, G. & Huston, C. L. (2008). *Communication research methods*. New York: Oxford University Press.

Merton, R., & Kendall, P. (1955). The focused interview. In P. Lazarsfeld & M. Rosenberg (Eds.), *The language of social research*, New York: Free Press.

Milgram, S. (1974). *Obedience to authority*. New York: Harper & Row.

Miller, G. R., & Berger, C. R. (1978). On keeping the faith in matters scientific. *Western Journal of Speech Communication, 42*, 44-57.

Morgan, D. L. (1998). *Focus groups as qualitative research*. Newbury Park, CA: Sage.

Morley, D. (1980). *The 'Nationwide' audience*. London: British Film Institute.

Morton, S. G. (2007). *Some observations on the ethnography and archaeology of the American aborigines* (1846). Whitefish, MT: Kessinger.

Neikirk, W., & James, F. (1997, May 17). An apology for a 'moral wrong'. *Chicago Tribune*, Sect. 1, pp.1, 18.

Novek, E. M. (1995). West Urbania: An ethnographic study of communication practices in inner-city youth culture. *Communication Studies, 46*, 169-186.

Orbe, M. P. (1994). Remember, it's always whites' ball: Description of African American male communication. *Communication Quarterly, 42*, 287-300.

Osgood, C. E., Suci, G. J., & Tannenbaum, P. H. (1957). *The measurement of meaning*. Urbana: University of Illinois Press.

Patton, M. Q. (1990). *Qualitative evaluation and research methods*. Newbury Park, CA: Sage.

Pearce, W. B., Cronen, V. E., & Harris, L. M. (1982). Methodological considerations in building human communication theory. In F. E. X. Dance (Ed.), *Human communicaton theory*. (pp.1-41). New York: Harper & Row.

Pennycook A. (1996), Borrowing others' words: Text, ownership, memory and

plagiarism. *TESOL Quarterly, 30*(2), 210-230.

Philipsen, G. (1997). Speech codes theory. In G. Philipsen & T. Albrecht (Eds.), *Developing theories of communication.* State University of New York at Albany Press.

Piliavin, I. M., Rodin, J., & Piliavin, J. A. (1969). Good samaritanism: An underground phenomenon? *Journal of Personality and Social Psychology, 13*, 289-299.

Pingree, S., Hawkins, R. P., Butler, M., & Paisley, W. (1976). A scale for sexism. *Journal of Communication, 26*(4), 193-200.

Pool, I. de S. (1957). Acritique of the twentieth anniversary issue. *Public Opinion Quarterly, 21*, 190-198.

Poole, M. S., & Hunter, J. E. (1980). Behavior and hierarchies of attitudes: A deterministic model. In D. P. Cushman & R. D. McPhee (Eds.), *Message-attitude-behavior relationship: Theory, methodology, and application.* (pp.245-271). New York: Academic.

Rashid, N. & Gregrey, E. (1997). Learning to read, reading to learn: The importance of siblings in the language development of young bilingual children. In E. Gregrey (Ed.), *One child, many worlds.* London: David Fulton.

Rawlins, W. K., & Holl, M. (1987). The communicative achievement of friendship during adolescence: Predicaments of trust and violation. *Western Journal of Speech Communication, 51*, 354-363.

Reid, D. J., & Reid, F. J. M. (2005). Online focus groups: An in-depth comparison of computer-mediated and conventional focus group discussions. *International Journal of Market Research, 47*(2), 131-162.

Rice, J. A. (1995). *Mathematical statistics and data analysis.* (2nd ed.) Belmont, CA: Duxbury.

Richardson, L. (2000). Writing: A method of inquiry. In N. Denzin & Y. Lincoln (Eds.), *Handbook of qualitative research.* (pp.923-949). Thousand Oaks, CA: Sage.

Ristock, J. L., & Pennell, J. (1996). *Community research as empowerment: Feminist links, postmodern interruptions.* Toronto, Canada: Oxford University Press.

Rosenhan, D. L. (1973). On being sane in insane places. *Science, 179*, 250-258.

Rubin, A., & Babbie, E. (1997). *Research methods for social work.* New York: Brooks/

Cole.

Schely-Newman, E. (1995). Sweeter than honey: Discourse of reproduction among North-African Israeli women. *Text and Performance Quarterly, 15,* 175-188.

Schramm, W. (1971). The nature of communication between humans. In W. Schramm & D. Roberts (Eds.), *The process and effects of mass communication.* (pp.3-53). Urbana, IL: University of Illinois Press.

Scollon R. (1995). Plagiarism and ideology: Identity in intercultural discourse. *Language in Society, 24*(1), 1-28.

Seibold, D. R. (1980). Attitude-verbal report-behavior relationships as causal processes: Formalization, test, and communication implications. In D. P. Cushman and R. D. McPhee (Eds.), *Message-attitude-behaviorrelationship: Theory, Methodology, and Application.* New York: Academic.

Silverman, D. (2005). *Doing qualitative research: A practical handbook.* London: Sage.

Singleton, R. A., & Straits, B. C. (1999). *Approaches to social research.* (3rd ed.). New York: Oxford University Press.

Smith, M. J. (1984). Contingency rules theory, context, and compliance behaviors. *Human Communication Research, 10,* 489-512.

Smith, M. J. (1988). *Contemporary communication research methods.* Belmont, CA: Wadsworth.

Solomon, M. (1985). The rhetoric of dehumanization: An analysis of medical reports of the Tuskegee syphilis project. *Western Journal of Speech Communication, 49,* 233-247.

Soltis, J. (1990). The ethics of qualitative research, in Eisner, E. W. and Peshkin, A. (eds) *Qualitative Inquiry in Education: The Continuing Debate*, New York: Teachers College, Columbia University

Stacks, D., Hickson, M., & Hill, S. R. (1991). *An introduction to communication theory.* New York: Harcourt Brace.

Stake, R. (1995). *The art of case study research.* Thousand Oaks, CA: Sage.

Stech, E. L. (1975). Sequential structure in human social communication. *Human Communication Research, 1,* 168-179.

Stevens, S. S. (1951). Mathematics, measurement, and psychophysics. In S. S. Stevens

(Ed.), *Handbook of experimental psychology*. New York: Wiley.

Stewart, D. W., & Shamdasani, P. N. (1990). *Focus groups: Theory and practice*. Newbury Park, CA: Sage.

Stewart, T. D. (2002). *Principle of research in communication*. Boston, MA: Allyn & Bacon.

Student (1908). The possible error of a mean. *Biometrika*, 6, 1–25.

Thayer, L. (1987). *On communication: Essays in understanding*. Norwood, NJ: Ablex.

The Belmont Report (1979). *Ethnical principles and guildlines for the protection of human subjects of research*. Department of Health, Education, and Welfare.

Thompson, H. (1967). *Hell's angels: A strange and terrible saga*. New York: Ballantine Books.

Ting-Toomey, S. (1984). Qualitative research: An overview. In W. B. Gudykunst & Y. Y. Kim (Eds.), *Methods for intercultural communication research*. (pp.169-184). Beverly Hills, CA: Sage.

Trumble, W. R., & Stevenson, A. (2002). *Shorter Oxford English Dictionary*. New York: Oxford University Press.

Turjillo, N. (1993). Interpreting November 22: A critical ethnography of an assassination site. *Quarterly Journal of Speech, 4*, 447-466.

Tyndall, J. (2006). *Essays on the use and limit of the imagination in science*. Whitefish, MT: Kessinger.

Van Maanen, J. (1982). Fieldwork on the bear. In J. Van Maanen, J. M. Dabbs, Jr., & R. R. Faulkner (Eds.), *Varieties of qualitative research*. (pp.103-151). Newbury Park, CA: Sage.

Weber, R. P. (1990). *Basic content analysis*. Beverly Hills, CA: Sage.

Wexler, S. (1990). Ethical obligations and social research. In K. L. Kempf (Ed.), *Measurement issues in criminology*. (pp.78-107). New York: Springer-Verlag.

Wimmer, R. D., & Dominick, J. R. (2006). *Mass media research: An introduction*. Belmont, CA: Thomson Wadsworth.

Wood, J. (2003). *Communication theories in action: An introduction*. Belmont, CA: Wadsworth.

Xenos, M., & Moy, P. (2007). Direct and differential effects of the internet on political and civic engagement. *Journal of Communication, 57*, 704-718.

Xiao, X. (1995). China encounters Darwinism: A case of intercultural rhetoric. *Quarterly Journal of Speech, 81*, 83-99.

Xiao, X. (1996). From the hierarchical *ren* to egalitarianism: A case of cross-cultural rhetorical mediation. *Quarterly Journal of Speech, 82*, 38-54.

Xiao, X. (2004). The 1923 scientific campaign and dao-discourse: A cross-cultural study of the rhetoric of science. *Quarterly Journal of Speech, 90*, 469-494.

Xiao, X. (2005). Intellectual communication East and West: A historical and rhetorical approach. *Intercultural Communication Studies, 14*(1), 41-52.

Yablonsky, L. (1968). *The hippy trip*. New York: Pegasus.

Zanna, M. P., & Cooper, J. (1974). Dissonance and the pill. An attribution approach to studying the arousal properties of dissonance. *Journal of Personality and Social Psychology, 29*, 703-709.

Zhou, S., Ye, Y., & Xu, J. (2007). Effects of cultural congruent visuals on affect, perception and purchase intention. In F. C. Blumberg (Ed.), *When East meets West: Media research and practice in US and China*. (pp.117-129). UK: Cambridge Scholar Press.

附　錄

附錄一：常態分配表（z分布表）

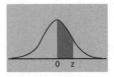

z	0.00	0.01	0.02	0.03	0.04	0.05	0.06	0.07	0.08	0.09
0.0	0.0000	0.0040	0.0080	0.0120	0.0160	0.0199	0.0239	0.0279	0.0319	0.0359
0.1	0.0398	0.0438	0.0478	0.0517	0.0557	0.0596	0.0636	0.0675	0.0714	0.0753
0.2	0.0793	0.0832	0.0871	0.0910	0.0948	0.0987	0.1026	0.1064	0.1103	0.1141
0.3	0.1179	0.1217	0.1255	0.1293	0.1331	0.1368	0.1406	0.1443	0.1480	0.1517
0.4	0.1554	0.1591	0.1628	0.1664	0.1700	0.1736	0.1772	0.1808	0.1844	0.1879
0.5	0.1915	0.1950	0.1985	0.2019	0.2054	0.2088	0.2123	0.2157	0.2190	0.2224
0.6	0.2257	0.2291	0.2324	0.2357	0.2389	0.2422	0.2454	0.2486	0.2517	0.2549
0.7	0.2580	0.2611	0.2642	0.2673	0.2704	0.2734	0.2764	0.2794	0.2823	0.2852
0.8	0.2881	0.2910	0.2939	0.2967	0.2995	0.3023	0.3051	0.3078	0.3106	0.3133
0.9	0.3159	0.3186	0.3212	0.3238	0.3264	0.3289	0.3315	0.3340	0.3365	0.3389
1.0	0.3413	0.3438	0.3461	0.3485	0.3508	0.3531	0.3554	0.3577	0.3599	0.3621
1.1	0.3643	0.3665	0.3686	0.3708	0.3729	0.3749	0.3770	0.3790	0.3810	0.3830
1.2	0.3849	0.3869	0.3888	0.3907	0.3925	0.3944	0.3962	0.3980	0.3997	0.4015
1.3	0.4032	0.4049	0.4066	0.4082	0.4099	0.4115	0.4131	0.4147	0.4162	0.4177
1.4	0.4192	0.4207	0.4222	0.4236	0.4251	0.4265	0.4279	0.4292	0.4306	0.4319
1.5	0.4332	0.4345	0.4357	0.4370	0.4382	0.4394	0.4406	0.4418	0.4429	0.4441
1.6	0.4452	0.4463	0.4474	0.4484	0.4495	0.4505	0.4515	0.4525	0.4535	0.4545
1.7	0.4554	0.4564	0.4573	0.4582	0.4591	0.4599	0.4608	0.4616	0.4625	0.4633
1.8	0.4641	0.4649	0.4656	0.4664	0.4671	0.4678	0.4686	0.4693	0.4699	0.4706
1.9	0.4713	0.4719	0.4726	0.4732	0.4738	0.4744	0.4750	0.4756	0.4761	0.4767
2.0	0.4772	0.4778	0.4783	0.4788	0.4793	0.4798	0.4803	0.4808	0.4812	0.4817
2.1	0.4821	0.4826	0.4830	0.4834	0.4838	0.4842	0.4846	0.4850	0.4854	0.4857
2.2	0.4861	0.4864	0.4868	0.4871	0.4875	0.4878	0.4881	0.4884	0.4887	0.4890
2.3	0.4893	0.4896	0.4898	0.4901	0.4904	0.4906	0.4909	0.4911	0.4913	0.4916
2.4	0.4918	0.4920	0.4922	0.4925	0.4927	0.4929	0.4931	0.4932	0.4934	0.4936
2.5	0.4938	0.4940	0.4941	0.4943	0.4945	0.4946	0.4948	0.4949	0.4951	0.4952
2.6	0.4953	0.4955	0.4956	0.4957	0.4959	0.4960	0.4961	0.4962	0.4963	0.4964
2.7	0.4965	0.4966	0.4967	0.4968	0.4969	0.4970	0.4971	0.4972	0.4973	0.4974
2.8	0.4974	0.4975	0.4976	0.4977	0.4977	0.4978	0.4979	0.4979	0.4980	0.4981
2.9	0.4981	0.4982	0.4982	0.4983	0.4984	0.4984	0.4985	0.4985	0.4986	0.4986
3.0	0.4987	0.4987	0.4987	0.4988	0.4988	0.4989	0.4989	0.4989	0.4990	0.4990

附錄二：t分配表

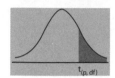

自由度(df)／顯著水準（p，雙尾檢測）	0.20	0.10	0.05	0.01	0.005
自由度(df)／顯著水準（p，單尾檢測）	0.10	0.05	0.025	0.01	0.005
1	3.077684	6.313752	12.70620	31.82052	63.65674
2	1.885618	2.919986	4.30265	6.96456	9.92484
3	1.637744	2.353363	3.18245	4.54070	5.84091
4	1.533206	2.131847	2.77645	3.74695	4.60409
5	1.475884	2.015048	2.57058	3.36493	4.03214
6	1.439756	1.943180	2.44691	3.14267	3.70743
7	1.414924	1.894579	2.36462	2.99795	3.49948
8	1.396815	1.859548	2.30600	2.89646	3.35539
9	1.383029	1.833113	2.26216	2.82144	3.24984
10	1.372184	1.812461	2.22814	2.76377	3.16927
11	1.363430	1.795885	2.20099	2.71808	3.10581
12	1.356217	1.782288	2.17881	2.68100	3.05454
13	1.350171	1.770933	2.16037	2.65031	3.01228
14	1.345030	1.761310	2.14479	2.62449	2.97684
15	1.340606	1.753050	2.13145	2.60248	2.94671
16	1.336757	1.745884	2.11991	2.58349	2.92078
17	1.333379	1.739607	2.10982	2.56693	2.89823
18	1.330391	1.734064	2.10092	2.55238	2.87844
19	1.327728	1.729133	2.09302	2.53948	2.86093
20	1.325341	1.724718	2.08596	2.52798	2.84534
21	1.323188	1.720743	2.07961	2.51765	2.83136
22	1.321237	1.717144	2.07387	2.50832	2.81876
23	1.319460	1.713872	2.06866	2.49987	2.80734
24	1.317836	1.710882	2.06390	2.49216	2.79694
25	1.316345	1.708141	2.05954	2.48511	2.78744
26	1.314972	1.705618	2.05553	2.47863	2.77871
27	1.313703	1.703288	2.05183	2.47266	2.77068
28	1.312527	1.701131	2.04841	2.46714	2.76326
29	1.311434	1.699127	2.04523	2.46202	2.75639
30	1.310415	1.697261	2.04227	2.45726	2.75000
∞	1.281552	1.644854	1.95996	2.32635	2.57583

附錄三：χ^2分配表

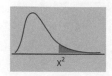

自由度（df）／顯著水準(p)	.100	.050	.025	.010	.005
1	2.706	3.841	5.024	6.635	7.879
2	4.605	5.991	7.378	9.210	10.597
3	6.251	7.815	9.348	11.345	12.838
4	7.779	9.488	11.143	13.277	14.860
5	9.236	11.071	12.833	15.086	16.750
6	10.645	12.592	14.449	16.812	18.548
7	12.017	14.0672	16.013	18.475	20.278
8	13.361	15.507	17.535	20.090	21.955
9	14.683	16.919	19.023	21.666	23.589
10	15.987	18.3079	20.483	23.209	25.188
11	17.275	19.675	21.920	24.725	26.757
12	18.549	21.026	23.337	26.217	28.300
13	19.812	22.362	24.736	27.688	29.819
14	21.064	23.6848	26.119	29.141	31.319
15	22.307	24.9958	27.488	30.578	32.801
16	23.542	26.296	28.845	32.000	34.267
17	24.769	27.587	30.191	33.409	35.718
18	25.989	28.869	31.526	34.805	37.156
19	27.204	30.144	32.852	36.191	38.582
20	28.412	31.410	34.170	37.566	39.997
21	29.615	32.671	35.479	38.932	41.401
22	30.813	33.924	36.780	40.289	42.796
23	32.007	35.172	38.076	41.638	44.181
24	33.196	36.415	39.364	42.979	45.559
25	34.382	37.652	40.646	44.314	46.928
26	35.563	38.885	41.923	45.642	48.290
27	36.741	40.113	43.195	46.963	49.645
28	37.916	41.337	44.461	48.278	50.993
29	39.087	42.557	45.722	49.588	52.336
30	40.256	43.773	46.979	50.892	53.672
35	46.059	49.802	53.203	57.342	60.275
40	51.805	55.758	59.342	63.691	66.766
45	57.505	61.656	65.410	69.957	73.166
50	63.167	67.505	71.420	76.154	79.490
60	74.397	79.082	83.298	88.379	91.952
70	85.527	90.531	95.023	100.425	104.215
80	96.578	101.879	106.629	112.329	116.321
90	107.565	113.145	118.136	124.116	128.299
100	118.498	124.342	129.561	135.807	140.169

附錄四：F 分配表（α = 0.10）

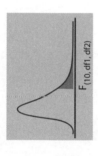

$F_{(10, df1, df2)}$

df2/df1	1	2	3	4	5	6	7	8	9	10	12	15	20	24	30	40	60	120	INF
1	39.86	49.50	53.59	55.83	57.24	58.20	58.91	59.44	59.86	60.19	60.71	61.22	61.74	62.00	62.26	62.53	62.79	63.06	63.33
2	8.53	9.00	9.16	9.24	9.29	9.33	9.35	9.37	9.38	9.39	9.41	9.42	9.44	9.45	9.46	9.47	9.47	9.48	9.49
3	5.54	5.46	5.39	5.34	5.31	5.28	5.27	5.25	5.24	5.23	5.22	5.20	5.18	5.18	5.17	5.16	5.15	5.14	5.13
4	4.54	4.32	4.19	4.11	4.05	4.01	3.98	3.95	3.94	3.92	3.90	3.87	3.84	3.83	3.82	3.80	3.79	3.78	3.76
5	4.06	3.78	3.62	3.52	3.45	3.40	3.37	3.34	3.32	3.30	3.27	3.24	3.21	3.19	3.17	3.16	3.14	3.12	3.11
6	3.78	3.46	3.29	3.18	3.11	3.05	3.01	2.98	2.96	2.94	2.90	2.87	2.84	2.82	2.80	2.78	2.76	2.74	2.72
7	3.59	3.26	3.07	2.96	2.88	2.83	2.78	2.75	2.72	2.70	2.67	2.63	2.59	2.58	2.56	2.54	2.51	2.49	2.47
8	3.46	3.11	2.92	2.81	2.73	2.67	2.62	2.59	2.56	2.54	2.50	2.46	2.42	2.40	2.38	2.36	2.34	2.32	2.29
9	3.36	3.01	2.81	2.69	2.61	2.55	2.51	2.47	2.44	2.42	2.38	2.34	2.30	2.28	2.25	2.23	2.21	2.18	2.16
10	3.29	2.92	2.73	2.61	2.52	2.46	2.41	2.38	2.35	2.32	2.28	2.24	2.20	2.18	2.16	2.13	2.11	2.08	2.06
11	3.23	2.86	2.66	2.54	2.45	2.39	2.34	2.30	2.27	2.25	2.21	2.17	2.12	2.10	2.08	2.05	2.03	2.00	1.97
12	3.18	2.81	2.61	2.48	2.39	2.33	2.28	2.24	2.21	2.19	2.15	2.10	2.06	2.04	2.01	1.99	1.96	1.93	1.90
13	3.14	2.76	2.56	2.43	2.35	2.28	2.23	2.20	2.16	2.14	2.10	2.05	2.01	1.98	1.96	1.93	1.90	1.88	1.85
14	3.10	2.73	2.52	2.39	2.31	2.24	2.19	2.15	2.12	2.10	2.05	2.01	1.96	1.94	1.91	1.89	1.86	1.83	1.80
15	3.07	2.70	2.49	2.36	2.27	2.21	2.16	2.12	2.09	2.06	2.02	1.97	1.92	1.90	1.87	1.85	1.82	1.79	1.76
16	3.05	2.67	2.46	2.33	2.24	2.18	2.13	2.09	2.06	2.03	1.99	1.94	1.89	1.87	1.84	1.81	1.78	1.75	1.72
17	3.03	2.64	2.44	2.31	2.22	2.15	2.10	2.06	2.03	2.00	1.96	1.91	1.86	1.84	1.81	1.78	1.75	1.72	1.69
18	3.01	2.62	2.42	2.29	2.20	2.13	2.08	2.04	2.00	1.98	1.93	1.89	1.84	1.81	1.78	1.75	1.72	1.69	1.66
19	2.99	2.61	2.40	2.27	2.18	2.11	2.06	2.02	1.98	1.96	1.91	1.86	1.81	1.79	1.76	1.73	1.70	1.67	1.63
20	2.97	2.59	2.38	2.25	2.16	2.09	2.04	2.00	1.96	1.94	1.89	1.84	1.79	1.77	1.74	1.71	1.68	1.64	1.61

df2/df1	1	2	3	4	5	6	7	8	9	10	12	15	20	24	30	40	60	120	INF
21	2.96	2.57	2.36	2.23	2.14	2.08	2.02	1.98	1.95	1.92	1.87	1.83	1.78	1.75	1.72	1.69	1.66	1.62	1.59
22	2.95	2.56	2.35	2.22	2.13	2.06	2.01	1.97	1.93	1.90	1.86	1.81	1.76	1.73	1.70	1.67	1.64	1.60	1.57
23	2.94	2.55	2.34	2.21	2.11	2.05	1.99	1.95	1.92	1.89	1.84	1.80	1.74	1.72	1.69	1.66	1.62	1.59	1.55
24	2.93	2.54	2.33	2.19	2.10	2.04	1.98	1.94	1.91	1.88	1.83	1.78	1.73	1.70	1.67	1.64	1.61	1.57	1.53
25	2.92	2.53	2.32	2.18	2.09	2.02	1.97	1.93	1.89	1.87	1.82	1.77	1.72	1.69	1.66	1.63	1.59	1.56	1.52
26	2.91	2.52	2.31	2.17	2.08	2.01	1.96	1.92	1.88	1.86	1.81	1.76	1.71	1.68	1.65	1.61	1.58	1.54	1.50
27	2.90	2.51	2.30	2.17	2.07	2.00	1.95	1.91	1.87	1.85	1.80	1.75	1.70	1.67	1.64	1.60	1.57	1.53	1.49
28	2.89	2.50	2.29	2.16	2.06	2.00	1.94	1.90	1.87	1.84	1.79	1.74	1.69	1.66	1.63	1.59	1.56	1.52	1.48
29	2.89	2.50	2.28	2.15	2.06	1.99	1.93	1.89	1.86	1.83	1.78	1.73	1.68	1.65	1.62	1.58	1.55	1.51	1.47
30	2.88	2.49	2.28	2.14	2.05	1.98	1.93	1.88	1.85	1.82	1.77	1.72	1.67	1.64	1.61	1.57	1.54	1.50	1.46
40	2.84	2.44	2.23	2.09	2.00	1.93	1.87	1.83	1.79	1.76	1.71	1.66	1.61	1.57	1.54	1.51	1.47	1.42	1.38
60	2.79	2.39	2.18	2.04	1.95	1.87	1.82	1.77	1.74	1.71	1.66	1.60	1.54	1.51	1.48	1.44	1.40	1.35	1.29
120	2.75	2.35	2.13	1.99	1.90	1.82	1.77	1.72	1.68	1.65	1.60	1.55	1.48	1.45	1.41	1.37	1.32	1.26	1.19
∞	2.71	2.30	2.08	1.94	1.85	1.77	1.72	1.67	1.63	1.60	1.55	1.49	1.42	1.38	1.34	1.30	1.24	1.17	1.00

F 分配表（α = 0.05）

$F_{(.05, df1, df2)}$

df2/df1	1	2	3	4	5	6	7	8	9	10	12	15	20	24	30	40	60	120	INF
1	161.45	199.50	215.71	224.58	230.16	233.99	236.77	238.88	240.54	241.88	243.91	245.95	248.01	249.05	250.10	251.14	252.20	253.25	254.31
2	18.51	19.00	19.16	19.25	19.30	19.33	19.35	19.37	19.38	19.40	19.41	19.43	19.45	19.45	19.46	19.47	19.48	19.49	19.50
3	10.13	9.55	9.28	9.12	9.01	8.94	8.89	8.85	8.81	8.79	8.74	8.70	8.66	8.64	8.62	8.59	8.57	8.55	8.53
4	7.71	6.94	6.59	6.39	6.26	6.16	6.09	6.04	6.00	5.96	5.91	5.86	5.80	5.77	5.75	5.72	5.69	5.66	5.63
5	6.61	5.79	5.41	5.19	5.05	4.95	4.88	4.82	4.77	4.74	4.68	4.62	4.56	4.53	4.50	4.46	4.43	4.40	4.37
6	5.99	5.14	4.76	4.53	4.39	4.28	4.21	4.15	4.10	4.06	4.00	3.94	3.87	3.84	3.81	3.77	3.74	3.70	3.67
7	5.59	4.74	4.35	4.12	3.97	3.87	3.79	3.73	3.68	3.64	3.57	3.51	3.44	3.41	3.38	3.34	3.30	3.27	3.23
8	5.32	4.46	4.07	3.84	3.69	3.58	3.50	3.44	3.39	3.35	3.28	3.22	3.15	3.12	3.08	3.04	3.01	2.97	2.93
9	5.12	4.26	3.86	3.63	3.48	3.37	3.29	3.23	3.18	3.14	3.07	3.01	2.94	2.90	2.86	2.83	2.79	2.75	2.71
10	4.96	4.10	3.71	3.48	3.33	3.22	3.14	3.07	3.02	2.98	2.91	2.85	2.77	2.74	2.70	2.66	2.62	2.58	2.54
11	4.84	3.98	3.59	3.36	3.20	3.09	3.01	2.95	2.90	2.85	2.79	2.72	2.65	2.61	2.57	2.53	2.49	2.45	2.40
12	4.75	3.89	3.49	3.26	3.11	3.00	2.91	2.85	2.80	2.75	2.69	2.62	2.54	2.51	2.47	2.43	2.38	2.34	2.30
13	4.67	3.81	3.41	3.18	3.03	2.92	2.83	2.77	2.71	2.67	2.60	2.53	2.46	2.42	2.38	2.34	2.30	2.25	2.21
14	4.60	3.74	3.34	3.11	2.96	2.85	2.76	2.70	2.65	2.60	2.53	2.46	2.39	2.35	2.31	2.27	2.22	2.18	2.13
15	4.54	3.68	3.29	3.06	2.90	2.79	2.71	2.64	2.59	2.54	2.48	2.40	2.33	2.29	2.25	2.20	2.16	2.11	2.07
16	4.49	3.63	3.24	3.01	2.85	2.74	2.66	2.59	2.54	2.49	2.42	2.35	2.28	2.24	2.19	2.15	2.11	2.06	2.01
17	4.45	3.59	3.20	2.96	2.81	2.70	2.61	2.55	2.49	2.45	2.38	2.31	2.23	2.19	2.15	2.10	2.06	2.01	1.96
18	4.41	3.55	3.16	2.93	2.77	2.66	2.58	2.51	2.46	2.41	2.34	2.27	2.19	2.15	2.11	2.06	2.02	1.97	1.92
19	4.38	3.52	3.13	2.90	2.74	2.63	2.54	2.48	2.42	2.38	2.31	2.23	2.16	2.11	2.07	2.03	1.98	1.93	1.88
20	4.35	3.49	3.10	2.87	2.71	2.60	2.51	2.45	2.39	2.35	2.28	2.20	2.12	2.08	2.04	1.99	1.95	1.90	1.84

df2/df1	1	2	3	4	5	6	7	8	9	10	12	15	20	24	30	40	60	120	INF
21	4.32	3.47	3.07	2.84	2.68	2.57	2.49	2.42	2.37	2.32	2.25	2.18	2.10	2.05	2.01	1.96	1.92	1.87	1.81
22	4.30	3.44	3.05	2.82	2.66	2.55	2.46	2.40	2.34	2.30	2.23	2.15	2.07	2.03	1.98	1.94	1.89	1.84	1.78
23	4.28	3.42	3.03	2.80	2.64	2.53	2.44	2.37	2.32	2.27	2.20	2.13	2.05	2.01	1.96	1.91	1.86	1.81	1.76
24	4.26	3.40	3.01	2.78	2.62	2.51	2.42	2.36	2.30	2.25	2.18	2.11	2.03	1.98	1.94	1.89	1.84	1.79	1.73
25	4.24	3.39	2.99	2.76	2.60	2.49	2.40	2.34	2.28	2.24	2.16	2.09	2.01	1.96	1.92	1.87	1.82	1.77	1.71
26	4.23	3.37	2.98	2.74	2.59	2.47	2.39	2.32	2.27	2.22	2.15	2.07	1.99	1.95	1.90	1.85	1.80	1.75	1.69
27	4.21	3.35	2.96	2.73	2.57	2.46	2.37	2.31	2.25	2.20	2.13	2.06	1.97	1.93	1.88	1.84	1.79	1.73	1.67
28	4.20	3.34	2.95	2.71	2.56	2.45	2.36	2.29	2.24	2.19	2.12	2.04	1.96	1.91	1.87	1.82	1.77	1.71	1.65
29	4.18	3.33	2.93	2.70	2.55	2.43	2.35	2.28	2.22	2.18	2.10	2.03	1.94	1.90	1.85	1.81	1.75	1.70	1.64
30	4.17	3.32	2.92	2.69	2.53	2.42	2.33	2.27	2.21	2.16	2.09	2.01	1.93	1.89	1.84	1.79	1.74	1.68	1.62
40	4.08	3.23	2.84	2.61	2.45	2.34	2.25	2.18	2.12	2.08	2.00	1.92	1.84	1.79	1.74	1.69	1.64	1.58	1.51
60	4.00	3.15	2.76	2.53	2.37	2.25	2.17	2.10	2.04	1.99	1.92	1.84	1.75	1.70	1.65	1.59	1.53	1.47	1.39
120	3.92	3.07	2.68	2.45	2.29	2.18	2.09	2.02	1.96	1.91	1.83	1.75	1.66	1.61	1.55	1.50	1.43	1.35	1.25
∞	3.84	3.00	2.60	2.37	2.21	2.10	2.01	1.94	1.88	1.83	1.75	1.67	1.57	1.52	1.46	1.39	1.32	1.22	1.00

F 分配表 （α = 0.025）

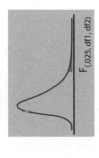

$F_{(.025, df1, df2)}$

df2/df1	1	2	3	4	5	6	7	8	9	10	12	15	20	24	30	40	60	120	INF
1	647.79	799.50	864.16	899.58	921.85	937.11	948.22	956.66	963.28	968.63	976.71	984.87	993.10	997.25	1001.41	1005.60	1009.80	1014.02	1018.26
2	38.51	39.00	39.17	39.25	39.30	39.33	39.36	39.37	39.39	39.40	39.41	39.43	39.45	39.46	39.47	39.47	39.48	39.49	39.50
3	17.44	16.04	15.44	15.10	14.88	14.73	14.62	14.54	14.47	14.42	14.34	14.25	14.17	14.12	14.08	14.04	13.99	13.95	13.90
4	12.22	10.65	9.98	9.60	9.36	9.20	9.07	8.98	8.90	8.84	8.75	8.66	8.56	8.51	8.46	8.41	8.36	8.31	8.26
5	10.01	8.43	7.76	7.39	7.15	6.98	6.85	6.76	6.68	6.62	6.52	6.43	6.33	6.28	6.23	6.18	6.12	6.07	6.02
6	8.81	7.26	6.60	6.23	5.99	5.82	5.70	5.60	5.52	5.46	5.37	5.27	5.17	5.12	5.07	5.01	4.96	4.90	4.85
7	8.07	6.54	5.89	5.52	5.29	5.12	4.99	4.90	4.82	4.76	4.67	4.57	4.47	4.42	4.36	4.31	4.25	4.20	4.14
8	7.57	6.06	5.42	5.05	4.82	4.65	4.53	4.43	4.36	4.30	4.20	4.10	4.00	3.95	3.89	3.84	3.78	3.73	3.67
9	7.21	5.71	5.08	4.72	4.48	4.32	4.20	4.10	4.03	3.96	3.87	3.77	3.67	3.61	3.56	3.51	3.45	3.39	3.33
10	6.94	5.46	4.83	4.47	4.24	4.07	3.95	3.85	3.78	3.72	3.62	3.52	3.42	3.37	3.31	3.26	3.20	3.14	3.08
11	6.72	5.26	4.63	4.28	4.04	3.88	3.76	3.66	3.59	3.53	3.43	3.33	3.23	3.17	3.12	3.06	3.00	2.94	2.88
12	6.55	5.10	4.47	4.12	3.89	3.73	3.61	3.51	3.44	3.37	3.28	3.18	3.07	3.02	2.96	2.91	2.85	2.79	2.73
13	6.41	4.97	4.35	4.00	3.77	3.60	3.48	3.39	3.31	3.25	3.15	3.05	2.95	2.89	2.84	2.78	2.72	2.66	2.60
14	6.30	4.86	4.24	3.89	3.66	3.50	3.38	3.29	3.21	3.15	3.05	2.95	2.84	2.79	2.73	2.67	2.61	2.55	2.49
15	6.20	4.77	4.15	3.80	3.58	3.41	3.29	3.20	3.12	3.06	2.96	2.86	2.76	2.70	2.64	2.59	2.52	2.46	2.40
16	6.12	4.69	4.08	3.73	3.50	3.34	3.22	3.12	3.05	2.99	2.89	2.79	2.68	2.63	2.57	2.51	2.45	2.38	2.32
17	6.04	4.62	4.01	3.66	3.44	3.28	3.16	3.06	2.98	2.92	2.82	2.72	2.62	2.56	2.50	2.44	2.38	2.32	2.25
18	5.98	4.56	3.95	3.61	3.38	3.22	3.10	3.01	2.93	2.87	2.77	2.67	2.56	2.50	2.45	2.38	2.32	2.26	2.19
19	5.92	4.51	3.90	3.56	3.33	3.17	3.05	2.96	2.88	2.82	2.72	2.62	2.51	2.45	2.39	2.33	2.27	2.20	2.13
20	5.87	4.46	3.86	3.51	3.29	3.13	3.01	2.91	2.84	2.77	2.68	2.57	2.46	2.41	2.35	2.29	2.22	2.16	2.09

df2/df1	1	2	3	4	5	6	7	8	9	10	12	15	20	24	30	40	60	120	INF
21	5.83	4.42	3.82	3.48	3.25	3.09	2.97	2.87	2.80	2.73	2.64	2.53	2.42	2.37	2.31	2.25	2.18	2.11	2.04
22	5.79	4.38	3.78	3.44	3.22	3.05	2.93	2.84	2.76	2.70	2.60	2.50	2.39	2.33	2.27	2.21	2.15	2.08	2.00
23	5.75	4.35	3.75	3.41	3.18	3.02	2.90	2.81	2.73	2.67	2.57	2.47	2.36	2.30	2.24	2.18	2.11	2.04	1.97
24	5.72	4.32	3.72	3.38	3.15	2.99	2.87	2.78	2.70	2.64	2.54	2.44	2.33	2.27	2.21	2.15	2.08	2.01	1.94
25	5.69	4.29	3.69	3.35	3.13	2.97	2.85	2.75	2.68	2.61	2.51	2.41	2.30	2.24	2.18	2.12	2.05	1.98	1.91
26	5.66	4.27	3.67	3.33	3.10	2.94	2.82	2.73	2.65	2.59	2.49	2.39	2.28	2.22	2.16	2.09	2.03	1.95	1.88
27	5.63	4.24	3.65	3.31	3.08	2.92	2.80	2.71	2.63	2.57	2.47	2.36	2.25	2.19	2.13	2.07	2.00	1.93	1.85
28	5.61	4.22	3.63	3.29	3.06	2.90	2.78	2.69	2.61	2.55	2.45	2.34	2.23	2.17	2.11	2.05	1.98	1.91	1.83
29	5.59	4.20	3.61	3.27	3.04	2.88	2.76	2.67	2.59	2.53	2.43	2.32	2.21	2.15	2.09	2.03	1.96	1.89	1.81
30	5.57	4.18	3.59	3.25	3.03	2.87	2.75	2.65	2.57	2.51	2.41	2.31	2.20	2.14	2.07	2.01	1.94	1.87	1.79
40	5.42	4.05	3.46	3.13	2.90	2.74	2.62	2.53	2.45	2.39	2.29	2.18	2.07	2.01	1.94	1.88	1.80	1.72	1.64
60	5.29	3.93	3.34	3.01	2.79	2.63	2.51	2.41	2.33	2.27	2.17	2.06	1.94	1.88	1.82	1.74	1.67	1.58	1.48
120	5.15	3.80	3.23	2.89	2.67	2.52	2.39	2.30	2.22	2.16	2.05	1.95	1.82	1.76	1.69	1.61	1.53	1.43	1.31
∞	5.02	3.69	3.12	2.79	2.57	2.41	2.29	2.19	2.11	2.05	1.94	1.83	1.71	1.64	1.57	1.48	1.39	1.27	1.00

F 分配表 (α = 0.01)

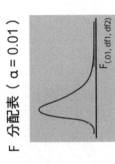

$F_{(.01, df1, df2)}$

df2/df1	1	2	3	4	5	6	7	8	9	10	12	15	20	24	30	40	60	120	INF
1	4052.18	4999.50	5403.35	5624.58	5763.65	5858.99	5928.36	5981.07	6022.47	6055.85	6106.32	6157.29	6208.73	6234.63	6260.65	6286.78	6313.03	6339.39	6365.86
2	98.50	99.00	99.17	99.25	99.30	99.33	99.36	99.37	99.39	99.40	99.42	99.43	99.45	99.46	99.47	99.47	99.48	99.49	99.50
3	34.12	30.82	29.46	28.71	28.24	27.91	27.67	27.49	27.35	27.23	27.05	26.87	26.69	26.60	26.51	26.41	26.32	26.22	26.13
4	21.20	18.00	16.69	15.98	15.52	15.21	14.98	14.80	14.66	14.55	14.37	14.20	14.02	13.93	13.84	13.75	13.65	13.56	13.46
5	16.26	13.27	12.06	11.39	10.97	10.67	10.46	10.29	10.16	10.05	9.89	9.72	9.55	9.47	9.38	9.29	9.20	9.11	9.02
6	13.75	10.93	9.78	9.15	8.75	8.47	8.26	8.10	7.98	7.87	7.72	7.56	7.40	7.31	7.23	7.14	7.06	6.97	6.88
7	12.25	9.55	8.45	7.85	7.46	7.19	6.99	6.84	6.72	6.62	6.47	6.31	6.16	6.07	5.99	5.91	5.82	5.74	5.65
8	11.26	8.65	7.59	7.01	6.63	6.37	6.18	6.03	5.91	5.81	5.67	5.52	5.36	5.28	5.20	5.12	5.03	4.95	4.86
9	10.56	8.02	6.99	6.42	6.06	5.80	5.61	5.47	5.35	5.26	5.11	4.96	4.81	4.73	4.65	4.57	4.48	4.40	4.31
10	10.04	7.56	6.55	5.99	5.64	5.39	5.20	5.06	4.94	4.85	4.71	4.56	4.41	4.33	4.25	4.17	4.08	4.00	3.91
11	9.65	7.21	6.22	5.67	5.32	5.07	4.89	4.74	4.63	4.54	4.40	4.25	4.10	4.02	3.94	3.86	3.78	3.69	3.60
12	9.33	6.93	5.95	5.41	5.06	4.82	4.64	4.50	4.39	4.30	4.16	4.01	3.86	3.78	3.70	3.62	3.54	3.45	3.36
13	9.07	6.70	5.74	5.21	4.86	4.62	4.44	4.30	4.19	4.10	3.96	3.82	3.67	3.59	3.51	3.43	3.34	3.26	3.17
14	8.86	6.52	5.56	5.04	4.70	4.46	4.28	4.14	4.03	3.94	3.80	3.66	3.51	3.43	3.35	3.27	3.18	3.09	3.00
15	8.68	6.36	5.42	4.89	4.56	4.32	4.14	4.00	3.90	3.81	3.67	3.52	3.37	3.29	3.21	3.13	3.05	2.96	2.87
16	8.53	6.23	5.29	4.77	4.44	4.20	4.03	3.89	3.78	3.69	3.55	3.41	3.26	3.18	3.10	3.02	2.93	2.85	2.75
17	8.40	6.11	5.19	4.67	4.34	4.10	3.93	3.79	3.68	3.59	3.46	3.31	3.16	3.08	3.00	2.92	2.84	2.75	2.65
18	8.29	6.01	5.09	4.58	4.25	4.02	3.84	3.71	3.60	3.51	3.37	3.23	3.08	3.00	2.92	2.84	2.75	2.66	2.57
19	8.19	5.93	5.01	4.50	4.17	3.94	3.77	3.63	3.52	3.43	3.30	3.15	3.00	2.93	2.84	2.76	2.67	2.58	2.49
20	8.10	5.85	4.94	4.43	4.10	3.87	3.70	3.56	3.46	3.37	3.23	3.09	2.94	2.86	2.78	2.70	2.61	2.52	2.42

df2/df1	1	2	3	4	5	6	7	8	9	10	12	15	20	24	30	40	60	120	INF
21	8.02	5.78	4.87	4.37	4.04	3.81	3.64	3.51	3.40	3.31	3.17	3.03	2.88	2.80	2.72	2.64	2.55	2.46	2.36
22	7.95	5.72	4.82	4.31	3.99	3.76	3.59	3.45	3.35	3.26	3.12	2.98	2.83	2.75	2.67	2.58	2.50	2.40	2.31
23	7.88	5.66	4.77	4.26	3.94	3.71	3.54	3.41	3.30	3.21	3.07	2.93	2.78	2.70	2.62	2.54	2.45	2.35	2.26
24	7.82	5.61	4.72	4.22	3.90	3.67	3.50	3.36	3.26	3.17	3.03	2.89	2.74	2.66	2.58	2.49	2.40	2.31	2.21
25	7.77	5.57	4.68	4.18	3.86	3.63	3.46	3.32	3.22	3.13	2.99	2.85	2.70	2.62	2.54	2.45	2.36	2.27	2.17
26	7.72	5.53	4.64	4.14	3.82	3.59	3.42	3.29	3.18	3.09	2.96	2.82	2.66	2.59	2.50	2.42	2.33	2.23	2.13
27	7.68	5.49	4.60	4.11	3.79	3.56	3.39	3.26	3.15	3.06	2.93	2.78	2.63	2.55	2.47	2.38	2.29	2.20	2.10
28	7.64	5.45	4.57	4.07	3.75	3.53	3.36	3.23	3.12	3.03	2.90	2.75	2.60	2.52	2.44	2.35	2.26	2.17	2.06
29	7.60	5.42	4.54	4.05	3.73	3.50	3.33	3.20	3.09	3.01	2.87	2.73	2.57	2.50	2.41	2.33	2.23	2.14	2.03
30	7.56	5.39	4.51	4.02	3.70	3.47	3.30	3.17	3.07	2.98	2.84	2.70	2.55	2.47	2.39	2.30	2.21	2.11	2.01
40	7.31	5.18	4.31	3.83	3.51	3.29	3.12	2.99	2.89	2.80	2.67	2.52	2.37	2.29	2.20	2.11	2.02	1.92	1.81
60	7.08	4.98	4.13	3.65	3.34	3.12	2.95	2.82	2.72	2.63	2.50	2.35	2.20	2.12	2.03	1.94	1.84	1.73	1.60
120	6.85	4.79	3.95	3.48	3.17	2.96	2.79	2.66	2.56	2.47	2.34	2.19	2.04	1.95	1.86	1.76	1.66	1.53	1.38

附錄五：r 到 z 的轉換表

r	0	0.01	0.02	0.03	0.04	0.05	0.06	0.07	0.08	0.09
0.0	0.00000	0.01000	0.02000	0.03001	0.04002	0.05004	0.06007	0.07012	0.08017	0.09024
0.1	0.10034	0.11045	0.12058	0.13074	0.14093	0.15114	0.16139	0.17167	0.18198	0.19234
0.2	0.20273	0.21317	0.22366	0.23419	0.24477	0.25541	0.26611	0.27686	0.28768	0.29857
0.3	0.30952	0.32055	0.33165	0.34283	0.35409	0.36544	0.37689	0.38842	0.40006	0.41180
0.4	0.42365	0.43561	0.44769	0.45990	0.47233	0.48470	0.49731	0.51007	0.52298	0.53606
0.5	0.54931	0.56273	0.57634	0.59014	0.60415	0.61838	0.63283	0.64752	0.66426	0.67767
0.6	0.69315	0.70892	0.72500	0.74142	0.75817	0.77530	0.79281	0.81074	0.82911	0.84795
0.7	0.86730	0.88718	0.90764	0.92873	0.95048	0.97295	0.99621	1.02033	1.04537	1.07143
0.8	1.09861	1.12703	1.15682	1.18813	1.22117	1.25615	1.29334	1.33308	1.37577	1.42192
0.9	1.47222	1.52752	1.58902	1.65839	1.73805	1.83178	1.94591	2.09229	2.29756	2.64665

附錄六：Spearman等級表

n	0.001	0.005	0.01	0.025	0.05	0.1
4	-	-	-	-	0.8000	0.8000
5	-	-	0.9000	0.9000	0.8000	0.7000
6	-	0.9429	0.8857	0.8286	0.7714	0.6000
7	0.8643	0.8929	0.8571	0.7450	0.6786	0.5357
8	0.9286	0.8571	0.8095	0.7143	0.6190	0.5000
9	0.9000	0.8167	0.7667	0.6833	0.5833	0.4667
10	0.8667	0.7818	0.7333	0.6364	0.5515	0.4424
11	0.8364	0.7545	0.7000	0.6091	0.5273	0.4182
12	0.8182	0.7273	0.6713	0.5804	0.4965	0.3986
13	0.7912	0.6978	0.6429	0.5549	0.4780	0.3791
14	0.7670	0.6747	0.6220	0.5341	0.4593	0.3626
15	0.7464	0.6536	0.6000	0.5179	0.4429	0.3500
16	0.7265	0.6324	0.5824	0.5000	0.4265	0.3382
17	0.7083	0.6152	0.5637	0.4853	0.4118	0.3260
18	0.6904	0.5975	0.5480	0.4716	0.3994	0.3148
19	0.6737	0.5825	0.5333	0.4579	0.3895	0.3070
20	0.6586	0.5684	0.5230	0.4451	0.3789	0.2977
21	0.6455	0.5545	0.5078	0.4351	0.3688	0.2909
22	0.6318	0.5426	0.4863	0.4241	0.3597	0.2829
23	0.6186	0.5306	0.4852	0.4150	0.3518	0.2767
24	0.6070	0.5200	0.4748	0.4061	0.3435	0.2704
25	0.5962	0.5100	0.4654	0.3977	0.3362	0.2646
26	0.5856	0.5002	0.4564	0.3894	0.3299	0.2588
27	0.5757	0.4915	0.4481	0.3822	0.3236	0.2540
28	0.566	0.4828	0.4401	0.3749	0.3175	0.2490
29	0.5567	0.4744	0.4320	0.3685	0.3113	0.2443
30	0.5479	0.4665	0.4251	0.3620	0.3059	0.2400

新聞教育的「是」與「不是」

──「新世紀華人新聞傳播大系」編後

一、新聞教育的六個「不是」

1994年9月，筆者應邀在北京廣播學院（今中國傳媒大學）演講不久，又應陳桂蘭院長之邀，參加復旦大學新聞系七十周年紀念，兩度在大陸就新聞教育提出看法，我提出了新聞教育的「六個不是」；返台後，應邀擔任台大、交大研究所與慈濟、銘傳、台灣藝術大學、國防大學、佛光等校評鑑，有教授對此一觀點相詢，要我做進一步說明。

我所說的新聞教育「六個不是」，意指新聞教育「不是技術教育，不是廉價教育，不是孤立教育，不是速成教育，不是僵化教育，更不是功利教育」。願申其說：

(一)新聞教育不是技術教育

眾所周知，新聞教育起源於培育新聞專業人才。首創美國密蘇里大學新聞學院的威廉博士（Dr. Walter Williams）原是美國一家大報的總編輯，但是他放棄了當時優渥的報業待遇，而於1908年到密蘇里大學創辦新聞學院，因為他相信報業與民主政治前途息息相關：如果他繼續辦報最多只能辦一份好報，但是民主政治需要更多的好報紙，因此他放棄辦報，而去從事新聞教育，希望能與更多志同道合的青年，為社會辦出更多好的報紙，以開創民主政治的光明前景。

繼密蘇里之後，美國第二家新聞教育學府乃是1912年成立的哥倫比亞大學新聞學院，該院為偉大報人普立茲（J. Pullitzer）所創辦。普立茲主張新聞工作者應受新聞專業教育；他提供巨款，創辦這一所影響重大的新聞教育學府。他表示，塑造國家前途之權，是掌握在未來記者的手

中。

　　威廉博士與普立茲都重視新聞實務訓練，所以密大的《密蘇里人報》歷史悠久；而哥大重視實務訓練更是無出其右，所以其新聞學院的許多師資是來自紐約重要媒體，如《紐約時報》、美聯社的重要幹部與著名專欄作家等。

　　但密蘇里與哥大雖然重視實務訓練，卻從來知道新聞教育的核心價值在於道德與職業倫理。

　　威廉博士手訂「報人信條」（The Journalism Creed），成了新聞工作人員共同遵守的基本信條，也是對抗黃色新聞、珍惜新聞自由與倡導新聞自律的指針。

　　普立茲在創辦哥大新聞學院之同時，捐款美金一百萬元後成立普立茲新聞獎，以獎勵新聞工作者提升專業水準。

　　威廉斯強調新聞為社會服務，新聞人應有三種預備功夫，便是：知識、技能、人格。三種功夫中，道德人格最為重要。而獨立的精神、客觀的態度和不偏不倚的立場，更是新聞專業道德思想的中流砥柱。

　　普立茲以經辦《世界報》而聞名，他是一位追求進步的理想主義者。他說：「當今培養律師、醫生、牧師、軍官、工程師與藝術家，已有各種專門學院，唯獨欠缺一所用來訓練記者的學院。……在我看來是毫無理由的。我想，在我所奉獻的行業裡，我所能貢獻的，再沒有比建立一所新聞學院更切實際，而且更有助於社會公益了。」

　　這位「有所為、有所不為」的矮小報人，建立了不朽的新聞思想哲學、新聞政策典範。他實踐偉大、自由、不畏政治勢力，以及新聞獨立的精神，永遠標柄史冊，照耀人間。

　　由上述可見，新聞教育的創始者威廉斯與普立茲雖重視新聞工作的實務訓練，但新聞教育絕不是技術教育。以技術訓練培養人才，只是一種匠氣教育，而非培養獨立的報人。

(二)新聞教育絕非廉價教育

近些年，台灣與大陸的新聞教育風起雲湧，表面上蓬勃發達，實際上卻是潛伏危機，問題叢生。

丁淦林教授於2005年3月致函筆者說：「近年來大陸新聞教育發展迅速，有二百多所高校有新聞系，傳播學專業，專業點超過五千個，在讀學生超過十萬名，在發展中出現若干新問題，需要繼續努力改進。」

近五年間中國大陸的新聞教育，又有新的增加，據聞所系單位已達五百七一所，在學學生逾十五萬人。

同樣情形，台灣的新聞教育，在光復初期亦只有政戰學校新聞系、政大新聞所系、世界新聞專科學校、師大社教系新聞組等數所；迄民國五十二年，文大新聞系所，藝專廣電科（夜間部）、文大大傳系（夜間部）相繼成立，形成當時的九院校。

當年由馬星野先生任理事長，筆者任副理事長、秘書長的大眾傳播教育學會，曾經聯繫九院校，不斷舉辦各種演講會、座談會、研討會、出版書刊、舉辦九院校聯誼會，不僅增進情感，促進交流，提升新聞教育水準，且培養出甚多傑出人才，為新聞界服務。

但是，曾幾何時，台灣的新聞教育學府已逾一一二所。根據中華民國傳播教育協會的統計，迄2006年底，台灣的新聞傳播教育單位已從九院校增加為一一二所。除政大、文大、輔仁、淡江等老牌學校外，其中以台大新聞所、交大、中正大學、南華大學、玄奘大學、銘傳大學、朝陽大學、世新大學、慈濟大學是其中較受矚目的學校。

台灣的新聞傳播教育如此迅速發展，一方面原因固然是報禁解除，媒體生態隨著新傳播科技而日益發展，人才需求孔急；另一方面更是由於年輕人對新聞科系趨之若鶩，以為是既新鮮又好玩，特別是電視主播，成了許多青年人之夢，以為進了傳播科系就可以圓夢。

而學校方面，因為新聞傳播科系較熱門，不怕招生無「源」；有

的更只闢幾間教室,聘幾位師資,添一點設備,就宣布新聞傳播科系成立,似乎廉價之至。

事實上,這種觀念是錯誤的。因為新聞教育一如醫學教育,必須付出極大代價,無論是印刷媒體(如報紙、雜誌、出版)、電子媒體(廣播電視)以及電腦等新科技設備無不需要昂貴代價。

一些新聞學府,把實習與經驗傳承寄託於媒體。事實上過去確實有不少媒體負責人有此社會責任感,願為培養人才而奉獻教育熱誠,但隨著各校畢業生逐年增多,對接受實習單位而言,形成沉重負擔,熱忱也已不如當年,在媒體經營自顧不暇的困境中,也常把學生實習當做「應付」,真正有周詳規劃者日漸稀少。

從另一角度看,媒體經營單位之成本代價又高,也漸無能力派出工作人員輔導學生,國外許多著名媒體其實是不接受實習的。他們認為媒體經營與教育是不同的領域;教育單位既有意興辦新聞傳播教育,則應該寬籌經費,增加完善的實習設備,形成良好的教育環境以培養學生。

「既要馬兒好,又要馬兒不吃草。」這是不可能的。新聞教育不是廉價教育人才的培養所。若干粗製濫造的教育成果,不僅危害青年前途,也傷害新聞專業的本質。

(三)新聞教育絕非「孤立教育」

鮮少新聞學府能孤單一支,而能蔚為大樹的。

在新聞傳播發展的過程中,除了以實務訓練為本位外,有的主張以社會科學為依歸,更有的主張以人文主義為目的。

新聞專業接觸的是整體社會。所以新聞工作者要有廣泛的社會學科基礎,才能善盡職責。而教育內容更必須以社會科學為基礎,才能與新聞工作密切結合。許多學校曾把新聞科系置於社會科學院之下,其理至明。如美國明尼蘇達、史丹福、伊利諾等大學,在課程安排上,極為重視社會科學的比例,其理在此。

也有不少學者主張，新聞教育是一種文化工具，不但塑造社會輿論，且應在社會上扮演道德仲裁的角色，所以應多強調人文主義方面的思想和課程。

　　此外，由於近些年，統計電腦與新傳播科技的發展、傳播理論的研究、傳播效果的評估均與數理學科關係密切，所以這一部分的知識逐步在傳播教育中占據一定比例。

　　無論是社會科學、人文主義與科學性的傳播研究，都說明了新聞傳播教育絕不能孤立，它必須成長，並結合諸般涵詠廣闊的知識領域中，始能奏功。

　　所以，新聞教育絕不能孤立，否則人才之出，必成為技術之輩，而無法指引其畢業生朝輿論事業之大方向。

　　筆者一向主張，新聞教育應生根於綜合大學中。學生們除修習本科專業知識外，更要選修、旁聽其他學院之不同知識，即使聽演講、參加學術討論會之機會亦有益於新聞傳播科系學生之視野與潛力發揮，所以新聞傳播教育絕不能孤立一支。無任何知識背景之支援。

(四)新聞教育絕非速成教育

　　新聞專業人才上通天文、下通天理，其養成教育必須深厚，才能蔚為有用人才。

　　曾任中央社社長，在新聞界人尊「蕭三爺」的蕭同茲先生曾說：「醫生治療人類生理疾病，記者治療人類社會疾病。治療社會疾病更較治療生理疾病為難。醫生要接受七年醫學教育，記者怎能輕率？」

　　所以，他主張完整的新聞教育需要七年的時間。前四年奠定語文、社會科學與人文素養之基礎。第五年，一如師範生必須到學校試教一年（新聞系學生則到媒體實習一年）。第六、七年則開始受新聞專業知識以求深度，並補不足。

　　蕭先生的構想在今日教育制度下，當然不易實現，但是他的理想與

哥大新聞教育新聞學院、台大新聞所之精神或有若合符節之處。哥大與台大不辦大學部，研究所則招收大學部有各種不同學科背景知識的學生，2007年6月分，筆者擔任台大新聞研究所之評鑑，亦深覺其教育效果與傳統四年制之大學新聞科系教育互有利弊，值得深入探討。

　　無論如何，新聞教育絕不能只是求速成，否則教育無益於專業水準之提升，亦無由獲得社會之認同與尊重。

(五)新聞傳播教育絕非僵化教育

　　在所有教育領域中，新聞教育是一塊特殊的領域，因為它主要培養的人才是在為新聞媒體服務，而新聞媒體隨著傳播科技之日新月異，其生態亦不斷更新。

　　因此，新聞教育必須隨著新科技的發展，而更新其內涵。教學課程固然需要調整，教學內涵亦必須不斷充實，教學方法亦有隨時檢討之必要。

　　新世紀要掌握媒體、資訊，做科技的主人，新世紀更要以人文為本，落實科技與人文並重的全人教育，才能建構知識經濟時代的科技人文之國。

　　筆者主張新聞傳播科系的課程有不變的一面，如歷史、倫理、社會責任、法律等；但也有其隨時代以改變的一面。這樣新聞工作者才能走到新世紀的先端，預見各類現象與問題，提供閱聽人全新的思維。新聞工作者不僅以提供資訊為滿足，更須進一步的提供知識，並指引智慧，這是新時代有抱負的新聞人應有的使命感。

　　所以，新聞教育絕不可僵化，一成不變，而要隨時代以進步，日有進境，才無負社會的期許。

(六)新聞教育絕非功利教育

　　有人批評新聞教育的功利性似乎只是為學生製造一張畢業證書，求

得一份職業。事實上,新聞教育除給學生謀生技能外,也應該回歸教育的本質,因為教育的目的不僅在使人有用,更要使人幸福。

如果教育只是為職業而教育,不免狹窄;如何提升生活品質與生命意義,乃是人生終極的關懷;所以新聞教育除在專業上授學生以知識技能外,也應該強化其哲學思維,以求終生之幸福與人生目標之實現。

這種理想,必須循人文科學之思維,以培養學生適當的態度、正確的思想、常態的情緒以及良好的習慣,進一步謀求個人與社會的和諧與幸福。

曾任美國聖母大學校長赫斯柏(Theodore M. Hesbursh)曾說:「人文精神教育的旨趣,在學習如何生活,充實人生,發揮生命價值,而非僅在專業訓練以準備將來的就業而已。」

人文教育重視「博雅教育」(liberal education),讓學生體會如何生活比學習如何工作更為重要。

這牽涉到人的價值觀、生命觀與宇宙觀,也是一位新聞記者立身處世、安身立命之終極。

如此說來,新聞傳播教育確是任重而道遠。

二、新聞教育的六個「是」

新聞教育既有那麼多的「不是」,那麼新聞教育究竟「是」什麼呢?筆者認為,新聞教育如要贏得敬重,受到民眾的信任,他必須建立在以專業為基礎的教育上。

(一)新聞教育是專業教育

所謂專業就是此一行業不僅服務社會,且因其所從事工作的內容,常常牽涉他人生命、財產、名譽與安全。例如醫師、律師、教師、建築師、會計師,其工作內涵涉及別人的健康、權益、成長。所以他們的共同

特徵就是要以專業概念做為工作指導；醫師在促進病人健康，律師在保障人權，教育在協助成長……所以他們在從事專業活動時，皆需運用較高級的心智，不僅「知其然」，更知「其所以然」。其專業形象的建立，消極的要從自我的突破開始，積極的更要不屈於外來壓力，進一步堅忍勇敢，專一與明斷。

專業從事者應接受完整的教育，以運用其知識，誠懇地服務大眾；而以謀生為次，金錢只是生活的工具而已。

(二)新聞教育是倫理教育

新聞教育既是一種專業教育，則其必須以倫理為基礎，重視榮譽，並以高度自治的方式，不斷求進步，改善服務的品質，並遵守一套道德規範與倫理規範；心中有一把道德的尺，終生奉獻，所謂「做良醫不做名醫」。

專業從事者，是否有專業倫理，受社會制約，受專業理念指導，最為重要。

道德是自發而為，所以作者認為哲學家柏拉圖在《理想國》一書所提的四種道德，實為新聞倫理教育極重要的基礎：

1.智慧：今日媒體所提供的只是一種資訊，如何進一步提升為知識，實為新聞人的重大挑戰；智慧不僅是資訊的整理與歸納，更是對真善美的抉擇與判斷。

2.勇氣：新聞從事者每天面對不斷的挑戰與壓力，必須以無比的勇氣接受挑戰，雖千萬人吾往矣。

3.自制：新聞是一項權力，行使此一權力，往往涉及他人的權益與幸福，所以必須有強大的自制力，謹慎、反省，不僅不違反道德，且積極為善，服務社會。所以新聞自律乃是新聞教育的核心價值。

4.公正：公正就是正義。新聞從業者，必須懷公正之心，對真理負

責,以期成為社會進步之標竿,而不成為社會進步之絆腳石。

(三)新聞教育是人文教育

新聞工作者在科技時代的社會危機中,更需要加強人文教育。

人文教育在強調器識先於文章,文化素養重於工具性的知識。它所關懷的,是研討人的存在價值、所擁有的態度、採持的信念、所追尋意義與生活方式的呈現。

「正德、利用、厚生」正是人文教育的重大信念,所以新聞教育應鼓勵學生體驗人生,並積極創造生命的價值,培養民胞物與的情境。人文教育的理想是希望落實科技與人文並重的教育,以建構知識經濟時代的科技,為生命找無限的可能。

人文教育的實施,重視情意,特指感性的訓練價值與道德能力的培養。當人們強調人文關懷時,即是著重於人生存的價值和榮耀,他所主張的自由,是利人利己的大利。

(四)新聞教育是通識教育

通識教育是人文教育的重要形成,希望透過合理的課程與教學,提供新聞人完整的知識,進一步培養全面性的人格。哈佛大學所強調的通識教育是:

1.清晰而有效思考,並用文字表達出來。
2.對於某些知識具有廣博學識基礎。
3.對於所吸納之知識有正確批判和理解能力。
4.對於道德與倫理,具敏銳的判斷力。
5.具有豐富的生活型態。

曾任清華大學校長的梅貽琦,強調其教育觀念的核心是通才教育,他認為應培養學生在自然、社會和人文三方面的綜合知識。一些學者主張

通識教育應以經典的閱讀、分析、討論為中心，不為無因。

(五)新聞教育是「全人教育」

所謂「全人教育」就是四種教育平衡的觀念：

1.專業與通識的平衡。

2.人格與學養的平衡。

3.個體與群體的平衡。

4.身心靈的平衡。

中國全人教育的理念，不僅是要完成人的內在整合，使生理、生命接受精神生活的統攝指導，完成身心一如之功夫。教育的目的是幫助受教育者在人格、知識、態度與智慧等各方面的整體成長，回歸「以人為本」的基礎。

(六)新聞教育是「終身教育」

新聞事業隨科技發達而日新月異，而社會變遷更是驚人。新聞教育必須配合此一發展情勢，朝新聞教育朝終身教育的理念方向發展。

德國大學最鄙視的是為謀生而學習。愛因斯坦希望青年人離開學校時，做個終身和諧發展的人，而不只是做為一個專家。「專家不過是一隻訓練有素的狗。」

在今天數位匯流下，新聞教育自需若干改變，尤其終身學習的觀念，更需建立。而新聞教育的基本功力更應強化：

1.文化歷史的素養。

2.專業精神的精深。

3.寫作能力的強化。

4.永生教育觀念的培養。

我們要再一度強調新聞教育是一種「教育」，不是一種「訓練」。
這樣的新聞教育才有永恆價值。這是筆者主編這套叢書的緣由。

新世紀華人新聞傳播大系 1

傳播研究方法

作　　者／陳國明、彭文正、葉銀嬌、安然
出 版 者／威仕曼文化事業股份有限公司
發 行 人／葉忠賢
總 編 輯／閻富萍
地　　址／台北縣深坑鄉北深路三段 260 號 8 樓
電　　話／(02)8662-6826
傳　　真／(02)2664-7633
網　　址／http://www.ycrc.com.tw
 E-mail ／service@ycrc.com.tw
印　　刷／鼎易印刷事業股份有限公司
 I S B N ／978-986-85746-4-9
初版一刷／2010 年 9 月
定　　價／新台幣 600 元

國家圖書館出版品預行編目資料

傳播研究方法 / 陳國明等著. --初版. -- 臺北
縣深坑鄉：威仕曼文化, 2010.09
面； 公分. --（新世紀華人新聞傳播
大系；1）

ISBN 978-986-85746-4-9 (平裝)

1.傳播研究 2.研究方法

541.83031   99017212